中国法学会后期资助项目文丛
BOOK SERIES FUNDED BY CHINA LAW SOCIETY

项目执行人

孙立军

中国法学会后期资助项目文丛
BOOK SERIES FUNDED BY CHINA LAW SOCIETY

抢劫罪量刑经验研究

Empirical Study on Crime of Robbery

赵学军◎著

法律出版社
LAW PRESS · CHINA

中国法学会后期资助项目文丛

出版说明

为进一步落实中央《关于加强中国特色新型智库建设的意见》，充分发挥中国法学会作为党和政府联系法学法律界桥梁和纽带的作用，着力实现中国法学会作为国家法治建设领域核心智库的发展目标，为专家学者开展法学研究和成果转化提供支持，不断丰富和发展中国特色社会主义法治理论体系，中国法学会特决定设立后期资助项目，对具有重要理论和实践价值的优秀法学研究成果予以后期资助，纳入“中国法学会后期资助项目文丛”出版。2015年中国法学会后期资助项目设立以来，累计立项60余项成果，已交付出版40余部。今后每年我们还将评选确定一定数量的后期资助项目并予以出版。

中国法学会

2019年5月

目　录

Contents

导　论

"法律的生命不在于逻辑，而在于经验。"[①] 美国霍姆斯大法官的这句至理名言已经得到广泛认同。意指法律只有在实践中才能发挥自身的价值，也只有通过实践才能不断得到健全和完善。刑法是重要的部门法之一，其发展和完善自然也不能脱离实践的检验。而且"徒善不足以为政，徒法不能以自行"，[②] 刑法适用的具体规则更是离不开对实践经验的总结。《中华人民共和国刑法》（以下简称《刑法》）自 1979 年制定以来已经走过了四十余载，期间经历了 1997 年的重大修改、10 个刑法修正案和 1 个单行刑法 [③] 的补充完善，使我国刑法不断走向成熟。所有这些，无不是对司法实践问题的总结和回应。

一、研究的意义

定罪与量刑是刑事审判的两项基本任务。人民法院通过定罪与量刑活动使刑法规范得到确认，社会秩序得以维护。由我国特定的刑事诉讼制度所决定，刑事诉讼法对刑事立案、起诉与审判规定了大致相同的标准。如根

---

① O.W.Holmes,Jr.,*The Common Law*,ed.M.Howe,Boston:Little Brown,［1881］1963, p.5.

②《孟子 · 离娄》（上卷）第 1 章。

③ 即第九届全国人民代表大会常务委员会第六次会议 1998 年 12 月 29 日通过并颁行的《关于惩治骗购外汇、逃汇和非法买卖外汇犯罪的决定》。

据《中华人民共和国刑事诉讼法》（以下简称《刑事诉讼法》）第112条、第176条和第200条分别关于刑事立案、起诉和有罪判决的规定，刑事立案的标准是“有犯罪事实”“需要追究刑事责任”；提起公诉的条件是“犯罪事实已经查清”“应当追究刑事责任”；判决有罪的条件是“案件事实已经查清”“依法认定有罪”。刑事案件从立案、起诉到审判都以存在“犯罪事实”和“依法追究必要”为标准，这样一来，案件按照同一标准经过侦查、公诉和审判三个部门的层层审查和把关，在定罪上基本不会出现问题。而且，我国司法实务部门历来具有“重定罪、轻量刑”的“定罪中心主义”传统，牢牢把住了刑事犯罪的“入口”关，将错误定罪的比例降到了较低的程度。这一点从全国法院审理刑事案件的情况也能得到印证（详见表0-1）。

表0-1　1998～2016年全国法院审理刑事案件被告人判决生效情况[①]

年度	刑事判决人数	无罪判决人数	无罪判决率（%）	公诉案件无罪判决人数	自诉案件无罪判决人数
1998	530000	5494	1.03	—	—
1999	600000	5857	0.98	—	—
2000	640000	6617	1.03	—	—
2001	740000	6597	0.89	2219	4378
2002	706707	4935	0.70	833	4112
2003	747096	4835	0.65	660	4175
2004	767951	3365	0.39	1069	2296
2005	844717	2162	0.26	997	1185
2006	889042	1713	0.19	521	1192
2007	933156	1417	0.15	355	1062

① 数据来源于《中国法律年鉴》和《中国统计年鉴》。

续表

年度	刑事判决人数	无罪判决人数	无罪判决率（%）	公诉案件无罪判决人数	自诉案件无罪判决人数
2008	1007304	1373	0.14	277	1096
2009	997872	1206	0.12	241	965
2010	1007419	999	0.10	183	816
2011	1051000	891	0.08	—	—
2012	1174133	727	0.06	—	—
2013	1158000	825	0.07	—	—
2014	1184000	778	0.07	518	260
2015	1232000	1039	0.08	667	372
2016	1220000	1076	0.09	656	420

根据表 0-1 的数据统计，2000 年前后的无罪判决率分别在百分之一左右，近年来的无罪判决率则下降到了不足千分之一，可见全国法院的无罪判决率非常低。

然而，刑事司法活动并没有因为对定罪的重视而实现了公正，实践中不容乐观的量刑问题不断地引发公众对司法公正的质疑，如许霆案①、孙伟

① 2006 年 4 月 21 日，广州青年许霆利用 ATM 机故障漏洞取款 17.5 万元。许霆携款潜逃一年后，将 17.5 万元赃款挥霍一空，于 2007 年 5 月 22 日被警方抓获。2007 年 12 月一审，广州中级人民法院认定许霆盗窃金融机构，数额特别巨大，判处无期徒刑，剥夺政治权利终身。许霆以量刑过重等为由提出上诉，同时许霆案的判决结果在各大网站和纸媒上引起社会热议，舆论纷纷表示量刑过重。2008 年 1 月 9 日广东高级人民法院裁定撤销该案，发回重审。2008 年 3 月 31 日，广州市中级人民法院虽然依旧认定许霆盗窃金融机构，数额特别巨大，但是认为该案从犯意产生、盗窃手段等方面均具有偶然性，许霆主观恶性不大，重审改判为 5 年有期徒刑，罚金 2 万元。改判后，许霆再次以应判处无罪等理由提出上诉。2008 年 5 月 22 日广东省高级人民法院做出终审判决，认为该案量刑适当，依法裁定驳回上诉，维持原判。参见赵秉志、彭新林:《关于许霆案件的法理问题思考》，载《刑法论丛》2008 年第 2 期。

铭案[①]、于欢案[②]等所产生的巨大社会反响即是最好的说明。这在相当程度上表明，人们在对定罪问题没有分歧的情况下，更关心的是量刑结果。量刑的畸轻畸重更容易导致当事人的不满，成为社会公众关注的焦点。

量刑上的轻重悬殊，甚至是同罪异罚，即实施同等严重犯罪的人在处刑上大相径庭，完全背离了作为刑罚基础的社会公正观念，使刑罚难以为人们所尊重。[③]其突出表现就是愈演愈烈的“涉诉信访”问题和居高不下的刑事案件上诉率。例如，河南省高级人民法院经调研发现，在信访案件中刑事案件所占比重逐年上升，2006 年占信访案件总数 27.4%，2008 年已占信访案件总数 37.3%，上访主体由前些年以受害人为主演变为被告方和受害方掺半。[④]另外，2013 年全国法院共审结一审刑事案件 953976 件，二审刑事案件 102991 件，上诉 / 抗诉率达到 10.8%。[⑤]甚至还有数据显示，全国 60% 的刑事案件因量刑不当引起上诉。[⑥]

造成这一现状的原因是多方面的，但立法赋予法官过大的自由裁量权

① 2009 年 7 月 23 日，成都中级人民法院对发生在 2008 年 12 月 14 日，孙伟铭无驾驶证且醉酒驾车，造成 4 死 1 重伤案进行公开宣判。成都中院一审认定：孙伟铭的行为已构成以危险方法危害公共安全罪，且情节特别恶劣、后果特别严重，故依法判处其死刑，剥夺政治权利终身。宣判后，孙伟铭当庭不服判决，表示“要上诉”。2009 年 9 月 8 日，四川省高级人民法院以危险方法危害公共安全罪判处其无期徒刑，剥夺政治权利终身。参见王建平：《从“张金柱现象”到孙伟铭案的法学家“理性”——以媒体法治角色的社会责任担当为视角》，载《政法论丛》2009 年第 5 期。

② 于欢案又称“辱母案”，发生于 2016 年 4 月 14 日，于欢在母亲苏银霞和自己被 11 名催债人长达一小时的侮辱后，情急之下用水果刀刺伤了 4 人；被刺中的杜志浩自行驾车就医，却因失血过多休克死亡；2017 年 2 月 17 日，山东省聊城市中级人民法院一审以故意伤害罪判处于欢无期徒刑；宣判后，附带民事诉讼原告人杜洪章、许喜灵、李新新等人和被告人于欢不服一审判决，分别提出上诉；2017 年 6 月 23 日，山东省高级人民法院改判于欢为有期徒刑 5 年。

③ 参见邱兴隆、许章润：《刑罚学》，群众出版社 1988 年版，第 265 页。

④ 参见河南省高级人民法院课题组：《当前涉诉信访存在的问题及出路》，载《人民法院报》2010 年 2 月 25 日，第 8 版。

⑤ 有关案件数量的数据来源于最高人民法院网站。

⑥ 中央电视台《新闻夜话》：“直击法官判案使用电脑量刑”，2004 年 8 月 26 日。

无疑是不可回避的因素之一。实际上，赋予法官自由裁量权既是千百年来法治文明选择的结果，也是对现代法治的尊重和认可。正如英国法官沃克所说："授予法官自由裁量权，是使法律具体情况具体适用的最普通方式之一，它使法律更具灵活性和适应性，从而避免诸如严厉、无情、不公正等批评。"① 自由裁量权是保证法官量刑公正的前提。但这也因此导致了量刑不公，从而形成了一种悖论。毋庸置疑的是，自由裁量权不能因实际的量刑不公而遭到指责，唯一需要审视的是裁量权是否有明确的行使规则。毕竟在事关人身自由的重大决定面前，如果没有统一的规范制约，如此之大的人为操作空间是难保不出问题的。这就需要引起理论界和实务界的足够重视，不断通过学术研究来填补理论上的空白和堵塞制度上的漏洞。因而从这个意义上说，在刑事审判活动（定罪和量刑）中，处于中心地位的，实际上是量刑。②

与此同时，为了解决司法实践中的量刑问题，从 2010 年 10 月 1 日起全国法院开始试行《人民法院量刑指导意见（试行）》和《关于规范量刑程序若干问题的意见（试行）》。这两个指导全国量刑规范化改革的规范性文件的施行，标志着我国量刑改革正式启动，并于 2014 年 1 月 1 日起全国法院正式进入了量刑规范化阶段。然而，量刑规范化改革在我国毕竟属于新生事物，很多方面还不是很成熟，相关理念和制度也还在探索当中，而且据研究发现，《人民法院量刑指导意见（试行）》实施后对量刑的实际影响力并不大，无论是"估堆"量刑法还是数字计算法，得出来的结果没

---

①［英］戴维·沃克：《牛津法律大辞典》，光明出版社 1988 年版，第 262 页。

② 参见石经海：《刑法现代化下的"量刑"解构——量刑规范化的科学基础探究》，载《中国刑事法杂志》2010 年第 3 期。

有明显差异。[①]甚至一度热议的李昌奎案[②]恰恰发生在量刑规范化全面试点之后。这说明，量刑问题的彻底解决不是单靠一个量刑规范化制度实施就能实现的，仍然需要不断加强理论研究和经验总结来充实和完善。因而开展量刑问题的研究具有非常重大的实践意义。

“法律的生命不在于逻辑而在于经验，但是经验是由逻辑构造而成的。”霍姆斯在《普通法》一书中的这句名言，其前半句已是尽人皆知，但知悉后半句的人不见得很多。的确，法律的生命不在于逻辑而在于经验，但是这种经验绝不应停留于现象表面的粗浅感觉，更不是盲人摸象后的自以为是，而应是以逻辑作为支撑的经过理性升华的经验。[③]所以就量刑而言，公正的量刑虽然不能脱离司法实践，但这种实践同样需要经验升华的理论逻辑的指导。正如学者所言：“量刑是非常复杂细致的工作，要保证合法、正确地将刑罚运用到性质、情节各有差异的具体犯罪案件中去，必须有严格的态度、科学的方法，遵循一定的基本准则。”[④]这里的“基本

---

① 参见董晓华:《北京市盗窃罪量刑实证研究》，北京师范大学 2014 年博士学位论文，第 188 页。

② 2009 年 5 月 16 日，李昌奎将同村的 19 岁少女王家飞先奸后杀，同时杀死其 3 岁的弟弟王家红。2010 年 7 月 15 日云南省昭通市中级人民法院对该案进行了审理，认定李昌奎构成强奸罪、故意杀人罪，认为“所犯故意杀人罪，手段特别残忍，情节特别恶劣，后果特别严重，罪行极其重大，社会危害极大，应依法严惩”，且“其自首情节不足以对其从轻处罚”，故对其数罪并罚判处死刑，剥夺政治权利终身。2011 年 3 月 4 日云南省高级人民法院二审仍认定其构成强奸罪、故意杀人罪，同时认定了“被告人具有自首情节、认罪、悔罪态度好，积极赔偿被害人家属”等情节，认为一审“量刑失重”，故对其数罪并罚判处死刑，缓期二年执行。此死缓判决遭到被害人家属的强烈抵制，被害人家属向政府和社会多方申诉，该案在网络和纸媒中被广泛报道和宣传，该案判决顿时掀起了民意的轩然大波，网上基本上是一片喊杀之声。2011 年 8 月 22 日，云南省高级人民法院再审后，认为原二审判决认定事实清楚，证据确实、充分，定罪准确，审判程序合法，但对李昌奎改判死刑，缓期二年执行，剥夺政治权利终身，量刑不当，故改判李昌奎死刑，剥夺政治权利终身，并依法报请最高人民法院核准。参见《云南省昭通市中级人民法院（2010）昭中刑一初字第 52 号刑事附带民事判决书》《云南省高级人民法院（2010）云高法终字第 1314 号刑事判决书》。

③ 参见赵秉志:《传统罪名的创新探索》，载金泽刚、张正新:《抢劫罪详论》，知识产权出版社 2013 年版，序言第 2 页。

④ 杨春洗、杨敦先主编:《中国刑法论》，北京大学出版社 1994 年版，第 214 页。

准则”实际上就是量刑的理论逻辑，也就是要遵循量刑规律。我国有关量刑的理论研究虽与犯罪论相比略显薄弱，但近年来有关量刑的著述、学说也呈现出逐渐繁荣的趋势。然而不可否认的是，大多数的量刑理论是建立在形而上的逻辑推理之上的思辨研究，并不是量刑实践经验的升华或实践问题的应对策略，因而空洞有余、实用不足。

理论来源于实践，人们通过对法律实践的接触，从中感知、总结具有共性的现象，这种由个别上升为一般的共性现象逐渐演变为经验，经验的进一步深化和提升就会成为理论。我国刑法理论研究起步较晚，当前我国法学中的理论大多来自西方法学，这种借鉴国外先进理论的模式有其自身的优势，即可以缩短自身的探索周期而直接享受这些文明成果，从而可以加速推进我国的法治化进程。然而，任何理论的背后都有自身的经验基础，由于立法模式的不同和地域文化的差异，在特定地域内形成的法律理论就存在一定的地域独特性，这种借鉴来的理论就不见得当然适用于我国的法律实践。而且由于其经验前提的特殊性，对该理论的理解和把握就会存在许多客观的障碍。加上学者主观上的忽视，误解、误用理论问题在法律实证研究中就表现得较为突出。①

所以，“中国法学要做出独立的贡献，就需要对自己本土中存在的特殊问题做出解释和回应，并通过这种对特殊问题的分析和研究，逐渐提出解决问题的思路，从而最终提出一些为西方法学所无法提出的法律思想和理论”。②尤其对于量刑而言，特殊的法律结构和司法环境决定了我国不能照抄硬搬国外的理论，应当从我国的量刑实践中挖掘自身本土化的量刑经验和规律，并将其提炼升华为具有我国地域特色的量刑理论。也正因此，对于量刑规律的认识和总结就显得尤为重要，它是所有量刑理论无法回避

① 参见陈柏峰：《法律实证研究中的“经验”》，载《法学》2013年第4期。

② 陈瑞华：《问题与主义之间——刑事诉讼基本问题研究》，中国人民大学出版社2008年版，代序言第8～10页。

的逻辑起点。

而量刑规律是对量刑经验的积累和把握，其源泉依然是量刑实践。法官是量刑活动的直接实践者，他们在各种刑事案件的办理中接触到形形色色的犯罪类型和当事人，并且在面临不同量刑因素的影响下作出量刑结果，这一过程蕴含着法官的思维、判断和感悟。如果说不同法官因各自专业技能、生活阅历、价值倾向的不同而存在量刑结果的差异，从而表现出一定的感性成分并不足为奇；对于整个法官群体来说，他们在量刑实践中形成的共性认识就不再是简单的表面“现象”，而是体现整个法官群体思想智慧的智力成果，是对量刑活动运行经验的理性共鸣。因而，量刑的规律来自于司法实践，量刑的真理只能回到量刑实践中寻找。正如杜威所言，“经验法所要求于哲学者有两件事情：第一，精炼的方法和产物应追溯到它们在原始经验中在它的全部丰富和错综复杂的状态中的来源，因而就要承认它们所产生以及它们所必须满足的需要和问题。第二，派生的方法和结论要放回到平常经验的事物中来，在它们的粗糙和自然的状态中，求得实证”。①

然而，由于对量刑研究认识上的偏差或囿于研究样本收集上的障碍，我国目前对量刑理论、量刑规律的研究尚不尽如人意。也正如有的学者所言，量刑规律的理论探究在目前的刑事法学界是一个较大的空白，几乎没有人对其进行完整意义上的理论整饬。②

可见，要真正推动我国量刑理论的发展就不得不重视对量刑实践的经验性实证研究，只有根据量刑实践的实际状况总结量刑规律，才能真正在提升量刑理论的同时反过来实现对量刑活动的指导。一方面，量刑规律是量刑活动的航标。只有在认识量刑规律的前提下，法官才能在量刑规律

---

① [美] 杜威:《经验与自然》，傅统先译，江苏教育出版社 2005 年版，第 25 页。

② 参见张训:《论量刑规律》，载《中国刑事法杂志》2010 年第 1 期。

的指引下开展量刑工作，防止出现量刑偏差或量刑失衡。而且有了量刑规律的航标，才能够准确地检测出量刑活动是否偏离轨道，继而及时进行校正而防止量刑不公。另一方面，量刑规律是量刑规范的依据。防止量刑偏差的手段无非是对量刑活动进行规范，而规范措施的制定不能违背量刑规律，因为只有符合量刑规律的规范措施才能实现良好的司法效果。

二、研究的现状

量刑偏差或量刑不公是世界各国普遍存在的问题。为了解决这一世界难题，许多国家的学者、司法机构分别进行了大量的实证研究，并提出了许多改良的方法和措施。如美国为了限制法官自由裁量权，解决量刑偏差和量刑不公问题，于 1984 年成立量刑委员会来指导量刑工作。该委员会进行了大量的实证研究，形成了大约“4 万件有罪案件的简要报告和 1 万件典型案件的详细报告”，[①]使每个罪名都有一个“量刑基准”，最终于 1987 年 4 月 13 日向国会提交了联邦量刑指南。澳大利亚在量刑改革方面开发了量刑信息系统，这种量刑信息系统是在充分实证研究的基础上由新南威尔士的司法委员会于 1986 年设计成功，系统提供了地方法院过去两年来的 170000 件案例和地区及最高法院过去六年来的 20000 件案例，以供法官搜索查询。德国学者阿尔布莱希特（H.-J.Albrecht）在对影响量刑的因素研究中，通过对法官的问卷调查，表明 70% 以上的法官会受到检察官关于量刑请求的很大影响；相反，同为诉讼程序参加者的辩护人关于量刑的请求则很少影响法官的刑罚量定。[②]阿尔布莱希特教授还在对盗窃、抢劫和强奸案件判决书的抽样调查中发现，决定行为严重程度的变量逐渐成了刑罚裁量的中心。日本刑法学者对量刑实证的研究在于量刑基准方面的

---

① 谢圣华、张娜：《统一思想求均衡，规范量刑保公正》，载《人民法院报》2003 年 12 月 26 日。

② 参见冯军：《刑法问题的规范理解》，北京大学出版社 2009 年版，第 359 页。

贡献，他们以每年正式发表的司法统计年表上标示的各种犯罪的宣告刑为素材，加以整理和甄别，确定抽象个罪在既遂状态下一般的、大致的刑罚量。在韩国，为了解决量刑合理性问题，组成了法官研究协议会，开设了有关量刑基准的调查分析专题研讨会，以此进行量刑的实证研究。在研究基础上，韩国于1995年建立了杀人犯罪、受贿犯罪、交通事故犯罪相关的全国法院量刑案例数据库。此外，韩国为了制定客观的量刑基准设立了量刑调查委员会，由这一委员会进行量刑的研究和调查，制定标准的量刑基准。①

我国国内对量刑的实证研究始于20世纪80年代中叶。华东政法大学的苏惠渔、张国全、史建三等学者主张“把量刑基准的确定同社会危害性的大小紧紧联系在一起，再辅之以现代化的定量分析方法，就使量刑基准点的确定建立在科学、合理、合法的基础之上”。②他们收集了1500余份盗窃罪刑事判决书进行统计分析，并制作了包括150个案例的问卷征询意见表，向法官征求意见。在此基础上开发完成了“盗窃罪电脑辅助量刑专家系统”，这是我国首次开始的电脑量刑研究，也是第一次使用定量分析案例的方法确定量刑基准，因而具有开创性意义。不久后，武汉大学的赵廷光教授也开始人工智能量刑的研究，并着手开发电脑辅助量刑系统。赵廷光教授从1987年开始探索量刑公正与人工智能技术的结合问题，经过16年的艰苦探索，完成了人工智能软件《辅助量刑系统》的研制，“较好地实现了量刑的公正性和透明性，从而使宣告刑具有可预测和重复验证性”。③赵廷光教授在其随后出版的《量刑公正实证研究》（武汉大学出版

① 参见［韩］河泰勋：《量刑的合理化方案》，载赵秉志主编：《中韩刑事制裁的新动向》，中国人民公安大学出版社2005年版，第21～22页。

② 苏惠渔、张国全、史建三：《量刑与电脑：量刑公正合理应用论》，百家出版社1989年版，第122～125页。

③ 赵廷光：《论“电脑量刑”的基本原理》，载《湖北警官学院学报》2007年第2期。

社 2005 年版）一书中全面系统阐明了该人工智能软件建立的基本理论与基本方法，对我国的量刑改革具有重要的启示意义。然而由于该书缺少对定量经验量刑的考察，并不属于真正意义上的实证研究成果。

此外进行量刑实证研究的学者还有顾肖荣、吕继贵、阮齐林、白建军等教授。顾肖荣教授、吕继贵教授在其主编的《量刑的原理与操作》（上海社会科学院出版社 1991 年版）一书中，在统计分析相关犯罪判决书的基础上对我国常见的犯罪种类如交通肇事罪、伤害罪、强奸罪、拐卖人口罪、抢劫罪、性方面的流氓犯罪、受贿罪、行贿罪、贪污罪等的量刑问题进行了探讨。如为了研究故意伤害罪的量刑，论者分析了 800 多份判决书，分别提出了故意轻伤的基准刑为 1 ～ 1.5 年，故意重伤的基准刑为 4 ～ 5 年。阮齐林教授在对北京市朝阳区人民检察院 1999 年度公诉案件统计分析的基础上完成了《中国刑法上的量刑制度与实务》（法律出版社 2003 年版）一书，该书将量刑实践经验与量刑理论相结合，用经验量刑结论研究量刑理论，分别探讨了我国刑法中量刑的基准、原则和政策，量刑的情节和制度以及自由刑、财产刑、资格刑的配置与裁量，还对常见罪的量刑进行了介绍。白建军教授运用实证研究方法分别对罪刑均衡、量刑公正、量刑规律等问题进行了系统研究。其《罪刑均衡实证研究》（法律出版社 2004 年版）在分析罪量、刑量及提出评价标准基础上，对 1107 个抢劫罪的罪量和刑量进行了对比分析，认为我国刑法中罪与刑可能不存在完全相关关系。《公正底线——刑事司法公正性实证研究》（北京大学出版社 2008 年版）通过对示范性案例裁判结果的测量来分析判决中的公正性问题，在应然层面上将抽象公正具体化为“同等被害同等报应”“同案同判”“裁判中立”三个方面，在此基础上研究设计了公正性检验的三个工作假设及相应的检验方案，并据此在实然层面以杀人、伤害等 7 类案件样本为数据来源，运用 SPSS 的分析工具分组测量了司法公正性的实然水平。《刑法规律与量刑实践——刑法现象的大样本考察》（北京大学出版社 2011 年版）采用经验观察的实证研究方法讨论了与量刑规律有关的问题，如实际刑事案件的刑罚轻重、盗窃罪的量刑规律、影响量刑情节幅度大小的因素等。研究发现，裸刑均值普遍低于法定刑中线，量刑情节对量刑结果的影响力大小并不一致。

与此同时，司法实务界也以规范量刑为目标进行了量刑实证研究。如早在2003年，江苏省姜堰市人民法院对三年来已审结的刑事案件进行对比分析，对27个出现频率较高的常见罪名以量化积分的方式规范了量刑幅度，并率先探索制定了《规范量刑指导意见》。不仅如此，部分法院还努力尝试借助现代信息手段，以达到量刑的区域平衡。例如山东省淄博市淄川区人民法院在总结分析了多年审结的1000多件刑事案件的基础上，借鉴专家学者开发的电脑量刑研究成果和其他法院的成果经验，制定了《常用百种罪名量刑规范化实施细则》，提出了基准刑、浮动刑和量化刑的概念，并据此开发了《人民法院电脑辅助量刑系统》，引起了广泛的关注和讨论。

抢劫罪是我国司法实践中的常见罪名之一，且是侵犯财产罪中社会危害性最大的犯罪。因而，我国学者在进行量刑实证研究中通常将抢劫罪作为罪名之一纳入研究视野。如顾肖荣、吕继贵两位教授对9种常见犯罪有关量刑的介绍中就包括了抢劫罪。阮齐林教授在对北京市朝阳区人民法院1999年度抢劫罪判决书的研究中发现：普通抢劫罪的人均刑期为53个月，被判处有期徒刑的人均刑期为55.9个月；加重抢劫的人均刑期为118.2个月，被判处有期徒刑的人均刑期为123.2个月。即无论是在基本犯罪构成还是加重犯罪构成，其刑罚量均值均低于法定刑幅度中线。[①] 白建军教授也在研究中发现，我国的裸刑均值普遍低于法定刑中线，其中：抢劫罪

① 参见阮齐林：《北京市朝阳区检察院1999年度公诉案件量刑的分析研究》，载《政法论坛》2001年第1期。

基本犯罪构成案件的裸刑均值为 47.4 个月；加重构成案件的裸刑均值为 158.9 个月。以上数据表明，除加重抢劫的裸刑均值（158.9 个月）稍高于法定刑幅度中线（150 个月）外，普通抢劫、盗窃罪、故意伤害罪、交通肇事罪、抢夺罪、诈骗罪、强奸罪的裸刑均值均低于或明显低于相应法定刑幅度中线。① 白建军教授还在对抢劫罪量刑影响因素的实证研究中发现：抢劫罪中死刑适用主要因素依次是：是否为主犯、是否造成被害人死亡结果、案值大小；无期徒刑适用主要因素依次是：是否造成被害人死亡、未成年人、累犯、主犯、案值大小；有期徒刑适用主要因素依次是：被害人死亡、案值大小、被害人重伤、从犯、自首、未遂、累犯、未成年。② 山东省威海市中级人民法院在调研中发现，在抢劫犯罪案件中，普通抢劫犯罪占抢劫案件总数的 66.7%，绝大部分被告人被判处有期徒刑，人均刑期为 56.4 个月。其中在量刑上适用缓刑的比较少，仅占总数的 5.4%。加重抢劫犯罪占抢劫案件总数的 33.3%，所有被告人均被判处有期徒刑以上的刑罚，同时并处罚金。③

另外，在中国期刊网全文数据库输入篇名“抢劫”并含“量刑”的检索结果显示：从 1979 年至 2017 年共有文章 7 篇。而以相同检索条件在博硕士论文数据库检索的结果显示：从 1979 年至 2017 年仅有文章 5 篇，其中博士论文 0 篇，硕士论文 5 篇。从现有研究情况来看，对抢劫罪量刑问题的研究涉及抢劫罪量刑规律的寻找和量刑均衡的探索，对准确把握抢劫罪量刑规律和有效实现量刑均衡具有一定的现实意义。然而，由于有些研究在分析方法或者样本选取等方面存在一定问题，且研究缺乏系统性，因

① 参见白建军:《刑法规律与量刑实践——刑法现象的大样本考察》，北京大学出版社 2011 年版，第 182 ~ 194 页。

② 同上书，第 126 ~ 143 页。

③ 参见山东省威海市中级人民法院:《关于刑事案件量刑中贯彻罪刑相当原则的调研报告》，载《山东审判》2007 年第 3 期。

而研究成果有待进一步推敲或深入。如首先，多数研究的样本选取方法较为随意，要么缺乏代表性，要么不符合统计学一般要求。而样本是实证研究的基础，一旦样本选取出现问题，那么建立在样本基础上的研究结论就难以成立。其次在研究分析方法上，大多数研究并没有借助统计分析工具，而是通过简单的目测和手工计算得出结论，而实际上样本统计是一项十分复杂的运算活动，离开相关计算工具进行的简单分析是很难发现量刑规律的，即使得出有关结论也较为粗浅。最后在研究内容上，目前的研究大多就量刑中的某一或几个方面进行，没有对所有可能涉及的因素进行全面分析。如在实际量刑过程中，除了受到量刑情节的影响以外，还可能受到事实以外的非合理因素的影响，而这些方面在目前的量刑实证研究中仍然是一个空白，这便导致实证研究缺乏系统性，容易“只见树木不见森林”导致片面性认识。与此同时，大多数研究并没有针对量刑实践状态提出有效而具体的量刑规范措施，使实证研究缺乏实用性。所以，针对目前抢劫罪量刑研究现状，有必要在有效选取样本的基础上，运用统计分析工具对实践中的抢劫罪量刑情况和影响因素进行全面分析，以便发现实际量刑中存在的问题，并采取针对性措施加以完善。

三、研究的罪名

量刑实证研究离不开对具体犯罪实际判决情况的分析，因而必须将具体犯罪的量刑情况作为研究对象。而我国刑法中的罪名数量已达四百余个，要在一次研究中将全部罪名纳入研究视野显然是不现实的。为此，本书基于以下理由确定了抢劫罪作为研究罪名：

1. 抢劫罪是刑法中的普通罪名。通过考察各国的法律史便不难发现，抢劫罪是一个古时就有并且一直延续到现代文明社会的罪名。战国时期李悝所著的《法经》是我国历史上第一部比较系统的成文法典，盗法位于“六篇”之首，其中的“盗”不仅包括窃取他人财物的行为人，同时还包括公然抢劫的行为人。[①] 此罪从三国时期开始演变为强盗罪，其称谓一直延续到清末至民国时期。新中国成立后，强盗罪的罪名才最终被抢劫罪取代。从域外法的历史来看，无论是大陆法系还是英美法系，抢劫罪（强盗罪）都是较早出现且延续至今的普通罪名。如 1810 年《法国刑法典》第 381 条关于盗窃罪的规定中，就将“以暴行或恐吓使用武器而窃盗者”作为盗窃罪的情况之一。1872 年施行的《德国刑法典》在第 2 章“罪及刑”第 20 节，则以专节的形式规定了强盗罪。1916 年颁布的《英国窃盗法》明确地对“抢劫”罪行规定了极其严厉的刑罚。1910 年《美国联邦刑法典》通过第 463 条和第 481 条分别规定了强盗罪和海盗罪。

选择普通罪名而非特定地域、特定时期适用的罪名进行研究，能够在更广的时间跨度和地域内进行对比分析，其研究结论也具有更广泛的参考价值。

2. 抢劫罪是一个常见多发罪名。侵犯财产权的犯罪中，抢劫罪是社会危害性最大，也是 1997 年刑法实施后发案率最高的犯罪之一。从某市中级人民法院的统计报表来看，抢劫罪所占各类犯罪的比例高达 25%。[②] 有资料显示，北京市朝阳区人民检察院 1999 年提起公诉的案件中故意伤害罪和抢劫罪之和约占全部案件的 1/3。[③] 另据统计发现，山东省威海市两级法院 2005 年度共审结刑事一审公诉案件 1720 件，涉 2523 人。其中，排在前五位的分别为盗窃、故意伤害、抢劫、交通肇事、寻衅滋事犯罪案件。[④] 而且抢劫罪也是青少年犯罪中的常见多发罪名。据报道，2011 年至 2013 年，北京市通州区人民法院共审结各类未成年刑事案件 122 件，青少

---

① 参见李克非:《盗窃罪的立法沿革与比较研究》，载《政法论坛》1997 年第 3 期。

② 参见彭卫兵:《在法定与认定之间——以抢劫犯罪为例研究量刑均衡》，载《人民司法》2005 年第 7 期。

③ 参见阮齐林:《中国刑法上的量刑制度与实务》，法律出版社 2003 年版，第 212 页。

④ 参见山东省威海市中级人民法院:《关于刑事案件量刑中贯彻罪刑相当原则的调研报告》，载《山东审判》2007 年第 3 期。

年犯罪主要集中在财产型犯罪，占全部案件的 72%，其中盗窃罪、抢劫罪所占比例近 47%。[①]

选择常见多发罪名进行实证研究，也就是对实践中较大比例案件的量刑情况进行考察，从而更容易发现量刑实践中的普遍性问题，也能通过研究实现更多案件的量刑均衡。同时，从研究的便捷性考虑，这类案件的数量多，更容易获取研究素材，能够减少许多不必要的研究障碍。

3. 抢劫罪是一个典型性罪名。我国刑事立法与德日等大陆法系国家的立法不同，大陆法系国家的立法采取“立法只定性”的罪状表述模式，即只将特定的行为类型作为刑事处罚的对象，而不确定具体的“量”。我国则采取“立法既定性又定量”的模式。即既有行为类型的规定，又有量化要素的规定。量化要素也是决定刑罚轻重的重要依据，因而是量刑实证研究中最主要的考察变量。在量化方式上，我国刑法分则规定的罪名一般属于“数额犯”或“情节犯”两种类型。抢劫罪是一种既侵犯财产权利又侵犯人身权利的犯罪，衡量财产权利所受侵害程度的指标表现为财产数量的多少，即数额犯；对人身权利的侵犯则通过伤害程度来体现，即情节犯。因而，抢劫罪是一个兼具数额与情节两种属性的犯罪类型，在整个刑法罪名中具有独特的典型性和广泛的代表性。

由于抢劫罪的自身特点，决定了量刑研究必然涵盖“数量”和“情节”两方面变量的统计分析，其研究结论也必然对其他更多罪名的量刑产生借鉴效果。

4. 抢劫罪容易出现量刑偏差。从抢劫罪的规定来看，其法定刑从三年以上十年以下有期徒刑到十年以上有期徒刑、无期徒刑或死刑，是我国刑法中法定刑幅度最大的罪名之一。就具体犯罪来说，如果存在减轻处罚情节的，其宣告刑还有可能被减轻到三年以下有期徒刑，因而抢劫罪的量刑

① 刘可：《青少年犯罪近半集中在抢劫盗窃》，载《北京日报》2014 年 5 月 22 日。

结果几乎涵盖了所有的刑期和主要的刑种。这就意味着法官在实际量刑时具有更大的自由裁量权。据英国剑桥大学教授安德鲁艾什沃思的分析，"主观的量刑失衡多发生在法律赋予法官在量刑方面过宽的自由裁量权，而没有对量刑目标和量刑原理作出清楚规定的场合"。[①] 这便为抢劫罪量刑失衡创造了可能。

量刑实证研究的最终目的是消除量刑失衡，所以选择较容易产生量刑失衡的罪名进行研究，将具有更大的实践价值。

对抢劫罪的量刑问题进行实证研究，必须明确研究的具体内容。这里首先必须明确量刑的定义。我国通说认为，"刑罚裁量，又称量刑，从动态意义上讲，是指人民法院在定罪的基础上，依法确定对犯罪人是否判处刑罚、判处何种刑罚以及判处多重刑罚，并决定所判刑罚是否立即执行的审判活动。从静态意义上讲，是指人民法院上述活动的结果。刑罚理论上研究的量刑通常是指动态意义上的"。[②] 因而，从量刑的定义来看，量刑活动所要解决的问题主要包含是否判处刑罚、判处何种刑罚、判处多重刑罚和对所判刑罚是否立即执行等内容。这里的是否判处刑罚，即指是否免除处罚的问题。如果免除处罚，就不需要对被告人进行刑罚处罚，量刑活动即告终止，否则，则需要继续后续的量刑活动。判处何种刑罚，即指选择判处何种刑种。我国刑法规定了主刑和附加刑，对抢劫罪而言，所规定的主刑包含有期徒刑、无期徒刑和死刑，而附加刑则规定了罚金和没收财产，而且根据刑法总则的规定，抢劫罪的附加刑还可以判处剥夺政治权利。判处多重的刑罚，即指对确定的刑种进行轻重裁量。由于无期徒刑和死刑是类别变量，不存在裁量空间，因而这里的判处多重的刑罚主要针对作为主刑的有期徒刑和附加刑而言的。是否立即执行，即指是否适用缓刑

① 杨志斌:《中英量刑问题比较研究》，知识产权出版社 2009 年版，第 13 页。

② 高铭暄、马克昌主编:《刑法学》，北京大学出版社 2011 年版，第 250 页。

的问题，包括自由刑的缓刑和死刑的缓期执行。同时，上述量刑问题的解决，是法官根据案件具体情况进行的，也就是说，是在有关影响因素的作用下开展的量刑活动。如法官根据犯罪行为的社会危害性大小决定刑罚的轻重，根据被告人人身危险性的大小考虑是否适用缓刑等。因此，对抢劫罪量刑问题的实证研究，其内容实际上就是考察相关因素对刑罚裁量活动的影响情况。

所以本书对抢劫罪量刑的研究内容主要是作为主刑的有期徒刑、无期徒刑和死刑的量刑情况，作为刑罚执行方式的缓刑适用情况和作为附加刑的罚金、没收财产、剥夺政治权利量刑情况。从具体的影响因素来看，主要存在犯罪事实、量刑情节、主体性情况和程序方面的因素，因而在具体研究中就要考察上述因素分别对主刑和附加刑量刑的影响情况。

四、研究的实施

（一）选取样本

1. 样本范围。从地域上看，抢劫罪是一种包含“数额”和“情节”两种类型量化要素的罪名。根据刑法规定，虽然抢劫罪成立不需要达到一定数额的财产侵害要求，但是抢劫数额巨大是判处 10 年以上有期徒刑、无期徒刑或者死刑的情形之一。而根据《最高人民法院关于审理抢劫刑事案件适用法律若干问题的指导意见》（法发〔2016〕2 号）第 2 条第 3 项的规定，认定“抢劫数额巨大”，参照各地认定的盗窃罪数额巨大的标准执行。同时，根据《最高人民法院、最高人民检察院关于办理盗窃刑事案件适用法律若干问题的解释》（法释〔2013〕8 号）规定，各省、自治区、直辖市高级人民法院、人民检察院可以根据本地区经济发展状况，并考虑社会治安状况，确定本地区执行的“具体数额”标准，报最高人民法院、最高人民检察院批准。由于各地经济发展水平不均衡，制定的数额标准并不统一，甚至相差较大。在这种情况下如果进行跨省市的样本选择，很可能因量刑标准的不统一造成结果比较上的混乱。所以，为了保证考察标准的统一性，有必要对主要影响因素的考察限定在一个地域范围内。为此，本书将北京市作为地域样本的主要来源地。

从我国的实际情况来看，由于地域范围的广阔性，不同地区存在诸如社会文化、思维方式的差异，而这种差异往往又会在一定程度上影响着法官对抢劫犯罪案件的裁判。所以，为了研究量刑活动中可能存在的地区差异又有必要将实证研究的样本范围进行扩大，尽量收集能够反映全国不同地区量刑特点的样本进行研究。为此，本书根据经济发展和地区特点的不同，将全国划分为东部地区、中部地区和西部地区，[①] 分别对三个地区的量刑样本进行对比分析，以期发现量刑活动中的地区差异状况。

2. 样本时段。样本时段是作为研究素材的抢劫案件的时间跨度。为了客观全面地反映我国抢劫罪的实际量刑情况，同时考虑到实证研究的便利，本书首先将来自全国三大地区的样本时段确定为 2016 年，但对于北京地区的样本时段则确定为 2000 年至 2011 年共 12 年的跨度。主要理由是:

（1）刑法实施的情况。我国现行刑法是 1997 年 3 月 14 日修订，1997 年 10 月 1 日正式开始实施的。而本研究选取的 12 年跨度涵盖了我国现行刑法实施的大部分时段，能够较好地反映刑法实施的整体情况。同时，2000 年至 2011 年间的 12 年是抢劫罪刑事立法相对稳定的时期，影响量刑的基本因素没有大的变化，便于对比分析不同年度的量刑情况，从而寻找可能影响量刑的其他因素。

（2）量刑标准的变化。据前文所述，抢劫罪数额巨大的标准要参照盗窃罪的数额情况来执行。而北京市关于盗窃罪“数额巨大”的标准经历了

① 我国传统的地区划分包括华北地区、东北地区、华东地区、华中地区、华南地区、西南地区和西北地区。这里的东部地区包括华北地区、华东地区和华南地区，中部地区包括东北地区和华中地区，西部地区包括西南地区和西北地区。

如下几次变化：1998年7月1日，北京市确定数额巨大的标准是10000元；2012年3月1日，北京市确定数额巨大标准是20000元；2013年4月7日，北京市确定数额巨大为30000元；2013年6月28日，北京市确定数额巨大标准为60000元。即自1998年“数额巨大”的标准被确定后，从2012年开始出现变化，且变化频率较大，极不稳定。这种情况下，抢劫罪的量刑情况从2012年开始出现多次波动，不利于年度间的量刑比较。因而不适于选取样本进行研究。

（3）刑事政策的影响。在司法实践中，刑事政策对审判活动具有直接的导向作用。自20世纪80年代以来，我国先后经历了三次“严打”斗争，有力地震慑了犯罪。其中，2001年4月到2002年底开展的第三次“严打”和2002年的打击“两抢”活动正好处于1997刑法实施以后。一般来说，“严打”具有“快审、严判”的特点，且抢劫罪历来属于“严打”的重点。将样本时段的开始时间确定为2000年，不但能够较好地了解“严打”期间的实际量刑情况，而且可以将“严打”开始之前的量刑与“严打”期间的量刑进行对比，以期发现刑事政策对量刑结果的影响程度。

（4）量刑规范的施行。为了规范量刑活动、避免量刑偏差，全国法院正在实施的量刑规范化制度于2010年开始在全国试行，2014年1月1日正式实施。实际上，在这之前的2008年，最高人民法院就开始在全国的部分法院进行量刑规范化试点，北京市海淀区法院作为试点法院之一较早地在抢劫罪量刑中进行了规范。在这种情况下，将2011年作为样本时段的结束时间，包含了量刑规范化开展后的抢劫罪量刑样本，便于对量刑规范化制度的实践效果进行研究。

3. 样本类型。关于北京地区的样本，从2000年至2011年共12年的全市法院抢劫罪刑事判决书样本共有15000份左右。考虑到短时间内难以完成全部判决书样本的统计分析，且某些区县的案件情况和审判特点存在一定程度的相似性，所以本书对全市法院的抢劫罪刑事判决书样本进行了筛选。为了使筛选出的判决书样本处于合理的范围内，又能够反映北京市抢劫案件的量刑情况，本书将基层法院审理的样本划分为三个类型，再根据各个类型的特点选择具有代表性的区县作为该类型的样本。而对于中级法院审理的样本，考虑到样本较为集中且数量有限，所以没有进一步划分类型，包括了 2000 年至 2011 年所有中级法院审理的全部抢劫罪刑事判决书。基层法院样本的具体情况是：

（1）中心城区样本。北京市原有四个中心城区，即西城区、东城区、崇文区和宣武区，2010 年 7 月后，崇文区与东城区合并为新的东城区，宣武区与西城区合并为新的西城区，因而现在的东城区与西城区实际上包括原来的四个城区。中心城区地处首都核心功能区，这里地域位置重要且经济发达、社会相对稳定，同时，该处法院的审判机制较为成熟，因而中心城区的样本具有典型的城市特色。鉴于中心城区地域范围小，案件数量相对稳定，为了保证研究的客观性，将全部样本纳入了研究对象。

（2）接合部区样本。城乡接合部包括海淀区、朝阳区、丰台区和石景山区。城乡接合部地区的特点是经济社会发展快，外来人口居多，因而发案率较高，犯罪类型多样。同时，这里的审判机构也处于快速发展过程中，人员更新快、审判机制不断调整，所以城乡接合部地区具有典型的新城发展特点。然而由于该地域的案件数量最多，对全部样本进行研究缺乏现实性，考虑到各区情况相对差别不大，本书在研究中只选择了案件数量最多的海淀区作为样本来源地。

（3）远郊区县样本。郊区县包括门头沟区、房山区、大兴区、通州区、平谷区、顺义区、昌平区、怀柔区、密云县和延庆县。这些地区距离城区相对较远，基础设施较差，发展程度相对落后，而且这里的人口相对稳定，案发率也最低。近年来，虽然近郊区如顺义、昌平、大兴、通州发展较为迅速，某些方面呈现出与接合部地区相似的特点，但远郊区在很大程度上仍具有明显的自身特色。同样，为了研究的便利性考虑，本书在研究中选择了北京市最东端的平谷区和最西端的延庆县作为该类型样本的来源地。

具体样本类型情况如表 0-2 所示：

表 0-2 北京市抢劫罪刑事判决书样本分布情况

单位：份

年度	中心城区			接合部区	远郊区县			中院	总计
	东城	西城	小计	海淀	延庆	平谷	小计	—	—
2000	88	45	133	132	18	20	38	63	366
2001	116	97	213	269	39	19	58	123	563
2002	75	92	167	284	23	22	45	107	603
2003	63	78	141	230	19	13	32	92	495
2004	74	112	186	272	26	11	37	69	564
2005	77	90	167	309	25	15	40	88	604
2006	70	86	156	369	14	24	38	78	641
2007	58	66	124	380	12	23	35	76	615
2008	42	50	92	220	24	13	37	57	406
2009	30	35	65	185	19	29	48	39	337
2010	23	27	50	139	11	10	21	40	250
2011	22	22	44	95	10	4	14	35	188
总数	—	—	1538	2884	—	—	443	867	5732

关于全国三大地区的样本。抢劫罪是一个常见多发罪名，各地法院审理的抢劫犯罪案件数量也是相当可观。如从 2016 年 1 月 1 日至 12 月 31 日，发布在中国法院裁判文书网上的抢劫罪一审刑事判决书的数量就达到了 7002 份。为了研究的便利，并尽可能反映全国不同地区的量刑差异，本书同样采取了地区抽样的方式选取样本。通过代表省市作为样本来源地，能够避免随机抽样可能造成的类型过于集中和量刑风格过度分散，从而有利于保证案件类型的多样性和量刑风格的一致性，最大可能地反映出不同地

区的量刑特点。具体来说，将北京市、山东省、广东省作为东部地区的代表省市，将黑龙江省、河南省作为中部地区的代表省份，将重庆市、陕西省作为西部地区的代表省市。[①] 同时为了保证统计分析效果，尽量从不同代表省市选取的样本数量接近一致，共计收集到 1518 份代表性刑事判决书（详见表 0-3）。

表 0-3　全国范围内抢劫罪刑事判决书样本分布情况

单位：份

地区类别		代表省市	基层法院	中级法院	小计
东部地区	华北	213	606	100	706
	华东	311			
	华南	182			
中部地区	东北	164	381	61	442
	华中	278			
西部地区	西南	198	310	60	370
	西北	172			
总计	—	—	1297	221	1518

（二）建立数据库

实证研究的基础性工作是建立数据库，即提取研究样本中的有效信息，通过一定的数据形式表述出来，形成信息体系。建立数据库一般需要三个步骤的工作：一是收集样本，二是设计变量表，三是录入数据信息。

1. 收集样本。刑事案件的判决书一般包括被告人的个人情况、案件事实和证据、控辩双方的意见、刑罚裁量的法定与酌定情节和判决结果等信

① 北京市、山东省和广东省分别作为东部地区华北、华东和华南的代表省市；黑龙江省和河南省分别作为中部地区东北、华中的代表省份；重庆市和陕西省分别作为西部地区西南、西北的代表省市。

息。因而有关案件量刑的信息主要集中在判决书中，收集判决书就成为了样本的主要来源。如根据前文的介绍，本书在研究中收集到了反映北京市12年量刑情况的5732份抢劫罪一审刑事判决书和反映全国不同地区量刑情况的1518份抢劫罪一审刑事判决书。需要说明的是，对于北京地区样本在收集过程中除了按照北京市区县特点确定了样本类型外，在对三个类型地区的样本收集过程中没有进行抽样，即对选定地区的判决书进行了全部收集，防止因抽样误差而影响样本的代表性。

2. 设计变量表。设计变量表是建立数据库过程中的关键环节，因为变量表设计的科学与否，直接关系到分析结果的成败和研究目标的实现程度。在设计时既要考虑有关量刑因素的法律规定，保证依据充足，还要考察判决书中所承载的信息情况，即不能超出现有的信息范围而任意设计变量。在研究中通过浏览判决书和考察实际办案情况，将判决书中可能影响量刑的因素归为三大类，分别是程序性因素、主体性因素和客观性因素。程序性因素是与案件事实和被告人个体没有任何直接关系的因素，如审理的年份、适用的程序、羁押状态等。这些因素实际上并非量刑情节，因为量刑情节须“符合刑罚根据要求”，即为“表明行为的社会危害性程度和行为人的人身危险性程度”。① 而上述因素既不反映犯罪行为的危害程度，也与被告人的主观恶性或人身危险性无关。但是即便如此，其在实践中仍然可能影响量刑结果。主体性因素包括体现被告人主观恶性或人身危险性程度的因素和自然情况因素，前者如自首、立功、认罪、退赃等，后者如年龄、户籍、职业等身份情况。身份情况虽然不能反映被告人的主观恶性或人身危险性，但也有可能影响法官的量刑判断。客观性因素包括犯罪对象、行为方式、行为后果等方面的因素，这些因素一般从不同角度体现出犯罪行为的社会危害程度，对刑罚裁量具有重要参考价值。

---

① 中国人民大学法学院刑法专业编:《刑事法专论》(下卷)，中国方正出版社1998年版，第940页。

3. 录入数据信息。录入数据信息就是根据调查表确定的变量，从判决书中提取相关的信息，然后将该信息转换成数字符号（具体转换方式见附录），分别标注在同一文档中，以便采用统计学软件进行识别和计算。

（三）研究方法

量刑活动的开展离不开司法经验的有效指导。而这里的司法经验不是某个法官的审判经历或做法，而是整个法官群体集体智慧的结晶，也是一种集体经验。这种集体经验不同于个体经验，其优点在于，不具有个体因偏见或冲动而产生的任意性，它是经过抽象升华后的理性认识，是一种体现司法规律的稳定做法。进行量刑研究的一项重要任务就是寻找隐藏在大量案件背后的司法经验，形成对量刑活动的规律性认识，以便反过来指导量刑实践和避免量刑偏差和量刑不公问题。可见，对于司法经验的研究并非传统的从一般到个别的思辨研究所能胜任，必须求助于从个别到一般的实证研究方法来进行。

从历史渊源上看，法律实证研究是其他学科实证研究方法向法律研究的移植，是借助实证研究方法改造法学传统研究模式的一种方式。① 实证研究有别于常见的价值分析研究方法，它不是求助于形而上的“应然”的理论推理，而是关注实践中“实然”的事实状态如何，即从现实的司法实践中寻找答案，并要求这种答案具有可证实性。因而所谓实证研究，“就是通过多种渠道和方法收集经验事实，并且按照既定步骤，采用特定方式对这些材料进行分析、推理以检验命题或者建立理论学说的科学方法”。② 这种研究方法将经验事实作为研究的起点，通过选取一定数量的代表性案例作为研究样本，根据研究目的提取样本中的有效信息进行统计、分析，

---

① 参见白建军:《论法律实证分析》，载《中国法学》2000 年第 4 期。

② 樊崇义、夏红:《刑事诉讼法学研究方法的转型——兼论在刑事诉讼法学研究中使用实证研究方法的意义》，载《中国刑事法杂志》2006 年第 5 期。

以求揭示隐藏在这些案件信息中的司法规律，并最终得出研究的结论。在实证研究过程中，经验事实隐藏在作为研究样本的大量案件中，对经验事实的整理、分析和推理实际上就是对司法经验的抽象、升华。所以，实证研究方法能够总结出大多数法官在司法实践中的共性认识和一致性做法，这其实就是司法经验，然后将其形成具有代表性的数据信息体系，从而形成集体智慧。实证研究有助于我们发现已存的合理规则。

关于量刑实证研究中的研究范式，一般存在实在论与建构论两种不同思路的选择问题。实在论强调外部世界或者认识对象独立于人的主观认识而客观存在，人类对于外部世界或认识对象的研究实际上就是对这一客观实在的真实描述。因而就量刑中司法经验的研究而言，在实在论看来，司法经验是真实而客观存在的，量刑研究的过程就是站在价值中立的立场上探求这一司法经验的应然状态，从而实现逻辑上的一致性。建构论则主张，作为认识对象的事实不只是自身存在的问题，它还包含了人对事物的主观认识，将这种认识返回所认识的对象，通过解释和推论来形成自己的认识结论。对事物的观察由于视角的不同往往会发现事物不同的“侧显”，在事实建构中对事实的把握除却事物的“侧显”以外，在体验的过程中运用提高记忆、想象等手段，目光在实显的和非实显的事物之间流转，逐渐地揭开事物现象的面纱发现本质，即在体验的过程中主体意识强加于事物发生作用，在此作用中意识既可能揭示本质也可能改造事物本身及其现象。① 所以在建构论看来，研究量刑中的司法经验并非对其本性的揭示，而是研究者主动将其“诠释”成某种样态。如果依据建构立场，那么量刑结论是伴随量刑思考过程而一并生成的，待生成“量刑结论”后，再经历法律论证将其表述为是合理的；如果依据实在论立场，那么量刑结论是经

① 参见［德］胡塞尔:《纯粹现象学通论：纯粹现象学与现象学哲学的观念》(第一卷)，李幼蒸译，商务印书馆 1992 年版，第 181 页。

过一系列思维的探索而发现的，只要叙明探索过程的理性即可保证量刑结论的合理。[①]

显然，按照建构论的观点，量刑实证研究中司法经验的发掘应当通过建构方式进行的立场并不符合实际。因为量刑中的司法经验本身就是法官群体在对事实和法律理性认识基础上形成的结论，如再对这种结论进行解释、推理显属多余。再者，如果再对实践中的司法经验进行建构，那么建构的标准从何而来，这必然又陷入了循环“建构”的泥潭而难以自拔。所以，量刑实证研究应当坚持实在论的立场。

① 参见李安：《量刑实证研究的方法论检视：从实证观念到实证技术》，载《中外法学》2009 年第 6 期。

第一章 抢劫罪量刑样本的整体考察

第一节 抢劫罪量刑样本情况

一、样本数量情况

由于本书所收集的北京地区样本是所选代表区县的全部案件，因而样本的数量就代表了该区县的全部抢劫案件发案数。然而，由于地区差异和年度变化的影响，样本数量存在横向间的地区差异和纵向间的年度差异情况。与此同时，全国范围内的样本也来自代表地区，尽管在收集过程中尽量保持数量上的一致性，但也难以避免地表现出了数量差别。

（一）样本的地区差异

根据样本数量情况，北京市的中心城区、接合部区和远郊区县之间的抢劫案件发案数量存在明显的不平衡性。虽然中心城区包括东城、西城两个城区，远郊区县也包括平谷和延庆两个区县，但其数量与作为接合部区代表的海淀区相比存在极其明显的差别，即使将中心城区与远郊区县两个样本类型的数量加在一起也赶不上接合部区的数量。总体来看，接合部区的数量最多，其次是中心城区，最少的是远郊区县。而就全国的情况而言，上述地区差异同样存在，而且差异程度更大。这一现状可能缘于以下几个因素的影响：

1. 经济发展水平。一般来说，经济发展水平提高有利于抑制犯罪率增高。然而，经济的发展同时提高了人财物的流动，却又给财产犯罪增加了更多的犯罪机会，一旦其他诱发犯罪的因素增加，便会为这类犯罪的增加提供了便利。实证研究的结果表明，经济发展只是减少犯罪的必要而非充分条件。即使 GDP 高速增长，社会财富总量不断增加，经济发展对犯罪的抑制效应也可以完全被贫富差距的扩大所抵消。抢劫犯罪属于财产犯罪，其必须以一定的财产作为目标，经济发展水平较高的地区，其财产流动必然高于经济欠发达地区，财产的高频率出现必然会对抢劫案件的发生产生刺激作用，进而这类案件的频繁发生也就不足为奇。在北京市的三个类型地区中，远郊区县的经济发展水平显然远远低于中心城区和接合部区，其抢劫案件的发案率不高与之存在密切联系。全国范围内的案件数量也体现了这一特点，即东部地区、中部地区和西部地区的抢劫案件数量与与之对应的经济发展水平呈现出相一致的变化趋势。

2. 人口流动状况。抢劫案件除了少部分是入户抢劫的以外，其绝大部分是针对行人实施的，因而在人口流动较多的地区，抢劫案件的发案率便会存在增多的趋势。另外，抢劫案件的犯罪人多为经济较为贫困的无业人员，他们大多属于人口流动大军中的一员。据有关统计，外来流动人员特别是城郊农民实施的抢劫、抢夺犯罪占抢劫、抢夺犯罪总数的 70% 以上。[①] 在本研究的样本统计中也大致存在相同的情况，如在统计的北京市案件中，外地户籍人员就达 70.3%；在全国范围的样本中，外

---

① 参见刘贵萍、司廷俊:《对当前抢劫、抢夺犯罪的分析》，载《福建公安高等专科学校学报》2003 年第 2 期。

地户籍人员占61.1%。而在北京市三个类型地区中，接合部区的外来人员最多，这里地处城郊，房租等生活成本低于城区，且进城务工较为便利，因而这里聚集了大量的外来流动人员，同时也成为影响这一地区稳定的不安定因素。

3. 社会防控因素。抢劫是一种针对被害人公然使用暴力并当场劫取财产的行为，基于这一犯罪的本身特点，其多发生在较为隐蔽且易于逃脱的地点。中心城区多为繁华商贸地带或中央机关所在地，人员较为密集，且安保力量较强，具有较强的社会防控手段，因而在这一地区实施抢劫不易于逃脱。而接合部区则不同，虽然这里的人员流动也较多，但远未达到中心城区的密集程度，而且接合部区城乡混杂，社会防控手段薄弱，实施抢劫行为后很容易逃避追击。例如，尾随抢劫案件，犯罪分子多选择阴暗偏僻、交通复杂的地方作案，以便作案后易于逃跑。[①] 另外，远郊区县虽然也没有较强的社会防控力量，但是此处的楼房等基础设施较少，道路也相对单一，实施犯罪后难以隐藏和逃脱追击，因而也不便于抢劫作案。所以，抢劫案件主要集中在中心城边缘区和近郊区，中心城核心区和远郊区县则相对具有较低的发案率。

（二）样本的年度差异

从北京市法院样本的纵向年度数量来看，无论是各个类型样本还是全样本，都存在年度间的数量起伏。从具体年度变化来看，2001 年和 2002 年的抢劫案件数量突然增长，如中心城区和远郊区县的案件数量分别达到了峰值 213 件和 58 件，然后开始明显下降。继而从 2004 年又开始反弹，直到 2006 年达到了全样本的最高峰 563 件，接合部区到 2007 年达到了最

① 参见曹晓宝:《尾随抢劫犯罪案件的特征及其侦查对策》，载《吉林公安高等专科学校学报》2006 年第 3 期。

高峰 380 件。然后，案件数量再次下滑，且下滑趋势一直延续到 2011 年，如图 1-1 所示。

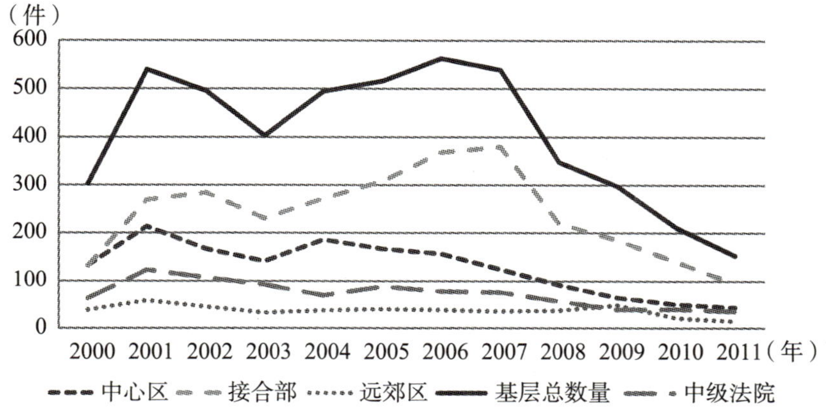

图 1-1　北京市法院样本的年度分布

对此可作如下解释：

1. 刑事政策影响。样本出现的年度差异，皆为刑事案件难以避免地受到刑事政策的影响所致。我国从 2001 年 4 月到 2002 年年底开展了全国第三次"严打"斗争，而打击"两抢"也成为这次"严打"的重要内容，从重从快惩处了一大批严重危害社会治安的犯罪分子。由于"严打"政策的推行，必然加大了案件侦破力度，从而使这一时期的抢劫案件数量猛增，甚至达到了样本时段的高位数值。同样，"严打"带来了短暂的社会安定，使 2003 年的案件数急剧下降。但这次"严打"与前两次"严打"一样，犯罪率很快出现反弹，因而抢劫案件数量从 2004 年开始增长正是"严打"的后续效应。如我国 1983 年的首次"严打"，在持续不到两年的犯罪率急剧下降后，从 1985 年也开始反弹。①

2. 社会防控加强。从 2006 年、2007 年以后，北京市的抢劫案件重新

① 参见魏平雄、赵宝成、王顺安主编：《犯罪学教科书》（第 2 版），中国政法大学出版社 2008 年版，第 303 页。

出现了下降的趋势，这主要是社会防控力量加强所致。为了迎接2008年北京奥运会，北京市从2006年、2007年就开始加强了社会防控管理，采取了一系列管理措施消除了治安犯罪隐患，使包括抢劫在内的治安犯罪得到了有效治理。正如北京市公安局相关负责人介绍，“市民安全感指数是北京治安的民意反映。2008年的指数为5年来最高，达到93.5%，这和奥运会期间各方面安保工作的加强有关”。同时在2009年，北京环城带的城乡接合部地区，朝阳、顺义等9个公安分局陆续建成派出所中心警务站53个，配备警力177人，通过摸排出租房屋情况，加强对城乡接合部的安全防范，确保一方地区平安。2010年以来，北京市公安局先后推出中心警务站、“平安北京”微博等便民利民举措共计3900余项。八类危害严重案件（放火、爆炸、劫持、杀人、伤害、强奸、绑架、抢劫）占发案总量比，从2007年的12.1%降至2011年的6.9%，2012年上半年该比率为6.6%。[①] 另外，近年来作为技防手段的视频监控也得到了很大应用，视频监控可以有效预防抢劫犯罪案件的发生，特别是在沿街及重点场所周围，能够打消一部分潜在犯罪人的犯罪意图。

3. 犯罪发展趋势。从当前犯罪发展趋势来看，智能型犯罪越来越多，而具有“原生态”特点的抢劫案件呈现逐年下降趋势。如根据中国社会科学院《法治蓝皮书（2012）》的分析：全国杀人、抢劫、爆炸等严重暴力犯罪明显下降，人民群众反映强烈的电信诈骗、有毒有害食品药品和拐卖儿童妇女等犯罪明显减少，根据对2011年中国居民生活质量的调查，2011年群众安全感保持稳定，社会治安安全感指数与2010年持平。[②] 而且在世

① 参见刘珍妮：《北京市民安全感5年均超91%　杀人抢劫等案件下降》，载《新京报》2012年6月29日。

② 参见余瀛波：《蓝皮书分析2011年犯罪形势严重暴力犯罪明显下降群众安全感持续上升》，载《法制日报》2012年3月20日。

界范围内都呈现出这种趋势。[①]

二、抢劫犯罪情况

从收集的样本情况来看，北京市抢劫犯罪存在以下两个明显的特点：一是未成年和外地户籍的犯罪主体所占比例较高，二是共同犯罪现象尤为突出。全国范围的抢劫犯罪除了未成年比例略低以外，其余均与北京市保持一致。因未成年人属于法定从宽处罚情节，而户籍差别可能影响量刑时的刑罚执行方式选择，共同犯罪中的主从犯认定直接关系到刑罚轻重的衡量。所以，应当在量刑过程中重视对上述特点的考察。

（一）犯罪主体特点明显

犯罪主体既是犯罪行为的实施者，也是刑罚措施的承受者。因而犯罪主体的特点不但影响到犯罪事实的评价，还关系到刑罚措施的选择。抢劫犯罪主体存在以下两个明显特点：

1. 外地人员占绝大多数。北京市是一个外来人口较多的城市，外来人口在北京市的人口中占有相当规模。具体到抢劫罪的犯罪主体来说，外地人员的数量已经远远超过了本地人员数量，使北京市的抢劫罪成为一个

---

① 如韩国《2012年犯罪统计》显示，从六种指数罪案（index crime：杀人、抢劫、强奸猥亵、偷窃、伤害、诈骗）发生情况来看，杀人案从2011年的1204起减至去年的995起，减少209起（17.4%），抢劫案同一期间从3994起减至2587起，减少1407起（35.2%）。另据美国联邦调查局（FBI）发布的报告也显示，2011年上半年，美国警方报告的暴力犯罪比上年同期减少6.4%，而在此前3年，美国的暴力犯罪也分别下降6.2%、4.4%和3.5%，暴力犯罪中的谋杀、非过失杀人、强奸、抢劫和严重攻击等行为均有不同程度下降，其中抢劫减少7.7%，幅度最大，谋杀减少5.7%，强奸减少5.1%。此外，货币交易“萎缩”而代之以电子交易的新型支付方式，也在一定程度上助推了抢劫案件的减少。因为在新型交易形势下人们无须随身携带现金，“无钞化”导致抢劫无利可图，自然会抑制了此种犯罪的频繁发生。例如，瑞典现金交易的萎缩降低了当地的犯罪率，全国银行抢劫案数量从2008年的110起下降到了2011年的16起，这是近30年以来的最低纪录。参见信莲：《瑞典正朝“无钞国家”转型　现金交易萎缩使抢劫罪大大减少》，载《中国日报》2012年3月21日。

主要由外地人实施的罪名。具体来说，北京市样本中外地人占总人数的70.3%，全国范围样本中外地人占到总人数的61.1%。但是由于北京市各区实际情况的不同，在不同类型地区中的外地人犯罪主体比例也存在程度不同的差别。如接合部地区的外地人所占比例最高，比例高达86.1%；其次是中心区，外地人所占的比例为55.4%；比例最小的是远郊区县，所占比例是30.7%，是唯一没有超过本地人比例的地区。在全国范围内，东部地区、中部地区和西部地区的外地人比例分别为76.2%、41.4%和50.1%。造成不同类型地区外地人犯罪主体所占比例差异的原因，除了与该地外地人员数量存在紧密联系以外，还与当地经济发展水平、地域条件和抢劫犯罪特点有一定关联。如在外地人员居多的地区，当地政府的人员管控工作面临很大困难。也正是由于这些人员脱离原有的管控和约束，更容易在新环境的影响下实施犯罪行为。

2. 未成年人所占比重较大。根据数据统计，北京市样本中未成年人占28.2%，全国范围样本中未成年人仅占4.6%。然而由于北京市各区人员结构存在较大差异，反映到抢劫罪犯罪主体上也具有明显不同。其中，中心区未成年人占41.0%，接合部占19.3%，远郊区占36.4%。可见，中心区的未成年人所占比例最高，几乎占到了一半，其次是远郊区，已经超过了1/3，最后是接合部地区，所占比例不足1/5。总体而言，北京市抢劫犯罪主体中的未成年人比例是较高的，这也体现了抢劫罪属于未成年人常见犯罪类型的特点。而且，有关研究也表现出了大致相同的特点。如，侵犯财产型犯罪和侵犯公民人身权利犯罪是未成年人犯罪的主要类型，重庆市未成年人犯罪的前三位分别是：盗窃罪558人、抢劫罪208人、故意伤害罪128人。①

① 黄乔:《重庆未成年人犯罪下降近三成》，载《重庆晨报》2013年11月19日。

（二）共同犯罪类型突出

在量刑中，共同犯罪属于多人对同一犯罪事实承担刑事责任的犯罪类型。由于共同犯罪中各共同犯罪人作用与分工的不同，存在主犯、从犯、胁从犯、教唆犯的区分，也进而呈现出轻重不同的量刑结果。显然，共同犯罪案件的量刑与单独犯罪相比较必然具有很大差别。与此同时，在北京市样本统计中发现，抢劫犯罪案件的共同犯罪现象尤为突出，因而成为量刑研究中不得不关注的一个重要因素。例如，本研究只选取了北京市基层法院 4865 份刑事判决书，而实际统计出来的量刑结果就达 8760 个；北京市中级法院的刑事判决书为 867 份，而量刑结果达到了 2113 个，即参与抢劫犯罪的人数远远大于具体的案件数量。另外，经进一步分析发现，在基层法院样本中的 8760 人中属于共同犯罪的人数就达 7117 人，共同犯罪率为 81.2%，仅有 1643 人系单独实施的抢劫犯罪，只占总人数的 18.8%；而在中级法院审理的严重抢劫案件中，属于共同犯罪的人数达到了 1905 人，共同犯罪率高达 90.2%。同时在全国范围的样本中，共同犯罪率也高达 59.8%。显然，这是其他犯罪案件所很难达到的程度。如董晓华博士对北京市 2000 份盗窃罪样本的统计中，被告人数仅为 2753 人，[①] 可见，同样属于侵犯财产犯罪类型的盗窃罪，其共同犯罪的比例显然要低得多。

至于抢劫案件中为何具有更高的共同犯罪率，分析认为可能与犯罪实施方式存在密切联系。因为与盗窃、诈骗等依靠技巧或欺骗的手段不同，抢劫是一种依靠激烈的身体对抗才能完成的犯罪，要想顺利实现抢劫目的，行为人必须在体力上胜过被害人，否则不但无法迫使被害人就范，反而会轻易被抓获。基于此种推测，在研究中通过数据分析得到了印证。如在北京市基层法院 1643 个单独作案的犯罪人中，除去因意志以外的原因

---

① 参见董晓华:《北京市盗窃罪量刑实证研究》，北京师范大学 2014 年博士学位论文，第 1 页。

而被停止在犯罪预备阶段的以外，仍有 328 例在着手实施抢劫行为后因意志以外的原因而被迫停止，即有 20.0% 的犯罪人系未遂。经样本分析，这些未遂情形要么是被受害人或及时赶到的他人当场抓获，要么是遭到被害人奋力反抗而逃走，体现出了势单力薄而无法既遂的特点。而在 7117 个共同实施抢劫的犯罪人中，犯罪未遂的仅 445 人，虽然绝对数量上超过单独作案的未遂人数，但其未遂率只有 6.3%，也就是说绝大多数的犯罪人没有因受到被害人反抗而未遂。

抢劫犯罪的共同犯罪率在整体上较高，但是在各个类型地区间存在一定程度的差异。其中，北京市的中心区共同犯罪率为 81.7%，接合部区为 79.5%，远郊区为 89.4%；全国范围内的东部地区共同犯罪率为 59.2%，中部地区为 54.8%，西部地区为 66.2%。即比例最高的地区与比例最低的地区均大约相差 10 个百分点。但是从整体上来看，各个地区的共同犯罪率都达到较高的程度，没有改变抢劫犯罪的总体特点。至于不同地区之间的细微差别，可能与犯罪主体特点、各自地域条件存在关联。如，外地人较多的接合部地区，因外地人员之间大多彼此陌生，较难结伙实施作案，而这一地区较为便捷的交通和稠密的建筑、人口等地形优势为及时逃脱提供了便利，即使在某些情况下的单独作案也具有成功的可能性。而在偏远郊区，因作案人大多为当地人，他们彼此熟悉更容易结伙作案，而且这里基础设施相对薄弱，缺乏及时逃脱的交通、掩护条件，所以实施结伙作案便成为当然的选择。

第二节　抢劫罪样本量刑情况

根据《刑法》第 263 条的规定，抢劫罪的法定刑包括主刑和附加刑两个方面，主刑包括有期徒刑、无期徒刑和死刑，附加刑包括罚金、没收财产。同时结合《刑法》第 56 条第 1 款“对于故意杀人、强奸、放火、爆炸、投毒、抢劫等严重破坏社会秩序的犯罪分子，可以附加剥夺政治权利”和第 35 条“对于犯罪的外国人，可以独立适用或者附加适用驱逐出境”的规定，因而还存在判处附加剥夺政治权利和驱逐出境的可能。从实际审理情况来看，抢劫罪量刑中的主刑存在死刑、无期徒刑、有期徒刑和拘役四种，作为附加刑的罚金、没收财产、剥夺政治权利和驱逐出境均有出现。鉴于无期徒刑和死刑案件是由中级法院审理的，对该两类主刑的研究均建立在北京市中级法院抢劫罪刑事判决书样本基础上；而普通刑事案件主要是由基层法院审理的，尽管中级法院审理的案件中也存在适用有期徒刑的情形，但由于数量相对较少，[①] 所以本书将有期徒刑和拘役的适用情况建立在北京市基层法院抢劫罪刑事判决书样本范围内。考虑到收集全国不同地区抢劫罪刑事判决书的目的在于量刑差异比较，因而全国范围内的 1518 份抢劫罪判决书中 2024 名犯罪人的量刑情况不做详细介绍。

一、主刑情况

（一）无期徒刑和死刑量刑情况

统计发现，在北京市中级法院 867 份抢劫罪刑事判决书中，共有 2113 个量刑结果，其中出现无期徒刑和死刑的频数是 1117 个，占到总数的 52.9%。也就是说，在中级法院审理的抢劫罪案件中，有超过半数的犯罪人被判处了无期徒刑或者死刑。但是从不同年度量刑情况来看，无期徒刑和死刑的比例呈现出明显的年度差异。如从 2000 年至 2011 年无期徒刑和死刑的适用比例分别是：46.0%、47.4%、47.0%、49.3%、50.0%、51.8%、63.4%、61.0%、61.2%、66.2%、74.1%、59.6%，即总

① 从北京市法院了解的情况来看，各年度中级法院审理的抢劫罪一审刑事案件仅约占基层法院审理抢劫罪案件数量的 5%，即基层法院承担了大约 95% 的抢劫罪案件审理数量。

体上形成了逐年升高的趋势。但是就每年所判处无期徒刑或者死刑数量在全部年度中的比例来看，各年度虽然差异明显，却形成了下降趋势。经统计，其每年的比例分别为 6.6%、17.4%、12.4%、10.1%、8.2%、9.2%、9.1%、9.9%、6.6%、4.0%、3.5%、3.0%。上述趋势可用折线图进行直观展示（详见图 1-2）。

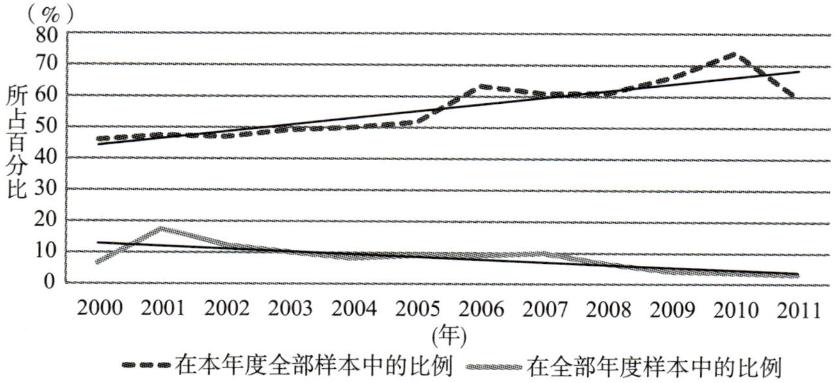

图 1-2　2000~ 2011 年北京市中级法院判处无期徒刑或死刑比例趋势

从图 1-2 情况来看，北京市中级法院每年在抢劫案件量刑中适用无期徒刑或者死刑的比例存在明显的上升趋势，但就具体数量来说，每年被适用无期徒刑或者死刑的人数却在下降。该情况说明，抢劫案件被适用重刑的比例在升高，但被适用重刑的人数存在下降趋势。

（二）有期徒刑量刑情况

统计发现，在北京市基层法院作出的 8760 个量刑结果中，共有 8648 人被适用有期徒刑（包括有期徒刑缓刑），有期徒刑适用率达 98.7%。从全部有期徒刑样本的分布情况来看，最小值是 6 个月，最大值是 180 个月，其均值是 48 个月，中值是 36 个月，众数刑期是 36 个月，峰度为 0.596，偏度为 1.249，形成了一定程度的集中化趋势。为了进一步描述其具体分布特点，以每一年作为统计区间，发现从有期徒刑一年以下、有期徒刑一年以上二年以下，直到有期徒刑十四年以上、有期徒刑十五年的样本[①]比例分别为22.9%、14.0%、7.3%、16.4%、10.1%、6.6%、3.9%、2.6%、1.8%、0.8%、3.8%、3.2%、2.7%、2.2%、1.3%、0.4%。如果将法定刑三年以上十五年以下划分为三个区间，即七年以下、十一年以下和十一年以上，则处于法定刑三分之一以下的样本比例达到了81.2%。其中，有3828人被判处三年以下有期徒刑，占44.2%，该量刑幅度内的均值是13个月，中值是10个月，众数刑期是8个月，峰度是−0.110，偏度是1.016，没有形成明显的集中化趋势；有3641人被判处三年以上十年以下有期徒刑，所占百分比为42.1%，该量刑幅度内的均值是54个月，中值是48个月，众数刑期是36个月，峰度是0.500，偏度是1.108，形成了一定程度的集中化趋势；有1179人被判处十年以上有期徒刑，占13.6%，该量刑幅度内的均值是140个月，中值是138个月，众数刑期是132个月，峰度是−0.664，偏度是0.547，没有形成集中化趋势。下面用图1−3来描述有期徒刑的样本分布情况。

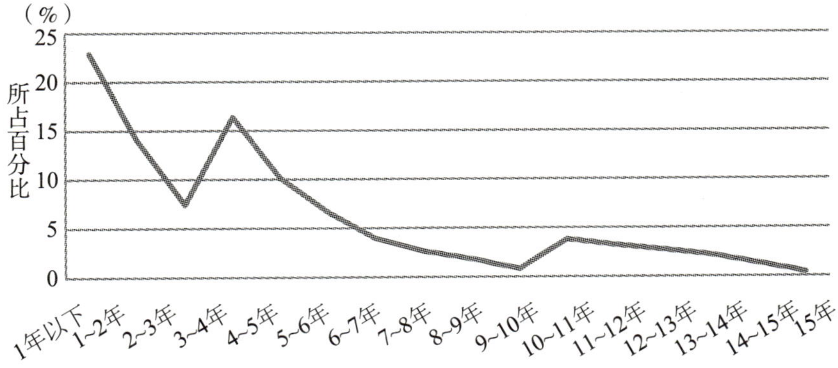

图1−3　北京市基层法院有期徒刑样本分布

从图1−3情况来看，北京市基层法院的抢劫罪量刑总体量刑较轻，大

① 本书在样本分布统计时，除了特别说明以外，凡是在“有期徒刑×年以下”的表述中均不含“有期徒刑×年”的数量。

多数抢劫犯罪人的刑期处于十年以下有期徒刑范围内，只有少数犯罪人的刑期在十年以上，这种量刑结果的比例总体较为合理，体现了宽严相济的刑事政策要求。这里需要说明的是，抢劫罪法定刑中没有三年以下有期徒刑的规定，实践中却有相当数量的犯罪人被判处三年以下有期徒刑，这不足为奇。因为刑法分则的具体法定刑规定并非量刑活动的唯一依据，还应当同时依照刑法总则的规定来进行。实践中之所以有大量的犯罪人被判处三年以下有期徒刑，就是因为法官根据刑法总则中有关减轻处罚情节的规定，对犯罪人作出了减轻处罚，使宣告刑处于法定刑以下。此种做法是法官进行合理量刑而对减轻情节的应用，有利于实现罪刑均衡。

另外，根据对不同法定刑幅度样本的有期徒刑量刑统计，法定刑幅度在有期徒刑三年以上十年以下的样本共有 6732 个，所占比例为 77.8%，该幅度内样本量刑的最小值是 6 个月，最大值是 120 个月，量刑均值是 30 个月，中值是 24 个月，众数刑期是 8 个月，峰度是 0.187，偏度是 0.908，形成一定程度的集中化趋势。为了进一步描述其具体分布特点，同样以每一年作为统计区间，从有期徒刑一年以下、有期徒刑一年以上二年以下直到有期徒刑九年以上十年以下的样本比例分别为 29.5%、17.5%、8.7%、18.3%、11.7%、6.7%、3.7%、2.3%、1.2%、0.4%。如果将法定刑三年以上十年以下划分为三个区间，即五年以下、七年以下和十年以下，则处于法定刑三分之一以下的样本比例达到了 85.7%。法定刑幅度在有期徒刑十年以上的样本共有 1916 个，所占百分比为 22.2%，该幅度内样本的最小值是 7 个月，最大值是 180 个月，量刑均值是 109 个月，中值是 120 个月，众数刑期是 132 个月，峰度是 −0.960，偏度是 −0.536，没有形成集中化趋势。从有期徒刑一年以下、有期徒刑一年以上二年以下直到有期徒刑十四年以上十五年以下、有期徒刑十五年的样本比例分别为 0.4%、1.9%、2.4%、9.7%、4.6%、5.7%、4.3%、3.7%、3.5%、2.3%、17.0%、14.8%、12.3%、9.8%、5.8%、1.8%。如果将法定刑十年以上十五年以下划分为三个区间，即十二年以下、十四年以下、十五年以下，则处于法定刑三分之一以下的样本比例达到了 70.4%。具体参见图 1–4。

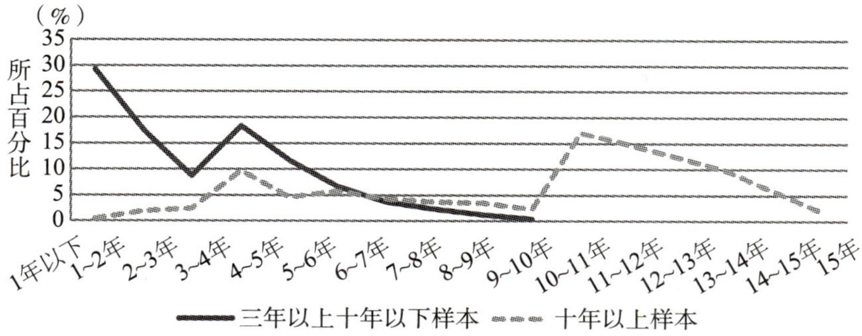

图 1–4　北京市基层法院不同法定刑幅度样本的量刑分布

从图 1–4 统计情况来看，不管是有期徒刑三年以上十年以下幅度的样本还是有期徒刑十年以上幅度的样本，其量刑的均值都在法定刑幅度以下，即均有相当比例的样本获得减轻处罚。但从样本分布情况来看，有期徒刑十年以上幅度样本的减轻比例小于有期徒刑三年以上十年以下幅度样本的减轻比例，这说明法官在实际量刑中对罪行较重的犯罪人予以减轻处罚时表现得更为谨慎。

在有期徒刑刑期的确定上，实践中表现出明显的整数性特征。根据统计情况，以整数年作为有期徒刑刑期的样本数量为 5096 个，在该范围样本中约占 59.0%，即有超过半数的样本是以整数的形式进行判决的。而以半年作为刑期尾数的样本数量为 1774 个，占全部样本数量的 20.7%。两者相加达到了 79.7%。相应地，其他刑期的样本比例为 20.3%。

（三）拘役量刑情况

拘役是抢劫罪没有规定的刑种，然而在抢劫罪的实际量刑中仍然存在适用的现象。据统计，在北京市基层法院的 8760 个量刑结果中，有 20 人被判处拘役（包括拘役缓刑 7 人），不足总数的 1%。由于拘役刑样本数量较少，适用拘役缓刑的样本数量更少，这里将拘役缓刑样本与拘役实刑样本一并统计。根据统计结果，拘役刑样本的量刑均值是4个月，中值和众数刑期也均是4个月，其最小值是1个月，最大值是6个月，峰度是2.019，偏度是 −1.176，形成了一定程度的集中化趋势。经对拘役样本的分析，判处拘役刑的样本存在以下特点：

1. 拘役样本的犯罪较轻。在法定刑上，20个拘役样本的法定刑均为有期徒刑三年以上十年以下幅度，即都属于普通抢劫罪；在抢劫次数上，20个样本中仅有1个样本属于抢劫2次，其余均为抢劫1次；在抢劫数额上，20个样本的抢劫数额均值为677元，其中有11个样本的抢劫数额为0；在伤害后果上，有3个样本属于轻微伤，其余样本均无伤害后果。

2. 拘役犯罪人的人身危险性较小。在前科劣迹方面，所有判决拘役的犯罪人均无前科劣迹；在犯罪人年龄方面，20个犯罪人中有15人是未成年人，达到75%；在罪数方面，所有判处拘役的犯罪人均是一罪，不存在数罪并罚的情况。

3. 影响拘役样本从宽处罚的因素较多。在减轻处罚情节数量方面，具有3个减轻情节的样本比例为15.0%，具有2个减轻情节的样本比例为65.0%，具有1个减轻情节的样本比例为20.0%；在犯罪完成状态方面，构成犯罪既遂的比例为35.0%，其余75.0%的样本为犯罪未完成形态；在律师参与方面，有律师参与诉讼辩护的样本比例为70.0%。

二、附加刑情况

尽管研究样本中的附加刑出现了罚金、剥夺政治权利、没收财产和驱逐出境，而从实际情况来看，北京市基层法院样本中只存在罚金与剥夺政治权利两种附加刑。北京市中级法院样本中虽然均出现了上述四种附加刑，但涉及驱逐出境和没收财产的适用情况较为简单。具体来说，驱逐出境只适用于犯罪的外国人，而对于判处无期徒刑以上主刑和有期徒刑缓刑的则全部没有附加驱逐出境。但由于涉及外国人犯罪的数量较少，该分析结果不具有统计学意义。在没收财产刑适用中，均表现为“没收全部财产”一种形式，且只出现在无期徒刑和死刑的主刑量刑结果中，在有期徒刑以下的主刑中没有出现附加没收财产的情况。因而对于驱逐出境和没收财产两种附加刑没有过多介绍的必要。

（一）罚金

罚金是抢劫罪规定并处的附加刑。根据北京市基层法院样本的统计情况，罚金的最小值为 500 元，最大值为 60000 元，均值为 4677 元，中值为 2000 元，众数罚金金额也为 2000 元，峰度为 11.180，偏度为 2.889，形成了明显的集中化趋势。应当说这一数额是较为适中的，既不是畸轻而起不到惩罚作用，也不是畸重导致被告人无法承受。因而总体上来说，北京市抢劫犯罪的罚金刑是公正合理的。

为了进一步了解北京市基层法院样本的罚金分布情况，通过对不同罚金数额的频率及所占百分比情况进行统计，发现抢劫罪罚金适用中具有以下特点：一是分布范围广，最小罚金额 500 元与最大罚金额 60000 元相差 120 倍，差距相当明显；二是大多集中于 10000 元以下，所占比例为 85.3%，超过 10000 元的罚金样本不到 15%，集中化程度较高；三是罚金数额呈整数倍增长，尤其在 10000 元以内的罚金数额，除了少数是百元的整数倍以外，其余往往是千元的整数倍。

根据《刑法》第 263 条的规定，对于判处三年以上十年以下有期徒刑的，并处罚金，对于判处十年以上有期徒刑、无期徒刑或死刑的，并处罚金或者没收财产。也就是说，对于抢劫罪应当并处罚金，只是在有期徒刑十年以上时，要么并处罚金要么没收财产。但根据北京市基层法院样本统计发现，共有 126 例量刑结果没有并处罚金，也没有没收财产。经过进一步查阅发现，其中 89 例属于免予刑事处罚，另有 29 例属于发生在现行

《刑法》实施前的抢劫行为，因而根据 1979 年《刑法》的规定没有并处罚金或者没收财产，但仍有 6 例发生在现行《刑法》期间的抢劫罪没有并处罚金或者没收财产。显然，该 6 例量刑存在法律适用错误的问题。6 例样本的分布情况是，按照年份分别为 2000 年 1 件、2003 年 1 件、2004 年 2 件、2005 年 2 件，按照法院类型分别为中心城区法院 1 件、接合部区法院 4 件、远郊区县 1 件。

在北京市中级法院样本中，罚金的最小值为 1500 元，最大值为 50000 元，均值为 21490 元，中值为 24000 元，众数罚金为 3000 元，峰度为 −0.414，偏度为 −0.646，没有形成明显的集中化趋势。但与基层法院样本中的罚金数额相比，中级法院的罚金数额明显较高，这与中级法院审理的抢劫罪案件更为严重相一致。

（二）剥夺政治权利

剥夺政治权利在刑法分则抢劫罪的规定中没有涉及，其是依照刑法总则规定可以适用的附加刑。另外，《最高人民法院关于审理未成年人刑事案件具体应用法律若干问题的解释》（法释〔2006〕1 号）第 14 条规定："除刑法规定'应当'附加剥夺政治权利外，对未成年罪犯一般不判处附加剥夺政治权利。如果对未成年罪犯判处附加剥夺政治权利的，应当依法从轻判处。对实施被指控犯罪时未成年、审判时已成年的罪犯判处附加剥夺政治权利，适用前款的规定。"即对于未成年人实施的抢劫罪一般不附加剥夺政治权利。

实践统计发现，在北京市基层法院的 8760 个量刑结果中，有 1518 人被附加了剥夺政治权利，适用率为 17.3%；在北京市中级法院审理的 2113 个量刑结果中，有 1905 人被附加剥夺政治权利，适用率为 90.2%。下面从适用对象、适用范围、适用分布几个方面考察具体的适用情况。

1. 从适用对象来看，成年人成为剥夺政治权利的主体，在基层法院样本中有1513名成年被告人被附加了剥夺政治权利，但仍有5名未成年人也被适用了剥夺政治权利。而根据（法释〔2006〕1号）司法解释，抢劫罪不是“应当”附加剥夺政治权利的罪名，因而对未成年罪犯一般不应当附加剥夺。显然，实践中对5名未成年人附加剥夺政治权利就是法律适用错误，造成了对被告人的不当处罚，这也是量刑不公正的表现。

2. 从适用范围来看，实践中剥夺政治权利主要适用于被判处七年有期徒刑以上刑罚的犯罪人。关于附加剥夺政治权利的范围，应当从刑法的规定中进行判断，《刑法》第56条规定，“对于故意杀人、强奸、放火、爆炸、投毒、抢劫等严重破坏社会秩序的犯罪分子，可以附加剥夺政治权利”。对于此规定，可能存在两种理解：一是根据行为性质确定，即可以附加剥夺政治权利的范围限于实施故意杀人、强奸、放火、爆炸、投毒、抢劫等严重破坏社会秩序行为的犯罪分子；二是根据危害程度确定，即可以附加剥夺政治权利的范围限于实施故意杀人、强奸、放火、爆炸、投毒、抢劫等行为达到严重破坏社会秩序程度的犯罪分子。如果按照第一种理解，抢劫属于严重破坏社会秩序的行为方式之一，因而可以附加剥夺政治权利的适用范围涉及所有构成抢劫罪的犯罪分子。而第二种理解则在第一种理解的基础上进行了进一步限定，即可以附加剥夺政治权利的范围不但具有行为性质的要求，而且该行为必须达到严重破坏社会秩序的程度才能适用。显然，北京市法院对此采纳了第二种理解，即根据抢劫行为的严重程度，将量刑适用有期徒刑七年以上作为判断是否达到严重破坏社会秩序的标准。剥夺政治权利虽然是一种适用广泛的附加刑，既适用于严重犯罪，也适用于较轻犯罪，但北京市法院将其限定在严重抢劫范围内的做法是可取的。理由是：其一，从应当附加剥夺政治权利的规定来看，根据《刑法》第56条与第57条，其适用范围包括危害国家安全罪的犯罪分子和被判处死刑、无期徒刑的犯罪分子，即从特定罪名和严重刑种两个方面进行限定，实际上体现了对严重犯罪进行附加适用的立法态度。其二，从独立适用剥夺政治权利的规定来看，其主要适用于罪质较轻或者罪质严重但情节较轻犯罪的犯罪分子。前者如根据《刑法》第246条，对于构成侮辱、诽谤罪的犯罪分子可以独立适用剥夺政治权利；后者如根据《刑法》第109条的规定，对于构成叛逃罪情节较轻的犯罪分子，可以独立判处剥夺政治权利。这说明要对罪行较轻的行为判处剥夺政治权利时，立法要求应当独立适用。由此来看，剥夺政治权利这一刑种的适用规则是：附加适用于严重犯罪，独立适用于较轻犯罪，且必须以刑法分则规定为限。因抢劫罪不是刑法分则规定可以独立适用剥夺政治权利的罪名，其只能附加适用，而实际上抢劫行为并非一概罪行严重，存在轻重不同的差别，所以附加适用时将其限定在较重罪刑的范围内便是符合立法精神的当然选择。

然而，这里虽然是“可以”适用，与“应当”适用的强制性要求不同，可以根据案件的情况灵活掌握，决定适用还是不予适用，但“可以”表现了立法机关的倾向性意见，即在通常情况下得附加剥夺政治权利。[①]只有在具有正当理由的情况下才可以不附加。北京市法院虽然将附加剥夺政治权利的范围限定在七年以上有期徒刑的范围内，但实践中对于这一范围内的犯罪分子并没有全部适用，也没有不予适用的正当理由。如从统计情况看，北京市基层法院样本中判处七年以上有期徒刑的犯罪分子共有1629人，但实际上并处附加剥夺政治权利的只有1518人，仍有111人没有附加，即大约6.8%的犯罪分子没有被附加剥夺政治权利，而且在判决书中没有表述不附加剥夺政治权利的理由。

3.从适用分布情况来看，剥夺政治权利首先在期限上呈现出“短期高、长期低”的趋势，即短期剥夺政治权利适用率较高，长期剥夺政治权利适用率低。根据《刑法》第55条的规定，剥夺政治权利的期限是一年以上五年以下，且实践中均是以整数年的方式来适用的，因而其适用趋势较容

① 参见张明楷:《刑法学》(第4版)，法律出版社2011年版，第486页。

易进行描述。根据对北京市基层法院样本的统计结果，剥夺政治权利一年的适用率为 32.2%，剥夺政治权利两年的适用率为 50.5%，两者相加达到了 82.7%，具有较高的适用率。而剥夺政治权利四年、五年的适用率最低，两者仅为 1.5%。究其原因，可能与大部分适用对象的主刑相对较轻有关联，也就是说，判处剥夺政治权利时也遵循罪刑相适应的原则，主刑轻则剥夺政治权利期限短，主刑重则剥夺政治权利期限长，大部分适用对象的主刑相对较轻，因而期限较短的剥夺政治权利的适用率就较高。

为了验证这一推测，研究中对剥夺政治权利期限与主刑时长的关系进行了统计分析。从剥夺政治权利期限与主刑时长相关性检验结果来看（r=0.860，p<0.001），主刑时长对剥夺政治权利期限具有显著性影响。而且由于相关性系数较高，剥夺政治权利期限受主刑以外因素的影响较小。为了进一步验证剥夺政治权利期限随着主刑时长提高而相应延长的结果，通过计算不同剥夺政治权利期限所对应主刑时长的均值发现，剥夺政治权利期限短的所对应主刑时长均值低，剥夺政治权利期限长的所对应主刑时长均值高，单因素方差分析结果表明［F（4，1513）=787.948，p<0.001］，不同剥夺政治权利期限对应的主刑时长均值之间具有显著性差异。具体情况见表 1-1。

表 1-1 北京市基层法院剥夺政治权利对应主刑时长情况

剥夺政治权利（月）	主刑时长均值（月）	频数	标准差	最小值	最大值	方差
12	101.40	489	17.790	84	156	316.482
24	135.06	767	13.403	84	180	179.630
36	160.67	240	12.020	120	180	144.491
48	170.00	15	7.746	156	180	60.000
60	176.57	7	4.721	168	180	22.286
总计	128.80	1518	25.801	84	180	665.704

根据表 1-1，在北京市基层法院样本范围内，剥夺政治权利一年对应的主刑均值是 101 个月，即有期徒刑八年五个月；剥夺政治权利二年对应的主刑均值是 135 个月，即约有期徒刑十一年；剥夺政治权利三年对应的主刑均值是 161 个月，即约有期徒刑十三年；剥夺政治权利四年对应的主刑均值是 170 个月，即约有期徒刑十四年；剥夺政治权利五年对应的主刑均值是 177 个月，即约有期徒刑十五年。

为了直观反映不同均值之间的差异情况，采用图 1-5 进行展示。

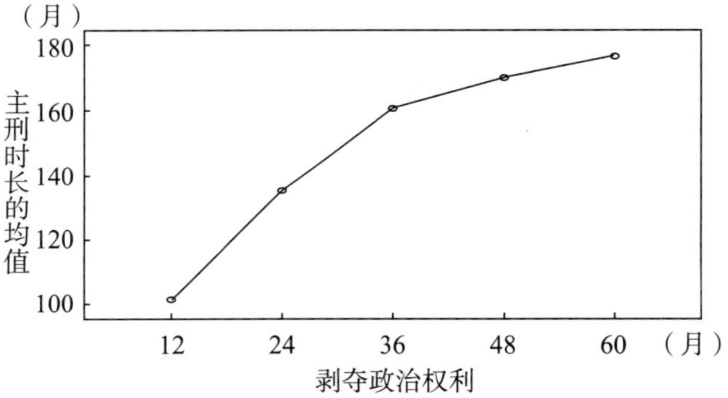

图 1-5　北京市基层法院剥夺政治权利期限对应主刑时长分布趋势

而在北京市中级法院样本范围内，剥夺政治权利一年的适用率为 4.1%，剥夺政治权利二年的适用率为 13.4%，剥夺政治权利三年的适用率为 19.7%，剥夺政治权利终身的适用率为 52.8%。经对不同剥夺政治权利类型对应主刑情况的统计发现，剥夺政治权利一年对应的主刑均值是 97 个月，剥夺政治权利二年对应的主刑均值是 134 个月，剥夺政治权利三年对应的主刑均值是 169 个月，剥夺政治权利终身对应的主刑均为无期徒刑或者死刑。即除了剥夺政治权利终身以外，其余类型对应的主刑情况与基层法院较为一致。

三、缓刑适用情况[①]

缓刑是对被判处三年以下有期徒刑、拘役的犯罪分子暂缓执行的一种刑罚执行方式。从抢劫罪的立法规定来看，虽然其法定刑在有期徒刑三年以上，但由于减轻处罚情节的适用，实践中有相当数量的抢劫犯罪分子被判处三年以下有期徒刑，甚至还有一部分犯罪分子被判处拘役，这便为缓刑适用创造了前提条件。

（一）缓刑适用率

缓刑适用率是缓刑适用情况的重要表现，可以从缓刑在全样本中的比例与缓刑在对应主刑范围内的比例两个方面来观察。从北京市基层法院样本统计情况来看，在 8760 人中被适用缓刑的人数为 907 人，占总人数的 10.4%，即大约有 1/10 的抢劫犯罪分子被适用缓刑。另外，因缓刑是针对三年以下有期徒刑、拘役的犯罪分子所适用的刑罚执行方式，经统计发现，被适用缓刑的 907 人，在被判处三年以下有期徒刑、拘役的 4812 名犯罪分子中，占到 18.8%。

由于抢劫罪是一种既侵害财产权又侵犯人身权的犯罪，关于该犯罪缓刑适用率是高还是低，有必要比较仅侵犯人身权的故意伤害罪与仅侵犯财产权的盗窃罪的缓刑适用情况。如董桂武博士在其博士学位论文《故意伤害罪量刑实证研究》中，收集了北京地区基层法院故意伤害罪判决书样本共 211 份，被告人 250 位；中级人民法院判决书样本共 396 份，被告人共 613 位；共有样本判决书 607 份，被告人 863 位。其 2006 ～ 2011 年量刑幅度分布为：拘役频数为 3，占 0.3%；三年以下有期徒刑频数为 98，占 11.4%；拘役缓刑频数为 5，占 0.6%；有期徒刑缓刑频数为 110，占

① 这里的缓刑适用情况包括有期徒刑和拘役的适用情况。

12.7%。[①] 如果将拘役与三年以下有期徒刑频数相加，则为 111，将拘役缓刑频数与有期徒刑缓刑频数相加，则为 115，占总数的 13.3%；如果将全部拘役（包括拘役缓刑）与全部三年以下有期徒刑（包括有期徒刑缓刑）相加，频数为 226，则缓刑数在所有三年以下有期徒刑、拘役频数中的比例为 50.8%。董晓华博士的博士学位论文《北京市盗窃罪量刑实证研究》指出，在所收集的基层法院 2753 名被告人的判决中，共有 323 名被告人适用缓刑，缓刑率为 11.7%。所有样本中被判处拘役的被告人有 333 名，三年以下有期徒刑的人数为 1821，[②] 则缓刑在三年以下有期徒刑、拘役被告人中的适用率为 17.7%（详见表 1–2）。

表 1–2　故意伤害罪罪、抢劫罪、盗窃罪的缓刑适用率比较

罪名	在全样本中的比例（%）	在三年以下有期徒刑拘役中的比例（%）
故意伤害罪	13.3	50.8
抢劫罪	10.4	18.8
盗窃罪	11.7	17.7

由表 1–2 所示，故意伤害罪、抢劫罪与盗窃罪在全部样本中的缓刑适用率相差不大，分别是 13.3%、10.4%、11.7%，但在三年以下有期徒刑、拘役判决人数中的缓刑适用情况则存在很大差别，故意伤害罪的缓刑适用率最高，达到 50.8%；其次是抢劫罪，所占百分比为 18.8%；盗窃罪的缓刑适用率最低，所占百分比为 17.7%。各罪间为何出现如此之大的缓刑适用差别，推测可能与不同犯罪之间存在的量刑因素差异有关。根据董桂武博士的研究，未成年人、自首、被害人过错等因素对是否适用拘役缓刑具有统计学上的显著性意义。而伤害后果、未成年人、坦白、

① 参见董桂武:《故意伤害罪量刑实证研究》，北京师范大学 2012 年博士学位论文，第 58 页。

② 参见董晓华:《北京市盗窃罪量刑实证研究》，北京师范大学 2014 年博士学位论文，第 40、41、45 页。

悔罪表现、赔偿被害人、被害人谅解对是否适用有期徒刑缓刑具有统计学上的显著性意义。[①] 这些因素中的伤害后果、被害人过错等是很难在盗窃罪中出现的，因而出现盗窃罪缓刑适用率偏低的现象也就不足为奇了。但对于抢劫罪而言，其兼具故意伤害罪与盗窃罪的特征，为何其缓刑适用率也如此之低，则可能又有自身的特点和规律，需要通过进一步研究来揭示。

从缓刑适用统计情况来看，在 907 个缓刑适用样本中属于拘役缓刑的样本数量是 7 个，属于有期徒刑缓刑的样本数量是 900 个，由于拘役缓刑样本的数量较少，不具有统计学意义，因而在后文研究中仅对有期徒刑缓刑的样本情况进行分析。

（二）缓刑适用分布

根据有期徒刑缓刑样本的统计，适用样本的有期徒刑最小值是 6 个月，最大值是 36 个月，均值是 19 个月，中值是 18 个月，众数刑期是 12 个月，峰度是 −1.066，偏度是 0.529，没有形成明显的集中化趋势，分布较为分散。从统计情况来看，有期徒刑缓刑样本大多分布在主刑为 6 个月、12 个月、18 个月、24 个月和 36 个月等整数性特点较为明显的样本中，所占比例分别为 10.6%、28.2%、12.8%、17.2% 和 20.4%，总计达到了 89.2%。这可能与不同主刑时长样本的分布情况存在密切关系。经对有期徒刑三年以下区间内的有期徒刑缓刑和主刑时长的相关性检验发现（r=0.071，p<0.001），主刑时长对是否适用缓刑具有显著性关系，且随着主刑时长的提高出现缓刑适用比例增长的趋势。为了直观反映缓刑样本与有期徒刑样本的分布情况，下面通过图 1-6 进行展示。

① 参见董桂武:《故意伤害罪量刑实证研究》，北京师范大学 2012 年博士学位论文，第 150、155 页。

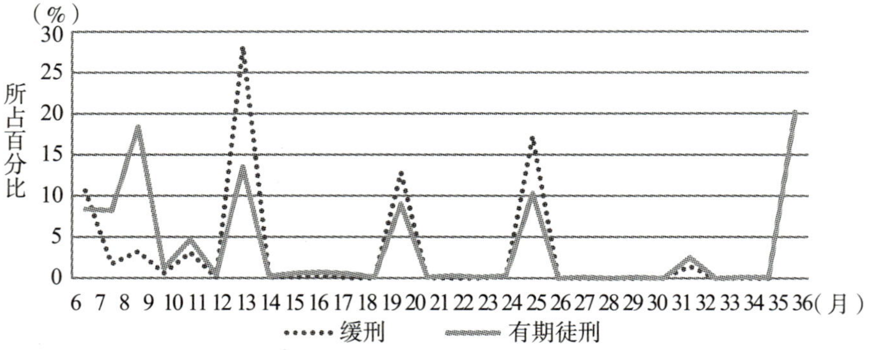

图 1-6 北京市基层法院缓刑适用与主刑样本分布关系

以上缓刑适用与主刑样本分布关系图较明显地说明，缓刑适用受到有期徒刑样本分布比例的影响。从总体来看，有期徒刑样本比例高的刑期，适用缓刑的样本比例就高。但比较特别的是，主刑为 8 个月的样本比例较高，缓刑的比例反而较低。为此通过样本分析发现，在 900 个适用缓刑的样本中，仅有 33 个样本属于犯罪预备，而在主刑时长为 8 个月的样本中，属于犯罪预备的比例达到 87.6%。说明实践中因犯罪预备而被判处缓刑的比例较低，即犯罪预备形态的存在在很大程度上影响了缓刑适用。这种现象显然是与犯罪预备的情节特点不符的。因为犯罪预备尚未着手实施犯罪即被制止，是犯罪停止形态中较轻情节的类型，应当更应该考虑缓刑的适用。实践中这种情形适用缓刑比例反而较低的原因，通过访谈办案法官了解到，由于这类犯罪分子被制止后通常即被羁押，且除了认罪情节外较少存在其他从宽情节，因而在量刑中往往处以较轻的实刑，同时也避免了适用缓刑的烦琐程序。

（三）缓刑时长情况

根据对有期徒刑缓刑时长的统计，缓刑时长的最小值 6 个月，最大值是 60 个月，均值是 23 个月，中值是 24 个月，众数值是 12 个月，峰度是

0.717，偏度是1.091，形成了一定程度的集中化趋势。缓刑时长适用频率较高的是12个月、18个月、24个月、36个月、48个月和60个月，所对应的百分比分别是38.0%、6.8%、29.1%、15.9%、5.1%和2.8%，累积百分比达到了97.7%。上述缓刑时长如以“年”为表述方式，则为一年、一年六个月、二年、三年、四年和五年。这说明在缓刑量刑实践中，缓刑时长多以整数性期限出现。

第三节 抢劫罪量刑影响因素情况

量刑结果是一定因素影响下作出的结论，因而影响因素是量刑的基础素材。所以量刑结果的公正与否离不开对量刑影响因素的考察。

一、量刑影响因素

量刑的过程是复杂的，影响量刑的因素也是多方面的，要概括出影响一个具体案件量刑的全部因素几乎是不可能的。虽然《刑法》第61条规定，对于犯罪分子决定刑罚的时候，应当根据犯罪的事实、犯罪的性质、情节和对于社会的危害程度，依照本法的有关规定判处。但现实情况远非“犯罪的事实、犯罪的性质、情节和对社会的危害程度”等几个方面的因素所能概括的。本书是建立在观察判决书样本基础之上的，对于影响个案量刑的因素也只能通过观察判决书样本中承载的信息来获取。为此，本书从样本中提炼出了客观性因素、主体性因素和程序性因素三个方面的影响因素，[①] 下面逐一进行介绍。

① 后文在相关因素影响量刑的研究中，没有严格遵照此处划定的客观性因素、主体性因素和程序性因素范围，而是根据实际情况分别重新进行了归类研究。

（一）客观性因素

影响量刑的客观性因素，就是与犯罪事实有关的能够体现犯罪行为的社会危害性与人身危险性程度的量刑因素。首先，与犯罪事实有关的因素，就意味着其与主体性无关，是仅就主体以外的事实因素而言的。其次，虽然是事实性因素，但也会反映犯罪主体的人身危险性。因为有些因素既能反映社会危害性大小，也同时体现人的主观恶性程度，如持枪抢劫这种行为方式，由于其能增加伤害程度，顺利完成犯罪，从而具有更大的社会危害性，行为人选择此种方式抢劫，反映了其实现侵害结果的意志更加坚定和对更大危害结果的追求，因而体现出更深的主观恶性程度。

1. 行为对象。行为对象是犯罪行为指向的具体人或物。由于不同的对象体现出不同的社会危害性，因而选择不同的行为对象就可能对量刑产生影响。抢劫罪是既侵害人身权又侵害财产权的犯罪，其行为对象就包括人和财物两个方面。另外，侵害对象的多少也反映出大小不同的危害程度，侵害对象的数量越多，自然危害性也就越大，对应的量刑结果就更重。体现行为对象方面的因素主要表现在以下几个方面：

（1）被害人性别。对于作为行为对象的人来说，人的性别与年龄都在一定程度上反映犯罪行为的危害大小，因为女性、老人、未成年人属于社会弱势群体，以社会弱势群体作为侵害对象，明显具有更大的社会危害后果。而从判决书样本来看，被害人的年龄并没有被记载，也没有关于被害人性别的信息。但值得庆幸的是，判决中一般均会记载被害人的姓名，而我国的人名体现出鲜明的性别特点，可以据此大致推断其性别情况。经对北京市基层法院样本统计的结果是，在 8760 个量刑结果中，行为对象是男性的有 3885 个样本，以女性为对象的有 2288 个样本，行为对象男女均有的有 965 个样本，无法识别的有 1622 个样本。

（2）抢劫人数。抢劫的人数是犯罪事实的重要内容，因而这一因素都能从样本中提取出来。从北京市基层法院样本统计来看，抢劫人数是一个非常复杂的变量，最小数值是 0（犯罪预备的情况），最大数值是 65，涵盖范围较大。

（3）财物属性。抢劫罪立法只将“银行或其他金融机构”和“军用物资或者抢险、救灾、救济物资”作为特殊对象进行了规定，即以其作为侵害对象的才影响量刑。但在统计中发现，无论是“银行或其他金融机构”还是“军用物资或者抢险、救灾、救济物资”，两者均没有在抢劫罪样本中出现。

（4）抢劫数额。虽然数额不是抢劫罪成立的条件，但对于作为侵犯财产犯罪之一的抢劫罪来说，数额的多少必然决定行为的危害性大小，进而成为影响量刑的因素之一，而且立法明确将数额巨大作为加重处罚的情形，可见其对实际量刑的意义。同时，抢劫数额作为犯罪事实的内容，都可以在判决书中查找到。经对北京市基层法院样本统计发现，样本中抢劫数额最小的是 0 元（犯罪预备的情形），数额最大的达 1345764 元（如抢劫高级轿车），数额分布跨度非常大。

根据该时段北京市的规定，数额巨大的标准是 10000 元，在北京市基层法院样本中数额超过 10000 元的共有 805 个，占总数的 9.2%。

2. 行为方式。不同的行为方式产生不同的危害结果，也体现着不同的人身危害程度。判决书在表述“经审理查明”的事实中，一般均有行为方式的内容。研究中提取了以下几种影响量刑的行为方式：

（1）持枪。持枪抢劫是一种更为严重的抢劫行为类型，不但容易造成较大的危害后果，而且违反了枪支管理规定，对社会秩序形成更大破坏，因而属于提高量刑幅度的量刑情节。在北京市基层法院样本统计中，共找到 55 份持枪抢劫的量刑结果，占总数的 0.6%，总体比例不高。

（2）冒充军警人员。冒充军警人员抢劫，对被害人形成了更大的心理影响，更容易迫使被害人就范，提高犯罪成功率，而且这种行为方式也严重损害了军警人员在人民群众中的形象，产生了多种形式的危害结果。但实践中这种行为方式也较少，在北京市基层法院样本中出现的频数为 56 次。

（3）行为次数。行为次数的增加不但扩大了危害结果，而且体现了行为人较深的主观恶性和人身危险性，属于提高刑罚量的影响因素。在对北京市基层法院样本统计中发现，抢劫次数也存在较大的分布范围，最少的为 1 次，最多的达 65 次。

（4）是否数罪。既然同种行为次数的多寡产生不同的危害结果，那么出现异种行为（数罪）的情况是否也如此呢？为了验证数罪是否影响量刑结果，也对此进行了样本统计，共发现北京市基层法院样本中数罪的频数为 896，占总样本数的 10.2%。

（5）共同犯罪。共同犯罪是抢劫罪中的常见行为方式，前文对此已有详细阐述。共同犯罪作为影响量刑的因素，主要是主犯、从犯、胁从犯和教唆犯的区分。在北京市基层法院样本中，属于共同犯罪的犯罪分子共有 7117 人，占总数的 81.2%，其中 506 人被认定为从犯，在共同犯罪中占 7.1%，在全样本中占 5.8%。样本中没有出现胁从犯、教唆犯。

（6）转化犯。根据《刑法》第 269 条和第 267 条第 2 款的规定，犯盗窃、诈骗、抢夺罪，为窝藏赃物、抗拒抓捕或者毁灭罪证而当场使用暴力或者以暴力相威胁的，以及携带凶器抢夺的，以抢劫罪定罪处罚。这就是由盗窃、诈骗、抢夺行为向抢劫罪转化的四种情形。显然，转化犯形式的抢劫行为不同于直接实施暴力的一般抢劫，因而也必然对量刑结果产生影响。经对北京市基层法院样本统计，样本中出现转化犯的频数为 640，占总数的 7.3%。其中，四种形式的抢劫转化犯情况分别如表 1-3 所示。

表 1-3　北京市基层法院转化犯类型分布情况

类型	盗窃型	诈骗型	抢夺型	携带凶器抢夺型	总计
频数	473	22	80	65	640
百分比（%）	73.9	3.4	12.5	10.2	100.0

3. 行为后果。抢劫罪是同时侵犯财产权和人身权的犯罪，因而其对人身造成的伤害程度和财产的损失情况便成为衡量该罪危害性大小的重要标尺。而且，根据抢劫罪的立法规定，“抢劫致人重伤、死亡的”属结果加重情节，应当处十年以上有期徒刑、无期徒刑或者死刑。因此，抢劫行为的伤害后果是影响刑罚轻重的重要因素。另外，抢劫罪对财产权利的侵犯也产生一定的后果，这种后果直接体现在抢劫数额的多少方面，由于该项因素已在行为对象中述及，这里不再赘述。但一个不容忽视的问题是，实践中存在着财产没有被实际侵害的情况，如犯罪未遂、犯罪中止、犯罪预备等，还有的在犯罪既遂的情形下财物被起获发还，也有的犯罪人主动将所抢财物予以退缴，这些情形都表明被害人的财产权利没有受到实际侵害或者得以恢复。财产权利未实际受到侵害和受到财产损失的情形相比，自然体现出不同的危害结果，相应地也会影响量刑。同时，在被害人是否谅解的情况下也会对犯罪行为的危害后果产生不同程度的影响，“谅解”意味着被侵害的社会关系得到修复，“未谅解”说明行为的消极影响依然存在。

（1）伤害程度。从实践情况来看，样本中存在的伤害程度由轻到重主要有轻微伤、轻伤、重伤、死亡四种情形。在实际统计中发现，有的犯罪人造成数个不同的伤害结果，因实际量刑按照最重的后果进行评价，所以只统计最重的后果。北京市基层法院样本统计结果是：轻微伤 1245 个，轻伤 379 个，重伤 80 个，死亡 8 个，无伤害后果的 7048 个。

（2）财产侵害程度。本着案件审结前被害人的财产是否损失这一标准，统计发现，北京市基层法院样本中共有 2847 个结果存在财产损失的情形，其余 5913 个结果没有财产损失。需要说明的是，实践中有些被害人的财产损失并未全部挽回，但这种情况下，法官量刑时往往将其作为财产基本挽回来考虑，因而在统计中将基本挽回的视为没有财产损失，否则就按照造成财产损失进行统计。

（3）被害人谅解情况。经统计发现，抢劫罪中被害人谅解的情况较少，北京市基层法院样本中仅有 132 例犯罪人被谅解。

4. 时空条件。任何犯罪都是在一定的时空条件下发生的。一般来说，对犯罪发生时空条件的研究有利于总结犯罪生成规律，从而为犯罪预防和治理提供对策依据，因而通常更具有犯罪学意义。然而，一定的时空条件也对犯罪行为的危害性大小和行为人的主观恶性产生不同评价，从而成为影响量刑的因素。

（1）犯罪时间。犯罪时间可以按照不同标准进行统计，如是否“严打”期间、是否犯罪高发期、是否节假日期间等。应当说，这些不同的时间标准都会对刑事责任产生影响。但本书并未采用上述标准，而是对白天作案和夜晚作案分别进行了统计，因为这种标准涉及每个犯罪，更具有现实意义和应用价值。为此，本书以早 6 时至晚 18 时作为白天的确定标准，以晚 18 时至次日早 6 时作为夜晚作案的标准。经过统计，北京市基层法院样本中属于白天作案的犯罪人共有 2254 人，夜晚作案的共有 6126 人，白天夜晚均有作案的共有 380 人。

（2）入户抢劫。入户抢劫是犯罪行为的发生空间位于被害人住所内的情形，这种情形在侵害被害人人身权、财产权的同时，还对被害人的住所安全造成严重侵犯，因而具有更大的社会危害性，成为刑法规定的情节加重情形。在北京市基层法院样本中共发现入户抢劫犯罪人 496 人。

（3）在公共交通工具上抢劫。在公共交通工具上抢劫同样是属于发生在特定空间内的情节加重情形。但这类情形在北京地区发案率较低，仅统计到12例。

5.犯罪停止形态。停止形态是故意犯罪在其发生、发展和完成的过程中，因主客观原因而停下来的各种状态。故意犯罪的停止形态有完成形态和未完成形态之分，抢劫罪的完成形态即犯罪既遂，因已经完成了犯罪构成的全部要件，直接按照抢劫罪条文处罚即可，而作为未完成形态的犯罪预备、犯罪中止、犯罪未遂等，因主客观原因而使犯罪行为没有达到“圆满”状态，所以其危害程度相应降低，应当在量刑时视情形予以从轻、减轻或免除处罚。

关于抢劫罪的犯罪既遂标准，理论上一般认为，《刑法》第263条对抢劫行为同时规定了暴力、胁迫或其他方法的手段行为和取财行为这样两个行为，这就意味着行为人只有将手段行为和取财行为都实施完毕，即通过手段行为的实施使行为人取得了被害人的财物，才能认为其已将抢劫行为实施完毕而构成抢劫。[①]但是，根据《最高人民法院关于审理抢劫、抢夺刑事案件适用法律若干问题的意见》（法发〔2005〕8号）第10条的规定，抢劫罪侵犯的是复杂客体，既侵犯财产权利又侵犯人身权利，具备劫取财物或者造成他人轻伤以上后果两者之一的，均属抢劫既遂；既未劫取财物，又未造成他人人身伤害后果的，属抢劫未遂。因而从实际样本统计中发现，实践中往往根据上述司法解释的规定，从是否造成轻伤或劫取财物两个方面考虑是否犯罪既遂。然而，由于上述司法解释发布于2005年，在这之前的既未遂认定上出现了一定程度的混乱，有一定数量的判决书样本将是否造成轻微伤作为认定既遂的标准，还有少量的判决书样本以是否实施暴力行为作为认定依据。这种降低标准的既遂认定无疑会对犯罪人的量刑产生不利影响，从而事实上造成了处罚上的不均衡。北京市基层法院样本统计中的各形态分布情况如表1-4所示。

---

① 参见赵秉志主编:《当代刑法学》，中国政法大学出版社2009年版，第624页。

表 1-4　北京市基层法院样本中犯罪停止形态类型分布

类型	犯罪既遂	犯罪未遂	犯罪预备	犯罪中止	总计
频数	6121	773	1856	10	8760
百分比（%）	69.9	8.8	21.2	0.1	100.0

（二）主体性因素

影响量刑的主体性因素，是指存在于犯罪主体方面而对量刑结果可能产生影响的因素。这种因素与犯罪事实无关，属于犯罪前本来就存在或者犯罪后才出现的因素。由于其与犯罪事实无关，因而一般并不体现犯罪行为的社会危害性程度，其对量刑的影响主要是因责任能力、人身危险性大小而产生的。但是，量刑的过程是复杂的，实践中并非仅仅量刑情节才影响量刑结果。实际上，很多量刑情节以外的因素也会对法官的刑罚裁量产生影响。如作为犯罪主体个人情况的户籍，这本来属于与量刑情节无关的因素，但如果法官对本地人或外地人存在不同的喜好评价，就可能在量刑中对不同户籍的人作出有差异的量刑结果。所以，影响量刑的主体性因素实际上包括量刑情节因素和非量刑情节因素两个方面的内容。

1. 量刑情节因素。量刑情节是由刑罚根据而产生的，因而符合刑罚根据的要求便成为量刑情节的本质特征。因“符合刑罚根据要求”即为“表明行为的社会危害性程度和行为人的人身危险性程度”。[①] 作为主体性因素的量刑情节，主要是体现行为人人身危险性程度，在样本中统计中大致发现以下几种：

（1）限制行为能力。这是因认识能力或控制能力较弱而影响量刑的因素，主要有未成年、聋哑人、盲人、精神病人等类型。因未成年人是与成

① 中国人民大学法学院刑法专业编：《刑事法专论》（下卷），中国方正出版社 1998 年版，第 940 页。

年人相对的主体类型，为了对比两者的量刑差异，本书在样本统计中将其单独作为一个因素，其余类型归入了“限制行为能力”这一变量因素。经统计，北京市基层法院样本中未成年的频数为2469，占28.2%，限制行为能力因素出现的频数为73，仅占0.8%。

（2）前科劣迹和累犯。前科劣迹是表明犯罪人人身危险性较大的因素，由于具有违法犯罪记录，说明其实施社会越轨行为的可能性大，因而具有再次实施犯罪的危险。在样本统计中，本书根据前科劣迹的不同情形区分为一般违法、一般前科和累犯前科三种类型。一般违法是不构成犯罪的行政违法行为，一般前科是指不构成累犯的犯罪前科。经统计，北京市基层法院样本中一般违法的百分比为3.6%，一般前科的百分比为4.1%，累犯前科的百分比为6.0%。同时，犯罪前科与所犯抢劫罪的不同性质可能会对其再犯何种犯罪产生影响，如果前科也是抢劫罪的，则表明犯罪人对抢劫行为具有惯性，再次实施抢劫的可能性大，如果前科不是抢劫罪的，则表明其犯罪倾向的性质不明显，再次实施何种犯罪不确定。对此，可以将不是抢劫罪的前科称为普通前科，是抢劫罪的前科成为抢劫前科，以此来考察不同前科性质对量刑的影响情况。经统计，普通前科所占百分比为6.8%，抢劫前科所占百分比为3.3%。

（3）自首与立功。自首与立功具有明确的法律规定，实际样本中也均有清晰的记载。北京市基层法院样本的情况是，自首占7.2%，立功占8.0%。

（4）坦白与认罪。坦白作为法定量刑情节是2011年5月1日实施的《刑法修正案（八）》才确认的，在此以前只是作为酌定量刑情节出现在量刑中。因本研究收集的是2011年以前的样本，所以坦白在这一时期仍然属于酌定量刑情节。由于这一时期没有明确统一的坦白界定，实践中对坦白的理解存在不一致的现象。为了统计的便利，本书将判决书中凡是表述为“如实供述犯罪事实”或“坦白”的都作为坦白情节对待。认罪通常是法庭审理中体现出来的被告人态度，本书在统计时，凡是判决书中表述为“对指控犯罪事实无异议”的都作为“认罪”情节进行统计。经统计，北京市基层法院样本中坦白占 14.0%，认罪占 71.3%。

（5）退赃与赔偿。退赃与赔偿虽然都是用财物弥补被害人损失的情形，但两者指向的对象不同，退赃是退还或退赔被害人被抢财产的损失，赔偿是赔偿被害人身体伤害遭受的经济损失。两者虽然指向不同，但都是体现犯罪人悔罪态度的情节。经统计，北京市基层法院样本中退赃占 11.6%，赔偿占 5.5%。

2. 非量刑情节因素。非量刑情节因素是与量刑情节因素相对的、不具有“表明行为的社会危害性程度和行为人的人身危险性程度”功能的因素。这种因素因不符合刑罚根据要求，从理论上说是不能影响量刑的。但事实不会如此简单，因为量刑是由作为法官的个人来实施的，而每个人都有自己的偏好和价值观，他们在量刑时会不自觉地将这种偏好和价值观带进案件的认识中，进而形成轻重不同的量刑评价。本书从样本中提取了与犯罪主体有关的性别、户籍和职业三种可能影响量刑的非量刑情节因素。

（1）性别因素。性别因素对量刑的影响主要体现在女性可能更容易获得从轻处罚的结果。因为女性较男性有着不同的生理心理和社会角色特征，往往以弱势群体的面目示人，更易引发社会的同情和较低的危险性评价，所以也往往会更多地获得从宽处罚的机会。在北京市基层法院样本统计中，女性主体较少，仅占 3.2%。

（2）户籍因素。户籍因素主要是作为区分本地人与外地人的标准，近年来由于人口流动的加速，大批外来人员的涌入在促进当地经济社会发展的同时，也给社会治安造成很大压力，一些不法分子趁机实施违法犯罪活动给外来人员形象带来很大负面影响，因而容易在量刑时受到更多不利的评价。北京市是重要的外来人口输入地，因而户籍因素在量刑中具有更加现实的考察价值。统计到的外地户籍频数是 6156，占样本总数的 70.3%，本地户籍频数是 2604，所占百分比为 29.7%。

（3）职业因素。职业本来是一个人谋生的手段或实现人生理想的方式，与人的品行没有任何关系。然而在现实中，人们往往根据职业传递的信息与人的品行、涵养等纯粹个人化的评价联系起来，从而好的职业一般会带来好的印象，对从事低端职业或者没有职业的人则给予较低的评价。这种现象同样会出现在量刑活动中，因为在有些情况下，品行对量刑起到非常重要的作用，而法官判断品行的方式也大多根据犯罪人的职业、经历等方面。经对北京市基层法院样本统计发现，绝大多数的抢劫犯罪人为无业或农民，两者占总数的 81.1%；其次是学生，占总数的 12.4%；其他仅有 6.5% 的人拥有相对固定的职业。具体如表 1–5 所示。

表 1–5　北京市基层法院样本中犯罪人职业类型分布

职业	无业	农民	学生	其他	总计
频数	2362	4742	1090	566	8760
百分比（%）	27.0	54.1	12.4	6.5	100.0

（三）程序性因素

影响量刑的程序性因素，是诉讼程序中存在的可能影响量刑结果的因素。这些因素既与案件事实没有关系，也与犯罪者个人无关，即纯粹外在的因素。所以，程序性因素既不反映犯罪行为的社会危害性大小，也不体现犯罪人的主观恶性或者人身危险性，更不可能归入量刑情节的范畴。判决书样本中体现的程序性因素主要有：

1. 审理时间。本书所收集的北京市样本的时间跨度是 2000 年至 2011 年，在不同的年份里存在不同的社会外部环境。如 2001 年至 2002 年开展了第三次“严打”活动，2010 年最高人民法院发布了《关于贯彻宽严相济的刑事政策的意见》，对具体量刑提出了不同的要求。

另外，抢劫罪定罪量刑司法解释的出台也对同样事实的认定或评价产生影响，从而最终影响量刑结果。如 2005 年《最高人民法院关于审理抢劫、抢夺刑事案件适用法律若干问题的意见》统一了犯罪既遂的认定标准，使之前有的法官将造成轻微伤就认定为既遂的情形变成了犯罪未遂，这必然导致同样事实在司法解释出台前后产生不同的量刑结果。

2. 审理法院。这一因素主要说明地域特点对量刑的影响。因大部分案件实行的是犯罪地管辖原则，审理法院代表着犯罪的地域。由于案件发生的不同地域可能产生不同的危害后果，如发生在中心城区重要场所的抢劫案与发生在偏远地区的抢劫案分别对社会产生的影响是不同的。而且不同地域的案发率也存在明显差异，这也会影响着法官的不同量刑评价。在北京市样本中的审理法院包括三种类型，即中心城区法院、城乡接合部法院和远郊区法院；在全国范围内也包括三种类型，即东部地区法院、中部地区法院和西部地区法院。

3. 审理程序。刑事诉讼法除规定了普通程序与简易程序外，最高人民法院、最高人民检察院、司法部于 2003 年 3 月 14 日发布的《关于适用普通程序审理“被告人认罪案件”的若干意见（试行）》（已于 2012 年刑事诉讼法修正后废止）规定了“认罪程序”，可以对普通程序进行适当简化。因不同的审判程序具有不同的繁简流程，进而会对法官造成轻重不同的心理影响。因而，审理程序的不同也可能带来量刑结果的差异。经统计，北京市基层法院样本中简易程序占 21.8%，“认罪程序”占 19.9%，普通程序占 58.3%。

4. 律师参与。刑事诉讼中辩护人的作用是从无罪、罪轻的角度提出辩护意见，维护被告人的合法权益。然而，受刑事诉讼构造的影响，在我国辩护人还没有形成与公诉机关进行平等对抗的地位，其在刑事诉讼中的作用因而也受到很大制约。而且，根据我国刑事诉讼法的规定，审判人员、检察人员、侦查人员必须依照法定程序，收集能够证实犯罪嫌疑人、被告人有罪或者无罪、犯罪情节轻重的各种证据。在这种情况下，律师参与发挥作用的空间就变得非常有限。但实际情况到底是什么状态，其对量刑产生怎样的影响，需要从实证的角度进行考察。经对北京市基层法院样本统计，有律师参与的占 42.3%，其中，自请律师的占 21.5%，指定律师的占 17.9%，属于其他辩护人类型的占 2.9%。

5. 羁押状态。被起诉到法院的被告人要么处于羁押状态，要么处于非羁押状态。这种羁押状态往往会给法官量刑产生很大影响，当被告人处于非羁押状态时，如果对其判处监禁刑就要对其采取收押措施，如果直接适用非监禁刑的，则免去了收押的烦琐；而当被告人处于羁押状态时，也同样面临判处非监禁刑需要对其释放的问题。而且，由于不同法院对收押或释放采取了宽严不同的管理制度，更是会对法官的量刑选择产生影响。从北京市基层法院样本中统计到的情况是羁押状态占 90.8%，非羁押状态占 9.2%。

6. 法官性别。性别的不同形成对事物的认识和体验也不同。心理学的研究表明，女性比男性更容易产生移情作用，女性的富于同情心与男性的冷酷无情形成了鲜明的对比。研究者认为，女性容易产生移情作用可能与她们喜好体验损害他人的负疚心理，设身处地考虑他人的境遇有关。[①] 审判是一项站在正义立场上的司法活动，不允许情绪化的因素干扰理性判断。但是，男女两性在事物认知方面的差异是客观存在的，女法官对犯罪分子的态度必然与男法官形成对比，这种差异是否会影响到实际的量刑结果，则是需要实证检验的命题。为此，通过在北京法院内部网站中找到判决书中落款的审判长信息，对于某些已经退休或调离法院而在内部网站中查找不到个人信息的，笔者向该院其他人员进行了求证，

① 参见赖修桂、赵学军:《女性犯罪研究》，法律出版社 2013 年版，第 86 页。

以此进行了法官性别统计。北京市基层法院样本统计发现女性法官的比例为49.7%，男性法官的比例为50.3%，两者基本持平，能够较好地进行比较分析。

二、因素影响情况

影响因素对量刑结果的影响主要体现为从重、从轻、减轻或免除处罚，这是刑罚裁量过程中的一项重要内容，也是得出最终量刑结果的一个必经环节。

（一）免除处罚

免除处罚是犯罪分子在构成犯罪的基础上，因犯罪情节轻微不需要判处刑罚的情况。我国的免除处罚包括两种情况：一种是符合刑法某一法定量刑情节规定的免除处罚，称为特殊免除；另一种是虽然犯罪行为不符合任何法定免除处罚情节的规定，但是犯罪情节轻微不需要判处刑罚的，可以免除处罚，称为一般免除。[①] 这里的特殊免除，实际上就是法定量刑情节中“免除处罚”功能的应用，而一般免除实际上就是《刑法》第37条规定的免予刑事处罚。在北京市基层法院样本中的8760个量刑结果中，仅1人因犯罪情节显著轻微危害不大，适用《刑法》第13条的规定判决无罪，其余全部被认定有罪。在认定有罪的犯罪分子中，有91人被免除处罚，属于一般免除的有55人，占免除处罚人员总数的60.4%，属于特殊免除的有36人，占免除处罚人员总数的39.6%，其中，犯罪预备免除处罚8人，犯罪中止免除处罚4人，从犯免除处罚23人，重大立功免除处罚1人，分别占免除处罚总数的8.8%、4.4%、25.3%和1.1%（详见表1-6）。

---

① 参见赵秉志主编:《当代刑法学》，中国政法大学出版社2009年版，第354页。

表 1-6　北京市基层法院样本中免除处罚类型情况

类型	理由	频数	百分比（%）
一般免除	情节轻微	55	60.4
特殊免除	犯罪预备	8	8.8
	犯罪中止	4	4.4
	从犯	23	25.3
	重大立功	1	1.1
	小计	36	39.6
总计	—	91	100.0

经过对 91 个免除处罚结果的分析，发现存在以下特点：

1. 分布范围广，但相对集中。经统计，每个年度均有被免除处罚的犯罪分子，如 2000 年 11 个，2001 年 17 个，2002 年 1 个，2003 年 3 个，2004 年 8 个，2005 年 4 个，2006 年 28 个，2007 年 5 个，2008 年 3 个，2009 年 8 个，2010 年 2 个，2011 年 2 个。但也存在相对集中的趋势，如 2006 年的数量最多，达到 28 个，占总数的 30.8%。

2. 未成年人适用率高。从适用对象上看，免除处罚大多适用于未成年人，共有 82 名未成年犯罪人被免除处罚，占总数的 90.1%。是否免除处罚与犯罪人年龄的相关性检验结果表明（r=0.045，p<0.001），是不是未成年人对免除处罚适用具有显著性影响。

3. 律师参与的适用率高。通过对免除处罚样本的律师参与情况分析来看，被免除处罚的犯罪分子大多有律师参与，即 91 人中有 71 人获得律师辩护，占 78.0%，其中自请律师的有 32 人，指定律师的有 39 人。是否有律师参与对是否免除处罚的相关性检验结果表明（r=0.084，p<0.001），律师参与与否对是否免除处罚具有显著性影响。

4. 加重情节适用率低。《刑法》第 263 条规定了提高法定刑幅度的八种加重情节，通过对 91 个免除处罚结果的梳理，发现仅有 1 人属于数额巨大，2 人属于入户抢劫，其他被免除处罚的犯罪人没有加重情节。且该入户抢劫是未造成损害结果的犯罪中止，属于应当免除处罚的情形。可见，免除处罚的适用基本体现了情节轻微的特点。

5. 与羁押状态有关。免除处罚是对犯罪人作出不再进行刑罚处罚的量刑结果，涉及对羁押的犯罪人进行释放和未羁押的被告人不再收押的问题，因而是否予以免除处罚可能受到羁押状态的影响。但统计发现，被免除处罚的 91 人中有 46 人处于羁押状态，占 50.5%，未羁押的有 45 人，占 49.5%，两者基本持平。但是，处于羁押状态的 46 人在全部被羁押的人中，仅占 0.6%，而未羁押的 45 人在全部未羁押的人中，占到 5.6%。这说明，未羁押的犯罪人被免除处罚的可能性大于羁押的犯罪人。卡方检验结果表明（χ^2=179.218，df=1，p<0.001），是否羁押对是否免除处罚具有显著性影响。

但与此同时，也发现样本中存在以下不容忽视的问题：

1. 具有适用上的不均衡性。为了比较不同类型样本间的免除处罚适用情况，研究中将各样本类型中的免除处罚数与该样本总数的比例进行对比，发现北京市中心城区与远郊区县具有大致相同的免除处罚适用率，而接合部地区的适用率则远远低于另外两个地区，这说明不同地区间存在很大的适用差异。卡方检验结果表明（χ^2=21.416，df=2，p<0.001），不同法院间的免除处罚适用存在显著性差异。

2. 个案间存在适用上的不一致。样本统计发现，免除处罚的适用样本中犯罪预备的频数是 26，占总数的 28.6%，说明犯罪预备情节的免除处罚率较高。而实际上，犯罪预备情节在全样本中的频数为 1832，且同时满足未成年人和律师参与的频数也达到了 213，但为何只有其中的 23 例适用了免除处罚？进一步分析发现，免除处罚在适用中存在明显的阶段性，如接合部区样本中对 15 个犯罪预备的免除处罚均发生在 2006 年，其他年份都没有适用。实际上，犯罪预备是为了实施抢劫而准备工作、制造条件，不同样本间的危害程度区别不大，而实践中却有的免除处罚有的不免除处罚，说明个案在适用上不一致，具有明显的量刑不均衡特点。

3. 一般免除与特殊免除适用混乱。一般免除是《刑法》第 37 条规定的犯罪情节轻微不需要判处刑罚情况的免予刑事处罚，这里的“情节”包括法定情节，也包括酌定情节，因而具有总括性和原则性。特殊免除是单个法定量刑情节中所具有的“免除处罚”功能的应用，具有个别性和具体性。所以当两者同时存在时，应当优先适用特殊免除。然而，样本中的 55 个一般免除情形中，仍然有 17 个样本具有犯罪预备、11 个样本中具有从犯情节，即存在一般免除与特殊免除同时存在的情况，却适用了一般免除的法律条款，显然造成了两种免除的混同。

4. 个别案件在免除处罚的同时附加罚金刑。免除处罚即免除刑罚处罚，这里的“刑罚”应当既包括主刑也包括附加刑，免除处罚的不只是要免除主刑，也不能再判处附加刑。然而，在统计中仍然发现有一个判决对两个属于从犯的犯罪人在免除处罚的同时，却均被单处附加罚金刑 2000 元，这自然是对免除处罚理解的错误，客观上产生了量刑不公正的结果。

（二）减轻处罚

减轻处罚就是在犯罪行为相对应的法定刑以下判处刑罚。因抢劫罪规定了两个刑罚幅度，即十年以上有期徒刑、无期徒刑或者死刑和三年以上十年以下有期徒刑，所以减轻处罚包含两部分，分别是十年以上有期徒刑的减轻和三年以上十年以下有期徒刑的减轻。

1. 减轻处罚的刑期分布。从北京市基层法院样本统计来看，法定刑在十年以上有期徒刑的样本共有 1918 个，其余 6842 个样本的法定刑在三年以上十年以下有期徒刑。其中，1918 个样本中有 738 个样本实际判处十年以下有期徒刑，6842 个样本中有 3757 个样本实际判处三年有期徒刑以下，两者的减轻处罚适用率分别是 38.5% 和 54.9%，实际减轻处罚占全部样本的比例达 51.3%。这说明抢劫罪有过半的犯罪分子获得减轻处罚，但严重抢劫罪的减轻处罚率明显小于较轻抢劫罪的减轻处罚适用率，体现了司法实践中对较重犯罪从严惩处的态度。

关于减轻处罚应当在多大的幅度内减轻，《刑法修正案（八）》明确为应当在法定量刑幅度的下一个量刑幅度内判处刑罚。因本研究收集的北京市样本均发生在《刑法修正案（八）》制定以前，所以实践中存在着在法定量刑幅度以下两个量刑幅度内判处刑罚的情况。经对北京市基层法院样本统计，法定刑十年以上有期徒刑被减轻处罚后的宣告刑最小值是 7 个月，最大值是 114 个月，均值是 58 个月，中值是 60 个月，众数刑期是 36 个月。具体来说，绝大多数样本在下一个量刑幅度内减轻，占总数的 87.7%，仅有 12.3% 的样本在下两个幅度内减轻。其中，在三年以上十年以下有期徒刑幅度内减轻的样本中，实际量刑为 36 个月的占 20.6%，所占比例最高；其次是 60 个月的适用比例为 13.4%，72 个月的比例是 9.6%，84 个月的比例是 9.1%，48 个月的比例是 8.7%，96 个月的比例是 8.3%，108 个月的比例是 5.6%。可见，这一期间内各个整数刑期在适用比例上分布差别不大，较为均匀。但如果按照有期徒刑三年以上十年以下的中线 78 个月作为分界线，发现分界线以下的适用比例为 61.4%，分界线以上的适用比例为 26.1%，处于较低刑期的比例明显大于较高刑期的比例，说明减轻幅度较大，量刑整体偏轻。而在三年以下有期徒刑幅度内减轻的样本中，24 个月所占比例最高，为 3.9%；其次是 18 个月的比例为 2.8%，30 个月的比例是 1.6%，12 个月的比例是 1.1%。这说明在三年以下有期徒刑幅度内，实际量刑明显高于中线。为了直观反映以上量刑分布情况，下面用折线图进行表示（见图 1-7）。

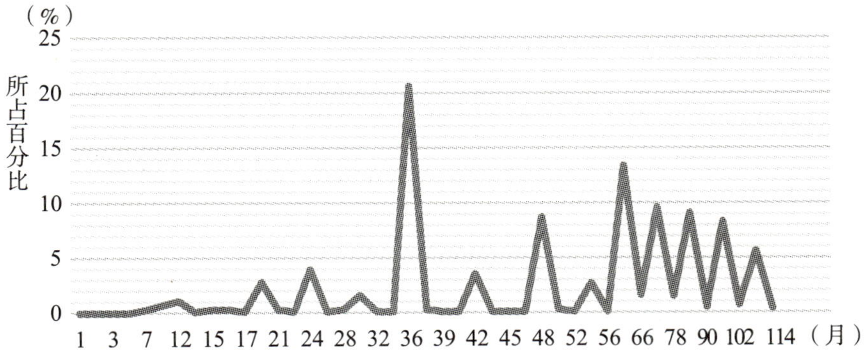

图 1-7 北京市基层法院有期徒刑十年以上样本减轻处罚分布

法定刑三年以上十年以下有期徒刑减轻处罚的刑期最小值是 1 个月，最大值是 34 个月，均值是 13 个月，中值是 10 个月，众数刑期是 8 个月，形成了一定程度的集中化趋势。具体来说，8 个月的适用比例最高，达 23.5%；其次是 12 个月的比例 17.0%，24 个月的比例是 12.4%，18 个月的比例是 10.9%，6 个月的比例是 10.8%，7 个月的比例是 10.4%，30 个月的比例是 2.8%。这说明减轻处罚多在三年以下有期徒刑的中线以下量刑，具体各年度的分布比例是：有期徒刑一年以下的占 52.9%，有期徒刑一年以上二年以下的比例是 31.4%，有期徒刑二年以上三年以下的比例是 15.2%，呈现依次递减的趋势。为了直观反映以上刑期分布情况，下面用图 1-8 进行表示。

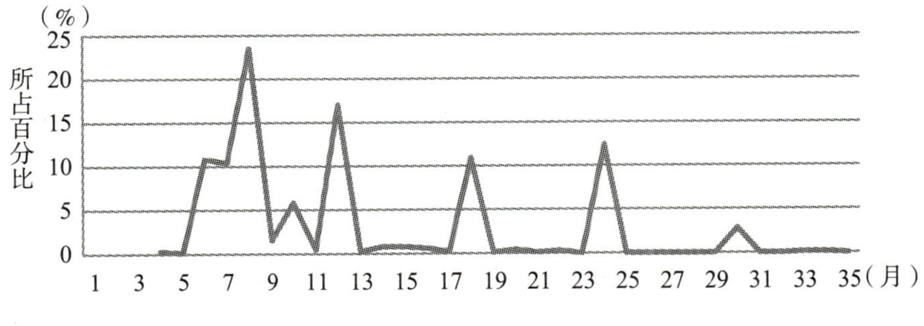

图 1-8 北京市基层法院有期徒刑三年以上十年以下样本减轻处罚分布

根据抢劫罪减轻处罚的量刑分布情况，可以得出以下两个结论：一是《刑法修正案（八）》将减轻处罚限定在法定刑下一个量刑幅度内减轻，顺应了量刑实践的趋势，对实际量刑影响不大。从统计情况可知，只有12.3%的样本在下两个幅度内量刑，绝大部分是在下一个幅度内量刑，而且即使在下两个幅度内量刑的，其实际刑期也在靠近中线以上的部分。所以在这种情况下，要求在法定刑下一个幅度内量刑不会对实际量刑产生太大影响。二是减轻处罚体现了明显的轻刑化特点。虽然抢劫是一个较为严重的犯罪，但有51.3%的犯罪分子获得减轻处罚，而且减轻处罚的幅度较大，大多在减轻幅度的较低刑期区间适用刑罚，另有815人因减轻处罚而被适用缓刑，占缓刑适用人数的90.0%（北京市基层法院样本中适用缓刑的人数为907人），体现了较为明显的轻刑化趋势。

2. 减轻处罚的影响因素。从《刑法》第63条的规定来看，根据法定减轻处罚情节减轻的，属于法定减轻处罚；根据案件的特殊情况减轻的，属于酌定减轻处罚，酌定减轻处罚须经最高人民法院核准。在样本统计中，涉及的法定减轻处罚情节主要有未成年人、限制行为能力人（指精神病人、聋哑人）、从犯、犯罪预备、犯罪中止、犯罪未遂、自首、立功等。在法定刑十年以上有期徒刑减轻处罚的738个量刑结果中，有731个样本存在法定减轻处罚情节，另外7个没有任何可以减轻处罚的情节，且从判决书表述情况看，也不属于酌定减轻处罚，这明显是错误量刑。在731个法定减轻处罚的判决中，减轻处罚情节的出现概率分别体现在表1–7中。

表1–7 北京市基层法院法定刑十年以上样本减轻处罚情节类型

情节类型	未成年	限制行为能力	从犯	犯罪预备	犯罪中止	犯罪未遂	自首	立功
频数	478	10	139	35	3	96	95	122
百分比（%）	65.4	1.4	19.0	4.8	0.4	13.1	13.0	16.7

法定刑在三年以上十年以下有期徒刑减轻处罚的3757个量刑判决中，有3个样本在没有任何法定减轻处罚情节的情况下被判处三年以下有期徒刑，且不是通过酌定减轻处罚程序进行的减轻处罚，因而也同样属于错误量刑。在其余的3754个量刑判决中，出现的法定减轻处罚情节分别如表1–8所示。

表1–8　北京市基层法院法定刑三年以上十年以下样本减轻处罚情节类型

情节类型	未成年	限制行为能力	从犯	犯罪预备	犯罪中止	犯罪未遂	自首	立功
频数	1754	37	222	1777	3	377	318	256
百分比（%）	46.7	1.0	5.9	47.3	0.1	110.0	8.5	6.8

为了验证上述减轻处罚情节是否对减轻处罚产生实际影响力，有必要对其进行分别分析：

（1）未成年。经统计，在北京市基层法院2469个未成年人样本中，减轻处罚的占90.4%；而在6291个成年人样本中，减轻处罚的占36.0%。卡方检验的结果为（χ^2=2102.597，df=1，p<0.001），不同年龄对是否减轻处罚存在显著性差异。即未成年人较成年人更易于受到减轻处罚。

（2）限制行为能力。经统计，在北京市基层法院73个限制行为能力样本中，减轻处罚的占64.4%；在8687个非限制行为能力样本中，减轻处罚的占51.2%。卡方检验的结果为（χ^2=5.034，df=1，p<0.05），是否限制行为能力对是否减轻处罚存在显著性差异，但该因素的显著性程度较弱。但即便如此，限制行为能力对是否减轻处罚具有显著影响力。

（3）从犯。经统计，在北京市基层法院508个从犯样本中，减轻处罚的占71.1%；在8252个非从犯样本中，减轻处罚的占50.1%。卡方检验的结果为（χ^2=84.200，df=1，p<0.001），是否从犯对是否减轻处罚存在显著性差异。即从犯较非从犯更有可能获得减轻处罚。

（4）犯罪未完成形态。经统计，在北京市基层法院1856个犯罪预备样本中，减轻处罚的占97.7%；在10个犯罪中止的样本中，减轻处罚的占60.0%；在773个犯罪未遂的样本中，减轻处罚的占61.1%；在6121个犯罪既遂的样本中，减轻处罚的占36.0%。卡方检验的结果为（χ^2=2201.085，df=3，p<0.001），是否犯罪预备、犯罪中止和犯罪未遂对是否减轻处罚存在显著性差异。即属于犯罪未完成形态的样本更有可能减轻处罚。

（5）自首。经统计，在北京市基层法院627个自首的样本中，减轻处罚的占67.1%；在8133个非自首的样本中，减轻处罚的占50.1%。卡方检验的结果为（χ^2=67.760，df=1，p<0.001），是否自首对是否减轻处罚存在显著性差异。即具有自首因素更有可能被减轻处罚。

（6）立功。经统计，在北京市基层法院705个立功样本中，减轻处罚的占53.6%；在8055个非立功样本中，减轻处罚的占51.1%。卡方检验的结果为（χ^2=1.629，df=1，p>0.1），是否立功对是否减轻处罚不具有显著性差异。即立功因素对决定是否减轻处罚不具有显著影响力。

（三）从轻处罚与从重处罚①

从轻处罚与从重处罚是根据从轻、从重处罚情节在法定刑的限度以内判处刑罚，其中的从轻是在法定刑的限度内判处较轻的刑罚，从重是在法定刑的限度内判处较重的刑罚。因抢劫罪规定了三年以上十年以下有期徒刑和十年以上有期徒刑、无期徒刑和死刑两个法定刑幅度，结合本研究所收集的样本特点，可以从三年以上十年以下有期徒刑和十年以上有期徒刑两个方面来研究样本中从轻处罚与从重处罚量刑情况。

在样本统计中发现，判决书仅在“本院认为”中提到犯罪分子具有的

① 因判决书一般没有记载犯罪人最终是获得从轻还是从重处罚结果，因而也就无法准确统计出从轻处罚和从重处罚的准确数字。所以，受到判决书信息量的限制，本部分对从轻处罚与从重处罚的统计和分析不能达到预期的效果。

法定量刑情节和几种常见的酌定量刑情节及对这些情节的适用情况，并没有明确犯罪分子最终获得的是从轻处罚还是从重处罚。实际上，每个量刑结果都存在从轻处罚与从重处罚的成分，正是从轻与从重的抵消与累加形成了最终的判决结果。因为从轻处罚与从重处罚的依据是量刑情节，量刑情节除了包括立法明确规定的法定量刑情节以外，还包括大量的能够反映罪行轻重的各种事实情况的酌定量刑情节，酌定量刑情节具有丰富的内容和多种表现形式。据统计，酌定量刑情节大体表现为 62 种具体情节，其中酌定从宽情节共有 34 个，内有 20 个是表明行为人人身危险性程度的情节；酌定从严处罚情节共 28 个，内有 13 个是表明行为人人身危险性程度的情节。① 由于量刑情节的丰富性，决定了几乎每一个案件都会存在相应数量的量刑情节，不具有任何量刑情节的案件是不可想象的。因而每个案件的犯罪人都几乎存在一种或几种从轻、从重的量刑情节，相应地得到从轻或从重处罚。

1. 三年以上十年以下有期徒刑的从轻处罚与从重处罚。这种情况是指法定刑及实际量刑均在三年以上十年以下有期徒刑的量刑。经统计，在北京市基层法院 8760 个量刑结果中，法定刑在三年以上十年以下有期徒刑的样本数为 6857 个，而实际在该幅度内量刑的样本共有 2994 个，占 43.7%。其量刑刑期的分布如图 1-9 所示。

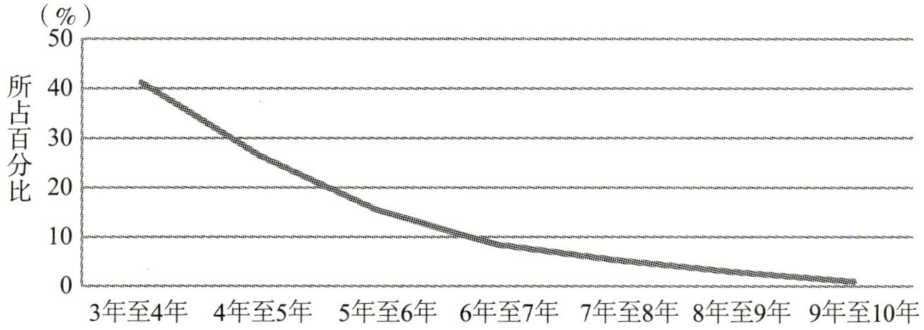

图 1-9　北京市基层法院有期徒刑三年以上十年以下样本从轻从重量刑趋势

① 参见赵秉志主编:《当代刑法学》，中国政法大学出版社 2009 年版，第 352 页。

图 1-9 表明，三年以上十年以下有期徒刑从轻或者从重处罚的刑期分布较为集中，主要聚集于有期徒刑三年至五年的区间内，约占 67.5%。其中，有期徒刑三年的适用率最高，然后是有期徒刑四年、五年依次递减。这体现了抢劫罪在这一量刑幅度内的轻缓化趋势，即大部分的犯罪人在法定最低刑的位置获得判决。

同样，由于从轻或者从重处罚的情节具有丰富、多样性，且判决书中没有进行一一列举，也就无法客观描述实际的从轻或者从重处罚情况。经对北京市基层法院样本中常见量刑情节的统计发现，未成年、限制行为能力、从犯、犯罪预备、犯罪未遂、自首、立功、坦白、认罪、退赃、赔偿经济损失等均是从轻处罚的依据，而累犯、致人轻伤、致人重伤、抢劫二次等则是从重处罚的依据。另外，虽然抢劫数额也是体现犯罪结果大小的重要影响因素，在量刑时会随着数额的提高而增加相应的刑罚量，也属于从重处罚的依据，但因其具有连续性特点，所以无法在列表中进行描述。在统计中发现，认罪态度在从轻处罚情节中的比例最高，占到 76.8%，其次是坦白、犯罪未遂、立功、退赃等。在从重处罚的量刑情节中，比例较高的是致人轻微伤、其次是抢劫二次、累犯、致人轻伤等。具体可通过图 1-10 直观展示。

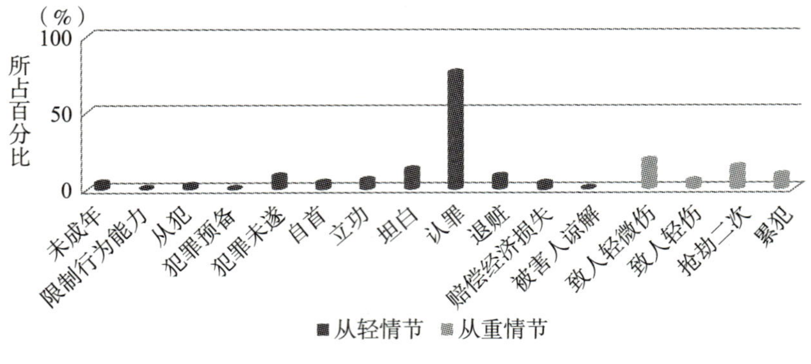

图 1-10　北京市基层法院有期徒刑三年以上十年以下样本从轻从重情节分布

2. 十年以上有期徒刑的从轻处罚与从重处罚。这种情况是指法定刑及实际量刑均在十年以上有期徒刑的量刑。经统计，在北京市基层法院 8760 个量刑结果中，法定刑在十年以上有期徒刑的样本数为 1917 个，而实际在该幅度内量刑的样本共有 1176 个，占 61.3%。其量刑刑期的分布如图 1-11 所示。

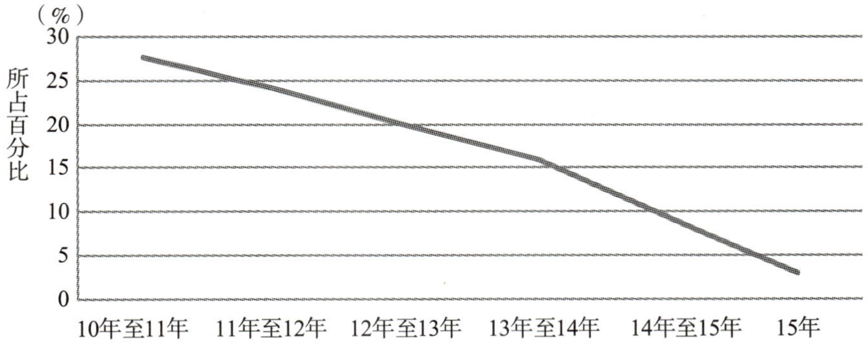

图 1-11　北京市基层法院有期徒刑十年以上有期徒刑样本从轻从重处罚趋势

根据图 1-11，十年以上有期徒刑幅度内从轻或者从重处罚的刑期分布相对较为分散，没有形成较为集中的聚集区，在每一年度内都有一定比例的刑期分布。但从总体上来看，法定刑较低区间的适用率较高，较高区间的适用率则较低。如果以一年作为区间进行统计，则这一特点更为明显，如从十年到十五年，随着刑期的增高，每一区间的比例从 27.7% 到 24.1%、20.0%、16.0%、9.4%、2.9% 逐渐下降。

与三年以上十年以下有期徒刑幅度内从轻或者从重量刑情节不同，十年以上有期徒刑幅度内的量刑情节除了刑法总则规定的法定量刑情节和反映犯罪行为社会危害性及行为人人身危险性大小的酌定量刑情节以外，还包括刑法分则中抢劫罪立法条文中专门规定的处十年以上有期徒刑、无期徒刑或者死刑的八种情形。一般来说，该八种情形是构成加重法定刑幅度的条件，对于法定刑幅度选择具有决定性影响，而作为从轻从重处罚依据的量刑情节则是影响特定法定刑幅度内的从轻或者从重，两者功能明显不同。如果将该情形作为选择法定刑幅度的依据后，再据其进行从轻或者从重处罚，则存在重复性评价的问题，因而不能作为十年以上有期徒刑幅度内的从轻从重处罚依据。本书认为，该八种情形固然是选择法定刑幅度的依据，但其本身不只是具有危害性程度的质变意义，同时还有质变后的量变因素，如同样是致人重伤的情形，如果重伤的人数不同所反映的危害性大小也肯定存在差别，进而影响同一法定刑幅度内的刑罚量。而且，当存在多种上述情形的，如既是入户抢劫又持枪抢劫的，其对量刑的意义肯定不只局限在法定刑幅度的选择上，必然会对在法定刑幅度内进行从重处罚产生影响。所以，抢劫罪规定的八种情形除了具有量刑幅度影响外，还同时具有再次评价的意义，只是在权衡时注意避免对同一事实进行双重评价。

根据统计结果，未成年、限制行为能力、从犯、犯罪未遂、自首、立功、坦白、认罪、退赃、赔偿经济损失、被害人谅解等均是从轻处罚的依据，而累犯、致人轻伤、致人重伤、致人死亡、数额巨大、入户抢劫、在公共交通工具上抢劫、冒充军警人员抢劫、持枪抢劫、多次抢劫等则是从重处罚的依据。另外，虽然除了抢劫数额巨大、多次抢劫是决定法定刑幅度的影响因素以外，具体的数额和次数也是体现犯罪结果及行为危害性大小的重要影响因素，在量刑时会随着数额的提高和次数的增多而增加相应的刑罚量，也属于从重处罚的依据，但因其具有连续性特点，所以无法在列表中进行描述。通过列表可见，认罪态度在从轻处罚情节中的频数最高，占到 74.0%，在从重处罚的量刑情节中，频数较高的是数额巨大，占到 54.1%。[①] 具体可通过图 1-12 直观展示。

① 因一个案件中可能存在多个从轻情节或者从重情节，所以此项统计从轻情节和从重情节的频率总和会超过 100%。

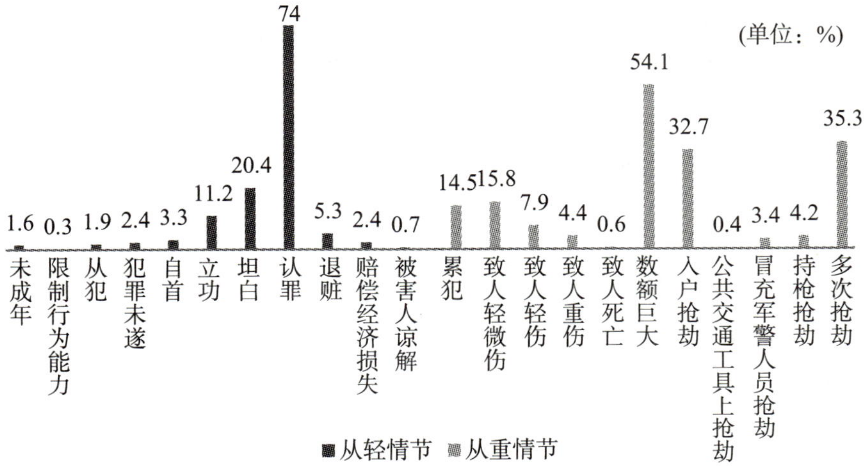

图 1-12　北京市基层法院有期徒刑十年以上样本从轻从重处罚情节分布

第四节　小　　结

样本是实证研究的基础材料，通过对样本的整体考察，为进一步进行量刑实证研究提供必要的认识前提。

（一）考察了抢劫罪样本的基本情况

在研究中发现样本在数量上存在明显的地区差异和年度变化。由于地区间经济发展水平、治安防控手段的差别，抢劫罪频繁发案于城乡接合部地区，紧随其后的是经济发展水平相对较高而同时治安防控措施严密的中心城区，经济发展水平相对落后且治安防控措施较弱的远郊区县发案数最低；在全国范围内，则同样存在样本数量随着经济状况变化而出现差异的情况。在年度发展态势上，受到“严打”政策及加强治安防控因素的影响，北京市的抢劫案件呈现出高低起伏并逐渐减少的趋势，在各年度间出现了较大落差的数量变化。另外，样本还反映出抢劫案件具有犯罪共同性、主体低龄化和流动性特点。抢劫犯罪的激烈对抗性特点决定了多人共同实施的必要。实践统计表明，共同抢劫的未遂率只有 6%，而单独抢劫的未遂率达到了 20%，这应当是抢劫案件共同犯罪率超过 80% 的重要原因。在犯罪主体上，抢劫一直以来是未成年人犯罪的常见罪名，这一特点在北京市抢劫犯罪中具有突出的表现，但由于不同地区间人口结构的不同，在本地人口为主的中心城区和远郊区县，其未成年人犯罪率相对较高，城乡接合部地区则相对较少。同时，近年来随着人口流动的加速，外来人员在各地人口中的比重日益提高，北京市作为重要的流动人口输入地之一，外地人占据了 70% 的抢劫罪主体数量，成为一个以外地人为主的犯罪类型。以上对抢劫案件数量及犯罪特点的了解，为研究量刑影响因素提供了新的研究视角。

（二）考察了抢劫罪样本的量刑情况

通过考察发现，北京市中级法院对抢劫罪判处无期徒刑和死刑的占到总数的 52.9%，同时在样本时段内，适用无期徒刑或者死刑的比例存在明显的上升趋势，但就具体数量来说，每年被适用无期徒刑或者死刑的人数却在下降。

北京市基层法院对抢劫罪的实际量刑具有以下特点：第一，主刑刑种以有期徒刑为主，占适用总数的 99%。从刑期分布上看，从三年以下有期徒刑、三年以上十年以下有期徒刑到十年以上有期徒刑在数量上由多到少依次呈现出阶梯状特征，具有较好的量刑结构，因而总体上实现了量刑均衡的目标。但部分地区仍存在一定程度的量刑不合理现象，具有进行进一步规范的空间。第二，拘役虽然并非抢劫罪立法规定的主刑刑种，但在实践中仍有不到 1% 的犯罪分子通过减轻处罚的方式被判处了拘役刑。对于能否利用减轻处罚判处具体罪名没有规定的刑种，目前理论上和实践中均存在争议，既然这是一个争议的话题，且实践中所占比例不大，因而对其量刑情况没有详细研究的必要。第三，缓刑并非独立刑种，仅是刑罚的一种执行方式。从北京市基层法院样本情况来看，缓刑适用率占 10.4%，但在符合缓刑适用幅度的样本中，缓刑适用率为 18.8%。经与相关犯罪缓刑适用情况的对比发现，该罪的缓刑适用率远低于单纯侵害身体的故意伤害罪，但与仅仅侵犯财产权利的盗窃罪具有大致相当的适用情况。

在北京市全部样本范围内经对附加刑的统计发现，罚金是抢劫罪适用比例最高的附加刑，从基层法院适用情况来看，判处罚金的均值为 4668 元，应当说是较为适中合理的。但详细统计发现，实践中的罚金数额存在标准不统一，适用有的畸轻畸重，甚至还有法律适用错误的问题，对抢劫罪的公正量刑产生了消极影响。在北京市中级法院样本中，罚金的最小值为 1500 元，最大值为 50000 元，均值为 21490 元，与基层法院样本中的罚金数额相比，中级法院的罚金数额明显较高，这与中级法院审理的抢劫罪案件更为严重相一致。剥夺政治权利是抢劫罪中部分犯罪分子适用的附加刑，北京市抢劫罪量刑中，其主要适用于被判处有期徒刑七年以上的犯罪分子，且在适用中所判期限较短，逾 80% 的剥夺政治权利期限为一年或二年。在中级法院的样本中，剥夺政治权利终身被全部适用于无期徒刑和死刑的罪犯。没收财产也是抢劫罪立法规定的与罚金选处的附加刑之一，但在基层法院样本中，没有一例判决被适用。而在中级法院样本中，没收财产刑均表现为“没收全部财产”一种形式，且只出现在无期徒刑和死刑的主刑量刑结果中，在有期徒刑以下的主刑中没有出现附加没收财产刑的情况。驱逐出境只适用于犯罪的外国人，样本中对于判处无期徒刑以上主刑和有期徒刑缓刑的外国人则全部没有附加驱逐出境。但由于涉及外国人犯罪的数量较少，驱逐出境的分析结果缺乏统计学意义。

（三）总结了影响量刑的因素范围

根据立法规定、刑法理论与量刑实践总结了可能影响量刑的三方面因素。一是客观性因素，是与犯罪事实有关的能够体现犯罪行为的社会危害性与人身危险性程度的量刑因素。包括行为对象、行为方式、行为后果、时空条件、停止形态等相关内容。二是主体性因素，这存在于犯罪主体方面而对量刑结果可能产生影响的因素，其一般并不体现犯罪行为的社会危害性程度，对量刑的影响主要是因责任能力、人身危险性大小而产生的。这类因素在实践中包括量刑情节性因素和非量刑情节性因素。三是程序性因素，是诉讼程序中存在的可能影响量刑结果的因素。这些因素既与案件事实没有关系，也与犯罪者个人无关，即纯粹外在的因素。所以，程序性因素既不反映犯罪行为的社会危害性大小，也不体现犯罪人的主观恶性或者人身危险性，更不可能归入量刑情节的范畴。判决书样本中体现的程序性因素主要有：判决年份、审理法院、审理程序、有无律师、羁押状态、法官性别等。在刑罚裁量方面，免除处罚主要受未成年、律师参与和羁押状态影响，但存在适用上的不均衡现象；减轻处罚比例较高，超过半数的样本存在减轻处罚情况，影响减轻处罚的因素主要有未成年、限制行为能力、从犯、犯罪未完成形态和自首，但立功对减轻处罚不具有影响力。

第二章　连续性变量与有期徒刑量刑

抢劫罪规定了主刑和附加刑，主刑是对犯罪适用的主要刑罚方法，由于其表现为对生命、自由的剥夺或限制，因而具有较强的惩罚性，也是犯罪人体验更为明显的刑罚措施。所以对主刑的裁量是关乎刑罚正义能否实现的主要体现，也是社会关注和评价量刑公正与否的焦点。在前文的介绍中，抢劫罪的主刑适用率最高的是有期徒刑，且主要是由基层法院做出的，因而本章研究的样本基础是北京市基层法院12年间做出的4865份抢劫罪刑事判决书中的8760个量刑结果。

有期徒刑在实际适用中存在监禁和非监禁两种执行方式，也就是所谓实刑与缓刑的区别。因缓刑适用有其自身的适用条件与量刑规则，有必要对其进行单独研究，因而这里对有期徒刑的量刑研究仅指作为实刑的有期徒刑裁量问题。

根据统计情况，有期徒刑量刑的最小值是6个月，最大值是180个月，均值是51个月，中值是36个月，众数刑期是8个月，峰度是0.216，偏度是1.105，即在较轻的刑罚区间形成了一定程度的集中化趋势。为了进一步了解其分布情况，以一年为间隔区间进行了样本数量统计，从有期徒刑一年以下、有期徒刑一年以上二年以下直到有期徒刑十四年以上十五年以下、有期徒刑十五年的样本比例分别是23.3%、10.8%、6.1%、15.9%、11.3%、7.3%、4.3%、3.0%、1.9%、0.9%、4.2%、3.7%、3.0%、

2.4%、1.5%、0.4%。

为了反映有期徒刑实刑的量刑分布情况，下面用图 2-1 直观表示。

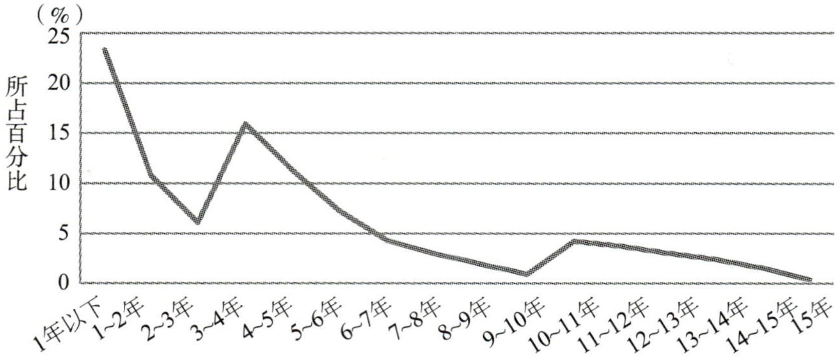

图 2-1　北京市基层法院有期徒刑实刑的刑期分布示意

统计发现，有期徒刑一年以下的适用率最高，占到样本总数的 23.3%；其次是有期徒刑三年至四年期间，比例达到了 15.9%；其余期间的比例相对较低。这说明抢劫罪有期徒刑在刑期分布上呈现出明显的轻刑化趋势，即较低刑的适用率高，而较高刑的适用率低。

从统计结果来看，抢劫罪的有期徒刑量刑存在以下特点：

1. 有期徒刑分布范围广。有期徒刑的幅度范围是六个月以上十五年以下，尽管抢劫罪的有期徒刑法定刑范围是三年以上十五年以下，但实际量刑分布却是涵盖了整个有期徒刑期间，基本上每个年度幅度内都有一定比例的样本存在。这说明有期徒刑刑期范围得到了充分利用，通过轻重有别的刑罚实现罪刑相适应的量刑原则。

2. 有期徒刑量刑轻缓化。尽管实际量刑分布于整个有期徒刑幅度范围，但每个年度间的分布并不均衡，而是有的区间样本聚集多，有的区间样本聚集少。如样本聚集最多的是有期徒刑一年以下区间，其次是有期徒刑三年以上至四年区间。总体来看，低刑期幅度内的样本数高，而高刑期幅度内的样本数低，即使在三年以下、三年以上十年以下和十年以上三个幅度内，样本数聚集度也存在低刑期比例高和高刑期比例低的特点。因此，有期徒刑的量刑呈现出明显的轻缓化趋势。

3. 有期徒刑刑期整数化。在具体确定宣告刑时，法官倾向于选择整数性的数字作为刑期，且整数数字往往是半年的倍数。根据上述分布列表，在 8760 个样本中，刑期不是半年倍数的样本只有 1694 个，仅占 19.3%。量刑实践中的这种倾向，一是表明法官们更愿意采用便于记忆和计算的数字来方便实务操作；二是表明量刑结果的得出并不追求精确性，即仅根据犯罪的轻重程度确定大致的刑期幅度，在此幅度内选取整数性的数字来作为最终刑期，这也正是“估堆”式量刑的直接体现。

第一节 抢劫数额与有期徒刑量刑

抢劫罪是侵犯财产罪中的重要罪名，因而所侵犯的财产数额大小便成为衡量犯罪行为危害性程度的重要标准，也应当成为刑罚裁量的重要影响因素。然而，从《刑法》对抢劫罪的规定来看，抢劫数额并没有作为犯罪成立的依据，仅将其作为判处十年以上有期徒刑、无期徒刑或者死刑的情形之一。在这种情况下，如何把握数额与量刑的关系便成为量刑研究的一个重要问题。

一、抢劫数额分布

因抢劫罪没有将数额作为入罪标准，在量刑中也就没有明确的下限，实践中从 0 元到几元、几十元的都有大量案件发生。同时，由于抢劫对象的不同，所涉抢劫数额也存在很大差别，如有的针对高档轿车的抢劫，所涉数额达到上百万元。因而，实践中抢劫数额分布范围较为广泛，其所反映出来的犯罪危害程度也就相应存在巨大差异。为了统计与研究方便，研究中将样本中的抢劫数额从低到高进行了分档，划分的标准是数额所对应的样本数量和危害性大小。一般来说，从财产权受侵害的角度看，0元的危害性程度最低，其次是从几元到几十元的情况；然后随着数额的增加，在数百元和数千元的范围内，其危害性程度的区分度不如百元内的数额在人们的观念中那么明显，因而采用了不同数额对应的大致相当的样本数量作为划分标准。这样一来，全样本共分为10档，一档为0元，二档为1~99元，三档为100~499元，四档为500~999元，五档为1000~1999元，六档为2000~3999元，七档为4000~9999元，八档为10000~29999元，九档为30000~99999元，十档为100000元以上。

根据统计，抢劫罪数额分布存在较大差异，在上述十个数额档内，数额为0元的样本数量最高，占到总数28.1%；其余数额档的比例分别为4.1%、11.5%、10.8%、14.1%、10.9%、10.2%、5.8%、3.0%、1.5%。这体现了抢劫罪不仅仅是侵犯财产权利的犯罪，其在仅侵犯人身权利时也同样构成该罪。另外，立法规定抢劫数额巨大的处十年以上有期徒刑、无期徒刑或者死刑，而北京市在该时段内关于数额巨大的标准是一万元，即一万元是提高法定刑幅度的标准。从统计情况来看，具有一定数额且在一万元以下的样本比例最高，达到了61.6%，一万元以上的样本比例最低，仅占10.3%。[①] 所以，实际犯罪情况表明，有效抢劫数额一万元以下的样本频数最高，其次是无数额的样本频数，最低的是一万元以上的样本频数。可见，从抢劫数额这一影响量刑因素来看，其决定的刑罚幅度绝大部分位于十年以下有期徒刑的幅度内。这也说明，在实践中大部分抢劫犯罪属于危害性程度较小的普通犯罪，较严重抢劫犯罪的比例相对较低。为了直观描述这一特点，下面用图2-2进行展示。

---

① 既然数额巨大是判处十年以上有期徒刑、无期徒刑或者死刑的法定情形之一，因而属于这一数额内的部分样本可能处于中级法院审理的范围内。

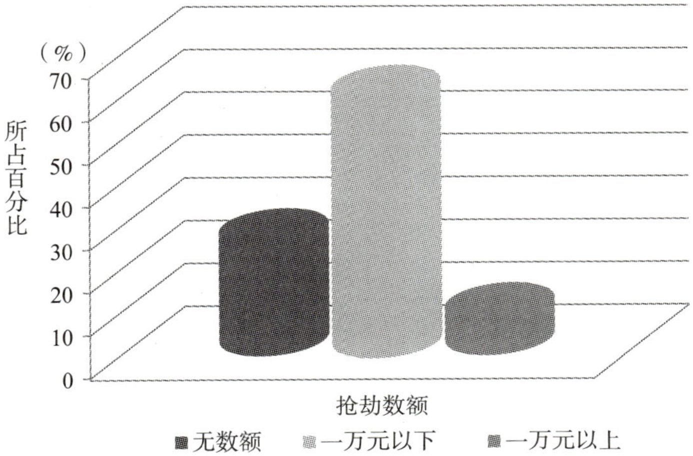

图 2-2　北京市基层法院抢劫数额类型分布

二、抢劫数额对有期徒刑量刑的影响

（一）抢劫数额与有期徒刑量刑的总体关系

从立法规定来看，仅对抢劫数额巨大规定为提高法定刑幅度的标准，而对数额大小如何影响量刑轻重没有任何规定。虽然从理论上可以得出抢劫数额多少能够反映社会危害性大小的结论，即抢劫数额能够影响刑罚轻重，但实际上抢劫罪不只是侵犯财产权利的犯罪，它同时也是对人身权利的侵犯，而且其抢劫次数的不同也直接影响社会危害性的大小。因此，在实践中抢劫数额与量刑轻重具有怎样的关系，需要从实际样本统计结果来考察。

为此，在研究中将每一个数额档作为变量，将其各自对应的量刑均值进行比较，并且将比较情况进行了单因素方差分析，其结果描述如表 2-1 所显示。

表 2-1 北京市基层法院不同抢劫数额对应的量刑均值

主刑时长（月）

数额档	频数	均值	标准差	标准误	均值的 95% 置信区间		最小值	最大值
					下限	上限		
1	2178	13.41	18.120	0.388	13.95	15.48	6	180
2	318	37.64	23.611	1.379	35.03	40.46	6	144
3	882	44.07	28.356	0.954	42.94	46.68	6	168
4	840	45.46	30.010	1.034	44.80	48.86	0	174
5	1091	49.80	35.742	1.082	49.26	53.51	6	180
6	847	59.78	37.993	1.305	57.97	63.09	6	168
7	794	76.62	42.341	1.503	73.74	79.64	6	180
8	446	125.73	35.929	1.701	120.82	127.51	7	180
9	235	130.61	34.525	2.252	126.08	134.96	36	180
10	115	142.08	30.260	2.822	138.13	149.31	48	180
总数	7747	48.34	45.139	0.513	49.83	51.84	6	180

根据描述统计情况，无数额样本的量刑均值最低，约为 13 个月，其次是第二数额档为 38 个月，然后依次是第三数额档为 44 个月、第四数额档为 45 个月、第五数额档为 50 个月、第六数额档为 60 个月、第七数额档为 77 个月、第八数额档为 126 个月、第九数额档为 131 个月、第十数额档为 142 个月。单因素方差分析结果显示［F（9，7736）=934.436，p<0.001］，抢劫数额对量刑影响具有显著性差异。从影响趋势上，形成了量刑均值随数额提高而逐渐加重的变化特点。这说明在总体上，数额大小直接影响量刑，数额越大量刑越重。为了直观感知这一量刑趋势，下面用图 2-3 进行描述。

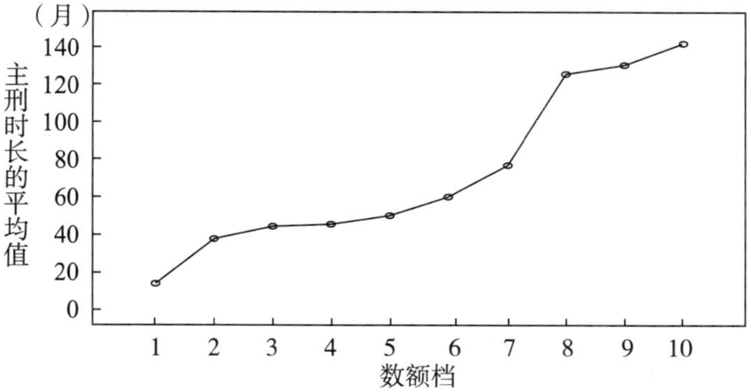

图 2-3　北京市基层法院不同数额对应主刑时长分布趋势

从抢劫数额与量刑关系趋势图来看，主刑时长随着数额的增多而提高，提高趋势总体上较为平稳，但在 1~2 数额档区间，即从 0 元到最小数额之间的提高趋势较为明显，同样的情况出现于 7~8 数额档区间，也即从一万元以下到一万元以上的过渡数额段。这一情况表明，前文对数额划分的三个范围，即无抢劫数额、一万元以下和一万元以上具有各自相对独立的量刑影响，有必要对其量刑情况进行分别研究。

（二）无抢劫数额对有期徒刑量刑的影响

在没有抢劫数额的情况下，实际量刑呈现何种状态，这有必要对抢劫数额缺失状态下的有期徒刑分布状态进行研究。经统计，无数额样本量刑的最小值是 6 个月，最大值是 180 个月，均值是 15 个月，中值和众数刑期均是 8 个月，峰度是 23.263，偏度是 4.257，形成了明显的集中化趋势。为使分布状况详细呈现出来，研究中将一年作为间隔区间，从有期徒刑一年以下、有期徒刑一年以上二年以下直到有期徒刑十四年以上十五年以下、有期徒刑十五年的样本所占比例进行了统计，所占百分比分别是：70.8%、13.1%、5.0%、5.6%、2.2%、1.0%、0.5%、0.6%、0.2%、0、0.4%、0.2%、0.1%、0.1%、0.1%、0.1%。根据统计情况，没有抢劫数额的量刑刑期大部分在有期徒刑一年以下，在这一区间集中了70.8%的样本，然后出现急剧下降趋势，到有期徒刑六年以后的区间，样本比例不足一个百分点，仅出现零星个别样本（详见图2-4）。这一趋势表明，尽管立法没有对抢劫数额与量刑的关系作出具体规定，但实际量刑中充分注意到了数额对抢劫罪量刑的重要意义，在没有抢劫数额的情况下，抢劫行为所反映的犯罪危害性明显偏低，因而对其量刑相应较轻，基本处于最低刑期的区间。

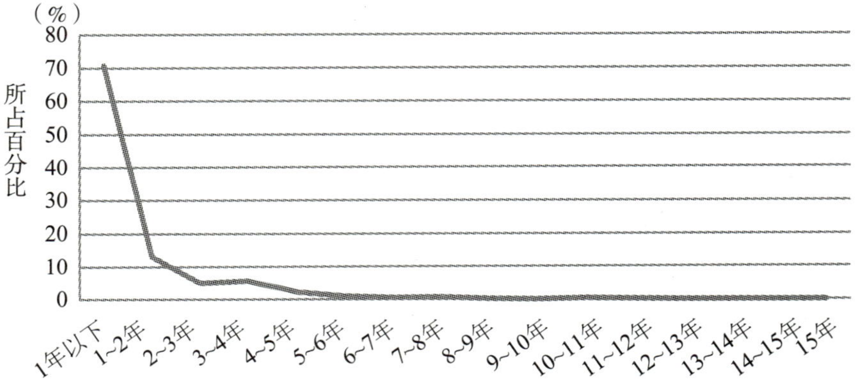

图2-4 北京市基层法院无抢劫数额样本量刑分布趋势

因抢劫罪是同时侵犯财产权与人身权的犯罪，当其抢劫数额为0的时候，多是犯罪行为处于未完成的状态，因而犯罪造成的社会危害性相对较轻，或者犯罪已经完成但造成轻伤以上伤害结果的情形。为了验证这一设想，经对样本的犯罪未完成情况和伤害后果情况进行描述统计，结果显示，犯罪预备所占比重为80.8%，无伤害后果所占比重为92.8%，两个变量均在无数额抢劫案件中占有绝大多数，因为犯罪处于尚未实施阶段，其对财产权利和人身权利的侵害尚未实际发生，因而危害后果较小，相应的量刑也就较轻。与此同时，造成轻伤以上后果的样本有27个，而统计到的犯罪既遂却为67，对此本书进行了样本梳理，发现样本多是发生在《最高人民法院关于审理抢劫、抢夺刑事案件适用法律若干问题的意见》（法发〔2005〕8号）关于认定抢劫罪既遂标准的司法解释出台以前，也有个别出台后做出的判决存在明显认定错误的情况。但总体而言，抢劫数额为0的情况下，抢劫罪造成的社会危害后果较轻，符合了预先的设想。但实践中仍有部分判决处于十年以上有期徒刑，经对样本分析发现，在21个被判处十年以上有期徒刑的样本中，要么造成严重伤害后果，即致人重伤死亡的为9个；要么是危害严重的抢劫行为方式，分别是9个入户抢劫、1个在公共交通工具上抢劫、4个持枪抢劫。而且上述情形存在9.6%的重复率，即在同一样本中存在9.6%重复的严重变量。

（三）一万元以下数额对有期徒刑量刑的影响

一万元以下是抢劫数额较为集中的数额区间。这一数额区间的法定刑幅度应为有期徒刑三年以上十年以下，虽然前文已经通过量刑均值的方式得出这一数额段的量刑主要处于38个月至77个月之间的结论，即有期徒刑三年以上六年六个月以下，但为了客观展示该数额段的量刑分布总体样态，有必要对总体量刑情况进行统计。经统计，该数额段的样本数量是4773个，量刑的最小值是6个月，最大值是180个月，均值是54个月，中值是48个月，众数刑期是36个月，峰度是0.998，偏度是1.196，分布范围较广但形成了一定程度的集中化趋势。同样，一年作为间隔区间，从有期徒刑一年以下、有期徒刑一年以上二年以下直到有期徒刑十四年以上十五年以下、有期徒刑十五年的样本比例分别是：5.5%、11.5%、7.5%、22.9%、16.9%、10.7%、6.4%、4.1%、2.6%、1.1%、3.9%、2.8%、2.0%、1.3%、0.6%、0.2%。为了直观反映一万元以下数额样本的量刑分布情况，可通过图2-5来体现。

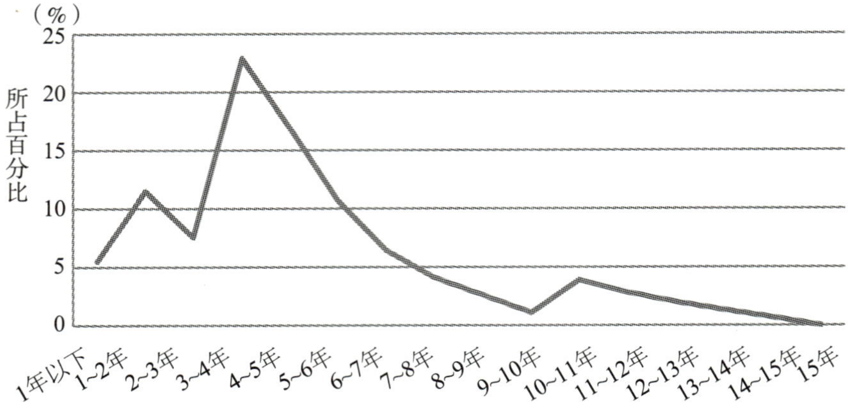

图 2-5　北京市基层法院一万元以下样本量刑分布趋势

图 2-5 所显示的一万元以下数额的量刑分布状况与上文通过量刑均值展示的量刑分布呈现出相同的趋势，即这一数额段对应的刑期大多位于有期徒刑三年以上七年以下的区间内，最高值达到了 22.9%。这种现象表明，本应决定量刑刑期在三年以上十年以下有期徒刑幅度的因素实际上确实发挥了该种作用，使大部分样本的最终量刑刑期处于该幅度范围内，从而体现了其对量刑结果的现实影响力。也就是说，抢劫数额在决定量刑刑期方面发挥着主要的影响作用。但不可否认，抢劫数额对大部分案件量刑影响比较明显的现实并非意味着在所有案件中具有同等作用，上述图表表明仍然有相当一部分样本的量刑在三年有期徒刑以下和十年以上有期徒刑，说明还有其他更具有影响作用的因素在影响着这部分样本的量刑。

一般来说，样本之所以能在有期徒刑三年以下和有期徒刑十年以上的幅度量刑，说明该样本具有减轻处罚的量刑情节或者提高法定刑幅度的情形，正因为它们的存在而超过了实际抢劫数额的影响力，使实际量刑得到了减轻或提高。为此通过样本统计，发现抢劫数额在发挥影响量刑作用的同时，未成年、限制行为能力、从犯、犯罪预备、犯罪中止、犯罪未遂、自首、立功等法定减轻处罚情节也对实际量刑产生重大作用。其中，未成年情节的频数最高，达到了样本数的 73.8%。在提高法定刑幅度方面，样本中同时还存在入户抢劫、在公共交通工具上抢劫、冒充军警人员抢劫、持枪抢劫、多次抢劫、致人重伤甚至死亡等加重情节，因而较之抢劫数额形成了更大的量刑影响。其中频数较高的情形是入户抢劫和多次抢劫，分别达到了 46.0% 和 49.0%。

（四）一万元以上数额对有期徒刑量刑的影响

一万元以上的抢劫数额是数量最少的数额区间。这一数额区间的法定刑幅度应为有期徒刑十年以上，虽然前文已经通过量刑均值的方式得出这一数额段的量刑主要处于 124 个月至 143 个月之间的结论，即有期徒刑十年以上十二年以下，但为了客观展示该数额段的量刑分布总体样态，有必要对总体量刑情况进行分析。经统计，这一数额段内的样本数量是 797 个，量刑最小值是 7 个月，最大值是 180 个月，均值是 129 个月，中值和众数刑期均是 132 个月，峰度是 0.876，偏度是 −1.135，集中化趋势不明显。以一年作为间隔区间的统计发现，从有期徒刑一年以下、有期徒刑一年以上二年以下直到有期徒刑十四年以上十五年以下、有期徒刑十五年所对应的样本百分比分别为：0.1%、0.8%、0.1%、2.0%、2.4%、4.1%、2.6%、2.9%、3.0%、2.1%、16.5%、17.7%、17.3%、15.4%、9.9%、3.1%。为了直观反映一万元以上数额与量刑的关系，可通过图 2−6 来体现。

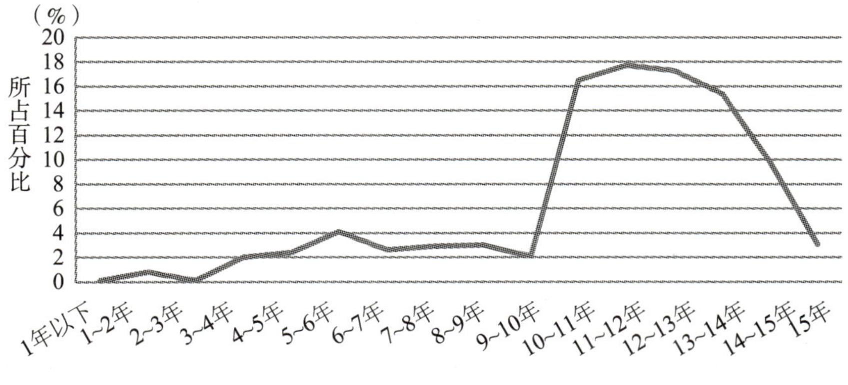

图 2−6　北京市基层法院一万元以上样本量刑分布趋势

图 2-6 所显示的一万元以上抢劫数额的量刑分布状况与上文通过量刑均值展示的量刑分布呈现出相同的趋势，即这一数额段对应的刑期大多位于有期徒刑十年的刑罚区间内。这种现象同样表明，作为判处十年以上有期徒刑重要依据的一万元以上抢劫数额，其对应的量刑结果基本上处于这一刑罚幅度内，因而该数额起到了影响量刑的作用。但同时，处于该数额段的样本仍有相当一部分在十年以下有期徒刑量刑，即该抢劫数额没有起到决定量刑的作用，说明样本中仍有其他影响力更大的因素对量刑施加了影响。既然是在法定刑以下判处刑罚，说明该影响因素发挥了减轻处罚的作用，因而可以从减轻处罚情节方面获得答案。

通过样本统计，发现处于十年以下有期徒刑量刑的样本中存在着未成年、限制行为能力、从犯、犯罪预备、犯罪中止、犯罪未遂、自首、立功等减轻处罚情节，其中频数较高的是未成年、从犯、犯罪未遂等，所占百分比分别为 43.5%、29.2% 和 26.7%。而且上述减轻处罚情节在样本中出现的重复率达到了 35.9%，即每个样本中平均具有大约 1.36 个减轻处罚情节，说明这些因素对量刑结果起到较大的调节作用。

第二节　抢劫次数与有期徒刑量刑

一、抢劫次数分布

立法仅对多次抢劫属于法定刑幅度提高的情形进行了规定，而对不同次数如何影响量刑轻重没有任何规定。虽然可以从该规定中推出次数多的抢劫要比次数少的抢劫应当受到更重处罚的结论，且从理论上也能得出抢劫次数能够反映社会危害性大小有别的结论。因为随着抢劫次数的增多，表明行为人反复实施该罪行的意志更为坚定，具有更大的主观恶性，而且其对更多的人身和财产构成侵犯，客观危害也相应增加，所以抢劫次数的不同也直接导致社会危害性大小的差异。但是由于相关立法没有对抢劫次数和量刑的关系进行明确对应，有必要考察实践中抢劫次数与量刑轻重的关系。

关于抢劫次数的认定，到底是抢劫行为的次数还是抢劫犯罪的次数，司法解释予以了明确答复。根据2005年6月8日最高人民法院颁布的《关于审理抢劫、抢夺刑事案件适用若干法律问题的意见》第3条的规定，多次抢劫要求应以行为人实施的每一次抢劫行为均已构成犯罪为前提，综合考虑犯罪故意的产生、犯罪行为实施的时间、地点等因素，客观分析、认定。对于行为人基于一个犯意实施犯罪的，如在同一地点同时对在场的多人实施抢劫的；或基于同一犯意在同一地点实施连续抢劫犯罪的，如在同一地点连续对途经此地的多人进行抢劫的；或在一次犯罪中对一栋居民楼中的几户居民连续实施入户抢劫的，一般应认定为一次犯罪。结合上述规定，下面将样本中抢劫次数的分布情况进行介绍。

根据对北京市基层法院样本的描述统计，抢劫1次的占79.6%，抢劫2次的占10.2%，抢劫3次的占4.4%，抢劫4次的占1.9%，抢劫5次的占1.3%，抢劫6次的占0.7%，抢劫7次的占0.6%，抢劫8次的占0.3%，抢劫9次的占0.2%，抢劫10次的占0.2%，抢劫11次的占0.2%，抢劫12次的占0.1%，抢劫次数为13、14、15、16、17、18、21、23、24、25、28、30、64、65次的所占百分比均不足0.1%。

由此可见，抢劫次数在样本中的分布极不均衡，最少次数为1，最大次数为65，其中抢劫1次的频数最高，在整个分布中占有绝对多数，然后基本上从2次到12次依次递减，13次以上的频数极其稀少，可以将13次以上作为一个整体来对待，即13次以上的频数为21，所占百分比为0.3%。

二、抢劫次数对有期徒刑量刑的影响

（一）抢劫次数与有期徒刑量刑的总体关系

为了了解不同次数对量刑的影响，可以对抢劫次数与量刑之间的相关性进行统计分析。经过相关性分析发现（r=0.315，p<0.001），抢劫次数与量刑时长具有显著相关关系。

既然抢劫次数与量刑时长具有显著相关性，那么不同次数与量刑时长具有怎样的关系，下面将不同次数各自对应的量刑均值进行对比。为了使对比具有统计学意义，尽量保证对比的样本数在40以上，由于前7次的频数均超过40，而8、9、10次的频数总和与11次以上的频数总和均刚超过40，所以将前7次分别作为一个变量，后面的8、9、10次与11次以上分别作为一个变量（详见表2-2、图2-7）。

表2-2　北京市基层法院不同抢劫次数样本的量刑情况

主刑时长（月）

	抢劫次数（频数）	最小值	最大值	均值	均值差	标准差
有效的频数（列表状态）	1（N=6169）	6	180	42.30	21.99	39.71
	2（N=787）	6	180	64.29	30.11	44.06
	3（N=341）	10	180	94.40	14.52	46.49
	4（N=150）	10	180	108.92	−0.46	46.16
	5（N=103）	24	180	108.46	0.70	42.98
	6（N=57）	36	180	109.16	3.72	46.38
	7（N=43）	36	180	112.88	8.86	43.45
	8、9、10（N=55）	36	180	104.02	31.05	45.54
	11以上（N=43）	48	180	135.07	—	39.40

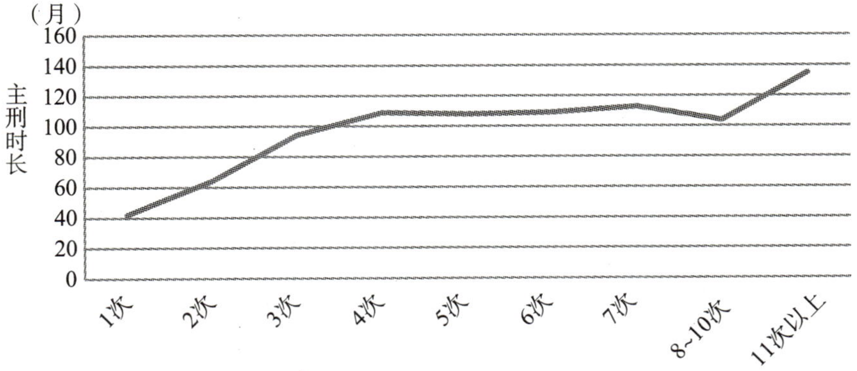

图 2-7　北京市基层法院抢劫次数与量刑关系示意

根据上述图表，抢劫 1 次的均值约为 42 个月，2 次的均值约为 64 个月，3 次的均值约为 94 个月，4 次的均值约接近 109 个月，5 次的均值约为 108 个月，6 次的均值约为 109 个月，7 次的均值约为 113 个月，8、9、10 次的均值约为 104 个月，11 次以上的均值约为 135 个月。每一组间的均值差分别为 22 个月、30 个月、15 个月、−1 个月、1 个月、4 个月、9 个月、31 个月，平均每增加一个次数组别提高 12 个月刑期，即一年。总之，除了 8、9、10 次的均值明显低于 7 次的均值以外，总体趋势上抢劫次数与量刑时长呈现出同步增长的特点，即抢劫的次数越多量刑越重。

与此同时，抢劫次数除了具有影响刑罚轻重的功能以外，其中的 3 次以上还决定着法定刑幅度的选择作用，即根据立法规定，抢劫次数 3 次以上的处十年以上有期徒刑、无期徒刑或者死刑，通过当然解释的方法，抢劫次数是 1 和 2 的量刑幅度自然是有期徒刑三年以上十年以下。然而从上述图表反映的实际情况来看，抢劫次数为 3~10 的量刑均值均在有期徒刑十年以下，只有次数在 11 次以上的情况下才出现量刑均值超过有期徒刑十年的结果，而抢劫次数为 1 和 2 的实际量刑正好处在三年以上十年以下的法定刑幅度内。同时，从图中折线的走势来看，抢劫次数为 1、2、3 之间数段和 10、11 之间数段的量刑变化较为明显，而 3~10

之间数段的量刑则相对起伏不大。这说明，抢劫次数1次、2次、3~10次与11次以上几个数段分别具有相对独立的量刑特点，需要单独进行量刑研究。

（二）抢劫1次对有期徒刑量刑的影响

在研究统计中，抢劫犯罪案件中的绝大多数属于抢劫1次，共统计到6169个样本，占7748个样本数的79.6%。这说明抢劫1次是抢劫案件的通常形态，对这类案件的量刑基本代表了所有抢劫案件的量刑特点。然而，单次抢劫案件数量上的优势不能掩盖其与复次抢劫案件存在的量刑差异，仍有单独讨论的必要。通过对样本的描述统计，发现单次抢劫量刑的最小值是6个月，最大值是180个月，均值是42个月，中值是36个月，众数刑期是8个月，峰度是1.333，偏度是1.411，形成了明显的集中化趋势。同样，以一年作为间隔区间的样本统计发现，从有期徒刑一年以下、有期徒刑一年以上二年以下直到有期徒刑十四年以上十五年以下、有期徒刑十五年的所占百分比分别为：28.9%、11.5%、5.9%、17.4%、11.8%、6.5%、3.4%、2.2%、1.4%、0.6%、3.4%、2.7%、2.0%、1.5%、0.7%、0.1%。具体情况可参见图2-8。

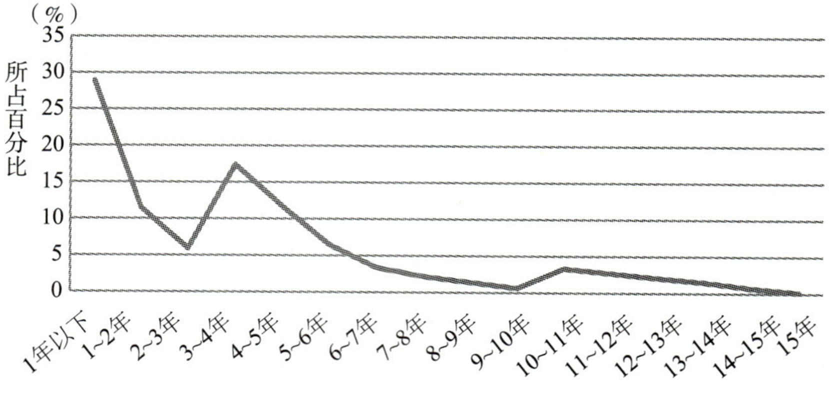

图2-8 北京市基层法院抢劫1次样本分布趋势

具体来说，抢劫 1 次样本的量刑具有以下特点：

1. 刑期分布范围广。抢劫 1 次案件的法定刑幅度本应在有期徒刑三年以上十年以下，而实际上其量刑最小值是有期徒刑 6 个月，最高值是有期徒刑 180 个月，全距 174 个月，布满了整个有期徒刑期间。说明单次抢劫最容易受到其他量刑因素的影响。

2. 众数刑期长度最短。虽然抢劫 1 次的量刑均值是 42 个月，但实际量刑中所判刑期数量最多的是有期徒刑 8 个月，统计中出现的频数为 846，占样本总数的 13.7%。该刑期远低于有期徒刑三年以上的法定刑幅度，说明实践中危害程度较轻的抢劫行为多属于抢劫 1 次的情况。

3. 偏离法定刑幅度比例最高。统计发现，低于法定刑最低值三年的比例为 46.3%，高于法定刑最高值十年的比例为 10.3%，两者相加达到了 56.6%，处于法定刑幅度内量刑的比例为 43.4%（如图 2–9 所示）。也就是说，有超过半数的样本没有在法定刑幅度内量刑。这说明，除了抢劫次数对量刑影响以外，还有较多的减轻处罚情节和加重处罚情形在影响量刑。

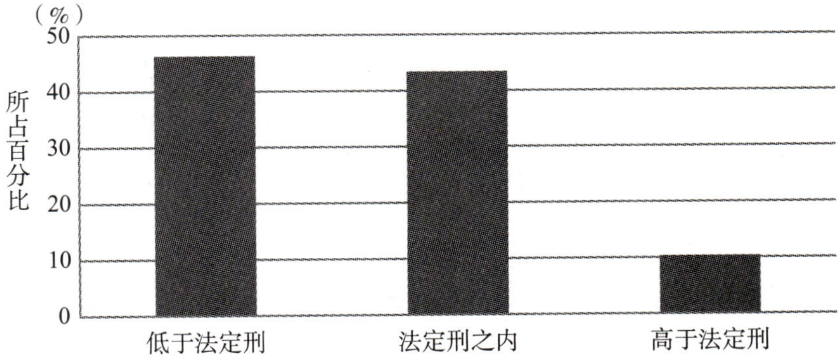

图 2–9　北京市基层法院抢劫 1 次样本分布区间示意

对于存在的上述量刑特点，笔者总结了以下可能的原因：

首先，犯罪未完成比例最高。实践中在认定抢劫行为是否完成时，主要是看整体抢劫行为的完成状态，即使在数次抢劫行为中存在未完成的情形，也不影响整个抢劫犯罪已经完成的认定。如果抢劫次数仅为1次，该次抢劫没有完成，导致整个抢劫犯罪案件处于未完成状态。而复次抢劫的情况则不同，即使其中一次没有完成，也会通过再次实施抢劫而提高犯罪完成的概率。在统计中，发现有2451个样本处于未完成的状态，占到样本数的39.7%。由于大量抢劫行为处于未完成状态下，必然大大降低了行为的危害性程度，也最终影响量刑轻重。

其次，无抢劫数额的样本比例最高。正如犯罪未完成的情况一样，在抢劫案件中，单次抢劫没有出现抢劫数额的情况，则导致全案没有抢劫数额。复次抢劫的情形则不同，即使一次抢劫没有侵害到具体财物，仍然可以通过再次抢劫行为来实现。统计中，属于无抢劫数额的抢劫罪样本共有2160个，占样本数的35%。

最后，影响量刑的因素较多。抢劫1次的案件数量最多，便造成不同功能的量刑因素叠加出现的状况。据统计，具有减轻处罚功能的因素主要有：未成年1064个，限制行为能力49个，从犯269个，犯罪预备1753个，犯罪中止6个，犯罪未遂693个，自首343个，立功357个，总计4534个，与样本总数的比例为73.5%。具有提高法定刑功能的情形有：数额巨大498个，致人重伤死亡38个，入户抢劫365个，在公共交通工具上抢劫8个，冒充军警人员抢劫41个，持枪抢劫33个，共计983个，与样本总数的比例为15.9%。

（三）抢劫2次对有期徒刑量刑的影响

抢劫2次与抢劫1次都是在同一法定刑幅度内量刑的样本类型。抢劫2次样本的量刑最小值是6个月，最大值是180个月，均值是64个月，中值是54个月，众数刑期是60个月，峰度是−0.115，偏度是0.889，集中化趋势不明显。同样，以一年作为统计间隔，从有期徒刑一年以下、有期徒刑一年以上二年以下到有期徒刑十四年以上十五年以下、有期徒刑十五年的样本比例分别是：2.6%、13.6%、10.9%、12.3%、10.8%、11.5%、9.4%、6.8%、4.4%、1.1%、2.7%、3.5%、3.3%、3.9%、2.7%、0.5%。具体参见图 2-10。

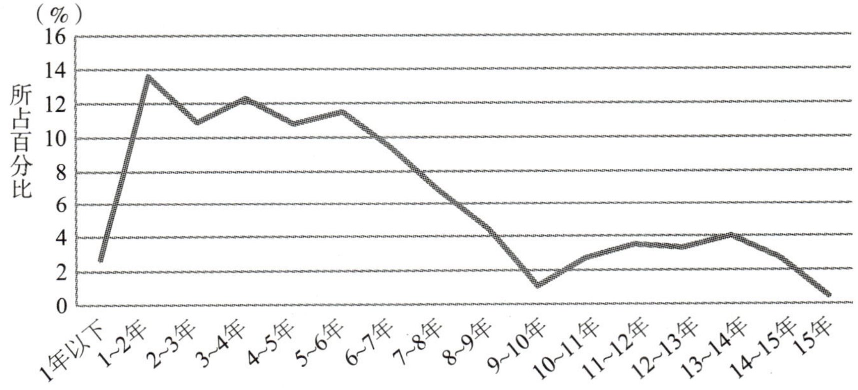

图 2-10　北京市基层法院抢劫 2 次样本量刑分布趋势

由于抢劫次数的增加使得其具体量刑呈现出新变化，与抢劫 1 次相比，其特点主要表现在如下方面：

1. 所判刑期明显提高。虽然与抢劫 1 次同属一个法定刑幅度，但在抢劫 2 次的情况下，所判刑期得到很大提高，如量刑均值为 64 个月，比抢劫 1 次的 42 个月提高了 22 个月。众数刑期也有明显提高，所判刑期最多的是有期徒刑五年，比抢劫 1 次的 8 个月相比提高了 52 个月。

2. 减轻处罚大幅减少。经统计，抢劫 2 次在法定刑以下量刑的累计百分比为 27.2%，在法定刑以上量刑的累积百分比为 16.5%，处在法定刑幅度内的量刑比例为 56.3%。这便与抢劫 1 次的量刑过半数偏离法定刑幅度的特点不同，抢劫 2 次的情况下出现了过半数量刑处于法定刑幅度内的趋势（如图 2-11 所示）。这说明该次数段的量刑减轻处罚比例明显减少。

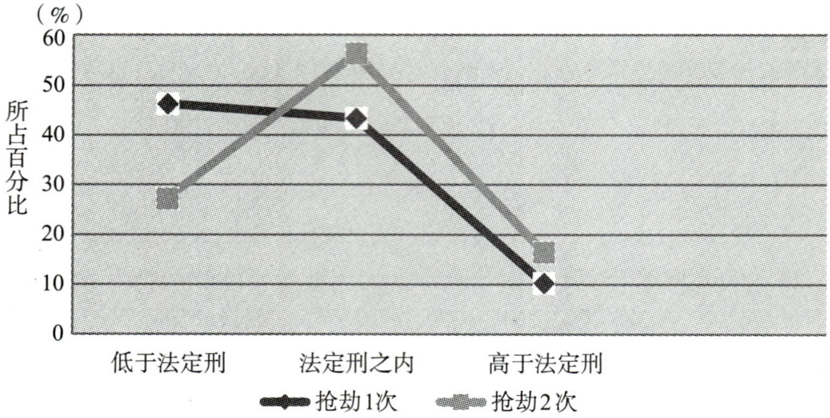

图 2-11 北京市基层法院抢劫 1 次和抢劫 2 次样本分布

3. 均高出幅度最低刑。抢劫 2 次的刑期分布状况，表现在每一个量刑幅度内，如有期徒刑三年以下、有期徒刑三年以上十年以下和有期徒刑十年以上，其较高比例的样本大多靠近幅度中间的位置。而抢劫 1 次的量刑则不同，其在每一幅度内大多集中在最低刑的位置上，然后呈现由高到低的直线下降趋势。

分析以上现状的原因，通过考察具体样本情况，发现存在以下可以解释的理由：

首先，犯罪既遂率较大提高。与抢劫 1 次的大范围未完成状态相比，抢劫 2 次的犯罪既遂率得到较大提高，达到了 97.1%，只有 1.2% 的犯罪预备和 1.7% 的犯罪未遂。可见，抢劫次数的增加大大提高了抢劫犯罪的成功率，也使犯罪的危害性程度明显增加，这对于提高量刑发挥了重要作用。

其次，无抢劫数额的概率达到了较低的程度。在抢劫 1 次的情况下，因存在着大量的犯罪预备、犯罪未遂等未完成形态，无抢劫数额的比例达到了较高的程度，而在抢劫 2 次情况下，这种状况得到很大改变，实践中只有 2.0% 的样本存在 0 数额的情况。抢劫数额的增加也为刑期加重施加了重要影响。

最后，减轻处罚情节明显减少。在这一次数段内，未完成形态的大量减少造成实际存在的减轻处罚情节明显减少。据统计，实际的减轻处罚情节有：未成年 243 个，限制行为能力 14 个，从犯 57 个，犯罪预备 10 个，犯罪未遂 13 个，自首 66 个，立功 92 个，共计 495 个，与样本总数的比例为 62.9%，远低于抢劫 1 次的 73.5% 占比。

（四）抢劫 3 次至 10 次对有期徒刑量刑的影响

抢劫 3 次至 10 次的属于应当在十年以上有期徒刑量刑的法定情形，而该次数段的量刑均值都在有期徒刑三年至十年的幅度内，说明减轻处罚的比例较高，量刑相对较轻。经统计，该次数段样本数量是 749 个，其量刑的最小值是 10 个月，最大值是 180 个月，均值是 102 个月，中值是 120 个月，众数刑期是 144 个月，峰度是 −1.242，偏度是 −0.203，量刑较为分散，没有形成集中化趋势。以一年作为统计间隔，从有期徒刑一年以下、有期徒刑一年以上二年以下直到有期徒刑十四年以上十五年以下、有期徒刑十五年的样本比例分别是：0.7%、2.2%、2.7%、8.7%、7.6%、9.1%、6.0%、4.9%、3.7%、3.1%、14.1%、11.1%、11.4%、8.5%、4.8%、2.3%（详见图 2−12）。

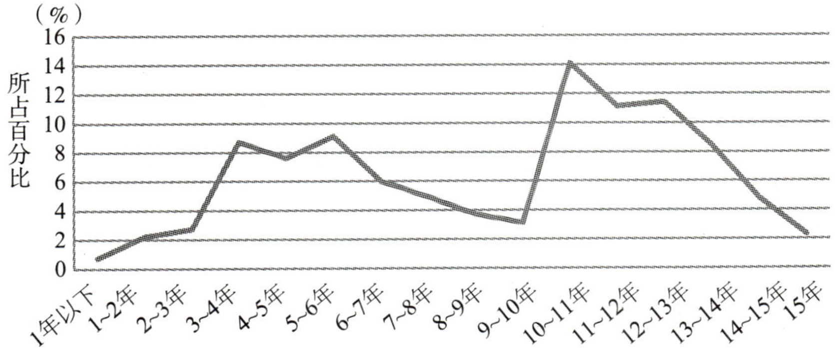

图 2−12　北京市基层法院抢劫 3 次至 10 次样本量刑分布趋势

具体来说有以下特点：

1. 刑期分布范围较大。该次数段的最小值是 10 个月，最大值是 180 个月，全距达到了 170 个月，基本接近 174 个月的全值，即几乎涵盖了全部有期徒刑的幅度范围，说明该次数段的量刑分散度较大。

2. 减轻处罚比例较高。样本统计发现，749 个样本中，判处有期徒刑十年以下的样本比例达到了 48.7%，即接近半数的犯罪人获得了减轻处罚的机会，而其中有 5.6% 的犯罪人获得了三年以下有期徒刑减轻处罚，跨越了两个法定刑幅度。

3. 重刑刑期相对集中。该次数段的法定刑在十年以上有期徒刑，虽然由于较高的减轻处罚比例造成量刑均值低于法定刑幅度，但众数为有期徒刑十二年，中值为有期徒刑十年，重刑刑期多集中于有期徒刑十年至十三年的区间，占到了 36.6%，超过了总数的 1/3，形成了一定程度的集中化趋势。

针对量刑中出现的上述特点，可以通过考察实际样本来解释其中可能存在的原因。

首先，抢劫数额相对较少。虽然抢劫次数均为 3 次以上，但对财产权利的侵害程度不大，大多数样本的抢劫数额没有达到巨大的标准。经统计了解，该次数段的数额最低 94 元，最高 466705 元，有 77.7% 的抢劫数额达不到数额巨大标准的一万元，因而只有少部分的犯罪对财产权利的侵害达到了重大的危害程度。

其次，未成年人犯罪比例较高。处于该次数段的犯罪人中，未成年人出现的频数为 269，占本范围样本数的 35.9%。因未成年是主要的减轻处罚情节，实践中具有较高的减轻处罚率。在样本统计中，该 269 人有 261 人获得减轻处罚，减轻处罚率达到了 97%。而本次数段减轻处罚样本共有 365 个，未成年人占到全部减轻处罚的 71.5%。

最后，减轻处罚情节相对较多。样本中除了 269 个未成年情节外，还有 140 个立功、67 个自首、27 个犯罪预备、9 个犯罪未遂、55 个从犯、2 个限制行为能力，频数总计 569 个。

（五）抢劫 11 次以上对有期徒刑量刑的影响

在所有样本中，抢劫 11 次以上的量刑均值最高，且是唯一处在有期徒刑十年以上幅度内的情况，说明实践中对这一次数段的犯罪人量刑最重。为了客观展示这一次数段的整体量刑情况，本书进行描述统计发现，其量刑最小值是 48 个月，最大值是 180 个月，均值是 135 个月，中值是 150 个月，众数刑期是 156 个月，峰度是 −0.809，偏度是 −0.716，形成一定程度的集中化趋势，详见图 2-13。

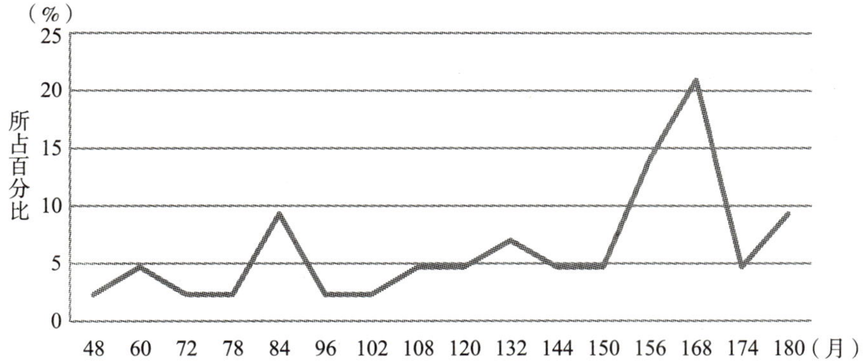

图 2-13　北京市基层法院抢劫 11 次以上样本的量刑分布

根据图 2-13，抢劫 11 次以上样本的量刑存在以下特点：

第一，刑期分布范围最小。这一次数段的量刑最低的是有期徒刑四年，最高的是有期徒刑十五年，幅度范围横跨十一年。虽然这一范围跨度也较大，但相比其他次数段来说已经是最小的了。说明该次数段的量刑具有相对集中的趋势。

第二，减轻处罚比例最少。这一次数段的法定刑幅度应当在有期徒刑十年以上，实际量刑中有 13 个样本低于该幅度，即累计百分比为 30.2%

的样本获得减轻处罚，仅占样本中的小部分，而大部分的被告人没有得到减轻处罚。

第三，减轻处罚以未成年为必要。经过对减轻处罚情节的统计，发现这一次数段的样本中只有未成年、自首和立功三个具有减轻处罚功能的情节，而被减轻处罚的 13 个样本中均存在未成年这一减轻处罚情节，说明未成年对减轻处罚发挥必要的决定性作用。同时在对未成年、自首、立功三情节与主刑时长相关性的对比中，发现三者与主刑时长的相关性系数分别是 −0.692、−0.308 和 0.092，且只有未成年对应的 p 值小于 0.001，具有最显著的相关性；自首的 p 值小于 0.05，具有显著相关性；而立功的 p 值大于 0.1，不具有相关性。说明未成年对减轻处罚具有最大的影响力，其次是自首，而立功的影响力不明显。

第四，所判刑期较为集中。处于该次数段的 43 个样本中，有 15 个样本的刑期为有期徒刑十三年和十四年，占到 34.9%，即有超过 1/3 的犯罪人被判处这两个刑期，说明在实际量刑中法官对该次数段的量刑具有大致趋同性的认识。

以上特点在总体上说明了同一个问题，即抢劫 11 次以上的量刑最重。虽然单纯从次数最多这一体现更严重危害性的因素也能得出同样的结论，但仍有必要从该次数段的犯罪特点予以说明。

首先，犯罪主体绝大多数为男性。统计发现，本次数段样本 43 人中有 40 人为男性，3 人为女性。因抢劫罪是一个依靠体力和胆量来实施的犯罪，这一特点决定了女性在这一犯罪中只能处于从属的地位，她们很难直接对行为对象造成重大侵害。而在男性占有绝对优势的情况下，其可能造成的现实危害肯定要远远大于女性主体的侵害，因而体现出了更严重的危害结果。

其次，抢劫数额大多达到巨大标准。一般来说，随着抢劫次数的增多，其对财产权利的侵害也就相应增加，因而体现出更大的社会危害性。

样本统计证实了这一情况，在43个样本中，达到数额巨大标准的样本共有28个，所占百分比为65.1%。这说明，这一次数段的样本过半数存在至少两个提高法定刑幅度的加重情节。

最后，减轻处罚情节数量较少。减轻处罚情节是体现犯罪人主观恶性降低和社会危害性减轻的重要标志，然而该情节在这一次数段的样本中最少，基本情况是：未成年18个，自首5个，立功9个，总数为32个。

第三节　抢劫人数与有期徒刑量刑

一、抢劫人数分布

不同于抢劫数额与抢劫次数，关于抢劫人数是否影响抢劫罪的量刑，抢劫罪立法中没有做出任何规定。尽管立法没有详细规定抢劫数额、抢劫次数与量刑的关系，但却规定了两种因素对于提高法定刑幅度的意义，在立法没有将抢劫人数作为法定刑幅度升高条件的情况下，显然其对法定刑幅度选择没有参考作用。在这种情况下，如何看待抢劫人数与量刑的关系，就更加凸显了对之进行实证研究的价值。

通过对样本中抢劫人数的描述统计，发现抢劫人数为0的占22.1%，1人的为45.7%，2人的为15.0%，3人的为6.1%，4人的为3.3%，5人的为2.4%，6人的为1.3%，7人的为0.9%，8人的为0.7%，9人的为0.5%，10人的为0.6%，11人的为0.3%，12人的为0.2%，13人的为0.1%，14人的为0.2%，15人的为0.1%，16人的为0.1%，17人的为0.1%，18人的为0.1%，其他分别为19、20、21、23、29、44、45、54、56、64、65人的情况，所占百分比均不足0.1%。

由此看来，抢劫人数与抢劫次数大致呈现出相同的分布趋势，即初始频率高，然后随着人数的增加而频率减少，到20人以上时的频数基本为1，发案情况极少。不同的是，抢劫次数最少为1次，因为0次的抢劫表明没有事实发生，自然不能作为犯罪处理；而抢劫人数的情况则不同，因为有些抢劫案件虽然已经开始发生，但没有指向具体对象的时候即被制止，这里就不可能出现抢劫人数。

二、抢劫人数对有期徒刑量刑的影响

（一）抢劫人数与有期徒刑量刑的总体关系

一般来说，抢劫次数增加了，其遭受侵害的对象也就必然增加，因而抢劫人数是伴随抢劫次数的增多而相应增加的。既然抢劫次数影响具体量刑，而抢劫人数是与抢劫次数相伴增长的因素，其也应当对量刑产生大致相似的影响，而且从理论上说，抢劫人数的增多意味着社会危害结果的加大，这必然就会体现在量刑结果的升高。通过相关性检验，抢劫次数与抢劫人数的相关性检验结果（r=0.833，p<0.001）显示两者之间存在显著的相关性。另外，抢劫人数与主刑时长的检验结果为（r=0.398，p<0.001），两者具有显著相关性，而抢劫次数与主刑时长检验结果中的r值为0.315，这实际上说明，抢劫人数与抢劫次数相比，在量刑上具有更大的影响力。

为了更加详细地展现抢劫人数与实际量刑之间的关系，可以通过对应量刑均值的比较来具体说明。同时，为使计算结果更具有统计学意义，且对抢劫人数低于40的样本进行了分组，考虑到9人以上的样本数量均较少，因而依次合并临近的人数样本，使分组的样本数量符合统计学要求。即将抢劫人数为9和10的合并为一组，将抢劫人数为11、12、13的合并为一组，将抢劫人数超过14的合并为一组，统计结果如表2-3所示。

表 2-3　北京市基层法院不同抢劫人数样本的量刑情况

主刑时长（月）

	抢劫人数（频数）	最小值	最大值	均值	均值差	标准差
有效的 N（列表状态）	0（N=1716）	6	48	8.84	43.58	4.14
	1（N=3539）	6	180	52.42	10.46	37.37
	2（N=1165）	6	180	62.88	12.95	42.40
	3（N=471）	6	180	75.83	16.55	48.71
	4（N=252）	10	180	92.43	7.88	50.20
	5（N=185）	7	180	100.31	−7.06	52.25
	6（N=101）	8	180	93.25	9.46	52.27
	7（N=68）	24	180	102.71	−2.84	52.04
	8（N=55）	12	174	99.87	3.81	51.40
	9、10（N=82）	12	180	103.68	0.68	46.33
	11、12、13（N=47）	36	180	104.36	0.86	47.67
	14 以上（N=67）	24	180	105.22	—	46.64

从统计结果来看，随着抢劫人数的增多，所对应的量刑均值也在总体上呈现出逐渐升高的趋势，即抢劫人数为 0 的时候，量刑均值是有期徒刑 9 个月；抢劫人数为 1 的时候，量刑均值为 53 个月；抢劫人数为 2 的时候，量刑均值为 63 个月；抢劫人数为 3 的时候，量刑均值为 76 个月；抢劫人数为 4 的时候，量刑均值为 92 个月；抢劫人数为 5 的时候，量刑均值为 100 个月；抢劫人数为 6 的时候，量刑均值为 93 个月；抢劫人数为 7 的时候，量刑均值为 103 个月；抢劫人数为 8 的时候，量刑均值为 100 个月；抢劫人数为 9、10 的时候，量刑均值为 104 个月；抢劫人数为 11、12、13 的时候，量刑均值为 104 个月；抢劫人数为 14 以上的时候，量刑均值为 105 个月。各个组别之间的均值差存在大小不等的差异，从最大的 44 个月到最小的 −7 个月不等，但平均差约为 7 个月，即不同人数在量刑上的均值差为 7 个月。整体变化趋势可用图 2-14 来体现。

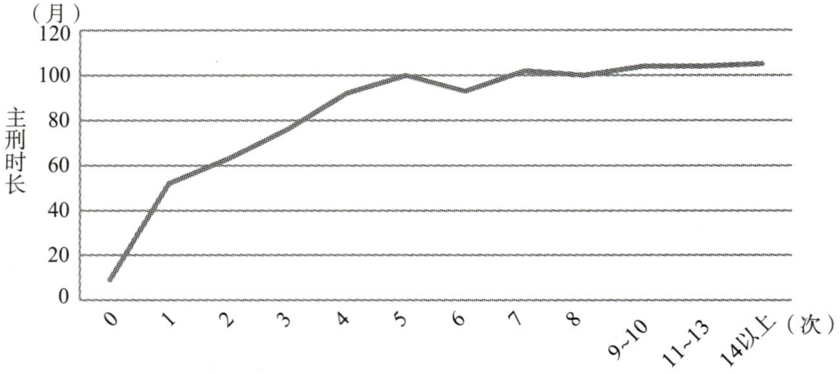

图 2-14 北京市基层法院抢劫人数与量刑关系示意

如图 2-14 所示，抢劫人数为 0 和 1 之间的量刑明显升高，人数为 1、2、3 的量刑开始形成稳步的上升趋势，而在 4 人以上的情况下，量刑均值基本保持在 100 个月上下浮动，变化趋势大为减缓。可见，有必要将抢劫人数为 0、抢劫人数为 1 人至 3 人和抢劫人数为 4 人以上的量刑情况分别进行研究。

（二）无抢劫人数对有期徒刑量刑的影响

根据前述的描述统计表，无抢劫人数的样本共有 1716 个，所占百分比为 22.1%。由于案件中没有具体的被害人，因而与存在具体被害人的案件有很多不同，其量刑分布情况见图 2-15。

根据量刑统计情况，该部分样本具有以下量刑特点：

1. 刑罚强度最小。无抢劫人数样本的量刑均值为 9 个月，与抢劫 1 人的量刑均值相比，存在 44 个月的差距。从众数刑期来看，大多集中在有期徒刑 8 个月，频数为 753，所占百分比为 43.9%，即有接近半数的犯罪人被判处有期徒刑 8 个月，因而这在整个量刑样本中属于最轻的类型。

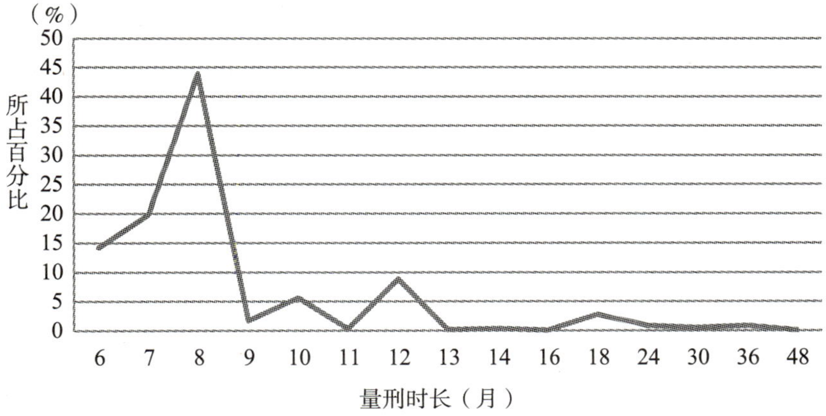

图 2-15 北京市基层法院无抢劫人数样本的量刑分布

2. 刑期分布相对集中。无抢劫人数样本量刑的最小值为 6 个月，最大值为 48 个月，全距为 42 个月，即全部样本的分布跨度仅有三年半，属于非常集中的分布范围。这说明，该部分犯罪的社会危害程度相差不大，因而在量刑上体现出大体相同的处罚程度。

3. 减轻处罚比例极高。从统计结果来看，无抢劫人数样本中量刑处于有期徒刑三年以下的达到了 99.1%，处于三年以上有期徒刑的只有 16 个样本，所占比例仅为 0.9%。这说明 99.1% 的犯罪人得到了减轻处罚，即减轻处罚率接近百分之百，属于极高的比例。

对于出现的上述特点，可以从实际样本的犯罪情况进行解释。

首先，犯罪没有造成实际人身伤害。既然犯罪中没有具体的犯罪人数，也就是犯罪行为没有侵害到具体个人，那么也就没有对人身权利造成实际伤害。实际统计情况也证实了这一结果，即在 1716 个无犯罪人数的样本中，伤害后果均显示为“0”，没有产生实际危害。对人身权利的侵害程度是衡量抢劫罪社会危害性大小的重要因素，既然人身权利处于未侵害的状态，犯罪行为的社会危害性自然大大降低。

其次，犯罪没有造成实际财产损失。抢劫罪是通过对他人实施暴力、威胁等手段当场劫取财物的行为，既然犯罪中没有出现具体的犯罪人数，那么也就不可能通过对他人实施暴力、威胁等方式获取财物，也就不会对实际的财产权利造成具体侵害。对此进行的统计结果也同样证实了这一结论，即在1716个无犯罪人数的样本中，抢劫数额均显示为“0”，没有产生实际危害。因为没有造成实际的财产侵害，犯罪的社会危害程度也自然大大降低。

最后，减轻处罚情节明显增多。由于犯罪行为既没有对人身造成实际伤害，也没有使财产权利产生具体损失，整个犯罪行为处于未完成的状态，其必然会形成大量的犯罪预备、犯罪中止或犯罪未遂等减轻处罚情节。据统计，在1716个样本中，犯罪预备的数量达到了1712个，另有4个犯罪未遂情节，这便保证了每个样本中都有减轻处罚情节存在。除此以外，还有213个未成年情节、2个从犯情节、43个自首情节和30个立功情节。减轻处罚情节累积达到了2004个，平均每个样本中就有1.2个减轻处罚情节。

（三）抢劫1人至3人对有期徒刑量刑的影响

抢劫1人至3人的样本总数为5175个，根据前述情况，与其他人数段的量刑相比，抢劫1人至3人的量刑呈现出逐渐提升的态势。经统计，该部分样本量刑的最小值是6个月，最大值是180个月，均值是57个月，中值是48个月，众数刑期是36个月，峰度是0.362，偏度是1.093，具有明显的集中化趋势。根据以一年为间隔的统计情况，从有期徒刑一年以下、有期徒刑一年以上二年以下直到有期徒刑十四年以上十五年以下、有期徒刑十五年的样本比例分别为：6.4%、11.5%、7.8%、21.8%、15.6%、9.5%、5.5%、3.7%、2.4%、1.0%、4.6%、3.9%、2.9%、2.2%、1.0%、0.2%。具体来说，抢劫1人样本的量刑最小值是6个月，最大值是180个月，均值是52个月，中值是42个月，众数刑期是36个月，峰度是1.161，偏度是

1.308，具有明显的集中化趋势。根据以一年为间隔的统计情况，从有期徒刑一年以下、有期徒刑一年以上二年以下直到有期徒刑十四年以上十五年以下、有期徒刑十五年的样本比例分别为：7.2%、11.6%、7.7%、25.2%、17.3%、9.0%、4.9%、2.7%、1.8%、0.9%、3.9%、3.3%、2.1%、1.6%、0.6%、0.2%。抢劫2人样本的量刑最小值是6个月，最大值是180个月，均值是63个月，中值是48个月，众数刑期是48个月，峰度是−0.300，偏度是0.813，集中化趋势不明显。根据以一年为间隔的统计情况，从有期徒刑一年以下、有期徒刑一年以上二年以下直到有期徒刑十四年以上十五年以下、有期徒刑十五年的样本比例分别为：4.7%、11.7%、8.1%、16.2%、12.7%、10.8%、7.5%、5.5%、3.7%、1.0%、5.4%、5.2%、3.2%、2.7%、1.4%、0.2%。抢劫3人样本的量刑最小值是6个月，最大值是180个月，均值是76个月，中值是60个月，众数刑期是48个月，峰度是−1.161，偏度是0.388，集中化趋势不明显。根据以一年为间隔的统计情况，从有期徒刑一年以下、有期徒刑一年以上二年以下直到有期徒刑十四年以上十五年以下、有期徒刑十五年的样本比例分别为：4.0%、11.1%、6.8%、10.4%、10.6%、9.8%、6.2%、6.2%、3.4%、1.9%、7.6%、5.9%、7.6%、5.5%、2.5%、0.5%。具体参见图2−16。

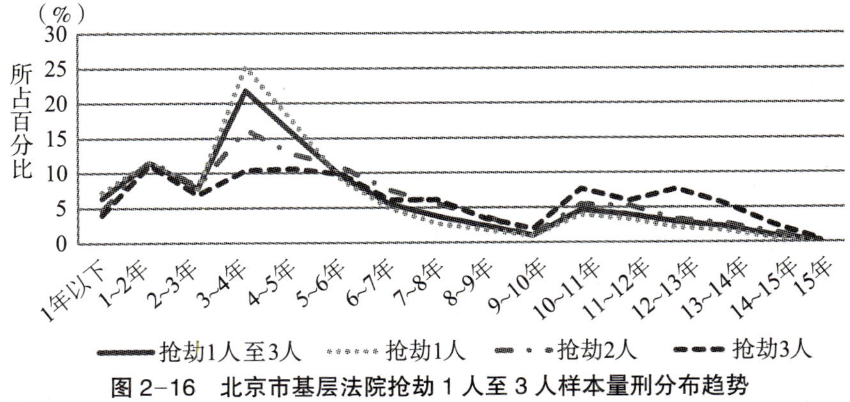

图2−16　北京市基层法院抢劫1人至3人样本量刑分布趋势

根据以上统计情况，总结形成了有别于其他人数段量刑的特点，主要表现在以下方面：

1. 具有整体上的趋同性特点。无论是抢劫 1 人，还是抢劫 2 人、3 人，三个人数段的量刑具有大致趋同化的特点，如三者的最小值均为 6 个月，最大值均为 180 个月，量刑均值分别为 53 个月、63 个月、76 个月，基本差别不大，而与无抢劫人数的 9 个月和抢劫 4 人的 92 个月相比，则差异性明显，因而该人数段的量刑大致处于相对独立的量刑均值区间。

2. 量刑随人数增加呈规律性提高。虽然量刑随着抢劫人数的增加而提高是所有抢劫人数与全部量刑关系的整体特点，但这种提高的趋势在各个人数段表现得并不全部明显，实际上有的人数段还存在小幅下降的情况，只有在抢劫 1 人至 3 人的人数段内，这种同步增长的变化趋势才表现得更为鲜明，而且提高的趋势呈现出一定的规律性。这可以从它们的量刑均值中观察出来，即从 53 个月到 63 个月，再到 76 个月，分别提高了 10 个月和 13 个月，平均就是 11.5 个月，约为一年。所以，一年基本上可以看作人数与量刑刑期的规律性提高节点，即每增加一人刑期提高一年。

3. 量刑刑期相对集中。从这一人数段的量刑分布来看，判处三年以下有期徒刑的累积百分比为 25.7%，判处十年以上有期徒刑的百分比为 14.8%，所以处予三年以上十年以下有期徒刑的百分比为 59.5%，即有过半数样本的量刑集中在中间刑罚幅度内。同时，在这一幅度内有 46.1% 的量刑又大多集中于三年至五年的区间内，被判处有期徒刑三年至五年的犯罪人占到了近本人数段总数的一半。

对于上述现象，可以从以下犯罪情况分析得到解释：

首先，从犯罪完成状态上看，基本上属于犯罪既遂。经统计，该部分样本有 4388 个达到了犯罪既遂，所占百分比为 84.8%，有 703 个属于犯罪未遂，所占百分比为 13.6%，其余为犯罪中止和犯罪预备的情况，所占百分比仅为 1.6%。统计中之所以有犯罪预备的情况，是指犯罪人已有明确的犯罪对象，只是在接近被害人尚未着手实施抢劫而被迫停止的情况，考虑到被害人已经明确，因而也将这种情形下的抢劫人数进行了统计。由于绝大部分的犯罪已经既遂，表明事实上已经对人身权利或财产权利造成了侵害，犯罪的危害性已经达到了相当严重的程度，因而与无抢劫人数的情形相比自然应当处予更重的刑罚。

其次，人身权与财产权都得到不同程度的侵害。在该部分样本中，无抢劫数额的样本仅有 454 个，占 8.8%，且抢劫数额超过一万元的样本达到了 543 个，占到了 10.5%。在人身权利侵害方面，实际产生伤害程度的样本有 1314 个，占 25.4%，即有 1/4 的被害人受到了不同程度的人身伤害，这实际上还不包括大量的受到身体打击而没有被鉴定出损伤程度的情况。所以，无论是人身权利还是财产权利，在该人数段的样本中被害人都受到了较为明显的侵害。

最后，抢劫人数与抢劫次数同步提高。关于量刑均值随着抢劫人数的增加而提高的问题，还可以从抢劫人数与抢劫次数的关系中得到解释。经测算，抢劫 1 人的平均次数为 1.02 次，而抢劫 2 人的平均次数为 1.43 次，抢劫 3 人的平均次数为 2.03 次，这也同时与 53 个月、63 个月、76 个月的量刑均值形成了大致相同的提升趋势。

（四）抢劫 4 人以上对有期徒刑量刑的影响

抢劫 4 人以上的样本共有 857 个，所占百分比为 11.1%。从统计情况看，该人数段样本量刑的最小值是 7 个月，最大值是 180 个月，均值是 98 个月，中值是 108 个月，众数刑期是 144 个月，峰度是 −1.382，偏度是 −0.093，量刑分布较为分散。根据以一年为间隔的统计情况，从有期徒刑一年以下、有期徒刑一年以上二年以下直到有期徒刑十四年以上十五年以下、有期徒刑十五年的样本比例分别为：0.9%、3.9%、4.9%、10.6%、7.5%、8.4%、5.4%、4.6%、3.2%、2.3%、10.6%、9.2%、9.9%、9.0%、7.0%、2.6%（详见图 2−17）。

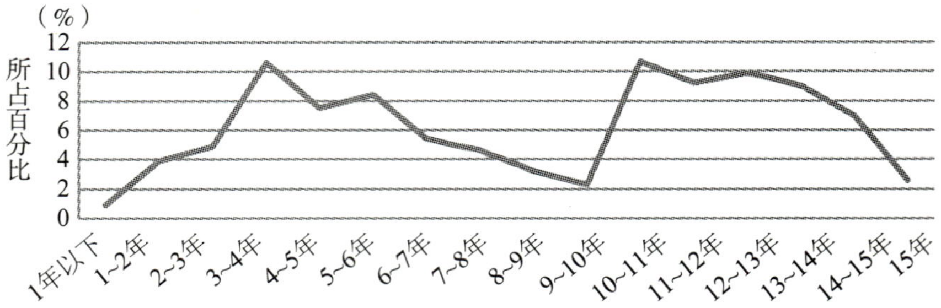

图 2-17 北京市基层法院抢劫 4 人以上样本量刑分布趋势

根据以上统计，抢劫 4 人以上样本的量刑具有如下特点：

1. 所判刑期相对较重。该部分量刑均值为 98 个月，众数刑期为 144 个月，所判刑罚相对较重。这说明，由于抢劫人数的增加，抢劫行为所产生的社会危害性加大，必然在量刑上体现出较高的刑期。

2. 重刑分布较为集中。从样本刑期的分布情况来看，该部分的量刑均值虽然处于有期徒刑十年以下，但较重刑期的分布较为集中，大多处于有期徒刑十年以上的幅度内。具体比例上，处予有期徒刑三年以下的仅占 9.7%，处予有期徒刑三年以上十年以下的占 42.0%，处予有期徒刑十年以上的达 48.3%。有接近半数的犯罪人被判处十年以上有期徒刑，集中化趋势较为明显。

3. 具有加重处罚的共性特征。如将抢劫 4 人以上和抢劫 3 次以上的样本进行比较，可发现两者存在许多大致相同的特征。如在样本数量上两者的数量相差 65 个，量刑均值相差 6 个月，众数刑期一致，十年以上有期徒刑样本的比例相差 4%，总体上较为接近。

表 2-4 北京市基层法院抢劫 3 次以上与抢劫 4 人以上样本对比

样本类型	样本数量	量刑均值（月）	众数刑期（月）	十年以上有期徒刑样本比例
抢劫 3 次以上	792	104	144	52.3%
抢劫 4 人以上	857	98	144	48.3%

对于上述量刑特点，主要源于该部分量刑样本的如下犯罪特征：

首先，抢劫数额高。抢劫罪是一种主要侵犯财产权利的犯罪，抢劫数额的高低是衡量该罪行为危害性大小的重要标准。从统计情况来看，抢劫4人以上的犯罪中，抢劫数额的均值为14269元，达到数额巨大标准的有253个样本，占29.5%，可见其所侵害的财产数额相对较高。

其次，抢劫次数多。抢劫3次以上的属于多次抢劫，应处十年以上有期徒刑、无期徒刑或者死刑，因而3次以上是抢劫罪加重处罚的重要情形。在抢劫4人以上的样本中，属于抢劫3次以上的样本共有582个，占67.9%。

最后，法定刑幅度高。抢劫4人以上的样本中，法定刑幅度在三年以上十年以下样本的个数为166个，法定刑幅度在有期徒刑十年以上的个数为691个，分别占19.4%和80.6%。较高的法定刑幅度也说明该人数段的犯罪多属于加重处罚的范围。

第四节　伤害后果与有期徒刑量刑[①]

一、伤害后果分布

伤害后果是指伤害行为对被害人造成的身体侵害程度，是衡量侵害人身权犯罪行为危害性大小的重要标准。《人体损害程度鉴定标准》规定了轻微伤、轻伤与重伤三种伤情程度的鉴别标准，也是司法实践中认定犯罪行为造成不同伤情程度的主要种类，而从犯罪行为对人身侵害程度的现实情况来看，伤害后果还应当包括死亡这一最严重伤害，是侵害程度最大的

① 这里的伤害后果即由无后果=0、轻微伤=1、轻伤=2、重伤=3、死亡=4组成的虚拟变量。

伤害后果，尽管《人体损害程度鉴定标准》没有将其规定，但从衡量侵害程度的实际需要，亦应作为量刑统计的重要因素。抢劫罪立法虽然规定了致人重伤、死亡的法定刑量刑幅度，即应当处十年以上有期徒刑、无期徒刑或者死刑，但未对其他类型的伤害后果进行明确。当然，立法没有做出明确规定并不影响可以根据刑法解释选择相应的法定刑幅度，只是在确定法定刑幅度的基础上如何针对不同的伤害后果判处不同的刑罚，是需要通过量刑实证研究予以解决的问题。

为此，有必要先对样本中存在的伤害后果情况作一简要介绍。从统计情况来看，在 7748 个有期徒刑且判处实刑的样本中，无明确伤害后果的样本有 6230 个，占样本数的 80.4%；属于轻微伤后果的有 1093 个，占样本数的 14.1%；属于轻伤后果的样本有 342 个，占样本数的 4.4%；属于重伤后果的有 75 个，占样本数的 1.0%；属于死亡后果的有 8 个，占样本数的 0.1%。这表明，北京市基层法院审理的绝大多数抢劫案件没有造成具体的伤害后果，造成重伤、死亡后果的案件数量更少，只占 1.1%。

二、伤害后果对有期徒刑量刑的影响

（一）伤害后果与有期徒刑量刑的总体关系

无论是无具体伤害后果，还是轻微伤、轻伤、重伤、死亡等有形后果，它们形成了从轻到重的伤害程度，即表明犯罪行为危害性程度逐渐增加。那么，这种危害性程度逐渐增加的变量是否对实际量刑产生影响，需要进行相关性统计分析。伤害后果与主刑时长相关性检验结果显示（$r=0.230$，$p<0.001$），表明伤害后果对主刑时长具有显著影响。

在明确了伤害后果对主刑时长具有相关性的基础上，同样需要对不同伤害后果对应不同的刑期进行比较，以全面了解两者之间具有怎样的对应关系。为了方便比较，经分别对不同伤害后果对应刑期的量刑均值进行计算，形成了表 2–5 的结果。

表 2–5 北京市基层法院不同伤害后果样本的量刑分布

主刑时长（月）

伤害后果	频数	均值	众数	标准差	最小值	最大值	均值的标准误
无后果	6230	46.8308	8	43.80123	6	180	0.55494
轻微伤	1093	59.3440	36	43.29616	6	180	1.30960
轻伤	342	77.9883	48	45.52283	10	180	2.46159
重伤	75	124.1867	156	43.81432	36	180	5.05924
死亡	8	157.5000	180	28.27922	96	180	9.99821
总计	7748	50.8344	8	45.12894	6	180	0.51270

从测算结果来看，从无后果、轻微伤、轻伤、重伤到死亡的伤害后果所对应的量刑均值依次是 47 个月、59 个月、78 个月、124 个月和 158 个月，呈现出由低到高的变化趋势，均值差分别为 12 个月、19 个月、46 个月和 34 个月。单因素方差分析结果显示［F（4，6639）=112.452，p<0.001］，不同伤害后果间的量刑均值在整体上差异性显著。从样本的分布情况来看，上述各个伤害后果所对应的众数刑期分别为 8 个月、36 个月、36 个月、156 个月和 180 个月。也就是说，无后果的样本中，判处有期徒刑八个月刑期的数量最多，轻微伤和轻伤的样本中判处有期徒刑三年的数量最多，重伤的样本中判处有期徒刑十三年的数量最多，死亡的样本中判处有期徒刑十五年的数量最多。具体如图 2–18 所示。

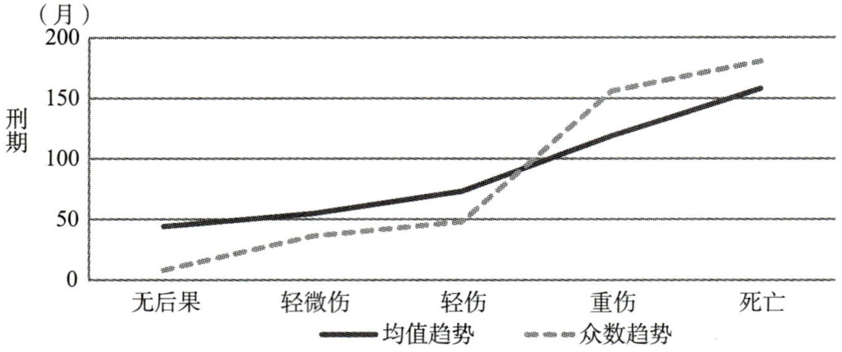

图 2-18　北京市基层法院不同伤害后果样本量刑分布趋势

另外，通过对不同伤害后果样本的量刑均值进行两两比较，发现不同伤害后果之间量刑差异均为显著。其中，只有重伤与死亡后果样本之间显著性程度略低以外（$p<0.05$），其他后果之间的显著性程度较高（$p<0.001$）。

（二）无伤害后果对有期徒刑量刑的影响

无伤害后果的情况，是指抢劫行为没有对人身权利造成侵害，或者侵害不严重而没有造成明显后果。属于这种情况的样本共有 6230 个，所占百分比为 80.4%。说明实际抢劫犯罪中绝大部分没有对被害人的人身权利造成较为严重的伤害后果，体现了这一犯罪是以财产权利为主要侵害客体的行为特点。其主要量刑特点是：

1. 量刑整体较轻。统计结果显示，无伤害后果的量刑均值虽然为 47 个月，但众数刑期为 8 个月，即适用数量最多的刑期在有期徒刑一年以下。而且处在有期徒刑三年以下量刑的比例达到了 44.7%，即接近半数的犯罪人被判处了较轻的刑罚。量刑整体偏轻，说明这类犯罪行为的社会危害性相对较小。

2. 刑期分布范围较广。虽然这类犯罪行为对人身权利侵害不大，社会危害性相对较小，但仍有一定比例的量刑达到了有期徒刑的最高值，即刑期分布从最轻的有期徒刑六个月到最重的有期徒刑十五年，均有实际样本存在。如除了44.7%的样本在三年以下有期徒刑区间以外，还有41.8%的样本位于三年以上十年以下有期徒刑幅度内，另有13.5%的样本在有期徒刑十年以上的幅度内。说明该类行为中仍然存在一定数量的较重处罚因素。

3. 减轻处罚比例较高。由于接近半数的犯罪人被判处三年以下有期徒刑，加上可能仍有部分犯罪人本应在十年以上有期徒刑量刑而实际被判处三年以上十年以下有期徒刑的刑罚，因而被适用减轻处罚的比例可能超过半数。为此，通过样本统计也证实了这一推测，结果表明，在6230个样本中，有3212个样本适用了减轻处罚，减轻处罚率为51.6%。

根据以一年为间隔的统计情况，从有期徒刑一年以下、有期徒刑一年以上二年以下直到有期徒刑十四年以上十五年以下、有期徒刑十五年的样本比例分别为：27.7%、11.3%、5.7%、15.0%、11.0%、6.8%、3.8%、2.6%、1.7%、0.9%、4.0%、3.3%、2.7%、2.1%、1.1%、0.3%。分布趋势具体参见图2-19。

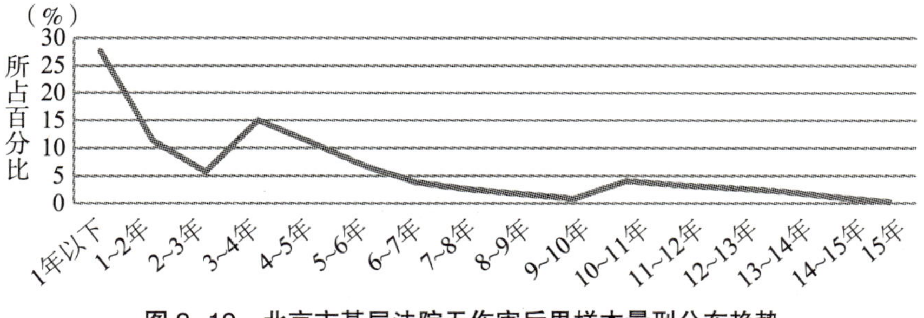

图2-19　北京市基层法院无伤害后果样本量刑分布趋势

针对无伤害后果的量刑呈现出的上述特点，本书在研究中分析了该部分样本的犯罪情况。

首先，抢劫数额总体不高。因抢劫行为是同时侵犯人身权和财产权的犯罪，即通过对人身权利的侵害而实现对财产权利的占有，因而在一般情况下，对人身权和财产权的侵害往往同步进行，要想获取更多的财物往往必须对财产所有人的人身施加更为严重的身体侵害，否则就会遇到被害人的极力反抗而难以达到犯罪目的。所以，如果对人身权利侵害不严重的话，其对财产权利的侵害也往往相对较小。为了证实上述假设，研究中首先通过对抢劫数额与伤害后果的统计相关性进行验证，验证结果表明（r=0.075，p<0.001），伤害后果对抢劫数额具有显著影响力。其次，实际统计结果也表明，在无伤害后果的情况下，抢劫数额为0的样本数为2022个，所占百分比为32.5%，抢劫数额在一万元以下的样本累积百分比为90.7%。这也同样说明，无伤害后果的犯罪总体上造成的抢劫数额不高。

其次，未完成犯罪比例较高。未对人身权利造成较重伤害后果，一方面，可能由于侵害行为尚未实际实施，或者虽然已经开始实施，但处于未能彻底完成的状态而自动停止或被迫停止；另一方面，是因为被害人的反抗力度不大，没有必要实施高强度的暴力行为即可达到犯罪目的。实际统计结果证实了第一种情况，即相当数量的抢劫行为处于未完成状态，共计有2267个样本没有被认定为既遂，所占百分比为36.4%，具有相对较高的比例，其中，犯罪预备为1787个，犯罪中止为4个，犯罪未遂为476个。

最后，低法定刑幅度的比例较高。既然该部分抢劫犯罪对人身权利和财产权利的侵害总体较小，那么一般处于较低档次的法定刑幅度。根据统计结果，属于有期徒刑三年以上十年以下法定刑幅度的样本为4919个，所占百分比为79.0%，属于有期徒刑十年以上法定刑幅度的样本为1311个，所占百分比为21.0%，两者的差距可见一斑。

（三）轻微伤与轻伤对有期徒刑量刑的影响

因轻微伤与轻伤是伤害后果中程度相对较轻的类型，两者的法定刑幅度均为有期徒刑三年以上十年以下，且实际量刑均值也均处于这一刑期范围内，因而存在的共性较多，有必要作为同一类型的样本进行单独研究。

通过实际统计，轻微伤样本的量刑最小值是6个月，最大值是180个月，均值是59个月，中值是48个月，众数刑期是36个月，峰度是0.209，偏度是1.085，具有一定程度的集中化趋势。根据以一年为间隔的统计情况，从有期徒刑一年以下、有期徒刑一年以上二年以下直到有期徒刑十四年以上十五年以下、有期徒刑十五年的样本比例分别为：7.0%、9.8%、8.5%、22.5%、13.7%、9.7%、5.8%、3.4%、1.9%、0.7%、4.3%、3.9%、3.2%、3.2%、1.9%、0.5%。轻伤样本的量刑最小值是10个月，最大值是180个月，均值是78个月，中值是72个月，众数刑期是48个月，峰度是−0.987，偏度是0.424，集中化趋势较弱。根据以一年为间隔的统计情况，从有期徒刑一年以下、有期徒刑一年以上二年以下直到有期徒刑十四年以上十五年以下、有期徒刑十五年的样本比例分别为：1.5%、7.9%、5.3%、14.9%、10.2%、8.5%、9.1%、7.0%、5.3%、2.9%、6.7%、7.3%、7.3%、2.0%、3.8%、0.3%。具体参见图2-20。

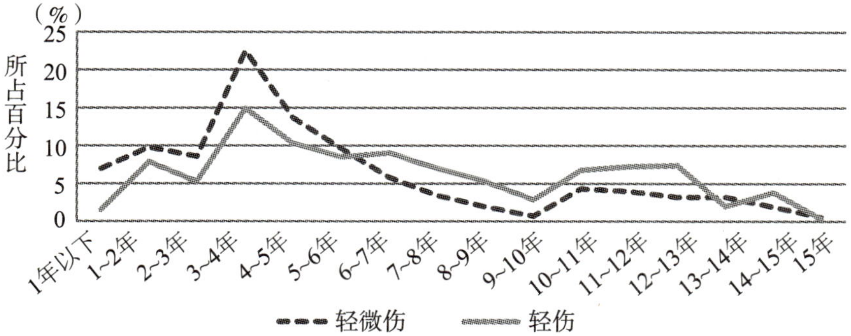

图2-20 北京市基层法院轻微伤与轻伤样本量刑分布趋势

根据以上统计，轻微伤与轻伤样本的量刑具有如下特点：

1. 刑期相对较为集中。虽然这部分样本量刑的全距范围较大，轻微伤从最小值的6个月到最大值的180个月，全距长达174个月，轻伤从最小值的10个月到最大值的180个月，全距长达170个月，但两者在刑期分布上大致呈现出相对集中的趋势，如轻微伤在三年以下有期徒刑量刑的百分比为 25.3%，在十年以上有期徒刑量刑的百分比为 17.0%，其余 57.7% 的样本均在三年以上十年以下有期徒刑的幅度内量刑，如果将有期徒刑六年六个月作为三年至十年区间的中线，则处于中线以下的比例达到了所有轻微伤样本的 45.8%，集中的趋势尤为明显。对于轻伤的量刑来说，其在三年以下有期徒刑量刑的百分比为 14.7%，在十年以上有期徒刑量刑的百分比为 27.5%，其余 57.9% 的样本均在三年以上十年以下有期徒刑的幅度内量刑，而在三年以上十年以下中线以下量刑的样本比例也达到了 42.7%。

2. 轻刑与重刑的比例相对较少。如果将三年以下的刑期看作轻刑，而将十年以上的刑期看作重刑，则该部分样本的轻刑与重刑比例相对较少，根据轻微伤与轻伤合并的数据统计情况，两者所判处的轻刑比例为 22.8%，重刑比例为 19.5%，与处予中间刑的 57.7% 的比例均相差较大。这种情况恰好与轻微伤和轻伤两种伤情程度在整个伤害程度中的地位相称。因为这两种伤害后果重于无伤害后果的情况，又低于重伤、死亡的后果，属于伤害后果中的中间状态。

3. 不同伤重情况形成适度的轻重量刑间隔。轻微伤与轻伤虽然均不是特别严重的伤害后果，但两者毕竟也存在轻重不同的伤害差别，给被害人的人身造成的痛苦程度具有明显的差异，这种差异需要在量刑中体现出来，以实现罪刑的均衡。实际量刑情况符合了这一现实需求，统计显示，轻微伤的量刑均值为 59 个月，众数刑期为 36 个月，轻伤的量刑均值为 78 个月，众数刑期为 48 个月，差距分别为 19 个月和 12 个月，均表现出了适度的轻重间隔，较好地实现了罪刑均衡的立法期待。

对于量刑中表现出来的上述特点，下面从具体犯罪中寻找与其对应的事实情况。

首先，犯罪基本处于完成状态。既然抢劫行为已经导致被害人轻微伤或者轻伤的伤害后果，说明犯罪行为均已进入实行阶段，不可能存在犯罪预备的情形。而且，根据最高人民法院的司法解释，即使在没有抢得财物的情况下，只要造成轻伤以上后果的，也构成犯罪既遂。只有在犯罪行为造成轻微伤却没有抢到财物的情形下才有可能在该部分样本中出现犯罪未遂，事实上这种情况不会太多。因而，一般来说，在轻微伤或者轻伤的抢劫案件中，犯罪基本处于完成状态。经过实际样本统计，与设想情况基本一致，在 1435 个样本中共有 1194 个属于犯罪既遂，所占百分比为 83.1%，另有 2 个属于犯罪中止，其余 239 个属于犯罪未遂。由于犯罪基本处于既遂状态，表明抢劫行为达到了立法规定的全部构成条件，而刑事立法规定的法定刑是以既遂状态作为适用依据的，这便使实际行为与法定刑实现了对应。

其次，抢劫数额整体不高。实际统计显示，有 146 个抢劫数额为 0 的样本，低于 1234 元的样本占到了半数，不满一万元样本的累积百分比为 86.6%，因而轻微伤与轻伤案件的抢劫数额相对不高。其中，在 1093 个轻微伤样本中有 964 个在一万元以下，所占百分比为 88.2%；在 342 个轻伤样本中有 278 个在一万元以下，所占百分比为 81.3%。相比之下轻微伤样本的抢劫数额略低于轻伤样本的抢劫数额。

最后，法定刑幅度相对较低。法定刑幅度的高低体现着犯罪行为的严重性程度大小。统计结果表明，轻微伤与轻伤样本的法定刑幅度普遍位于有期徒刑三年以上十年以下较低档次内，共有 1037 个样本，所占百分比为 72.3%。其中属于轻微伤的样本为 820 个，占轻微伤样本数的 75.0%，略高于平均比例，说明轻微伤样本的法定刑幅度在整体上低于轻伤样本的法定刑幅度。

（四）重伤与死亡对有期徒刑量刑的影响

致人重伤或者死亡是最为严重的伤害后果，两者的法定刑幅度均为有期徒刑十年以上或者无期徒刑、死刑，而实际上该量刑均值也都处在该刑期范围内，且属于死亡的样本数量仅为 8 个，不具有单独的统计学意义，所以将两者不作为独立的样本类型进行量刑研究。

该部分样本数量是 83 个，其量刑的最小值是 36 个月，最大值是 180 个月，均值是 128 个月，中值是 144 个月，众数刑期是 156 个月，峰度是 -0.725，偏度是 -0.715。具体的刑期分布如图 2-21 所示。

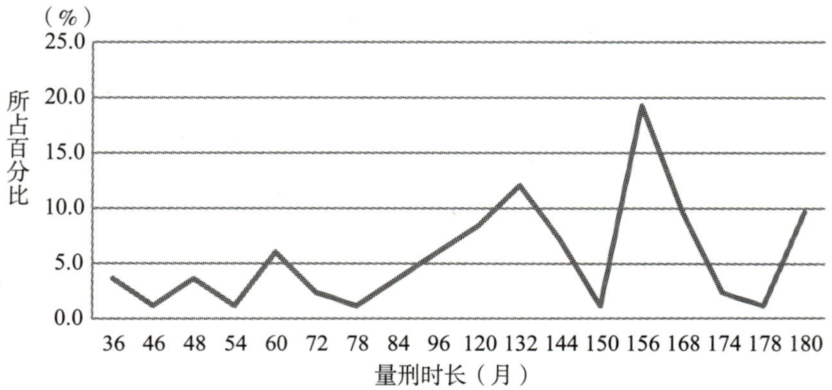

图 2-21　北京市基层法院致人重伤死亡样本的量刑分布趋势

图 2-21 结果表明，伤害后果为重伤和死亡的量刑具有如下特点：

1. 所判刑期最重。这部分样本的量刑刑期均在有期徒刑三年以上，且处于有期徒刑十年以上的比例高达 71.1%，说明量刑的结果总体较重。

2. 量刑分布较为集中。由于该部分样本属于后果最为严重的伤害类型，所以刑期普遍较高，在刑期分布上呈现出较为集中的趋势。首先，两种类型的量刑没有出现低于三年以下有期徒刑的样本；其次，低于有期徒刑十年的样本也相对较少，所占百分比仅为 28.9%。这便使绝大部分样本集中于有期徒刑十年至十五年的区间内。

3. 重伤与死亡也在量刑上表现出较为明显的轻重关系。这可以从量刑均值与刑期分布上获得说明。在量刑均值上，致人死亡的刑期要比致人重伤的刑期多 34 个月，即接近三年的差距；在刑期分布上，致人死亡的样本只有 1 个在十年以下有期徒刑量刑，其余大部分的刑期分布在有期徒刑十三年至十五年的区间内，而致人重伤的样本有 30.7% 位于有期徒刑十年以下，有期徒刑十年以上的也主要集中于有期徒刑十年至十三年的区间。两者的轻重关系十分明显。

在实际样本中，与上述量刑特点相对应的事实情况是：

首先，犯罪人主观恶性较大。实施了致人重伤、死亡行为的犯罪人，其主观恶性程度要重于实施普通抢劫行为的犯罪人。对此可以通过以下两种方式予以说明。第一，同时实施数罪罪行的比例相对较高，统计发现，在该类型样本中，同时构成数罪的犯罪人比例为 15.7%，高于全部判处有期徒刑实刑样本中 11.3% 的数罪比例。第二，属于多次犯罪的样本比例较高，共有大约 32.5% 的犯罪人实施了三次以上的抢劫犯罪，也比 10.2% 的整体比例高，高出 22.3 个百分点。第三，属于累犯的比例较高，所占百分比为 16.9%，而累犯在全部样本中的比例仅为 6.9%，整整高出 10 个百分点。

其次，犯罪社会危害性严重。除了造成严重人身权利的侵害后果以外，这类样本具有更为严重的社会危害性，还同时具有另外的表现。如在抢劫数额方面，超过一万元以上的比例达到了 28.9%，而在全部样本中这个比例仅为 10.3%；在抢劫人数方面，抢劫 4 人以上的比例为 47.0%，而全部样本中这个比例仅为 11.1%。

第五节 小　结

抢劫数额、抢劫次数、抢劫人数与伤害后果是抢劫罪中体现罪行程度的连续性变量。随着抢劫数额由低到高、抢劫次数和抢劫人数由少到多、伤害后果由轻到重，抢劫行为的社会危害程度逐渐提高。而且，抢劫次数还是一个体现再犯可能性大小的重要变量，抢劫次数的增多，表明犯罪人犯罪习性的强化，使再次实施抢劫的可能性增大。通过以上统计分析表明，抢劫数额、抢劫次数、抢劫人数和伤害后果都对有期徒刑量刑具有显著相关性。随着抢劫数额的增加、抢劫次数和抢劫人数的增多、伤害后果的加重，所对应的量刑结果也相应加重。

具体就抢劫数额来说，在抢劫数额为 0 的情况下，量刑均值是 15 个月，此时绝大部分样本属于犯罪预备状态，犯罪既遂率只有 3.1%，且无伤害后果的比例达到了 92.8%，因而总体社会危害性较小，绝大部分的样本处于有期徒刑三年以下。在抢劫数额 0 元以上且在一万元以下的样本中，量刑均值是 54 个月，较高比例的样本位于有期徒刑三年以上七年以下的区间内，在有期徒刑三年以下幅度内量刑的样本大多由于未成年因素而减轻处罚，在有期徒刑十年以上幅度内量刑的样本大多由于入户抢劫和多次抢劫因素而被加重处罚。在抢劫数额一万元以上的样本中，量刑均值是 129 个月，多数样本的量刑位于有期徒刑十年以上十三年以下的区间内，在有期徒刑十年以下减轻处罚的样本中，多是受到未成年、从犯、犯罪未遂等因素的影响。

就抢劫次数来说，抢劫 1 次的量刑均值位于有期徒刑三年以上十年以下幅度内，即 42 个月，但有近半数样本的量刑在有期徒刑三年以下区间内，原因在于有近 40% 的样本处于犯罪未完成状态，且超过 1/3 样本的抢劫数额为 0。抢劫 2 次的量刑均值是 64 个月，多数样本的量刑位于有期徒刑三年以上十年以下幅度内，这可能与绝大多数样本为犯罪既遂和具有一定抢劫数额有关。抢劫 3 次至 10 次的量刑均值从 94 个月到 113 个月不等，总的均值是 102 个月，有近半数的样本为减轻处罚，这可能受到超过 1/3 的未成年人犯罪主体和较高比例的立功情节的影响。抢劫 11 次以上的量刑均值是 135 个月，仅有不足 1/3 的样本得到减轻处罚，且均在有期徒刑四年以上量刑，减轻处罚情节有未成年、自首和立功，未成年因素是主要影响因素，其次是自首因素，而立功因素则与减轻处罚不具有显著相关性。

就抢劫人数来说，在抢劫人数为 0 的情况下，其量刑均值是 9 个月，其中有近半数样本的量刑为 8 个月，原因在于这类样本主要是犯罪预备，因而有 99% 的样本得到减轻处罚。抢劫 1 人至 3 人的量刑均值是 57 个月，其中抢劫 1 人的量刑均值是 52 个月，抢劫 2 人的量刑均值是 63 个月，抢劫 3 人的量刑均值是 76 个月，即每增加一人刑期增加一年左右。抢劫 4 人以上的量刑均值是 98 个月，约有近半数的样本量刑在有期徒刑十年以上。从相关性方面看，抢劫人数和抢劫次数具有同步增长趋势，即随着抢劫次数的增多抢劫人数也相应增多，两者相关性的 r 值达到了 0.833，基本趋于一致。从两者的量刑结果来看，抢劫人数 4 人以上的样本量刑与抢劫 3 次以上的量刑渐趋一致。

就伤害后果来说，在无伤害后果的情况下，量刑均值是 47 个月，但有接近半数的样本在有期徒刑三年以下量刑，原因在于有近 1/3 样本的抢劫数额为 0，有超过 1/3 的样本为犯罪未完成状态。轻微伤样本的量刑均值是 59 个月，轻伤样本的量刑均值是 78 个月，两者差距约为一年半，同时，两类样本的多数量刑位于有期徒刑三年以上十年以下的幅度内，减轻处罚比例相对较小。重伤与死亡样本的量刑均值是 128 个月，有超过 70% 的样本量刑在有期徒刑十年以上，具有更为明显的社会危害性，这同时还表现在较高比例的数罪并罚率、多次抢劫率和累犯率等方面。

虽然抢劫数额、抢劫次数、抢劫人数和伤害后果均与有期徒刑量刑具有显著相关性，但不同变量的显著性程度存在差异，即虽然主刑时长与抢劫次数、抢劫人数、抢劫数额和伤害后果的相关性 p 值均小于 0.001，但 r 值分别为 0.315、0.398、0.339 和 0.230，具有明显差异。具体根据 r 值大小判断，四个连续性变量与主刑时长的相关性大小次序依次是抢劫人数、抢劫次数、抢劫数额和伤害后果，即抢劫人数对量刑的影响力最大，其次是抢劫次数，然后是抢劫数额，最后是伤害后果。

第三章　行为因素和量刑情节与有期徒刑量刑

连续性变量作为案件事实的一部分，是从“定量”方面反映犯罪行为所造成的社会危害性大小，从而影响量刑的轻重。除此以外，案件事实中还有另外一些可能影响量刑的事实因素，与连续性变量不同的是，它们是从“定性”方面反映犯罪行为社会危害性大小。由于不能对这部分因素进行量化分析，量刑实践中往往可能被忽视。这些因素都与行为有关，本书将其统称为行为因素。除了作为案件事实内容的“定量”因素与“定性”因素以外，与案件事实具有紧密关联的量刑情节更是对量刑发挥着重要的影响作用，而且这种影响往往具有立法上或者理论上的明确依据。

与连续性变量与有期徒刑量刑的研究相同，本章研究的样本基础仍然是北京市基层法院12年间做出的4865份刑事判决书中的8760个量刑结果。

第一节　行为因素与有期徒刑量刑

犯罪行为的任何方面都体现着一定程度的危害性，因而不可能全部归入影响量刑因素的范畴。本书只将抢劫犯罪行为中具有特殊性或典型性的行为因素进行研究，具体包括共同犯罪、转化犯、数罪、作案时间、被害人性别。由于这些因素不是法定的量刑影响因素，将其作为一般行为因素进行考察。另外，抢劫罪立法规定了八种加重处罚的情形，除了多次抢劫或者抢劫数额巨大和抢劫致人重伤、死亡的情形已经在前文研究过以外，其他六种情形实际上也属于行为方面的因素，但由于北京市基层法院样本中没有出现抢劫银行或者金融机构和抢劫军用物资或者抢险、救灾救济物资的情形，所以这里仅将入户抢劫、冒充军警人员抢劫、持枪抢劫、在公共交通工具上抢劫四种情形作为法定行为因素进行研究。

一、一般行为因素与有期徒刑量刑

（一）共同犯罪对有期徒刑量刑的影响

共同犯罪是相对于单独犯罪而言的，按照刑法的规定，是指二人以上故意犯罪。由于抢劫罪是一种严重的暴力行为，对行为人的体力和心理都有较大的要求，因而抢劫犯罪在实践中多表现为共同犯罪的形式，即由多人结伙共同实施，从而大大提高了犯罪的成功率。根据样本统计，属于共同犯罪的比例为 79.5%，表明抢劫犯罪中的多数样本存在共同犯罪的行为方式。

既然共同犯罪在抢劫犯罪的表现形式中居于重要地位，那么这种行为方式是否影响量刑，就成为量刑研究中一个不可回避的问题。为此，通过对是否共同犯罪和主刑时长的关系进行相关性比较，检验结果表明（r=0.043，p<0.001），共同犯罪对有期徒刑量刑存在显著相关性。

在明确了共同犯罪形式对有期徒刑量刑具有显著影响的基础上，为了分析实际影响的情况，对共同犯罪形式样本的量刑与非共同犯罪形式样本的量刑进行均值比较，结果表明，虽然两类样本量刑的最小值与最大值一致，即分别为 6 个月和 180 个月，但均值与中值均存在明显差别，共同犯罪的量刑均值是52个月，中值为39个月，而非共同犯罪的量刑均值为47个月，中值为36个月。显然，共同犯罪的量刑要重于非共同犯罪的量刑，两者的差距分别为5个月和4个月，差异性较为明显。

对于共同犯罪与非共同犯罪形成的量刑差异，一般情况下可以从两个方面进行解释：一是两种犯罪形式产生的犯罪结果存在差异。在共同犯罪的情况下，由于犯罪主体的复数性造成侵害方与被害方力量的悬殊，在压制反抗的力量大大增强的情况下，有可能实施更为严重的抢劫犯罪，而且也会产生更为严重的危害结果，如抢劫数额的提高、抢劫次数或抢劫人数的增加、伤害后果的加重等。二是两种犯罪形式本身就具有导致量刑差异的原因。共同犯罪能使犯罪力量得到极大增强，具有更大的人身危险性，而且犯罪人之间相互精神上的鼓励，更加提高了犯罪意志的坚定程度，从而表现出更深的主观恶性。为了合理说明两者之间存在的量刑差异，有必要对相关样本的犯罪情况进行详细分析，以便澄清到底是犯罪自身因素还是共犯形式本身导致的结果。

从具体犯罪结果方面，可以从共同犯罪与非共同犯罪分别造成的抢劫数额、抢劫次数、抢劫人数、伤害后果以及行为引起的法定刑幅度等方面进行比较。因抢劫数额、抢劫次数、抢劫人数都是体现为具体数字的连续性变量，可以通过计算各自均值的方式来比较大小，均值大的自然后果严重，反之则后果较小。而伤害后果和行为引起的法定刑幅度并不是以具体数字来表征的，为了比较两种行为方式所引起的上述后果的大小，仍然需要将其转换为数字的形式来比较。具体方式是将伤害后果的五种类型，即无后果、轻微伤、轻伤、重伤和死亡分别用0、1、2、3、4等数字来表示，将有期徒刑三年以上十年以下的法定刑幅度和有期徒刑十年以上的法定刑幅度分别用1和2表示，由于数字的大小分别体现着轻重不同的危害后果，这样就可以通过这些数字的均值来进行后果大小的比较。具体比较情况形成表3-1数据。

表 3-1　北京市基层法院共犯与非共犯样本的犯罪情况比较

变量名称	共犯类别	均值	频数	标准差	中值	最小值	最大值
抢劫数额	共犯	7711.5593	6160	32901.85674	900	0	701028
	非共犯	4048.1266	1588	38044.05209	423.5	0	1345764
	总计	6960.7163	7748	34048.69756	785	0	1345764
抢劫人数	共犯	1.8929	6160	3.00352	1	0	65
	非共犯	1.1089	1588	1.07094	1	0	15
	总计	1.7322	7748	2.73990	1	0	65
抢劫次数	共犯	1.6062	6160	2.04085	1	1	65
	非共犯	1.1751	1588	0.80065	1	1	12
	总计	1.5178	7748	1.86357	1	1	65
伤害后果	共犯	0.2523	6160	0.60037	0	0	4
	非共犯	0.3023	1588	0.56517	0	0	4
	总计	0.2625	7748	0.59363	0	0	4
法定刑幅度	共犯	1.2508	6160	0.43352	1	1	2
	非共犯	1.1555	1588	0.36253	1	1	2
	总计	1.2313	7748	0.42168	1	1	2

根据比较结果，共同犯罪的抢劫数额均值为 7712 元，大于非共同犯罪的抢劫数额均值 4048 元；共同犯罪的抢劫人数均值为 1.9 人，大于非共同犯罪的抢劫人数均值 1.1 人；共同犯罪的抢劫次数均值为 1.6 次，大于非共同犯罪的抢劫次数均值 1.2 次；共同犯罪的伤害后果比值为 0.25，小于非共同犯罪伤害后果的比值 0.30；共同犯罪的法定刑幅度比值为 1.3，大于非共同犯罪法定刑幅度的比值 1.2。可见，在抢劫数额、抢劫人数、抢劫次数、法定刑幅度方面，共同犯罪要高于非共同犯罪，仅伤害后果属于例外，即非共同犯罪引起的伤害后果重于共同犯罪引起的伤害后果。但从总体上看，共同犯罪的行为结果是重于非共同犯罪的行为结果的。既然两种行为方式引起的危害结果存在差异，那么它们在量刑上存在差别也就不足为奇了。

然而，两种行为结果的比较，只是解释了两种行为方式量刑结果存在差异的一个方面原因，并不能说明、也不能推翻两种犯罪形式本身就是导致量刑差异的原因。为此，比较两种犯罪方式在危害结果大致相同的情况下量刑结果是否一致。

为了使比较内容保持一致从而尽量减少其他因素对量刑的影响，研究时设计了如下变量条件：抢劫数额在 100 元至 1000 元之间，抢劫次数为 1，抢劫人数为 1，伤害后果为 0，完成状态为既遂，犯罪主体为男性成年人，无限制行为能力、累犯、自首、立功、从犯等情节，具有认罪态度，法定刑幅度为三年以上十年以下有期徒刑。然后在上述条件下对共同犯罪和非共同犯罪两组样本的量刑进行了单因素方差分析，结果表明［$F(1, 336)=0.007$，$p>0.1$］，两者之间不存在显著差异性。

为了进一步明确实际的量刑情况，经对两组样本进行量刑均值比较发现，在严格的限定范围内，共同犯罪的量刑均值为 47.3 个月，非共同犯罪的量刑均值为 47.4 个月，两者差距不足 0.1 个月，几乎可以忽略。

由此看来，共同犯罪行为方式本身并非影响量刑的因素，以此来解释有期徒刑量刑差异的理由完全可以排除。至于司法实践中存在的有期徒刑量刑差异，完全是由于共同犯罪造成犯罪结果的巨大变化而引发的，与共同犯罪的行为方式本身没有关系。

（二）转化犯对有期徒刑量刑的影响

《刑法》第 267 条第 2 款规定，携带凶器抢夺的，以抢劫罪定罪处罚。《刑法》第 269 条规定，犯盗窃、诈骗、抢夺罪，为窝藏赃物、抗拒抓捕或者毁灭罪证而当场使用暴力或者以暴力相威胁的，依照刑法第 263 条关于抢劫罪的规定定罪处罚。上述规定均属于法律拟制，在理论上被称为转化犯，也有学者将第二种情形称为事后抢劫或者准抢劫。[①] 显然，这种转

① 参见张明楷:《刑法学》(第 4 版)，法律出版社 2011 年版，第 853 页。

化形式的抢劫并非直接对被害人施加暴力或者胁迫，与直接进行暴力或胁迫的普通抢劫行为存在明显的差别。

在研究样本中，属于转化犯情形的个数为629，在7748个样本中只占8.1%，总体比例不高。同时，根据转化方式的不同，研究中将其区分为盗窃转化、诈骗转化、抢夺转化和携带凶器转化四种类型，它们各自的分布情况是：盗窃转化470个，诈骗转化22个、抢夺转化78个、携带凶器转化59个（详见表3-2）。

表3-2 北京市基层法院样本中转化犯分布

类别		频数	百分比 (%)	有效百分比 (%)	累积百分比 (%)
有效	盗窃转化	470	74.7	74.7	74.7
	诈骗转化	22	3.5	3.5	78.2
	抢夺转化	78	12.4	12.4	90.6
	携带凶器转化	59	9.4	9.4	100.0
	合计	629	100.0	100.0	—

对于转化犯的量刑情况，经统计发现，其量刑均值为50个月，中值为42个月，众数为36个月，最小值为6个月，最大值为180个月，涵盖整个有期徒刑范围。但总体而言，转化犯的量刑呈现出相对集中的趋势，在有期徒刑三年以下量刑的比例为20.3%，在有期徒刑十年以上量刑的比例为8.9%，其余70.8%均处于有期徒刑三年以上十年以下的幅度内，而且在有期徒刑三年至五年的区间内，集中了62.7%的样本数量，集中化趋势非常明显。

从转化犯的量刑情况来看，其一般被判处的刑期在有期徒刑四年左右，且在十年以上有期徒刑量刑的比例较少，因而总体上较为轻缓。这可能与转化犯的抢劫行为方式存在密切关系。首先，在携带凶器抢夺的情况下，因其并未实际使用凶器，其对被害人人身权的侵害要比实际使用凶器的抢劫要轻得多；其次，在盗窃、诈骗、抢夺转化的情况下，因实施暴力的故意并非产生于抢劫行为之前，即并非预谋抢劫，因而主观恶性程度要低于预谋抢劫犯的主观恶意。既然如此，那么转化犯是否影响量刑？这便需要进行相关性检验。对转化犯与主刑时长的相关性检验表明（$r=0.008$，$p>0.1$），转化犯对量刑没有显著相关关系。这就出现了转化犯行为特点与实际量刑相互冲突的现象。

对于其中的原因，考虑到转化犯与非转化犯量刑均值都是 50 个月，没有明显的差异性。而造成两者量刑均值基本一致的原因是多方面的，实际上，由于转化犯样本在整个样本中的比例不高，其中影响量刑的因素也就相对较少，以如此较低比例的样本与整个样本进行比较，很可能出现因影响因素不一致导致比较结果上的偏差。因而，要想真正实现科学的比较，必须将其限定在相同的条件内。为此，与比较共同犯罪的相关性一样，研究中也对转化犯的比较进行了严格的范围限定。限定条件是：抢劫数额 5000 元以内，抢劫次数为 1，抢劫人数为 1，伤害后果为 0，完成状态为既遂，犯罪主体为男性成年人，无限制行为能力、累犯、自首、立功、从犯等情节，具有认罪态度，法定刑幅度为有期徒刑三年以上十年以下。单因素方差分析结果为：[$F(1, 730)=12.505$，$p<0.001$]，转化犯对量刑具有显著相关性。这便得出了与共同犯罪检验完全相反的结果，从而也说明了转化犯行为本身就具有对量刑结果的影响力。

为了进一步印证单因素方差分析的结果，相同条件下转化犯与非转化犯量刑均值的比较结果为，转化犯的量刑均值为 42 个月，普通抢劫的量刑均值为 48 个月，两者相差 6 个月，即半年的刑期。

与此同时，不同的转化犯类型也存在不同的行为表现，对于不同类型的转化形式也有必要进行比较。首先进行了单因素方差分析，结果表明［$F(3, 625)=7.256$，$p<0.001$］，不同转化犯类型的量刑存在显著差

异。这种差异在量刑均值上表现为：携带凶器抢夺的均值最低，为 37 个月，其次是抢夺转化，均值为 42 个月，再其次是盗窃转化，均值为 62 个月，最高的是诈骗转化，均值为 62 个月（具体见表 3–3）。

表 3–3 北京市基层法院不同转化犯类型的量刑比较

主刑时长（月）

转化犯类别	频数	均值	中值	最小值	最大值	全距	标准差
盗窃转化	470	51.9404	42	6	180	174	33.53757
诈骗转化	22	62.1818	60	36	156	120	26.48204
抢夺转化	78	41.1538	36	6	132	126	20.01368
携带凶器转化	59	36.9661	36	6	132	126	23.11214
总计	629	49.5564	42	6	180	174	31.54981

（三）数罪对有期徒刑量刑的影响

数罪是指犯罪数量超过一个的情况，它与数次犯罪的区别在于，数罪是数个不同性质的行为，而数次犯罪是数个相同性质的行为。刑法将多次抢劫规定为提高抢劫罪法定刑幅度的情形之一，而且上述实证研究也表明，抢劫次数对量刑存在显著影响。同样是行为数量的变化，那么在数罪的情况下也需要研究其对实际量刑是否产生影响。但需要说明的是，这里的数罪必须是在同一判决中认定的数罪，如果是不同判决中的数罪，只能将之前判决认定的犯罪情况看作犯罪前科，而不能视作数罪。因为本书中是将数罪作为行为因素来看待的，既然是行为因素，数罪其实表现的是行为的异质性情况，这种情况只有在同一判决中进行统一衡量才会对量刑产生实际意义。

在全部样本中，共发现 878 个数罪的样本，所占百分比为 11.3%，略高于转化犯的比例，但总体数量并不多。而且在实际样本统计中发现，所有数罪的样本均涉及两个罪名，即数罪实际上就是指两罪。除了所犯抢劫罪以外，对于其涉及的另一个罪名，因分布范围较广，有的与本罪名有关联，如在抢劫过程中又对被害人实施强奸的，而有的罪名与本罪没有任何关系，所以没有对涉及的另一罪名及犯罪情况进行统计。

经过对数罪样本中抢劫罪量刑情况的描述统计，其量刑均值为 74 个月，中值为 60 个月，众数刑期为 48 个月，最小值为 6 个月，最大值为 180 个月，全距范围达 174 个月，涵盖了整个有期徒刑刑期范围，分布的幅度较大。具体在各个区间的分布上，在有期徒刑三年以下的样本比例为 18.2%，在每一年度区间的分布比例为 3.9%、8.3%、6.0%；在有期徒刑十年以上的样本比例为 27.3%，在每一年度区间的分布比例为 7.4%、5.5%、6.3%、5.0%、3.1%；其余 54.5% 的样本位于有期徒刑三年以上十年以下的幅度内，每一年度区间样本比例分别为 14.6%、13.2%、8.4%、6.8%、5.3%、3.3%、2.9%，形成依次递减的趋势，但具体刑期较为分散。为了直观展示数罪量刑的刑期分布情况，下面采用图 3-1 进行描述。

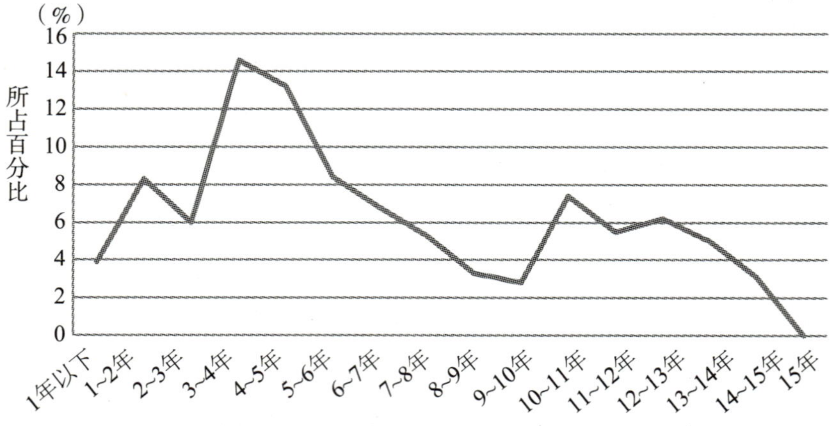

图 3-1 北京市基层法院数罪量刑刑期分布示意

根据图 3-1 所示的情况，数罪样本中的抢劫罪量刑刑期分布虽然较为分散，但在有期徒刑三年至四年区间形成了明显的波峰，所占比例较高，然后分别向两侧逐渐降低。这说明，数罪量刑在总体上并不重，且其较广的分布范围表明其在量刑中受到较多的因素影响。

在数罪的情况下，虽然在理论上能够找到量刑较重的理由，但在实际量刑中是否确实存在这种影响，需要通过相关性检验。检验结果表明（r=0.187，p<0.001），数罪与量刑具有显著相关关系。同样为了进一步说明两者的相关性情况，将数罪量刑的情况和非数罪量刑情况进行均值比较发现，数罪中单独抢劫罪量刑的均值为 74 个月，而非数罪抢劫罪量刑的均值为 48 个月，两者相差 26 个月，差异性相当明显。对于两者之间如此大的量刑差异，可从以下两个方面进行解释：

首先，实施数罪犯罪人的主观恶性较深。与实施多次抢劫行为的情况一样，实施数罪的犯罪人往往具有更大的主观恶性程度，他们有的在实施抢劫行为以前还实施了其他性质的犯罪行为，也有的在实施了抢劫犯罪之后又实施了其他性质的犯罪，但不管是在之前还是在之后实施的其他性质的犯罪，均表明犯罪人具有较强的反社会倾向，在同一判决中进行量刑评价时，这种较强的恶性表现便可得到充分体现。而且，犯罪人的这种连续实施犯罪行为的倾向特点还同样会表现在抢劫行为的次数上。经过对抢劫次数与是否数罪的相关性检验表明（r=0.108，p<0.001），两者具有显著的相关关系，即在实施数罪的情况下，抢劫次数增加的几率也会提高。

其次，实施数罪行为的社会危害性较大。既然犯罪人具有较深的主观恶性程度，那么它必然会体现在具体的犯罪行为中，从而表现出更大的社会危害后果。为了对此进行更有说服力的说明，将是否数罪与抢劫数额、抢劫人数和伤害后果等最能表征危害后果程度的三个变量进行相关性检验，即将抢劫数额、抢劫人数、伤害后果三个变量与是否数罪的变量一同输入到软件相关性列表中，检验结果的 r 值分别是 −0.124、−0.125 和 −0.024，p 值分别是小于 0.001、小于 0.001 和小于 0.01，这说明在数罪为“否”的情况下，抢劫数额、抢劫人数和伤害后果出现显著性减少或显著性降低，即在数罪的情况下，上述三个变量呈现显著性提高趋势。这也正说明了数罪更容易造成较大的社会危害性后果。

由此看来，数罪样本的罪行程度明显大于非数罪样本的罪行程度，即数罪样本的较高量刑均值可能是由于数罪因素以外的较大罪行程度引起的。所以，为了考察单纯的数罪因素能否影响量刑，应当在相同条件下对比数罪样本与非数罪样本的量刑情况。为此，研究中将统计条件限定为：抢劫数额 1 元至 5000 元，抢劫 1 次，抢劫 1 人，伤害后果为轻微伤。在此样本范围内的均值统计结果是，数罪样本抢劫罪的量刑均值为 56 个月，非数罪样本抢劫罪的量刑均值为 44 个月，差距仍达 11 个月。而且，单因素方差分析的结果也表明［$F(1, 500)=7.222$，$p<0.01$］，数罪对有期徒刑量刑仍然具有显著性影响。可见，单纯的数罪因素与抢劫次数一样，均与有期徒刑量刑具有显著相关性。即在数罪情况下，对其中一罪的量刑也明显重于单独一罪的量刑。

（四）作案时间对有期徒刑量刑的影响

每一个抢劫行为都是在特定时间内发生的，不同的作案时间可能会对同样的犯罪行为产生不同的评价。例如，白天作案被发现的可能性大，被害人得到救助的机会大，犯罪成功的概率相对小；而黑夜作案则相反，被发现的概率相对小，得到救助的概率也小，而犯罪成功的概率相对大，给被害人造成的不安全感更明显，这就表明夜晚作案的社会危害性更大。从另一个角度来看，有时白天作案表明行为人明火执仗，黑夜作案表明行为人有所顾忌，否定评价也就因此对白天作案递增，夜晚作案递减，这就表明白天作案的犯罪人主观恶性更大。可见，作为犯罪行为发生范围的作案时间对于犯罪的危害性评价具有重要意义，进而可能会对实际的量刑结果产生影响。

对于作案时间的分析，可以根据不同标准进行，如是否在节假日期间作案、是否在“严打”期间作案、是否在犯罪高峰时期作案等。这些时间标准都能在一定程度上体现出不同社会危害性的大小，因而可能产生量刑价值。考虑到上述标准不具有普遍性意义，即真正在上述时间内实施的抢劫行为仅占较小比例，大部分的抢劫行为是在普通时间发生的。本研究的目的在于其对实际量刑的现实意义，应该更关注于大部分的抢劫行为。因而以白天、夜晚作为时间变化标准，将每个行为都统计到一定的时间段内，从而使行为的时间因素更具有普遍性价值。

经过统计，白天（6时至18时）作案的样本有1751个，所占百分比为22.6%，夜晚（18时至次日6时）作案的样本有5688个，所占百分比为73.4%，另有309个样本的作案时间均涉及白天和夜晚，这是指多次抢劫的情形，有的是在白天实施的，有的是在夜晚实施的，这类样本数量相对较少，仅占4.0%。所以，根据样本的统计情况，主要应当将研究重心放在白天作案的样本和夜晚作案的样本比较上，而白天、夜晚兼具的样本在时间上不具有区分意义，也就无法显现其对量刑具有怎样程度的影响。但不可否认，白天夜晚兼具的样本虽不具有时间区分意义，但其可能因不在乎白天还是夜晚实施抢劫行为，体现出行为人更深的主观恶性，也有必要将其单独进行考察。

根据前文所述，不同的作案时间可能与犯罪完成程度存在密切联系，即白天容易被发现，而夜晚更容易逃脱。为了验证这一假设，经过对作案时间和犯罪停止形态进行交叉统计，发现在1751个白天作案的样本中，犯罪既遂的样本数量为1534个，所占百分比为87.6%；在5688个夜晚作案的样本中，犯罪既遂的样本数量为3412个，所占百分比为60.0%；在309个白天夜晚均有作案的样本中，犯罪既遂的样本数量为292个，所占百分比为94.5%。卡方检验的结果表明（χ^2=760.055，df=6，p<0.001），不同作案时间样本在犯罪停止形态上存在显著性差异。即白天夜晚均有样

本的犯罪既遂率最高，其次是白天作案的样本，而夜晚作案的样本犯罪既遂率最低。

从以上统计情况来看，显然实际的犯罪完成情况与预想的结果完全相反，即白天作案的更有可能实现既遂，而夜晚作案的更有可能处于未完成状态。

对三类样本的量刑统计结果表明，白天作案的量刑均值为 61 个月，中值为 48 个月，夜晚作案的量刑均值为 46 个月，中值为 36 个月，白天夜晚兼有的量刑均值为 92 个月，中值为 84 个月，三类样本量刑的最小值均为 6 个月，最大值均为 180 个月，全距均为 174 个月。

既然三类样本的刑期分布均遍及整个有期徒刑范围，为了对各自量刑的分布情况进行比较，研究时分别从有期徒刑一年以下、一年以上二年以下直至有期徒刑十五年，在每一年度内的样本比例进行了统计。其中白天作案的量刑分布结果是：7.0%、10.1%、8.0%、21.4%、13.8%、9.0%、5.0%、3.3%、2.3%、1.4%、5.3%、4.4%、3.7%、3.0%、1.8%、0.5%。夜晚作案的量刑分布结果是：29.5%、11.3%、5.5%、14.5%、10.6%、6.8%、4.0%、2.7%、1.8%、0.6%、3.6%、3.2%、2.6%、2.1%、0.9%、0.3%。白天夜晚均有的量刑分布结果是：1.0%、6.8%、4.5%、12.0%、9.4%、6.8%、6.5%、6.1%、2.9%、3.6%、8.4%、7.4%、5.8%、6.8%、9.1%、2.9%。根据分布情况不难发现，夜晚作案的量刑比例呈现出轻刑高、重刑低的特点，即较高比例的样本判处刑罚较轻，而在较重的刑期分布的样本较少；白天夜晚均有作案的量刑则与之相反，即判处轻刑的样本较少，而判处较重刑期的样本较多；白天作案的量刑处于上述两种类型之间，但与夜晚作案的量刑相比，则是轻刑的样本少，重刑的样本多。这种分布情况恰好与三类样本的量刑均值比较的结果相一致，即白天夜晚均有作案的量刑最重，其次是白天作案的量刑重于夜晚作案的量刑。具体情况可通过图 3-2 进行直观展示。

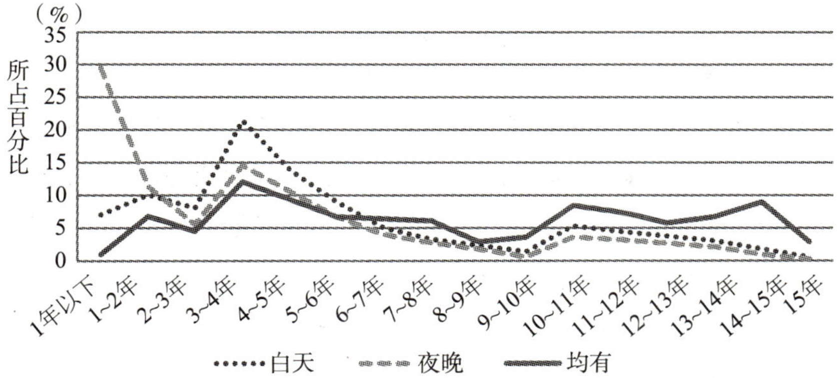

图 3-2　北京市基层法院不同作案时间样本的量刑分布

通过以上对三类样本量刑情况的分析，不难发现在不同时间实施的抢劫犯罪的量刑存在明显差异。为了进一步验证这一通过观察得出的结果，对其进行单因素方差分析，分析结果表明［$F(2, 7745)=220.420$，$p<0.001$］，不同时间段内实施的抢劫行为在量刑上具有显著性差异。

由于白天、夜晚和白天夜晚均有作案的样本属于按照统一标准划分的三种类型样本，为了使三者之间能够分别进行两两比较，又对它们之间存在的量刑差异情况进行了多重比较，即白天、夜晚和白天夜晚均有的样本之间分别进行比较，比较结果表明白天、夜晚和白天夜晚均有的样本相互之间在量刑上均存在显著性差异。

既然不同作案时间样本的犯罪完成情况存在显著差异，上述分析的量刑差异可能是不同犯罪完成形态影响的结果。而只有在同一犯罪完成形态下的分析结论才能体现出不同作案时间对量刑结果的影响情况。为此，在犯罪既遂形态下对白天和夜晚作案样本的量刑情况分别进行了统计，结果为：白天作案样本的量刑均值为 64 个月，夜晚作案样本的量刑均值为 65 个月，单因素分析结果表明［$F(1, 4944)=0.759$，$p>0.1$］，即不同作案时间样本的量刑不具有显著性差异。即在相同情形下，白天或者夜晚作案对有期徒刑量刑不具有显著影响力。

（五）被害人性别对有期徒刑量刑的影响

虽然不同个体的身体条件和心理素质存在较大差异，但总体而言，男性与女性相比具有更加强壮的身体条件和更大的自卫能力，以及更加从容的处变应对能力，因而面对抢劫行为时，男性的反抗程度要大于女性，所以从实施抢劫行为的难易程度来看，抢劫女性要比抢劫男性更易于成功。与此同时，在情绪控制方面，女性对外界事物的变化更为敏感，容易产生更大的情绪波动和精神伤害，因而从这一角度来看，以女性作为抢劫对象的危害后果要大于对男性的抢劫。总之，选择不同性别的行为对象实施抢劫，能够反映出不同差别的社会危害程度。

在样本统计过程中，发现有的犯罪人专门以女性作为抢劫目标，有的则以男性作为抢劫目标，也有的不加区别随机进行抢劫，还有的不能从判决书中识别出是男性还是女性。为此，研究时对四种情况均分别进行了统计，具体情况是：以男性为被害人的样本共3236个，所占百分比为41.8%，以女性为被害人的样本共2147个，所占百分比为27.7%，被害人男女性均有的样本共830个，所占百分比为10.7%，被害人性别不明的样本共1535个，所占百分比为19.8%。由于被害人的性别不明确，所以无法对其量刑情况进行比较，体现不出这一类型对量刑的影响价值，所以只能对前三类情况的量刑进行研究。

统计发现，被害人为男性的量刑均值为58个月，中值为48个月，被害人为女性的量刑均值为54个月，中值为42个月，被害人男女性别均有的量刑均值为87个月，中值为72个月。三个类型的全距均为174个月，分布范围较广。但从峰度与偏度等体现出来的离散程度来看，被害人为女性的量刑集中趋势要高于以男性为被害人的量刑情况，而被害人男女性均有的量刑离散度最大，集中趋势最不明显。

为使三种类型样本量刑分布情况充分显现，同样对它们在有期徒刑每一年度区间内的样本分布情况进行了统计。其中，男性被害人样本的量刑分布比例依次是：7.0%、11.1%、8.0%、21.8%、14.7%、8.9%、5.0%、3.7%、2.4%、1.4%、4.9%、4.0%、3.4%、2.3%、1.0%、0.4%；女性被害人样本的量刑分布比例依次是：13.8%、11.0%、6.6%、19.3%、13.9%、9.3%、5.5%、2.9%、1.6%、0.8%、4.2%、4.1%、2.8%、2.5%、1.5%、0.2%；男女性被害人均有样本的量刑分布比例依次是：2.3%、6.4%、5.8%、11.3%、10.2%、9.2%、6.0%、5.5%、4.1%、1.2%、9.1%、7.0%、7.5%、7.0%、5.6%、1.8%。从具体数据统计情况来看，在三年以下有期徒刑幅度内，女性被害人的样本比例最高，其次是男性被害人的样本，最少的是男女被害人均有的样本；在三年以上十年以下有期徒刑幅度内，男性被害人的样本最多，其次是女性被害人的样本，最少的是男女被害人均有的样本；在十年以上有期徒刑幅度内，男女性被害人均有的样本最多，而男性被害人和女性被害人的样本差别不大（具体参见图 3-3）。

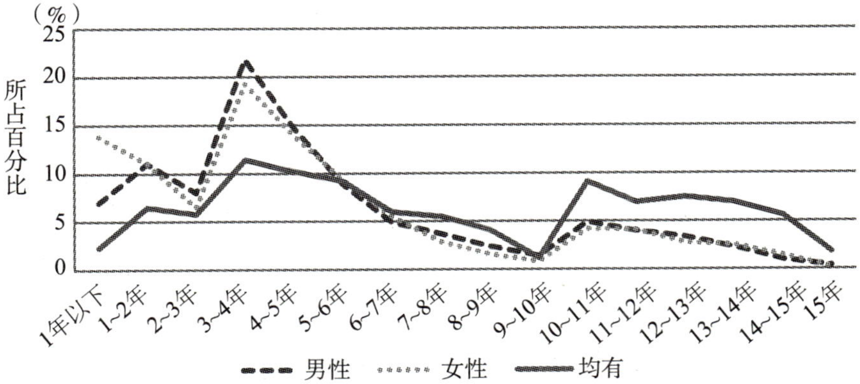

图 3-3　北京市基层法院不同性别样本的量刑分布趋势

通过以上对三类样本量刑情况的分析，不难发现针对不同性别实施的抢劫犯罪在量刑上存在明显差异。为了进一步验证这一通过观察得出的结果，研究时对其进行了单因素方差分析，分析结果表明［$F(2, 6210)=177.884$，$p<0.001$］，针对不同性别实施的抢劫行为在量刑上具有显著性差

异。然而，就男性被害人与女性被害人两类样本来看，两者除在有期徒刑一年以下区间差异较大以外，在其他区间的分布情况基本相似，这说明单纯的性别因素在有期徒刑量刑中的差异不大。为此，在剔除掉犯罪未完成因素和年龄因素后，对两类样本的量刑情况重新进行了比较分析，单因素方差分析结果表明［F（1，3394）=1.109，p>0.1］，说明单纯的被害人性别因素对有期徒刑量刑不具有显著影响力。

二、法定行为因素与有期徒刑量刑

（一）入户抢劫对有期徒刑量刑的影响

“入户抢劫”是抢劫罪立法规定的加重处罚情形之一，最高人民法院《关于审理抢劫案件具体应用分类若干问题的解释》（法释〔2000〕35号）对何为“入户抢劫”作出明确规定，最高人民法院《关于审理抢劫、抢夺刑事案件适用法律若干问题的意见》（法发〔2005〕8号）又从“户”的范围、“入户”目的的非法性和暴力或者暴力胁迫行为必须发生在户内三个方面作了进一步明确。从上述规定来看，“入户抢劫”要求犯罪人在“入户”前即存在非法目的，因而具有更大的人身危险性；要求犯罪行为必须发生在户内，继而其抢劫行为同时侵害了住宅安全，因而具有更大的社会危害性。所以在这种情况下，立法要求必须加重处罚，即在有期徒刑十年以上刑罚幅度内量刑。

从统计情况来看，具有入户抢劫情形的样本数量为489个，所占百分比为6.3%。其量刑的均值为125个月，中值和众数刑期为132个月，最小值为12个月，最大值为180个月，峰度为0.724，偏度为−1.041，存在一定程度的集中化趋势。其从有期徒刑一年以下有期徒刑一年以上二年以下至有期徒刑十四年以上十五年以下、有期徒刑十五年的对应样本比例分别为0、0.4%、0.8%、2.0%、3.1%、3.1%、3.7%、3.1%、3.3%、1.8%、

22.3%、18.4%、14.7%、12.9%、8.4%、2.0%。为了进一步了解入户抢劫样本的具体刑期分布情况，笔者也对非入户抢劫样本的量刑进行了统计，其样本数量为7259个，量刑均值为46个月，中值为36个月，众数刑期为8个月，最小值为6个月，最大值为180个月，峰度为1.026，偏度为1.306，集中化趋势非常明显。其从有期徒刑一年以下、有期徒刑一年以上二年以下至有期徒刑十四年以上十五年以下、有期徒刑十五年的样本对应比例分别为24.9%、11.5%、6.4%、16.9%、11.8%、7.6%、4.3%、3.0%、1.8%、0.9%、3.0%、2.7%、2.3%、1.7%、0.9%、0.3%。具体分布情况可见图3-4。

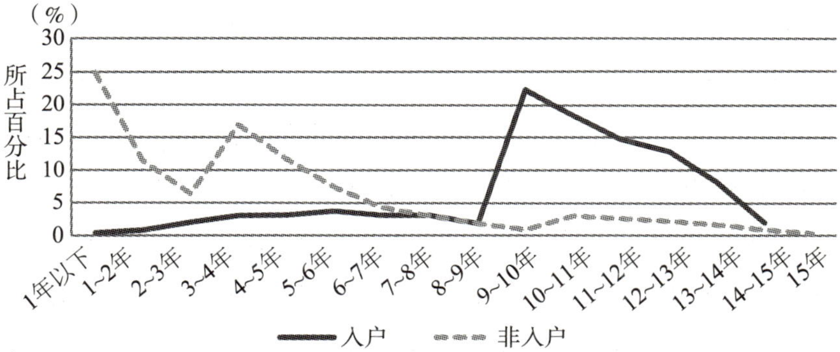

图3-4　北京市基层法院入户抢劫量刑分布趋势

从以上折线图来看，入户抢劫的量刑绝大部分在有期徒刑十年以上，所占比例达到了78.7%。与之相反，非入户抢劫的量刑则绝大部分在有期徒刑十年以下，所占比例达到了89.1%，在有期徒刑十年以上量刑的比例仅为10.9%。入户抢劫是属于应当在有期徒刑十年以上处罚的情形之一，因而入户抢劫的行为必然是影响有期徒刑量刑的重要因素。是否入户与有期徒刑量刑的相关性检验结果也表明（r=0.429，p<0.001），入户对有期徒刑量刑具有显著性影响。

既然入户抢劫是提高刑罚幅度的重要因素，该因素在理论上仅具有决定刑罚幅度的功能，不应该再对提高幅度后的量刑再次产生影响，否则就是重复评价。为了验证量刑实践中是否存在重复评价的现象，研究时对在有期徒刑十年以上幅度内量刑的抢劫样本进行了相关性分析，检验结果表明（r=0.005，p>0.1），发现是否入户与有期徒刑量刑不具有显著性差异，入户抢劫对有期徒刑十年以上的量刑不具有显著相关性。从而表明，入户抢劫情形在量刑实践中没有出现重复评价的问题。

（二）在公共交通工具上抢劫对有期徒刑量刑的影响

在公共交通工具上抢劫可能危及不特定多数人的人身财产安全，即抢劫行为不只是对被害人人身权和财产权的侵害，而且所侵害的对象具有不特定的多数性，使犯罪行为的危害性增大，从而成为加重处罚的情形之一。根据法释〔2000〕35号和法发〔2005〕8号司法解释的规定，该情形所指的交通工具必须具有公共性和营运性，即交通工具为不特定多数人提供搭乘和运输服务，且必须正在从事运营活动之中。

根据样本统计，属于在公共交通工具上抢劫的样本共有11个，其量刑均值是92个月，中值是108个月，众数刑期是72个月，最小值是7个月，最大值是156个月，峰度是−0.177，偏度是−0.609。

在公共交通工具上抢劫的11个样本中，减轻处罚的样本数量为6个，仅有5个样本保持在有期徒刑十年以上量刑。但根据统计相关性检验结果（r=0.034，p<0.05），是否在公共交通工具上抢劫在有期徒刑量刑上具有显著性差异，即在公共交通工具上抢劫导致量刑偏重。

同样，在公共交通工具上抢劫属于在有期徒刑十年以上处罚的情形之一，为了验证该情形对在有期徒刑十年以上幅度内的量刑是否产生再次影响，笔者对在有期徒刑十年以上幅度内量刑的抢劫样本进行了相关性分析，检验结果表明（r=0.046，p>0.1），发现在公共交通工具上抢劫对于有期徒刑十年以上的量刑不具有显著性影响。从而表明，该情形在量刑实践中也没有出现重复评价的问题。

（三）冒充军警人员抢劫对有期徒刑量刑的影响

冒充军警人员抢劫是冒充军人、警察进行抢劫的情形，这种行为加重了对被害人的精神强制，并且严重损害了军警人员的声誉形象，社会危害性大于一般犯罪主体实施的抢劫行为，[①] 因而具有加重处罚的必要，成为抢劫罪立法中法定刑幅度升级的情形之一。

根据统计，属于冒充军警人员抢劫的样本数量是 56 个，其量刑均值是 112 个月，中值是 126 个月，众数刑期是 144 个月，最小值是 12 个月，最大值是 168 个月，峰度是 0.113，偏度是 −1.086，集中化趋势不明显。具体来说，有 28.6% 的样本在有期徒刑十年以下量刑，处予有期徒刑十年以上的样本比例为 71.4%。从统计相关性检验结果来看（r=0.116，p<0.001），是否冒充军警人员抢劫在有期徒刑量刑上存在显著性差异，冒充军警人员抢劫的量刑偏重。

由于冒充军警人员抢劫也是决定在有期徒刑十年以上幅度内处罚的情形之一，为了验证该因素是否在量刑实践中存在重复评价的问题，研究时在有期徒刑十年以上量刑的样本范围内进行了是否冒充军警人员和有期徒刑量刑的相关性检验，检验结果表明（r=−0.060，p<0.05），冒充军警人员抢劫对有期徒刑量刑具有显著相关性，但呈现出来的是负相关，即冒充军警人员抢劫导致量刑偏轻。这显然不符合该行为因素的量刑影响特点，说明非冒充军警人员抢劫样本中存在其他更多影响危害性程度的因素。为了验证这一猜测，经对冒充军警与非冒充军警两种样本的犯罪情况进行分析发现，冒充军警抢劫仅存在轻微伤和无后果的情况，而非冒充军警抢劫则导致了轻伤、重伤、死亡的严重后果，且冒充军警抢劫样本的抢劫次数和抢劫数额均值均明显小于非冒充军警抢劫样本的抢劫次数、抢劫数额均

① 参见金泽刚、张正新:《抢劫罪详论》，知识产权出版社 2013 年版，第 375 页。

值。这表明，非冒充军警抢劫的样本存在更多的较重影响因素。这同时也说明，冒充军警人员抢劫的情形并没有导致量刑偏重，因而也不存在重复评价的问题。

（四）持枪抢劫对有期徒刑量刑的影响

持枪抢劫不只是对被害人的生命安全构成重大威胁，而且持枪行为本身是一种违反枪支管理规定的犯罪行为，因而其与入户抢劫一样，作为加重犯，持枪行为和入户行为本身就已涉嫌犯罪，从而表现出更大的社会危害性，理应受到更重的刑罚惩罚。

根据统计情况，持枪抢劫的样本数量是 55 个，其量刑均值是 139 个月，中值和众数刑期均是 144 个月，最小值是 36 个月，最大值是 180 个月，峰度是 3.062，偏度是 −1.596，形成了一定的集中化趋势。具体来说，持枪抢劫的量刑基本上分布于有期徒刑十年以上的刑罚幅度内，仅有 10.9% 的样本在有期徒刑十年以下的区间内量刑，表明此种情形在量刑实践中处罚较重，较少给予减轻处罚。从持枪抢劫与有期徒刑量刑的相关性检验结果来看（r=0.166，p<0.001），持枪抢劫对有期徒刑量刑具有显著性影响，在持枪抢劫的情况下，量刑明显偏重。

由于持枪抢劫也是决定在有期徒刑十年以上幅度内处罚的情形之一，为了验证该因素是否在量刑实践中存在重复评价的问题，研究时在有期徒刑十年以上量刑的样本范围内进行了是否持枪抢劫和有期徒刑量刑的相关性检验，检验结果表明（r=0.098，p<0.05），持枪抢劫对有期徒刑量刑具有显著相关性，即在持枪抢劫的情况下量刑依然偏重。考虑到在这一范围内除了持枪抢劫还可能存在其他加重处罚的情形，这种情况下因其他加重处罚情形而选择在有期徒刑十年以上幅度内量刑，此时对持枪情形再次加重处罚仍然不属于重复评价，因为只评价了一次。为了防止此种情形的存在，在控制了其他可能存在加重处

罚情形的样本范围内，[①]再次对持枪抢劫和有期徒刑量刑的相关性进行了分析，结果表明（r=0.165，p<0.001），持枪抢劫对量刑仍然具有显著相关关系，说明该情形的存在依然导致量刑偏重，即出现重复性评价的问题。

第二节　量刑情节与有期徒刑量刑

刑法中影响量刑的情节较多，既有法定情节又有酌定情节，为了使研究更有针对性，本书在研究过程中只选取了统计样本中出现较多的量刑情节，主要包括作为法定量刑情节的累犯、自首、立功、从犯、限制行为能力、犯罪停止形态和作为酌定量刑情节的前科劣迹、坦白、认罪、退赃、赔偿、被害人谅解等。

一、法定量刑情节与有期徒刑量刑

（一）前科劣迹[②]与累犯对有期徒刑量刑的影响

累犯是反映犯罪人人身危险性程度的重要因素，是刑法中主要且为数不多的体现从重处罚的法定量刑情节，在具体量刑过程中，法官可以根据前科、累犯等情况预测犯罪人再犯可能性大小，从而使判决结果能够更好地发挥刑罚所具有的犯罪预防功能。其中，劣迹一般是指曾经受到过行政处罚的情况，如行政拘留、罚款、劳动教养、强制戒毒等，虽然不属于严格意义上的前科，但由于其反映了犯罪人具有一定程度的蔑视社会秩序人格倾向，规范意识较差，容易做出失范的行为，因而也对实际量刑具有参

---

① 控制的变量分别为抢劫致人重伤死亡、多次抢劫、抢劫数额巨大、冒充军警人员抢劫、在公共交通工具上抢劫和入户抢劫。

② 前科劣迹属于酌定量刑情节，但为了研究方便，故将其放在法定量刑情节中与累犯一并研究。

考价值。前科就是曾经受到犯罪处罚的情况，犯罪人在受到刑罚处罚后仍然不思悔改而再次实施犯罪，表明其具有较强的反社会和违法倾向，具有一定程度的再犯可能性。累犯是刑法规定被判处有期徒刑以上刑罚的犯罪分子，在刑罚执行完毕或者赦免以后五年以内再犯应当判处有期徒刑以上刑罚之罪的情况，它其实是前科中的一种类型，属于严格限定条件的特殊前科，体现了更大程度的人身危险性。因而，从劣迹、一般前科到累犯体现出了由低到高的人身危险程度差别。

经对上述几种情形进行样本统计发现，有劣迹的样本数量为 298 个，所占比例为 3.8%；一般前科的样本数量为 357 个，所占比例为 4.6%；累犯的样本数量为 522 个，所占比例为 6.7%。综上所述，具有前科劣迹的样本总数量为 1177 个，所占比例为 15.2%。同时，为了对前科类型作进一步区分，将前科所涉罪名是否与抢劫罪一致进行了统计，其中一般前科中前罪是非抢劫罪的有 246 个，占一般前科总数的 3.2%，是抢劫罪的样本有 111 个，占一般前科总数的 1.4%；累犯前罪中是非抢劫罪的有 345 个，占累犯总数的 4.5%，是抢劫罪的样本有 177 个，占累犯总数的 2.3%（详见图 3-5）。

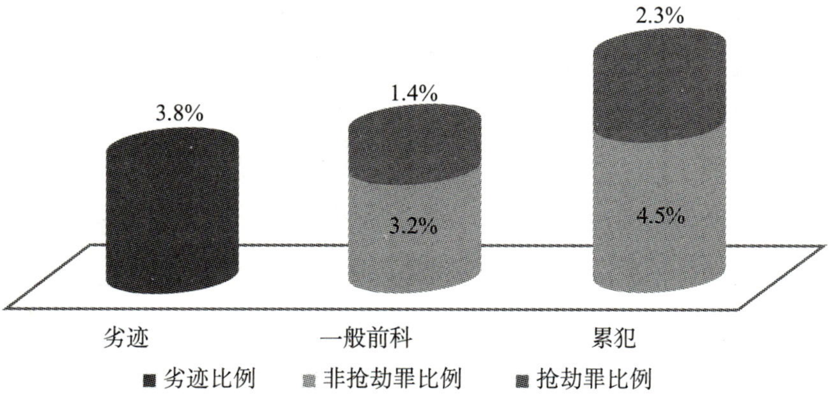

图 3-5 北京市基层法院前科劣迹类型分布示意

从前科劣迹样本的整体量刑情况来看，其量刑均值为 76 个月，中值为 60 个月，众数刑期为 48 个月，量刑刑期分布范围较广，从最小值的 6 个月到最大值的 180 个月，全距长达 174 个月，所判刑期相对较重。从刑期在各个刑罚幅度的分布比例来看，处有期徒刑三年以下的样本比例为 16.7%，处三年以上十年以下有期徒刑的比例为 56.05，处有期徒刑十年以上的比例为 27.3%，总体峰度为 −0.909，偏度为 0.592，没有形成较为明显的集中趋势。

一般来说，前科劣迹是犯罪人人身危险性增大的表现，在量刑时理应受到更重的处罚，因而其与量刑具有相关关系，实际的统计相关性检验结果也表明（r=0.233，p<0.001），前科劣迹对量刑具有显著性影响。然而，由于前科劣迹的类型不同，其自身反映出来的人身危险性大小存在较大差异，如累犯的人身危险性显然要大于一般前科的犯罪人，而一般前科的犯罪人人身危险性要比具有劣迹的犯罪人人身危险性明显要大。为了了解不同类型前科劣迹与量刑的相关关系，经相关性检验结果发现，劣迹、一般前科与累犯与量刑之间检验的 r 值分别是 0.038、0.109 和 0.213，p 值分别是小于 0.01、小于 0.001 和小于 0.001，也即三者都与量刑具有显著相关性，但在相关性程度上呈现出由小到大的趋势。

为了直观显示前科劣迹与量刑之间的关系，对它们的均值情况进行比较，详见表 3–4 的数据。

表 3–4 北京市基层法院不同前科劣迹类型的量刑比较

主刑时长（月）

前科劣迹	频数	均值	标准差	最小值	最大值	方差
无前科劣迹	6571	46.39	43.086	6	180	1856.438
劣迹	298	59.47	42.929	6	180	1842.903
一般前科	357	73.22	48.577	6	180	2359.716
累犯	522	86.57	47.958	8	180	2300.008
总计	7748	50.84	45.132	6	180	2036.891

显然，没有前科劣迹情况下的量刑均值最低，为46个月，其次是有劣迹犯罪人的量刑均值为59个月，然后是一般前科犯罪人的量刑均值为73个月，最重的是累犯的量刑均值为87个月，呈现出明显的由低到高趋势。

（二）自首与立功对有期徒刑量刑的影响

自首与立功是体现从宽处罚的量刑情节，在司法实践中较为常见。自首是指犯罪分子犯罪后自动投案，如实供述犯罪事实的情形，表明犯罪分子愿意接受法律惩罚，放弃与法律对抗，体现出人身危险性程度的降低，从而也使司法机关节约了司法成本。立功是指犯罪分子揭发他人犯罪行为或者提供重要线索，从而得以侦破其他案件的情形，同样也节约了国家的司法成本，并且其积极协助司法机关破案，体现出维护法律秩序的积极态度，也在一定程度上表现出人身危险性的减小。总之，两种情节都有益于社会，并具有人身危险性减小的特点，在量刑意义上存在许多共性，因而可以对其适用情况一并研究。

自首与立功也是抢劫罪量刑中出现频数较高的情节，据统计，在7748个样本中，自首出现的频数为481个，所占百分比为6.1%；立功出现的频数为598，所占百分比为7.7%，两者相差不大。

从实际量刑情况来看，自首样本量刑的最小值是6个月，最大值是168个月，中值是36个月，众数刑期也是36个月。在刑期分布上，处予有期徒刑三年以下样本的比例是45.7%，三年以上十年以下有期徒刑样本的比例是46.2%，有期徒刑十年以上样本的比例是8.1%。可见，自首样本的量刑在有期徒刑三年左右的区间内形成了相对集中的趋势，判处有期徒刑四年以下（包括有期徒刑四年）的比例为69.2%，体现了较为轻缓的量刑特点。立功样本量刑的最小值是6个月，最大值是180个月，中值是48个月，众数刑期是36个月。在刑期分布上，处予有期徒刑三年以下样本的比例是32.3%，有期徒刑三年以上十年以下样本的比例是45.6%，有期徒刑十年以上样本的比例是22.1%。可见，立功样本的量刑要明显重于自首样本的量刑，且其最大值为有期徒刑的最高值，没有体现出立功情节的从宽功能。

针对自首、立功情节的样本在量刑上存在的上述特点，有必要对其与量刑是否存在相关性分别进行检验，其中，自首与量刑相关性的检验结果表明（$r=-0.038$，$p<0.01$），两者存在显著相关关系；立功与量刑的相关性检验结果表明（$r=0.077$，$p<0.001$），两者也存在显著的相关关系。但需要注意的是，虽然自首、立功均对量刑具有显著影响，但两者的影响方向完全相反，其中，自首对量刑具有正向影响作用，即自首情节对量刑产生从宽的影响力，符合自首情节的功能属性，而立功则对量刑产生了反向影响作用，即立功情节对量刑产生了从重的影响力，这不符合立功情节的从宽处罚功能特征。

为了进一步说明自首、立功分别与量刑的具体相关情况，研究中分别进行了量刑均值的比较，其结果是：自首样本的量刑均值是45个月，非自首样本的量刑均值是51个月，两者相差6个月，即自首情节平均减少半年的刑期；立功样本的量刑均值是63个月，非立功样本的量刑均值是50个月，两者相差13个月，即立功情节平均提高一年一个月的刑期。

上述相关性及量刑均值的比较结果说明，自首在量刑实践中发挥了正常的从宽处罚功能，而立功情节不但没有产生从宽功能，相反却提高了量刑结果，属于极不正常的现象，需要对立功情节的样本进一步研究。

一方面，研究时比较了立功情节样本与非立功情节样本的犯罪结果情况，因抢劫数额、抢劫次数、抢劫人数都是以具体数字表示的连续性变量，可以通过比较均值的方式来考察两个样本类型的犯罪结果大小。结果表明，立功样本的抢劫数额、抢劫次数与抢劫人数均明显高于非立功样本的情况（见表 3-5）。从伤害后果上，立功样本的重伤以上结果频数为 11，所占百分比为 1.8%；非立功样本的重伤以上结果频数为 72，所占百分比为 1.0%。可见，从以上主要反映危害结果的变量比较情况来看，立功样本的犯罪危害性远远大于非立功样本的犯罪危害性，量刑结果上的差异可能与此有很大关系。

表 3-5 北京市基层法院是否立功样本之间的犯罪情况对比

是否立功		抢劫数额	抢劫次数	抢劫人数
立功	均值	11791.43	2.36	3.03
	频数	598	598	598
	标准差	44191.125	3.774	5.088
非立功	均值	6558.09	1.45	1.62
	频数	7150	7150	7150
	标准差	33031.647	1.584	2.412
总计	均值	6962.01	1.52	1.73
	频数	7748	7748	7748
	标准差	34048.631	1.864	2.740

另一方面，为了进一步分析立功情节的量刑作用，有必要将检验样本限定在犯罪情形大致相同的范围内进行比较。因抢劫罪规定了有期徒刑十年以上和十年以下两个法定刑幅度，分别体现了不同的犯罪危害程度，所以有必要以法定刑幅度作为比较范围。首先将法定刑幅度在有期徒刑十年以下的样本情况进行比较，相关性检验结果表明（r=0.012，p>0.1），立功对量刑没有显著影响力。然后对法定刑幅度在有期徒刑十年以上的样本进行了比较，相关性检验结果表明（r=−0.066，p<0.05），立功对量刑产生了显著的正相关关系，即立功情节对量刑发挥了明显的从宽处罚功能。其量刑均值比较结果为，立功情节样本的量刑均值是 107 个月，非立功样本的量刑均值是 115 个月，相差 8 个月。

由此可见，立功情节在不同量刑样本中的功能存在差异，在法定刑较重的情况下，立功情节的从宽处罚功能才能明显显现出来。造成此种结果，推测可能与立功情节出现的样本范围和从宽幅度有关，即大多存在于法定刑较重的样本中，且从宽幅度较小，因而无法在全样本范围内显现出来。

（三）主犯与从犯对有期徒刑量刑的影响

在我国刑法中，按照共同犯罪中的犯罪人地位与作用的不同，分为主犯、从犯、胁从犯和教唆犯，这四种分类的主要目的在于公正量刑，以便保证对共同犯罪人判处罪刑相适应的刑罚。在实际量刑活动，主犯与从犯是最为常见的区分类型，而且实践中的胁从犯、教唆犯情形较少，因此在样本统计中也主要对主犯与从犯进行了区分和分析。

从样本统计情况来看，在7748个样本中，属于共同犯罪的样本有6160个，其中主犯5779个，从犯381个。统计数据显示，共同犯罪率在抢劫罪中所占比例较高，属于单独犯罪的仅占20.5%。而从主犯与从犯的区分情况来看，主犯的比例最高，占样本总数的74.6%，从犯比例最少，仅占4.9%。

既然区分主从犯的意义在于实行差别化的量刑，这便需要对二者在实践中的量刑情况进行相关性分析，以检验这种区分是否达到了预期目的。通过对主犯与从犯量刑相关性的检验结果表明（$r=-0.037$，$p<0.05$），从犯相较于主犯来说，对量刑具有显著影响力，即在从犯情节出现的情况下量刑刑期明显缩短。

从量刑情况来看，主刑的量刑均值为52个月，中值为42个月，众数为8个月。在量刑分布范围上，主刑量刑的最小值是6个月，最大值是180个月，涵盖整个有期徒刑刑期。在具体刑期分布上，处予有期徒刑一年以下的比例为24.9%，有期徒刑一年以上三年以下的比例为16.1%，有期徒刑三年以上五年以下的比例为 24.9%，有期徒刑五年以上七年以下的比例为 11.4%，有期徒刑七年以上十年以下的比例为 5.7%，有期徒刑十年以上十二年以下的比例为 8.4%，有期徒刑十二年以上十四年以下的比例为 6.4%，有期徒刑十四年以上至十五年的比例为 2.2%。从犯的量刑均值为 45 个月，中值和众数均为 36 个月，在量刑分布上，从犯量刑的最小值为 6 个月，最大值为 144 个月，略小于主刑的涵盖范围。在具体刑期分布上，处予有期徒刑一年以下的比例为 7.9%，有期徒刑一年以上三年以下的比例为 34.6%，有期徒刑三年以上五年以下的比例为 26.8%，有期徒刑五年以上七年以下的比例为 14.4%，有期徒刑七年以上十年以下的比例为 10.5%，有期徒刑十年以上十二年以下的比例为 3.4%，有期徒刑十二年以上的比例为 2.4%。为了对主犯和从犯的量刑分布趋势进行直观展示，下面用图 3-6 进行描述。

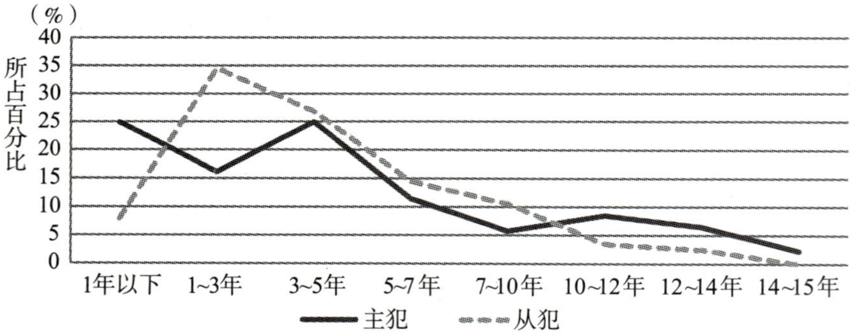

图 3-6 北京市基层法院主从犯量刑分布趋势

从图 3-6 情况来看，在一年以下有期徒刑区间，主犯的比例远高于从犯，在有期徒刑一年至三年的区间内，从犯的比例远高于主犯，直到有期徒刑十年的幅度内，从犯的比例仍然高于主犯，只有在有期徒刑十年以上的幅度内，主犯的比例才一直居于高位。从整体情况来看，主犯量刑在较低刑期和较高刑期都高于从犯，而从犯在中档刑期的分布比例上要高于主犯。

之所以出现上述情况，结合刑事审判实际情况，认为这可能与从犯认定大多出现于较重犯罪有关。因为犯罪本身较重，即使对部分犯罪人认定为从犯，并给予其从轻或减轻处罚，只是导致从犯的量刑低于本案中的其他共同犯罪人的量刑，并不表明低于所有抢劫犯罪案件中的主犯量刑。为了证实这种设想，对从犯样本的犯罪情况进行统计分析发现，在认定为从犯的381个样本中，法定刑幅度是有期徒刑十年以上的样本数量为141个，所占百分比为37.0%，而主犯样本中处于这一幅度的样本数量为1405个，所占百分比为24.3%，差距达12.7个百分点，在重罪比例上存在明显差异。这便证实了以上预测，即从犯情节大多出现于较重犯罪案件中，对从犯的量刑高于较轻犯罪主犯的量刑也是合理的。

（四）犯罪停止形态对有期徒刑量刑的影响

在刑法理论中，故意犯罪存在不同的停止形态，从而使犯罪行为处于或者完全或者不完全的状态。如果犯罪人在行为实施前而为了犯罪准备工具、制造条件，因意志以外的原因而被迫停止的，属于犯罪预备，对于预备犯，可以比照既遂犯从轻、减轻处罚或者免除处罚；如果犯罪人已经着手实行犯罪，由于意志以外的原因而未得逞的，是犯罪未遂，对于犯罪未遂，可以比照既遂犯从轻或者减轻处罚；而在犯罪过程中，犯罪分子自动放弃犯罪或者自动有效地防止犯罪结果发生的，是犯罪中止，对于犯罪中止，没有造成损害的，应当免除处罚，造成损害的，应当减轻处罚（在理论上，犯罪中止具有犯罪预备阶段的中止和犯罪实行阶段的中止两种情形）；如果犯罪行为齐备犯罪构成要件的是犯罪既遂状态，是犯罪行为的基本形态。

抢劫罪是一种典型的故意犯罪，也是不同犯罪停止形态存在较多的罪名之一。在样本统计中，犯罪预备的样本为1789个，所占百分比为23.1%，犯罪中止的样本为6个，所占百分比为0.1%，犯罪未遂的样本为

725个，所占百分比为9.2%。除此以外的5238个样本即为犯罪既遂，所占百分比为67.6%。可见，多数的抢劫罪构成犯罪既遂，仅有32.4%的犯罪人处于犯罪未完成状态，而在这其中，犯罪预备的数量相对较多，其次是犯罪未遂，数量最少的是犯罪中止。由于犯罪中止的数量太少，对其量刑情况所做的比较基本没有统计学上的意义，但基于对犯罪停止形态体系完整性考虑，也对犯罪中止的量刑情况一并介绍。

根据对犯罪样本的量刑统计，犯罪预备样本的量刑情况是：量刑均值为10个月，中值和众数均为8个月，最小值为6个月，最大值为114个月，全距108个月，峰度为47.867，偏度为6.474。如果以一年作为区间分隔标准，量刑在有期徒刑一年以下的比例是83.6%，在有期徒刑一年以上二年以下的比例为12.0%，在有期徒刑二年以上三年以下的比例为1.8%，在有期徒刑三年以上四年以下的比例为1.0%，在有期徒刑四年以上五年以下的比例为0.1%，在有期徒刑五年以上六年以下的比例为0.3%，在有期徒刑六年以上七年以下的比例为0.4%，在有期徒刑七年以上八年以下的比例为0.3%，在有期徒刑八年以上九年以下的比例为0.3%，在有期徒刑九年以上十年以下的比例为0.2%，在有期徒刑十年以上的比例为0。以上情况表明，犯罪预备样本的量刑普遍较低，分布范围相对较小，集中化趋势非常明显。

犯罪中止样本的量刑情况是：量刑均值为21个月，中值为19个月，众数刑期均为36个月，最小值为6个月，最大值为36个月，全距30个月，峰度为-2.196，偏度为0.232。如果以一年作为区间分隔标准，量刑在有期徒刑一年以下的比例为33.3%，在有期徒刑一年以上二年以下的比例为16.7%，在有期徒刑二年以上三年以下的比例为16.7%，在有期徒刑三年以上四年以下的比例为33.3%，在有期徒刑四年以上的比例为0。以上情况表明，犯罪中止样本的量刑相对较低，分布范围更小，集中化趋势非常明显。

犯罪未遂样本的量刑情况是：量刑均值是39个月，中值和众数均是36个月，最小值是6个月，最大值是174个月，全距168个月，峰度是3.129，偏度是1.655。如果以一年作为区间分隔标准，量刑在有期徒刑一年以下的比例是9.0%，在有期徒刑一年以上二年以下的比例是17.6%，在有期徒刑二年以上三年以下的比例是19.7%，在有期徒刑三年以上四年以下的比例是24.5%，在有期徒刑四年以上五年以下的比例是10.2%，在有期徒刑五年以上六年以下的比例是6.4%，在有期徒刑六年以上七年以下的比例是3.0%，在有期徒刑七年以上八年以下的比例是2.2%，在有期徒刑八年以上九年以下的比例是2.5%，在有期徒刑九年以上十年以下的比例是1.0%，在有期徒刑十年以上十一年以下的比例是2.7%，在有期徒刑十一年以上十二年以下的比例是0.6%，在有期徒刑十二年以上十三年以下的比例是0.3%，在有期徒刑十三年以上十四年以下的比例是0，在有期徒刑十四年以上十五年以下的比例是0.3%，有期徒刑十五年的比例是0。以上情况表明，犯罪未遂样本的量刑普遍较低，分布范围较大，集中化趋势不非常明显。

犯罪既遂样本的量刑情况是：量刑均值是66个月，中值和众数均是48个月，最小值是6个月，最大值是180个月，全距174个月，峰度是-0.471，偏度是0.817。如果以一年作为区间分隔标准，量刑在有期徒刑一年以下的比例是4.7%，在有期徒刑一年以上二年以下的比例是9.5%，在有期徒刑二年以上三年以下的比例是5.6%，在有期徒刑三年以上四年以下的比例是19.9%，在有期徒刑四年以上五年以下的比例是15.3%，在有期徒刑五年以上六年以下的比例是9.9%，在有期徒刑六年以上七年以下的比例是5.8%，在有期徒刑七年以上八年以下的比例是3.9%，在有期徒刑八年以上九年以下的比例是2.4%，在有期徒刑九年以上十年以下的比例是1.2%，在有期徒刑十年以上十一年以下的比例是5.8%，在有期徒刑十一年以上十二年以下的比例是5.3%，在有期徒刑十二年以上十三年以下的比例是4.4%，在有期徒刑十三年以上十四年以下的比例是3.6%，在有期徒刑十四年以上十五年以下的比例是2.1%，有期徒刑十五年的比例是0.6%。以上情况表明，犯罪既遂样本的量刑普遍较低，分布范围相对最大，集中化趋势不明显。以上量刑情况可通过图3–7进行直观描述。

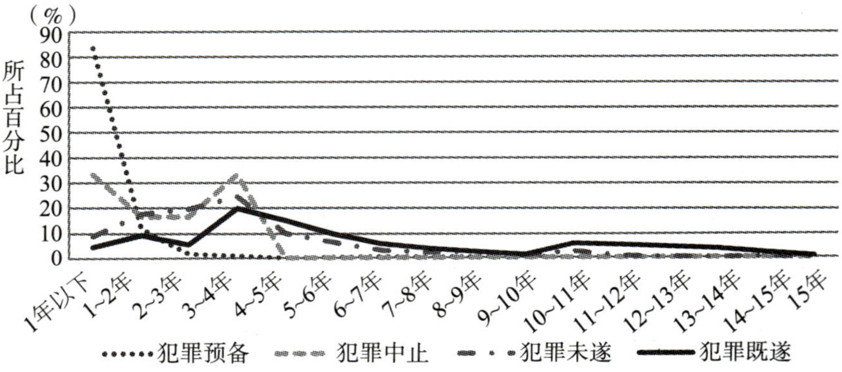

图3–7 北京市基层法院不同犯罪停止形态量刑分布趋势

根据图示对比情况，犯罪预备、犯罪中止、犯罪未遂和犯罪既遂四种停止形态的量刑分布情况非常清晰地表明，犯罪预备的量刑最轻，其次是犯罪中止，两者的量刑主要集中在三年以下有期徒刑区间内，而犯罪预备更主要地集中在有期徒刑一年以下的区间。犯罪未遂和犯罪既遂的分布均几乎遍及整个有期徒刑区间，但在有期徒刑三年以下的区间内，犯罪未遂的比例明显高于犯罪既遂，而在有期徒刑三年以上的区间内，犯罪既遂的比例明显高于犯罪未遂，说明犯罪既遂的量刑明显重于犯罪未遂的量刑。

以上四种犯罪停止形态的量刑情况说明相互之间在量刑上存在明显差异。对此还可以采用单因素方差分析的方式得到进一步证明。根据单因素方差分析的检验结果［$F(3, 7744)=982.528$，$p<0.001$］，犯罪预备、犯罪中止、犯罪未遂与犯罪既遂之间在量刑上的差异性表现显著。

上文在描述统计中已经对犯罪预备、犯罪中止、犯罪未遂和犯罪既遂四种停止形态的量刑均值进行了表述，即分别为 10 个月、21 个月、39 个月、66 个月，从低到高的差距分别为 11 个月、18 个月和 27 个月。为了对四种停止形态的差异情况进行比较，经采用多重比较的统计方法进行分析，发现除了犯罪中止分别与犯罪未遂、犯罪预备之间量刑均值差的 p 值大于 0.1 以外，其余均值差的 p 值均小于 0.05，存在显著性差异。

二、酌定量刑情节与有期徒刑量刑

（一）认罪与坦白[①]对有期徒刑量刑的影响

坦白是《刑法修正案（八）》才确定的法定量刑情节，因而在本书样本研究时段内仍属于酌定量刑情节的范畴。考虑到坦白是一种被动归案后如实供述犯罪事实的情形，其与认罪存在许多共性，因而将坦白与认罪作为一组因素同时进行研究。

坦白与认罪均是犯罪分子对犯罪事实的供认，是放弃对抗法律的表现，体现了人身危险性程度的降低。然而，作为两种不同的量刑情节，它们在许多方面仍然存在明显不同。首先，在时间上，坦白是被动归案后如实交代犯罪事实的情形，一般是从侦查或者审查起诉阶段已经开始出现；而认罪是一种在法庭审理中表现出来的悔罪态度，其开始时间要晚于坦白。其次，在内容上，坦白是主动对自己犯罪事实的供认；而认罪则是一种被动状态下对犯罪事实的承认，坦白的悔罪表现要明显大于认罪。因此，坦白情节体现出比认罪情节更大程度的人身危险性降低，其在量刑上应当具有更大的影响力。同时，具有坦白情节的犯罪人，其同时也必然是

① 坦白在《刑法修正案（八）》中被纳入法定量刑情节范围，但在本研究样本的时段内仍属于酌定量刑情节，故仍将其作为酌定量刑情节进行考察。

认罪的，为了避免研究中对相同样本的重复比较，不再将坦白情节的样本认定为认罪情节的样本，以确保能够发现两种因素是否对量刑结果具有明显的差异性变化。

在研究中共统计到：有认罪情节的样本5527个，所占百分比为71.3%；有坦白情节的样本1059个，所占百分比为13.7%；剩余不具有认罪坦白情节的样本1162个，所占百分比为15.0%。因而大部分样本具有认罪情节，拒不认罪的和主动坦白的比例均相对较低。

从量刑情况来看，有认罪情节样本的刑期最小值是6个月，最大值是180个月，全距174个月，遍布整个有期徒刑期间。其中量刑均值是43个月，中值是36个月，众数刑期是8个月，峰度是1.026，偏度是1.372，形成了一定程度的集中化趋势。具体来说，如果按照一年作为区间分隔标准，从有期徒刑一年以下、有期徒刑一年以上二年以下、有期徒刑二年以上三年以下直到有期徒刑十四年以上十五年以下、有期徒刑十五年，每一年度区间的样本比例分别是30.9%、11.8%、6.7%、14.9%、9.4%、5.9%、3.7%、2.5%、1.8%、0.9%、3.4%、2.5%、2.3%、1.8%、1.1%、0.4%。

有坦白情节样本的刑期最小值是6个月，最大值是180个月，全距174个月，遍布整个有期徒刑期间。其中，量刑均值是64个月，中值是48个月，众数刑期是36个月，峰度是-0.570，偏度是0.822，没有形成明显的集中化趋势。具体来说，如果按照一年作为区间分隔标准，从有期徒刑一年以下、有期徒刑一年以上二年以下、有期徒刑二年以上三年以下直到有期徒刑十四年以上十五年以下、有期徒刑十五年，每一年度区间的样本比例分别是7.4%、12.3%、6.4%、19.0%、12.0%、9.0%、4.7%、3.6%、1.9%、0.9%、5.3%、5.1%、4.8%、4.1%、3.1%、0.4%。

拒不认罪样本的刑期最小值是6个月，最大值是180个月，全距174

个月，遍布整个有期徒刑期间。其中，量刑均值是74个月，中值是60个月，众数刑期是48个月，峰度是-0.719，偏度是0.684，没有形成集中化趋势。具体来说，如果按照一年作为区间分隔标准，从有期徒刑一年以下、有期徒刑一年以上二年以下、有期徒刑二年以上三年以下直到有期徒刑十四年以上十五年以下、有期徒刑十五年，每一年度区间的样本比例分别是1.9%、4.8%、2.6%、17.8%、19.6%、12.1%、6.5%、4.6%、3.0%、1.1%、7.2%、7.6%、4.9%、4.0%、1.4%、0.9%。

为了直观表现上述三个量刑样本的量刑分布趋势，下面用图3-8具体描述。

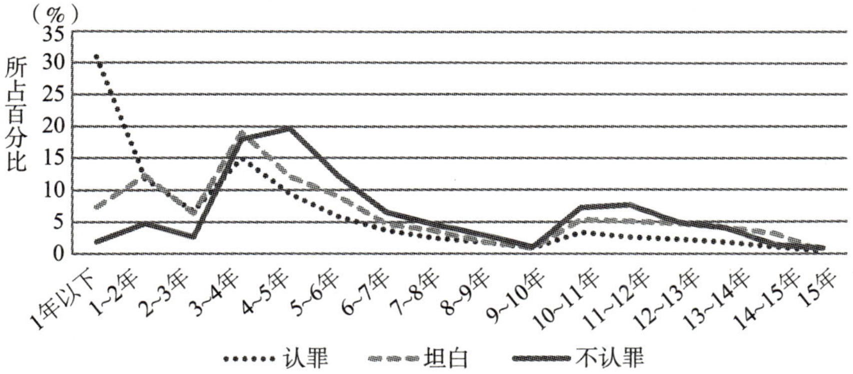

图3-8 北京市基层法院认罪坦白样本量刑分布趋势

根据图3-8所示情况，认罪样本的量刑在一年以下有期徒刑的比例最高，其次是坦白样本，比例最低的是不认罪样本；在有期徒刑三年以上十年以下和有期徒刑十年以上的区间内，认罪样本的比例最低，其次是坦白样本，比例最高的是不认罪的样本。因而，有认罪情节的样本从总体上量刑最轻，其次是坦白情节的样本，量刑最重的是不认罪的样本。这便出现了一个与量刑情节不相符合的现象，即认罪情节的量刑反而轻于坦白情节的量刑。因为从情节属性的角度讲，坦白情节体现的是一种从宽幅度更大的因素，理应获得相对更轻的量刑结果。

针对量刑实践中的上述问题，研究时对认罪、坦白与量刑的相关性进行了统计检验，认罪情节的检验结果表明（$r=-0.216$，$p<0.001$），认罪情节对量刑具有显著影响力；坦白情节的检验结果表明（$r=0.119$，$p<0.001$），坦白情节对量刑也具有显著影响力。但无法想象的是，坦白情节对量刑的影响具有反向作用，即越是坦白的案件量刑越重，这与坦白情节的从宽功能属性显然是背道而驰的。

鉴于坦白情节的相关性检验是在整个样本的范围内进行的，如果坦白情节的样本在样本中属于较重的犯罪，即使坦白从宽也有可能重于全样本的整体量刑结果，因而也就可能出现越是坦白的案件越可能是量刑越重。为了检验这一推断，研究时对坦白情节样本的犯罪情况进行了统计分析，首先是比较了坦白情节样本的抢劫数额、抢劫次数和抢劫人数与非坦白情节样本的均值，结果发现，坦白的均值分别是9096元、2.5次和3人，而非坦白的均值分别是6624元、1.4次和1.5人，明显坦白的犯罪重于非坦白的犯罪；其次，对两者的较高法定刑幅度的比例进行了比较，结果发现，1059个坦白样本中，法定刑幅度在有期徒刑十年以上的样本数量为429个，比例是40.1%，而在6689个非坦白样本中，法定刑幅度在有期徒刑十年以上的样本数量为1364个，比例是20.4%，两者的差距也是十分明显。显然，上述推断是成立的。

既然坦白情节的犯罪较重，因而其从宽的功能一般体现在较重犯罪的量刑上。为此，经分别对坦白情节在有期徒刑三年以上十年以下和有期徒刑十年以上两个不同法定刑幅度内的量刑相关性进行检验，在有期徒刑三年以上十年以下法定刑幅度内的相关性检验结果表明（$r=0.064$，$p<0.001$），两者存在显著相关性，但坦白情节对量刑的影响仍然是反向的。如通过对该法定刑幅度样本的量刑均值统计，坦白样本的量刑均值是37个月，而非坦白样本的量刑均值是31个月，说明坦白情节的犯罪在该范围内依然是较重的。在有期徒刑十年以上法定刑幅度内的相关性表明（$r=-0.112$，

$p<0.001$），两者存在显著相关性，且坦白情节对量刑结果产生正向影响力，使得量刑结果偏轻。

（二）退赃与赔偿对有期徒刑量刑的影响

退赃与赔偿是表明犯罪分子悔罪态度和社会关系修复程度的重要表现，是司法实践中常见的酌定量刑情节。退赃是指犯罪分子犯罪后返还或补偿被害人因财产权利所受侵害的财产损失，而赔偿则是指犯罪人犯罪后赔偿被害人因人身权利遭受的经济损失。抢劫犯罪同时侵害的是人身权利和财产权利，因而退赃与赔偿的情节均有可能出现在抢劫犯罪案件中。

在研究中对退赃与赔偿的情况进行了统计，其中具有退赃情节的样本共有 655 个，所占百分比为 8.5%，具有赔偿情节的样本共有 345 个，所占百分比为 4.5%。两者所占比例整体不高。同时，既有退赃又有赔偿情节的样本共有 103 个，所占百分比为 1.3%。

根据对退赃和赔偿样本量刑的描述统计，退赃样本的量刑最小值是 6 个月，最大值是 168 个月，全距 162 个月，峰度是 0.982，偏度是 1.261，量刑均值是 48 个月，中值和众数刑期均是 36 个月，刑期分布范围虽然较广，但形成了一定程度的集中化趋势。同样为了客观描述其具体刑期分布情况，以一年作为间隔区间进行了年度样本比例统计，从有期徒刑一年以下、有期徒刑一年以上二年以下、有期徒刑二年以上三年以下直到有期徒刑十三年以上十四年以下和有期徒刑十四年以上的刑期分布比例分别是：8.7%、20.6%、7.2%、22.3%、13.0%、7.3%、5.0%、2.4%、2.3%、1.5%、4.3%、2.6%、1.5%、1.1%、0.2%。即退赃样本的量刑在有期徒刑三年以上四年以下区间比例最高，其次是有期徒刑一年以上二年以下，而在有期徒刑较高区间内的样本比例较低。

赔偿样本的量刑最小值是6个月，最大值是174个月，全距168个月，峰度是2.095，偏度是1.557，量刑均值是42个月，中值和众数刑期均是36个月，刑期分布范围比退赃样本长6个月，但在集中化趋势方面要比退赃表现得更为明显。同样为了客观描述其具体刑期分布情况，以一年作为间隔区间进行了年度样本比例统计，从有期徒刑一年以下、有期徒刑一年以上二年以下、有期徒刑二年以上三年以下直到有期徒刑十三年以上十四年以下和有期徒刑十四年以上的刑期分布比例分别是：17.1%、18.8%、11.3%、21.2%、6.4%、6.9%、5.2%、2.0%、2.3%、0.6%、3.2%、2.0%、0.9%、0.9%、1.2%，没有被判处有期徒刑十五年的样本。即赔偿样本的量刑在有期徒刑三年以上四年以下的区间内比例最高，而有期徒刑区间越高则样本比例越少。

既退赃又赔偿样本的量刑最小值是6个月，最大值是156个月，全距150个月，峰度是1.838，偏度是1.535，量刑均值是40个月，中值和众数刑期均是36个月，刑期分布范围比退赃和赔偿样本都要短，并且在集中化趋势方面也更为明显。同样为了客观描述其具体刑期分布情况，以一年作为间隔区间进行了年度样本比例统计，从有期徒刑一年以下、有期徒刑一年以上二年以下、有期徒刑二年以上三年以下直到有期徒刑十三年以上的刑期分布比例分别是：19.4%、17.5%、9.6%、27.2%、5.8%、1.9%、4.9%、1.0%、4.9%、0、3.9%、1.0%、1.9%、1.0%，没有有期徒刑十四年以上的样本。这种样本的量刑也是在有期徒刑三年以上四年以下的区间内比例最高，有期徒刑区间越高的样本比例越低。

为了直观表现上述三个量刑样本的量刑分布趋势，下面用图3-9具体描述。

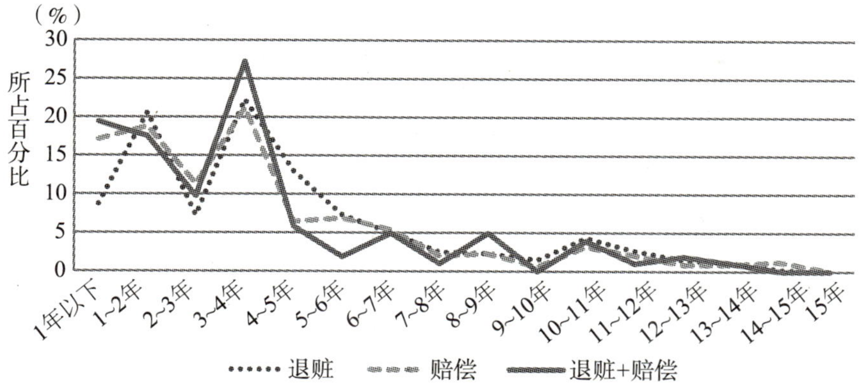

图 3-9　北京市基层法院退赃赔偿样本量刑分布趋势

从折线图显示的情况来看，既退赃又赔偿样本的量刑最轻。退赃样本的量刑在有期徒刑三年以下的比例低于赔偿样本的量刑，而在有期徒刑四年以上五年以下的区间内则高于赔偿样本的量刑，在其他区间的比例则相差不大。因而从总体上来看，赔偿样本的量刑要比退赃样本的量刑相对较轻。为了对赔偿、退赃与量刑的相关性作进一步研究，研究时对其相关性进行了统计分析，是否退赃与量刑的相关性分析结果表明（$r=-0.021$，$p>0.05$），证实退赃对量刑影响不具有显著性影响；是否赔偿与量刑的相关性分析结果表明（$r=-0.041$，$p<0.001$），在不赔偿的情况下量刑相对较高，因而也证实了赔偿对量刑具有显著影响力。

（三）挽回财产损失和被害人谅解对有期徒刑量刑的影响

在财产犯罪中，财产损失往往是犯罪后果的主要表现，也是衡量社会危害性大小的主要标志。如果遭受侵害的财产得到了尽可能地挽回，则由此造成的社会危害性程度就得到明显降低。在样本统计中发现，许多判决书中对于挽回财产损失的情形都会有这样的表述，“鉴于被害人的财产损失已经挽回，可对被告人酌情从轻处罚”。这便意味着，挽回财产损失的情况也会对实际量刑产生影响。但是，挽回财产损失不同于退赃，退赃是犯罪人悔罪表现的情节，而挽回财产损失既可能是犯罪人退赃形成的结果，也可能是司法机关追赃起获的结果，因而这里的挽回财产损失是从被害人角度而言的一个客观性结果。同时，挽回财产损失的情形只可能存在于犯罪既遂的情况下，即使在犯罪预备、犯罪中止和犯罪未遂中尚未造成财产损失，也不属于挽回财产损失的结果。

当然，除了财产损失所形成的危害后果以外，犯罪对社会的影响还表现为对被害人造成的精神创伤，这也是犯罪的社会危害性表现。如果犯罪人在犯罪后采取积极的赔偿、赔礼道歉等相关措施来及时弥补对被害人造成的这种精神伤害，即在得到被害人谅解的情况下，则同样意味着犯罪行为社会危害性程度的降低，进而也会对实际量刑产生影响。当然，被害人谅解虽然也主要是通过犯罪人的积极行为获取的结果，但这里仅从客观危害结果降低的角度进行考量，因而与犯罪人主观悔罪无关。考虑到挽回财产损失和被害人谅解都是从客观危害降低的角度来影响量刑的因素，因而这里一并进行研究。

研究中在5238个犯罪既遂的样本中共统计到挽回财产损失的样本2643个，所占百分比为50.5%，数量和比例均较多；在7748个样本中共统计到被害人谅解的样本96个，所占百分比为1.2%，在数量上和比例上都较少。

在量刑上，挽回财产损失样本的量刑最小值是6个月，最大值是180个月，全距174个月，涵盖整个有期徒刑刑期范围。在具体刑期分布上，其量刑均值是51个月，中值是42个月，众数刑期是36个月，峰度是1.437，偏度是1.355，在较低量刑区间内具有一定的集中化趋势。同样为了客观描述其具体刑期分布情况，以一年作为间隔区间进行了年度样本比例统计，从有期徒刑一年以下、有期徒刑一年以上二年以下、有期徒刑二年以上三年以下直到有期徒刑十四年以上十五年以下和有期徒刑十五年的刑期分布比例分别是：6.7%、13.2%、6.8%、25.3%、17.4%、10.0%、4.8%、

2.7%、1.2%、0.8%、4.1%、3.1%、1.7%、1.2%、0.7%、0.3%。即样本在有期徒刑三年以上四年以下的区间内比例最高，而在较高有期徒刑区间内的比例相对较低。

被害人谅解样本的量刑最小值是6个月，最大值是150个月，全距144个月，分布范围相对较小，在具体刑期分布上，其量刑均值是35个月，中值是24个月，众数刑期是36个月，峰度是3.291，偏度是1.901，集中化趋势较为明显。同样为了客观描述其具体刑期分布情况，以一年作为间隔区间进行了年度样本比例统计，从有期徒刑一年以下、有期徒刑一年以上二年以下、有期徒刑二年以上三年以下直到有期徒刑十二年以上的刑期分布比例分别是：22.9%、22.9%、10.4%、22.9%、5.2%、4.2%、3.1%、0、0、0、4.2%、2.1%、2.1%，没有处于有期徒刑十三年以上的样本。即样本比例最高的区间位于有期徒刑二年以下和有期徒刑三年以上四年以下，其他区间的样本比例较低（详见图3-10）。

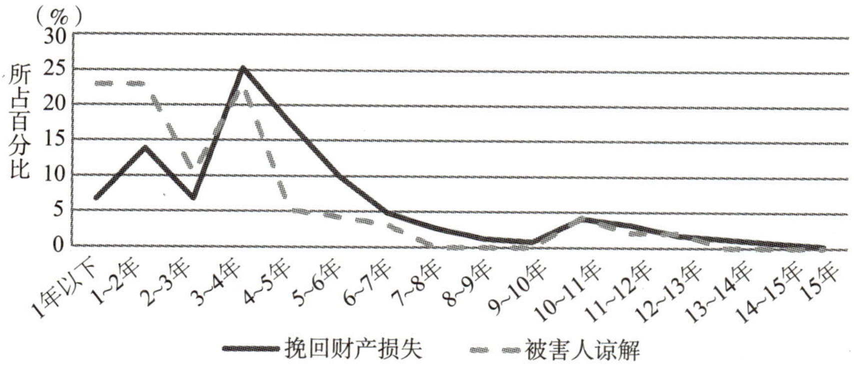

图3-10　北京市基层法院挽回财产损失与被害人谅解样本的量刑分布趋势

根据图3-10所示情况，在有期徒刑三年以下的区间内，被害人谅解样本的量刑比例明显高于挽回财产损失样本的量刑，而在有期徒刑三年以上十年以下的区间内，则挽回财产损失样本的量刑比例明显高于被害人谅解样本的量刑。即总体来看，被害人谅解的情节在实践中量刑低于挽回财产损失情节的量刑。

为了确认以上两种量刑情节与实际量刑是否具有统计学上的相关性，研究中分别进行了相关性检验，其中，挽回财产损失与量刑的检验结果表明（$r=-0.334$，$p<0.001$），挽回财产损失的情况对量刑具有显著影响力，即产生减少刑期的作用；被害人谅解与量刑的检验结果表明（$r=-0.039$，$p<0.001$），被害人谅解对量刑也具有显著影响力，产生减少刑期的作用，但在显著性程度上，由于挽回财产损失的相关性 r 值的绝对值大于被害人谅解，因而被害人谅解略低于挽回财产损失。

在具体的影响程度上，实际统计结果表明，挽回财产损失样本的量刑均值 51 个月，要比非挽回财产损失样本 82 个月的量刑均值低 31 个月，从宽幅度非常明显。被害人谅解样本的均值是 35 个月，比没有被害人谅解样本 45 个月的量刑均值低 10 个月，从宽幅度也比较明显。

第三节　小　　结

除了作为连续性变量的抢劫次数、抢劫人数、抢劫数额和伤害后果以外，特殊的行为方式和与案件事实有关的量刑情节也是重要的影响量刑因素。

（一）关于行为因素与有期徒刑量刑

1. 共同犯罪对有期徒刑量刑的影响。由于抢劫犯罪具有直接身体对抗特点，共同犯罪成为这一犯罪的必然选择。在北京市基层法院样本统计中，有近 80% 的犯罪人是采用共同犯罪方式实施抢劫行为的。从量刑情况来看，共同犯罪的量刑均值是 52 个月，而非共同犯罪的量刑均值是 47 个月，共同犯罪样本的量刑明显重于非共同犯罪样本的量刑。然而，经对两类样本的犯罪结果对比，发现共同犯罪的危害结果明显重于非共同犯罪的危害结果，因而量刑结果的差异可能源于危害结果的差异。为此，经过对相同危害结果的两类样本重新比较发现，共同犯罪与非共同犯罪的量刑结果基本一致，这便表明共同犯罪行为方式本身并非影响量刑的因素。

2. 转化犯对有期徒刑量刑的影响。转化犯与直接进行暴力或胁迫的普通抢劫行为存在明显的差别，然而，从转化犯与非转化犯量刑均值的对比情况来看，两者的量刑差异性不明显，且统计相关性检验结果也表明，转化犯对量刑不具有显著性影响。考虑到这类样本数量较少而可能无法在全样本中体现其影响力，因而在相同条件下对是否转化犯两类样本的量刑均值比较，发现转化犯的量刑明显偏轻，且对实际量刑具有统计学上的显著相关性。因而转化犯这种行为方式本身对量刑具有实际影响力。而且，不同转化方式对量刑的影响也具有显著差异，其中，诈骗转化犯的量刑最高，其次是盗窃转化犯，然后是抢夺转化犯，最后是携带凶器抢夺转化犯。

3. 数罪对有期徒刑量刑的影响。与多次抢劫系数个相同性质的行为不同，数罪是数个不同性质的犯罪行为。既然抢劫次数与有期徒刑量刑具有显著相关性，则数罪是否影响量刑则是不得不考虑的问题。经统计发现，数罪样本的量刑均值是 74 个月，而非数罪样本的量刑均值是 48 个月，统计相关性检验结果表明，数罪与有期徒刑量刑具有显著相关性。而实际统计发现，数罪情况下的抢劫行为具有更大的社会危害后果，为了剔除其他因素对有期徒刑量刑的影响，在相同条件下的统计分析结果仍然表明，单纯的数罪因素同样对有期徒刑量刑具有显著影响力。

4. 作案时间对有期徒刑量刑的影响。从抢劫行为的发生时间看，白天作案的更易于完成犯罪，夜晚作案的则处于未完成形态的比例较高。反映到量刑上，白天作案样本的量刑均值高于夜晚作案的量刑均值。由于白天夜晚均有作案的样本是多次抢劫的情形，因而其量刑均值更高。而对相同条件下量刑样本的统计发现，白天作案的样本和夜晚作案的样本在具体量刑上不具有显著性差异，即不同的作案时间不能成为影响量刑的因素。

5. 被害人性别对有期徒刑量刑的影响。针对不同性别的被害人实施的抢劫行为，一般认为针对女性的抢劫更易于实现，因而理论上应受到更重的刑罚处罚。但实际统计发现，抢劫男性被害人样本的量刑均值明显高于抢劫女性被害人样本的量刑均值，这显然与预想的结果不一致。而通过剔除在样本统计中犯罪未完成因素和未成年因素对被害人性别影响力的干扰后，单因素方差分析的结果表明［$F(1, 3394)=1.109$，$p>0.1$］，被害人性别因素对实际量刑不具有显著影响。

6. 法定情形对无期徒刑量刑的影响。作为加重处罚情形的入户抢劫、在公共交通工具上抢劫、冒充军警人员抢劫和持枪抢劫也是影响有期徒刑量刑的重要因素。但是在有期徒刑十年以上幅度内，入户抢劫、在公共交通工具上抢劫、冒充军警人员抢劫对实际量刑不再具有显著影响力，说明入户抢劫、在公共交通工具上抢劫、冒充军警人员抢劫没有出现重复性评价的问题。而持枪抢劫仍然在这一幅度内量刑偏重，即使排除了样本范围内存在的其他加重处罚情形后，持枪抢劫情形对量刑的显著性影响仍然存在，从而表明这一情形在量刑实践中产生了重复性评价。

总之，行为因素中的转化犯、数罪、入户抢劫、在公共交通工具上抢劫、冒充军警人员抢劫和持枪抢劫是影响量刑的重要因素，而共同犯罪、作案时间、被害人性别则不能成为影响量刑的因素。

（二）关于量刑情节与有期徒刑量刑

1. 前科劣迹和累犯对有期徒刑量刑的影响。前科劣迹和累犯是体现犯罪人人身危险性程度增大的重要因素，统计相关性分析结果也表明，一般劣迹、一般前科与累犯均对量刑产生显著性影响，而且，一般劣迹、一般前科和累犯对量刑产生逐级加重的趋势，即一般劣迹的影响力较小，其次是一般前科，累犯的影响力最大。

2. 自首和立功对有期徒刑量刑的影响。自首与立功是体现从宽处罚的量刑情节，通过统计相关性检验，两者均对量刑产生显著影响，但难以想象的是，立功情节对量刑的影响是负向的，即立功因素的出现提高了实际量刑结果。通过样本分析，发现立功样本的危害后果重于非立功样本的危害后果，因而形成了立功样本反倒量刑更重的情形。经过同等情形下的样本比较，即在同等罪行程度的范围内，立功因素具有影响量刑的显著作用。

3. 主犯和从犯对有期徒刑量刑的影响。主犯与从犯是常见的共同犯罪分类。统计相关性表明，从犯与主犯相比，两者量刑存在显著性差异，即从犯量刑明显轻于主犯。而从两类样本量刑的分布情况来看，较轻刑罚区间内的主犯比例明显高于从犯。经对从犯样本的分析，发现从犯样本大多属于较重犯罪，即只有较重犯罪才区分主从犯。因而，即便对较重犯罪的从犯予以从轻处罚，实践中对从犯的量刑高于较轻犯罪主犯的量刑也是合理的。

4. 犯罪停止形态对有期徒刑量刑的影响。故意犯罪存在犯罪预备、犯罪中止、犯罪未遂和犯罪既遂四种不同的犯罪停止形态，根据统计情况，四种不同犯罪停止形态的量刑均值分别是 10 个月、21 个月、39 个月和 66 个月，单因素方差分析结果表明，它们之间的量刑存在显著性差异。

5. 认罪和坦白对有期徒刑量刑的影响。认罪与坦白也是体现从轻处罚的重要量刑情节。统计相关性检验结果表明，两种情节都与量刑具有显著相关性，但是坦白情节与上述立功情节一样，其对量刑结果的影响是负向的，即越是坦白的样本越会得到较重的处罚。经过对坦白样本的分析，其原因也与立功样本一致，即坦白情节主要出现在较重犯罪的样本中，在较重犯罪样本的范围内，坦白情节对量刑产生正向影响力。

6. 退赃和赔偿对有期徒刑量刑的影响。退赃与赔偿是表明犯罪分子悔罪态度和社会关系修复程度的重要因素。统计结果表明，只有赔偿与量刑具有显著相关性，即退赃与赔偿都导致量刑变轻；而退赃对量刑不具有显著相关性。同时，既退赃又赔偿的影响力更大，在实践中的量刑更轻。

7. 挽回财产损失和被害人谅解对有期徒刑量刑的影响。挽回财产损失和被害人谅解是体现社会危害性降低的重要因素，两者在实际量刑中均具有影响量刑的显著影响力。但在显著性程度上，被害人谅解不及挽回财产损失。

综上所述，以上量刑情节均对有期徒刑量刑具有显著相关性，成为影响有期徒刑量刑的重要因素。

第四章　主体性因素和程序性因素与有期徒刑量刑

量刑是基于一定犯罪事实而进行刑罚裁量的活动，因而犯罪事实的严重与否决定着刑罚的轻重，对此已在上文对犯罪事实中影响量刑的因素进行了研究。其实，量刑不但应当根据犯罪的事实、性质、情节和社会的危害程度来进行，还应当考虑到刑罚适用对象即犯罪主体情况。因为，虽然刑罚制裁的是犯罪行为，但实际上接受制裁的是行为人，因而量刑中不可能不考虑行为人的因素。除此以外，量刑是在特定的时空条件下由特定人员按照特定程序实施的行为，这些因素也会对法官的刑罚裁量产生影响。所以，仍有必要对犯罪事实以外的主体性因素和程序性因素进行研究。

与以上两章一样，本章研究的样本基础仍然是北京市基层法院 12 年间作出的 4865 份刑事判决书中的 8760 个量刑结果。

第一节　主体性因素与有期徒刑量刑

主体性因素是与犯罪事实无关而存在于犯罪人自身方面的影响量刑的因素，这些因素主要包括年龄、限制行为能力、性别、户籍、职业等因素。由于刑法对年龄因素中的未成年人和限制行为能力的刑事责任作出了相应规定，[①] 因而未成年和限制行为能力属于情节型主体因素；而性别、户籍、职业等因素与量刑的关系没有专门的法律规定，这里将其作为非情节型主体因素进行考察。

一、情节型主体因素与有期徒刑量刑

（一）未成年对有期徒刑量刑的影响

年龄是犯罪人自身所具有的重要主体性因素，不同的年龄体现着其所具有的不同身体状况、认识能力和精神状态，不但影响着责任大小的评价，也会对刑罚后果的承担产生影响。我国刑法体现了“怜老恤幼”的人道主义思想，较早就在刑法中规定了对未成年人犯罪从宽处罚，又在《刑法修正案（八）》中增加了对老年人犯罪也予以从宽处罚。因此，年龄较小的未成年人和年龄较大的老年人都是影响量刑的重要因素。

因抢劫是一种严重犯罪，根据我国《刑法》第 17 条第 2 款规定，已满 14 周岁不满 16 周岁的人，犯故意杀人、故意伤害致人重伤或者死亡、强奸、抢劫、贩卖毒品、放火、爆炸、投毒罪的，应当负刑事责任。同时该条第 3 款又规定，已满 14 周岁不满 18 周岁的人犯罪，应当从轻或者减轻处罚。所以，在抢劫罪的量刑研究中，已满 14 周岁不满 18 周岁的人都可以成为本罪的主体，但应当从轻或者减轻处罚。虽然根据《刑法》第 17 条的规定，已满 75 周岁的人犯抢劫罪的，可以从轻或者减轻处罚，但在样本统计中没有发现犯罪主体已满 75 周岁的情况，因而本研究中影响量

① 如《刑法》第 17 条第 3 款规定，已满 14 周岁不满 18 周岁的人犯罪，应当从轻或者减轻处罚；第 18 条第 3 款规定，尚未完全丧失辨认或者控制自己行为能力的精神病人犯罪的，应当负刑事责任，但是可以从轻或者减轻处罚；第 19 条规定，又聋又哑的人或者盲人犯罪，可以从轻、减轻或者免除处罚。

刑的年龄因素仅有未成年人这一种情形。

在研究的样本范围内，共统计到未成年人犯罪的样本 1594 个，所占百分比为 20.6%；成年人犯罪样本 6154 个，所占百分比为 79.4%。根据对未成年人所犯抢劫罪量刑情况的统计，主要存在以下特点：

1. 未成年人量刑分布范围较广。其量刑的最小值是 6 个月，最大值是 168 个月，全距 162 个月，除了有期徒刑十四年以上至十五年的一年区间，几乎涵盖整个有期徒刑的刑期范围。这表明未成年人犯罪的轻重程度不一、类型多样，量刑刑期分布全面化。

2. 形成较为明显的集中化趋势。其量刑的均值是 26 个月，中值是 18 个月，众数刑期是 6 个月，峰度是 5.057，偏度是 2.028。这一状况表明，未成年人量刑的分布范围虽然较广，但存在明显的集中化趋势，有期徒刑一年以下的集中趋势最为明显。

3. 量刑整体偏轻。为了直观描述未成年人量刑上的整体特点，以一年作为区间分隔标准，从有期徒刑一年以下、有期徒刑一年以上二年以下直到有期徒刑十四年以上（没有有期徒刑十五年的样本），对每一区间的样本比例进行了统计，其结果分别是：31.2%、28.4%、13.1%、9.3%、5.1%、4.8%、3.5%、1.9%、1.1%、0.4%、0.5%、0.3%、0、0.2%、0.2%。样本分布趋势详见图 4–1。

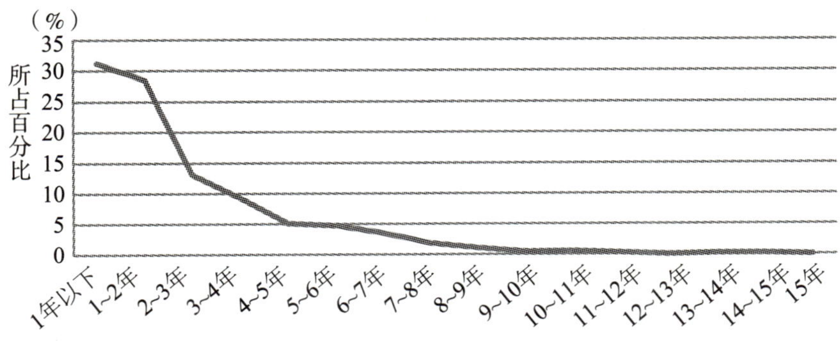

图 4–1　北京市基层法院未成年犯罪人量刑分布趋势

根据图 4-1 情况，未成年人犯罪的量刑主要集中在有期徒刑三年以下的区间内，其中尤以有期徒刑一年以下最多。在有期徒刑三年以上十年以下的比例相对较小，而在有期徒刑十年以上的更是微乎其微。这说明未成年人犯罪的量刑具有明显的轻刑化特点，较好地体现了对未成年人犯罪“教育为主、惩罚为辅”的基本指导原则。

针对未成年人犯罪的量刑整体偏轻的特点，为了明确这一状况是否与犯罪主体的年龄因素相关，研究时对是否未成年人和量刑的相关性进行了统计检验，检验结果表明（$r=-0.278$，$p<0.001$），未成年人的因素对量刑具有显著性影响，在不具有未成年人因素的情况下，量刑刑期相应提高。而且，对未成年人和成年人各自量刑均值的比较结果看，未成年人的量刑均值是 26 个月，而成年人量刑均值是 57 个月，两者相差 31 个月，差异性非常明显。

（二）限制行为能力对有期徒刑量刑的影响

限制行为能力是指因认识能力或者控制能力减弱而导致刑事责任降低的情况。刑法中的限制刑事责任能力一般出现于未成年人、精神病人和盲人、聋哑人中。由于未成年人在抢劫罪样本中出现频率较高，有必要对其量刑情况进行专门研究，因而，这里的限制行为能力仅指精神病人和盲人、聋哑人。

样本统计发现，具有限制行为能力因素的样本共有 65 个，所占百分比仅为 0.8%，样本数量相对较少。但考虑到这一因素是刑法中的重要法定量刑情节，且数量上也达到一定数目，具有统计学上研究意义，因而有必要对其量刑情况进行专门研究。

从限制行为能力因素样本的量刑情况来看，其均值为 38 个月，中值为 36 个月，众数有多个刑期，最小的是 24 个月，刑期分布的最小值是 6 个月，最大值是 132 个月，全距长度为 126 个月，相对较短。

同时，刑期分布的峰度是 3.761，偏度是 1.774，具有明显的集中分布趋势。

根据具体统计结果，限制行为能力样本的量刑主要集中在有期徒刑二年至三年期间，并形成了有期徒刑二年和三年两个峰值，即 21.5%，然后向两侧依次降低，分别在有期徒刑一年和四年形成了两个相同的分布比例，即 10.8%。因而，总体来看，法官对限制行为能力犯罪人的量刑普遍较轻。为了直观进行描述，下面用图 4-2 进行描述。

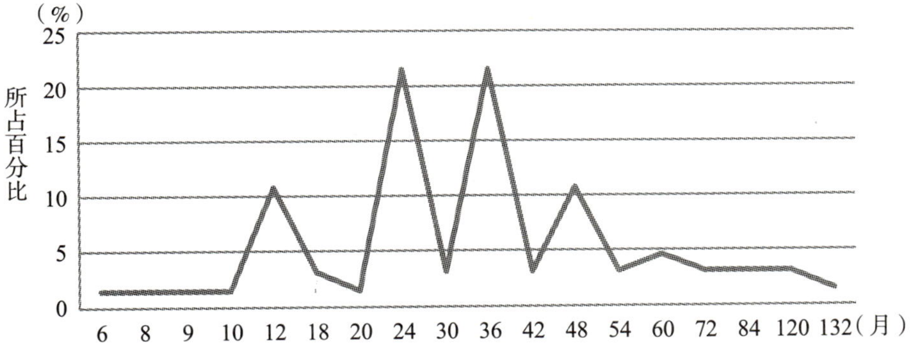

图 4-2　北京市基层法院限制行为能力样本量刑分布示意

既然限制行为能力系刑法中的重要量刑情节，实践中也存在着普遍偏轻的现状，说明该量刑情节对实际量刑产生了较大的影响。为了明确这一结论，还可以采用统计相关性的方法进行检验。相关性检验结果表明（$r=-0.026$，$p<0.05$），犯罪人是否系限制行为能力对量刑具有显著影响力，不具有限制行为能力因素的样本中，量刑明显提高。另外，对于限制行为能力因素对量刑的实际影响情况，研究时同时采取了比较量刑均值的方式进行考察，比较结果是，限制行为能力犯罪人的量刑均值是 38 个月，非限制行为能力犯罪人的量刑均值是 51 个月，两者相差 13 个月，差异性非常明显。

二、非情节型主体因素与有期徒刑量刑

（一）性别对有期徒刑量刑的影响

犯罪处遇存在性别的差异性，在我国古代就已经存在。如女性犯罪在清朝不是全部收监的，只有少数情况下才可以收监，其余犯罪均交由家人或族人收管。《大清律例》“妇人犯罪条”规定：“凡妇人犯罪，除犯奸及死罪收禁外，其余杂犯，责付本夫收管。如无夫者，责付有服亲属、邻里保管，随衙听候，不许一概监禁。违者，笞四十。”法律之所以有这样的规定，出于几个方面的考虑：其一，妇女自身安全的问题；其二，妇女的名节及家族的荣誉；其三，保证妇女以后的正常生活。

在当今社会，司法审判与刑罚执行对犯罪行为的反应，也存在着不同程度的性别差异。即男女两性在犯罪上所受到的处遇是有区别的。这种趋势主要表现在三个方面：第一，在大致相同的犯罪条件下，女性遭受逮捕和起诉的比例常常低于男性。第二，在处罚上女性适用缓刑和监外执行的机会较多。如我国刑事诉讼法规定，女性在怀孕、哺乳期间，可暂予监外执行刑罚；又如 2011 年 5 月 1 日开始生效实施的《刑法修正案（八）》规定，对于符合缓刑适用条件的怀孕的妇女，“应当”适用缓刑。在国外，据日本的调查统计，在 1963 ～ 1972 年，日本男性疑犯和女性疑犯被起诉的平均比例分别为 67.3% 和 45.6%；被判处缓刑的，男性犯罪人与女性犯罪人的平均比例为 51.1% 和 72.5%。[①] 第三，女性犯罪人较多地获得轻刑处罚。如 2005 年 1 月至 2006 年 12 月，湖北全省法院共受理女性犯罪案件 2283 件 2601 人，在判处刑罚的女性罪犯中，判处 5 年有期徒刑以下刑罚的占 85.75%。[②]

既然犯罪处遇抑或是刑罚量刑上的性别差异不同程度地存在，那么这

---

① 参见张远煌：《现代犯罪学的基本问题》，中国检察出版社 1998 年版，第 127 页。

② 参见湖北省高级人民法院：《湖北省妇女权益司法保护状况的统计分析》，载《人民司法》2008 年第 3 期。

种差异是否遍及所有犯罪的量刑？如果差异存在，差异的产生到底是性别本身的原因还是另有其他因素的结果？所有这些问题，都需要在实证研究中进行深入探讨。本书借抢劫罪量刑实证研究之际，来对性别与量刑的相关关系予以实证检验。

经过统计，在研究的样本中共发现女性犯罪样本 196 个，所占百分比为 2.5%；男性犯罪样本共有 7552 个，所占百分比为 97.5%。可见，在抢劫犯罪中，男性数量处于绝对多数，女性参与的比例非常低。

研究性别因素对量刑的影响，必须建立在对女性和男性各自量刑进行比较的基础上。首先，从女性抢劫犯罪的量刑结果来看，其刑期的最小值是 6 个月，最大值是 156 个月，全距 150 个月，覆盖范围相对较大；在量刑分布趋势上，量刑均值是 58 个月，中值是 42 个月，众数刑期是 36 个月，峰度是 −0.664，偏度是 0.826，集中化趋势不明显，量刑分布较为分散。说明女性犯罪的严重性程度存在较大差别，进而导致量刑上也出现较大差异。为了明确女性抢劫犯罪的量刑分布趋势，研究时以一年作为区间分隔标准，从有期徒刑一年以下、有期徒刑一年以上二年以下直到有期徒刑十二年以上十三年以下、有期徒刑十二年以上十三年以下（没有有期徒刑十三年以上的样本），对每一区间内的样本数量比例进行了统计，具体结果分别是：6.2%、16.3%、7.2%、21.4%、13.3%、6.6%、1.5%、3.6%、1.5%、1.0%、10.7%、5.6%、3.6%、1.5%。

其次，从男性抢劫犯罪的量刑结果来看，其刑期的最小值是 6 个月，最大值是 180 个月，全距 174 个月，覆盖了整个有期徒刑刑期范围，在范围上超过了女性的量刑；在量刑分布趋势上，量刑均值是 51 个月，中值是 36 个月，众数刑期是 8 个月，峰度是 0.242，偏度是 1.114，形成了一定程度的集中化趋势，因而在集中化趋势上优于女性犯罪。说明男性抢劫犯罪在严重性程度方面具有一定的类型化倾向，进而导致量刑上的集中化特点。为了明确男性抢劫犯罪的量刑分布趋势，同样以一年作为区间分隔标准，从有期徒刑一年以下、有期徒刑一年以上二年以下直到有期徒刑十四年以上十五年以下、有期徒刑十五年，对每一区间内的样本数量比例进行了统计，具体结果分别是：23.8%、10.6%、6.0%、15.8%、11.2%、7.3%、4.3%、3.0%、2.0%、0.9%、4.1%、3.6%、3.0%、2.4%、1.5%、0.5%。量刑分布趋势详见图 4-3 所示。

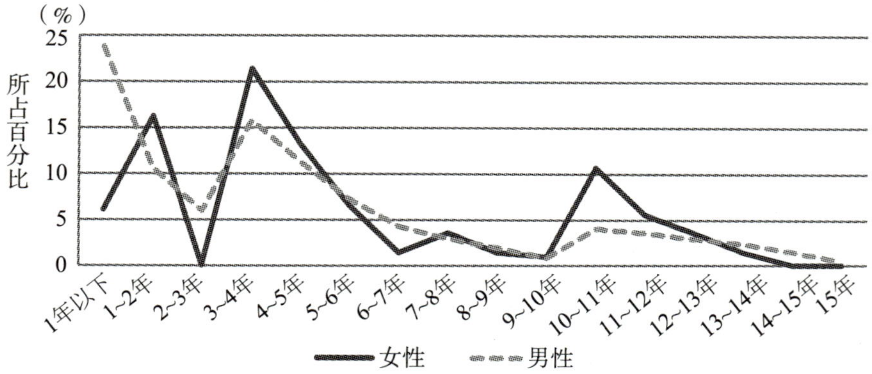

图 4-3　北京市基层法院不同性别犯罪人量刑分布趋势

根据以上女性与男性量刑统计情况和示意图的显示，仅在有期徒刑一年以下、有期徒刑二年以上三年以下、有期徒刑六年以上七年以下和有期徒刑十三年以上的区间内，女性量刑样本的比例少于男性，而在其他区间内则明显高于男性或者与男性犯罪的量刑持平，因而在总体上表现出女性犯罪量刑高于男性犯罪量刑的趋势。针对男女性别在量刑上表现出的上述特点，通过对男女性别因素与量刑的相关性进行统计学验证，结果表明（r=0.026，p<0.05），性别因素对量刑具有显著相关性，且在女性性别出现的情况下量刑偏重。量刑均值的比较结果也表明，女性量刑均值是 58 个月，高于男性量刑均值 51 个月。

这种趋势显然与现实情况和人们对女性犯罪量刑的设想不一致。与上文提到的查找其他因素对量刑影响的原因一样，可以从验证女性所犯抢劫罪是否多为严重犯罪和在同等犯罪程度情形下女性量刑是否重于男性两个方面进行。

首先，为了确定女性所犯抢劫罪的严重程度，需要通过对不同性别犯罪情况进行对比。根据抢劫数额、抢劫次数、抢劫人数等几个表征犯罪危害后果大小的连续性变量的均值比较发现，男性抢劫数额、抢劫次数与抢劫人数的均值分别是6718元、1.5次和1.7人，而女性的相应均值分别是16381元、1.6次和2.1人，显然女性犯罪的危害后果大于男性犯罪的危害后果。再从较重法定刑幅度的比例上看，在男性犯罪的7552个样本中，法定刑幅度在有期徒刑十年以上的样本数量是1720个，所占百分比是22.8%；而在女性犯罪的196个样本中，同种类型样本的数量是73个，所占百分比为37.2%。这也同样表明女性犯罪的严重程度高于男性犯罪。

既然女性犯罪的严重性程度高于男性，那么女性量刑均值高于男性也就不足为奇了。但这同时又产生了另一个疑问，即女性真的能够实施重于男性的抢劫犯罪吗？这好像也与女性的自身生理特点严重不相符合。为了解释这一问题，通过对样本情况进行详细比较分析，发现女性犯罪的既遂率远远高于男性犯罪，发现共有172个样本达到既遂，所占百分比为87.8%；而男性犯罪的既遂样本数量为5066个，所占百分比为67.1%。大量的男性犯罪处于未完成状态，这必然对其犯罪的严重性程度产生影响。

其次，基于上述原因，要确定量刑结果是否是性别本身的原因造成的，需要对同等程度的样本再次进行比较。为此，研究中以犯罪既遂作为样本选取条件，①在这一范围内对男性与女性的量刑均值和量刑相关性进行了检验，其均值检验结果是：男性为67个月，女性为61个月，男性的量刑均值高出女性量刑均值6个月。相关性检验结果表明（$r=-0.021$，$p<0.001$），性别与量刑具有显著影响，且在女性性别出现的情况

① 在犯罪既遂的样本范围内，男性抢劫数额、抢劫次数与抢劫人数的均值分别是9385元、1.8次和2.4人，而女性的相应均值分别是16532元、1.7次和2.2人。

下量刑偏轻。

在上述比较中，男女两性在相同犯罪状态下，即使男性犯罪的严重性程度低于女性犯罪，其量刑也高于女性，这说明性别对量刑确实产生了影响作用。

（二）户籍对有期徒刑量刑的影响

户籍即犯罪人的住所地，在量刑研究中，户籍的意义在于区分犯罪人是本地人还是外地人。户籍本来是与犯罪量刑没有任何关系的因素，尽管根据《刑法》第 4 条的规定，对任何人犯罪，在适用法律上一律平等。不允许任何人有超越法律的特权。然而，量刑的过程是复杂的，人们追求法律面前人人平等的美好愿望并不一定会因法律规定而变成现实。近些年来，随着人口流动的加速，大量的人员从农村流入城市、从落后地区流入发达地区，给流入地的社会管理造成很大压力。一些流动人员实施违法犯罪活动，给外来人员的整体形象造成负面影响。正由于此，外来人员的负面印象便有可能被带入到量刑评价中，从而与本地人员相比产生量刑差异。北京市是一个人口流入较多的城市，2014 年 3 月发布的北京人口普查公告显示：全市常住人口 2114.8 万人，其中，常住外来人口 802.7 万人，占常住人口的比例为 38%。

为了分析户籍因素对量刑的影响，需要对本地人和外地人各自的量刑情况进行比较。本研究共统计出本地人员样本数量为 1745 个，所占百分比为 22.5%，外地人员样本数量为 6003 个，所占百分比为 77.5%。其量刑情况分别是：

本地人量刑的最小值是 6 个月，最大值是 180 个月，全距 174 个月，覆盖整个有期徒刑刑期范围；在量刑分布趋势上，量刑均值是 53 个月，中值是 42 个月，众数刑期是 36 个月，峰度是 0.274，偏度是 1.094，在较低的刑罚区间形成了一定程度的集中化趋势。为了明确本地人抢劫犯罪的量刑分布趋势，研究时以一年作为区间分隔标准，从有期徒刑一年以下、有期徒刑一年以上二年以下直到有期徒刑十四年以上十五年以下、有期徒刑十五年，对每一区间内的样本数量比例进行了统计，具体结果分别是：10.3%、14.9%、9.6%、18.7%、12.1%、8.3%、4.6%、3.1%、2.6%、1.4%、4.8%、3.7%、2.6%、2.0%、1.1%、0.2%。在有期徒刑三年以上四年以下的区间内样本比例最高，而在较高的区间内样本比例较低。

外地人量刑的最小值是6个月，最大值是180个月，全距174个月，覆盖整个有期徒刑刑期范围；在量刑分布趋势上，量刑均值是50个月，中值是36个月，众数刑期是8个月，峰度是0.202，偏度是1.115，形成了一定程度的集中化趋势。为了明确外地人抢劫犯罪的量刑分布趋势，同样以一年作为区间分隔标准，从有期徒刑一年以下、有期徒刑一年以上二年以下直到有期徒刑十四年以上十五年以下、有期徒刑十五年，对每一区间内的样本数量比例进行了统计，具体结果分别是：27.1%、9.7%、5.0%、15.2%、11.0%、7.0%、4.2%、2.9%、1.7%、0.8%、4.0%、3.6%、3.2%、2.6%、1.5%、0.5%。即在有期徒刑一年以下的区间样本比例最高，其次是有期徒刑三年以上四年以下的区间，而在较高刑罚区间内的比例较低。

上述量刑分布情况，可用图4-4进行直观显示。

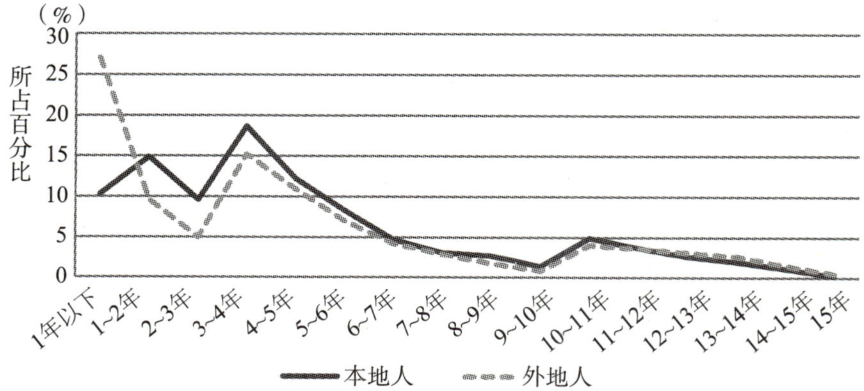

图4-4　北京市基层法院不同户籍犯罪人量刑分布趋势

从本地人与外地人量刑分布趋势情况来看，在有期徒刑一年以下区间内，外地人所占比例较大，而本地人所占比例较少，说明外地人实施的较轻犯罪的数量占有相当比重。而从有期徒刑二年以上的区间开始，本地人所占比例开始高于外地人的比例，且这种状况一直持续到有期徒刑十年以上的区间。为了检验本地人、外地人不同户籍对量刑的影响情况，研究中进行了统计相关性检验，检验结果表明（$r=-0.029$，$p<0.05$），户籍对量刑具有显著性影响。但这种影响并非预想的外地人处刑偏重，而是在外地户籍出现的情况下量刑偏轻，而且上文对不同户籍样本量刑情况的描述统计中，本地户籍53个月的量刑均值高于外地户籍50个月的量刑均值，也同样说明了这一问题。

对于这样一个背离事先预想的结果，仍有进一步验证的必要。因为不同户籍样本的量刑轻重，除了可能的户籍因素，还有可能受到其他因素的影响，需要在尽量减少其他影响因素的情况下进行再次比较。为此，采用控制其他有关变量影响力的方式，对犯罪人户籍与主刑时长进行了偏相关分析，控制的变量有犯罪人性别、年龄、是否有律师参与、抢劫数额、抢劫次数、抢劫人数、伤害后果、犯罪停止形态和羁押状态，即在排除了上述变量对主刑时长影响力的情况下，考察了犯罪人户籍因素对主刑时长的影响情况。根据偏相关统计结果，在控制了犯罪人性别、年龄、是否有律师参与、抢劫数额、抢劫次数、抢劫人数、伤害后果、犯罪停止形态和羁押状态等影响因素的基础上，犯罪人户籍和主刑时长的相关性结果表明（$r=0.055$，$p<0.001$），犯罪人户籍对主刑时长具有显著相关性，外地人的量刑显著偏高。

（三）职业对有期徒刑量刑的影响

一般来说，职业不同仅是社会分工不同而已，与个人的道德、品行等没有任何关系。然而在现实中，正如教师总给人以德高望重的感觉一样，人们总会对从事不同职业的人形成不同的刻板印象，进而对其形成差别社会评价。量刑是对具体的具有一定职业类型的犯罪人进行的刑罚裁量活动，犯罪人的不同职业同样可能会使法官对其产生不同的人格评价，从而影响具体的量刑结果。

在研究中发现，犯罪人的职业种类大多集中于无业、农民等类型，犯罪人是未成年人的多属在校学生，仅有少数犯罪人为公司职员、司机、个体工商户等。因而，为了研究的方便和保证样本数量达到统计学要求，本书在研究时将职业种类划分为无业、农民、学生和其他四种类型，① 其中的"其他"职业是指除了无业、农民和学生以外的职业类型，这些职业虽然种类各异，但总体差别不大，故作为统一类型进行统计研究。按照该标准，共统计出无业样本 2178 个，所占百分比为 28.1%；农民样本 4641 个，所占百分比为 59.9%；学生样本 388 个，所占百分比为 5.0%；其他职业样本 541 个，所占百分比为 7.0%。这些不同职业样本的量刑情况如下：

无业人员量刑的最小值是 6 个月，最大值是 180 个月，全距 174 个月，覆盖整个有期徒刑刑期范围；在量刑分布趋势上，量刑均值是 61 个月，中值是 48 个月，众数刑期是 48 个月，峰度是 −0.465，偏度是 0.823，由于峰度为负值，没有形成集中化趋势。为了明确无业人员的量刑分布趋势，研究时以一年作为区间分隔标准，从有期徒刑一年以下、有期徒刑一年以上二年以下直到有期徒刑十四年以上十五年以下、有期徒刑十五年，对每一区间内的样本数量比例进行了统计，具体结果分别是：12.9%、10.5%、6.2%、15.8%、13.7%、8.1%、4.9%、4.0%、2.2%、0.9%、5.7%、5.6%、4.3%、2.7%、1.9%、0.6%。即除在有期徒刑六年以下幅度内的样本比例较

① 这里的职业类型是根据判决书中的"职业"表述进行统计的。实际上，有的其他职业类型人员原本为农民身份，而且无业、农民等职业人员均包括本地人和外地人。因此，囿于统计样本条件太多限制，本研究中的职业类型分类与人们的职业印象划分并不完全一致。

高外，其他刑罚区间样本比例均低。

农民量刑的最小值是 6 个月，最大值是 180 个月，全距 174 个月，覆盖整个有期徒刑刑期范围；在量刑分布趋势上，量刑均值是 49 个月，中值是 36 个月，众数刑期是 8 个月，峰度是 0.400，偏度是 1.168，与无业人员的量刑相比具有一定程度的集中化趋势。为了明确农民的量刑分布趋势，同样以一年作为区间分隔标准，从有期徒刑一年以下、有期徒刑一年以上二年以下直到有期徒刑十四年以上十五年以下、有期徒刑十五年，对每一区间内的样本数量比例进行了统计，具体结果分别是：27.9%、9.6%、5.2%、15.7%、10.4%、7.1%、4.5%、2.7%、2.0%、1.0%、3.7%、3.0%、2.9%、2.5%、1.4%、0.4%。即在有期徒刑一年以下的区间内样本比例较为突出，而在较高刑罚区间内的样本比例较低。

学生量刑的最小值是 6 个月，最大值是 156 个月，全距 150 个月，覆盖范围相对较小；在量刑分布趋势上，量刑均值是 29 个月，中值是 22 个月，众数刑期是 36 个月，峰度是 6.223，偏度是 2.114，峰度和偏度数值均较高，因而在较低的刑罚区间内形成了非常明显的集中化趋势。为了明确学生的量刑分布趋势，以一年作为区间分隔标准，从有期徒刑一年以下、有期徒刑一年以上二年以下直到有期徒刑十三年以上十四年以下，对每一区间内的样本数量比例进行了统计，具体结果分别是：24.2%、26.3%、12.1%、17.0%、8.7%、5.9%、2.1%、0.5%、0.8%、0.3%、0.8%、0.5%、0.3%、0.5%。即在有期徒刑二年以下的区间内样本比例较为突出，而在较高刑罚区间内的样本比例特别低。

其他职业人员量刑的最小值是 6 个月，最大值是 180 个月，全距 174 个月，覆盖整个有期徒刑刑期范围；在量刑分布趋势上，量刑均值是 45 个月，中值是 36 个月，众数刑期是 8 个月，峰度是 0.769，偏度是 1.293，形成了一定程度的集中化趋势。为了明确其他职业人员的量刑分布趋势，以一年作为区间分隔标准，从有期徒刑一年以下、有期徒刑一年以上二年以下直到有期徒刑十四年以上十五年以下、有期徒刑十五年，对每一区间内的样本数量比例进行了统计，具体结果分别是：25.1%、12.0%、8.1%、17.9%、10.2%、7.0%、1.7%、2.8%、1.5%、0.4%、5.4%、3.7%、1.8%、1.5%、0.5%、0.4%。即仅在有期徒刑一年以下和有期徒刑三年以上四年以下区间内的样本比例较高，而在其他区间内的样本比例较低。

从以上量刑情况来看，不同职业犯罪人量刑具有以下特点：学生的量刑大多集中于有期徒刑三年以下，较其他三类职业的量刑都轻；其他职业人员的量刑与农民的量刑相差不大，但也相对较轻；农民的量刑和无业人员的量刑相比，其在有期徒刑一年以下的比例明显高于无业人员，而在有期徒刑三年以上和有期徒刑十年以上的区间内均低于无业人员，因而总体上要轻于无业人员的量刑。

为了直观展示以上统计情况，下面通过图 4-5 进行描述。

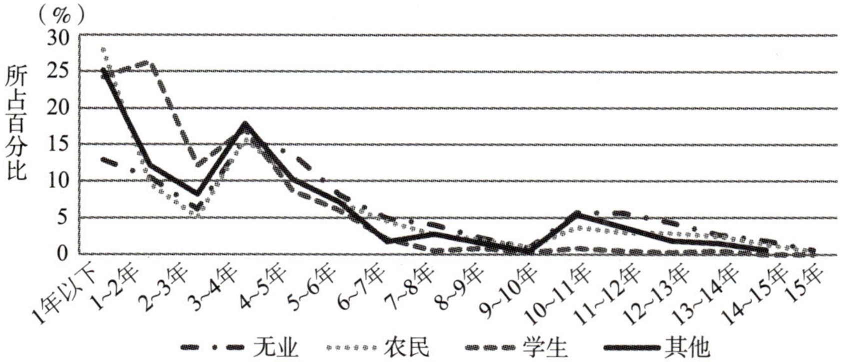

图 4-5　北京市基层法院不同职业犯罪人量刑分布趋势

既然四种职业类型之间在刑期分布上存在量刑上的差异，为了验证这种差异是否具有统计学的显著性，笔者对其进行了单因素方差分析，结果表明［F（3，7744）=75.079，p<0.001］，不同职业的犯罪人在判处有期徒刑时长方面存在显著性差异。同时，通过对不同职业之间的量刑情况进行多重比较，结果发现除了农民与其他职业人员的

量刑均值在差异性方面不显著以外，其他职业类型均呈现出显著性差异。

之所以出现不同职业之间的量刑差异，是由于职业向社会传递的角色印象不同。一般来说，学生大多属于青少年，可塑性较强，且人身危险性程度较小，因而体现出最轻的量刑结果。农民和其他职业人员属于具有一定职业的群体，存在相应的生活来源，因而再犯的危险性较小，也就具有相对较轻的量刑。无业人员因没有正当职业，他们可能出于生计目的而再次实施犯罪的危险性较大，因而在量刑上体现出最重的判决结果。为了验证上述推测，通过对不同职业样本和是否具有前科劣迹样本进行了交叉统计，根据统计结果，无业人员、农民、学生和其他职业人员的前科劣迹率分别为 24.8%、12.3%、5.7% 和 8.5%，即无业人员的人身危险性最大，其次是农民和其他职业人员，学生的人身危险性最小。卡方检验结果表明（χ^2=681.950，df=13，p<0.001），不同职业间的前科劣迹率存在显著性差异。这也同时在一定程度上证明了推测结果是成立的。

第二节　程序性因素与有期徒刑量刑

程序性因素是指与案件事实和主体均无关但存在于诉讼过程中可能影响量刑结果的因素。这些因素主要包括审理时间、审理法院、审理程序、羁押状况、律师参与和法官性别等方面。在这些因素中，由于审理程序是与不同案件类型相对应从而形成相关联的量刑结果的因素，同时律师参与是专门维护犯罪人诉讼权益从而也体现出相应量刑结果的因素，所以都属于与量刑相关联的程序性因素，因而这里作为关联型程序因素进行研究。除此以外的审理时间、审理法院、羁押状况和法官性别则是本应与量刑结果没有关联的因素，所以将其作为非关联型程序因素进行考察。

一、关联型程序因素与有期徒刑量刑

（一）审理程序对有期徒刑量刑的影响

本研究所收集样本发生在1996年刑事诉讼法施行期间，根据当时的规定，法院在审理中除了适用简易程序和普通程序，还可以适用“被告人认罪”程序。[①]2012年修正后刑事诉讼法已经扩大了简易程序适用的案件范围，2018年修改后的刑事诉讼法同时规定了速裁程序，但在调整前，简易程序仅适用于判处有期徒刑三年以下的简单、轻微刑事案件。“被告人认罪”程序是最高人民法院、最高人民检察院、司法部在2003年制定的，适用于被告人对指控的基本犯罪事实无异议并自愿认罪的第一审公诉案件，其在司法实践中还被称为“普通程序简便方式审理”，简称“简便审”程序，对于适用该程序审理的自愿认罪的被告人，可以酌情从轻处罚。普通程序是一般程序，适用于所有刑事案件，因而既可以审理符合简易程序的案件，也可以审理符合“简便审”程序的案件。总之，从三个程序适用对象上看，适于简易程序的案件相对最轻，其次是“简便审”程序，而普通程序所审理的案件可能最重。

经过样本统计，适用简易程序审理的占22.2%，适用“简便审”程序审理的占21.0%，适用普通程序审理的占56.8%。

根据各个程序样本的量刑统计情况，简易程序样本量刑的最小值是6个月，最大值是36个月，全距30个月，覆盖范围限于有期徒刑三年以下区间；在量刑分布趋势上，量刑均值是9个月，中值和众数刑期均是8个

① 该程序涉及内容已被2012年修正后的刑事诉讼法吸收，因而自2012年新修正刑事诉讼法实施后，该程序已经废止。

月，峰度是 16.279，偏度是 3.823，集中化趋势非常明显。为了明确简易程序样本量刑的分布趋势，研究时以一年作为区间分隔标准，从有期徒刑一年以下、有期徒刑一年以上二年以下到有期徒刑二年以上三年以下、有期徒刑三年，对每一区间内的样本数量比例进行了统计，具体结果分别是：86.7%、9.9%、2.0%、1.4%。

"简便审"程序样本量刑的最小值是 6 个月，最大值是 180 个月，全距 174 个月，覆盖整个有期徒刑刑期范围；在量刑分布趋势上，量刑均值是 58 个月，中值是 42 个月，众数刑期是 36 个月，峰度是 0.145，偏度是 1.086，集中化趋势不明显。为了明确"简便审"程序样本量刑的分布趋势，同样以一年作为区间分隔标准，从有期徒刑一年以下、有期徒刑一年以上二年以下直到有期徒刑十四年以上十五年以下、有期徒刑十五年，对每一区间内的样本数量比例进行了统计，具体结果分别是：4.9%、14.7%、8.6%、22.6%、13.1%、7.7%、4.7%、3.6%、1.7%、0.8%、5.2%、4.3%、3.4%、2.2%、1.9%、0.6%。

普通程序样本量刑的最小值是 6 个月，最大值是 180 个月，全距 174 个月，覆盖整个有期徒刑刑期范围；在量刑分布趋势上，量刑均值是 64 个月，中值是 48 个月，众数刑期是 36 个月，峰度是 −0.352，偏度是 0.855，没有形成明显的集中化趋势。为了明确普通程序样本量刑的分布趋势，同样以一年作为区间分隔标准，从有期徒刑一年以下、有期徒刑一年以上二年以下直到有期徒刑十四年以上十五年以下、有期徒刑十五年，对每一区间内的样本数量比例进行了统计，具体结果分别是：5.3%、9.8%、6.6%、19.2%、15.0%、10.0%、5.8%、3.9%、2.8%、1.3%、5.6%、4.8%、4.1%、3.5%、1.8%、0.5%。

为了直观展示不同程序样本的量刑情况，下面使用图 4−6 进行对比描述。

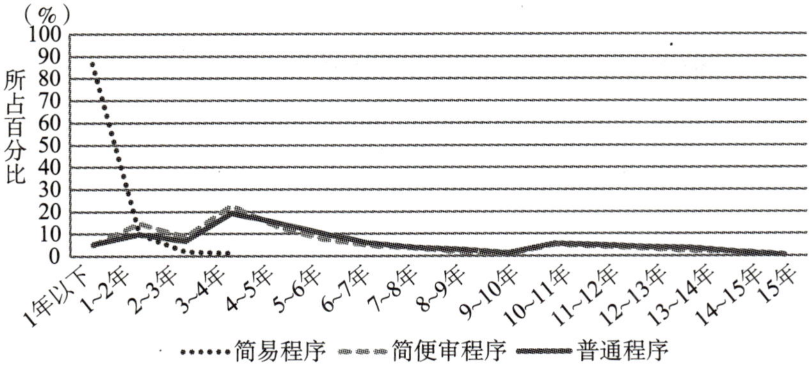

图 4-6　北京市基层法院不同审理程序的量刑分布趋势

从以上量刑统计情况来看，简易程序样本的量刑基本上集中于有期徒刑一年以下的区间内，而“简便审”程序和普通程序样本的量刑仅在有期徒刑三年以上四年以下区间内所占比例较高，在其他各区间的比例趋于平稳，没有较大变化。“简便审”程序样本的量刑除了在有期徒刑四年以下的轻刑比例略高于普通程序样本的量刑以外，两者的量刑在总体分布上较为一致。但整体而言，简易程序样本的量刑最轻，其次是“简便审”程序的量刑，普通程序样本的量刑最重。单因素方差分析结果表明［F（2，1272.440），p<0.001］，审理程序对量刑形成显著差异。

从不同程序适用的对象来看，因简易程序审理的犯罪最轻，“简便审”程序审理的是被告人认罪案件，而普通程序审理的犯罪较为复杂，所以对于不同程序所形成的量刑差异，很可能是罪行的轻重不同造成的，而与程序本身无关。为此，在有期徒刑三年以下样本的范围内，采用控制相关变量对主刑时长影响力的方式，对审理程序与主刑时长进行了偏相关分析。根据分析结果，在控制了犯罪人户籍、犯罪人年龄、犯罪人性别、是否在押、是否有律师参与、抢劫数额、抢劫次数、抢劫人数、伤害后果、犯罪停止形态、是否认罪等相关影响因素的基础上，审理程序与主刑时长的偏相关性分析结果表明（r=0.230，p<0.001），审理程序与

主刑时长具有显著相关性，越是较为复杂的程序越是量刑偏重。与此同时，为了进一步表明不同审判程序的量刑差异，研究时将案件的比较限定在同一标准范围内，具体设定方法是：犯罪人为成年人且认罪，主刑刑期在有期徒刑三年以下且不是犯罪预备。在此范围内的量刑均值分别是：简易程度 23 个月，“简便审”程序为 29 个月，普通程序为 31 个月。单因素方差分析结果显示［F（2，23.246），$p<0.001$］，审理程序对量刑形成显著差异。

通过访谈刑事审判法官了解到，这种状况主要是不同程序的简繁程度对法官心理的影响造成的，简易程序较为省时省力，法官在审理过程中的心理较为轻松，而普通程序较为烦琐，法官心理承受更大压力，这种不同的心境就会反映到量刑结果上，形成一定程度的量刑差异。

（二）律师参与对有期徒刑量刑的影响

在刑事诉讼中，被告人除了自己行使辩护权以外，还可以委托辩护人来维护自己的合法权益。根据我国《刑事诉讼法》第 37 条的规定，辩护人的责任是根据事实和法律，提出犯罪嫌疑人、被告人无罪、罪轻或者减轻、免除其刑事责任的材料和意见，维护犯罪嫌疑人、被告人的诉讼权利和其他合法权益。因而，在律师作为辩方参与的情况下，被告人的辩护力量得到增强，相应地提高了应对指控的能力，从而可能获得降低指控的量刑结果。这既是立法设置辩护制度的初衷，也是理论上能够成立的结论。否则，如果律师参与辩护却没有发生量刑上的差别性结果，那么被告人委托辩护人的意义就会荡然无存。

然而在事实上，律师参与辩护就真的一定能够促使法官作出较轻的量刑判决吗？从刑事审判实践情况来看，对这个问题并不能给予完全肯定的回答。因为在实践中经常出现由于辩护律师的不当引导而使被告人由认罪转变为拒不认罪的情况，此案的量刑结果也就可想而知了。另外，在访谈中了解到有的刑事法官一直坚信其量刑是公正的，并不会因为有律师的参与而对被告人从轻处罚，而对没有委托律师的被告人从重量刑。这种情况相信也是大多数刑事法官所普遍赞同的。那么在实际审判过程中，律师参与辩护是不是就对量刑结果没有关系呢？因而，有必要对实际量刑中的律师作用进行研究，以对刑事辩护中的律师作用给予准确定位。

在我国刑事诉讼中，律师参与刑事辩护主要有委托辩护和指定辩护两种形式，委托辩护是指被告人自行委托或其监护人、近亲属代为委托律师进行辩护的情形，指定辩护是指被告人因经济困难而由法律援助机构指派法律援助律师给予辩护，以及被告人是盲、聋、哑人，或者尚未完全丧失辨认或者控制自己行为能力的精神病人，再或者被告人可能被判处无期徒刑、死刑又没有委托辩护人的，人民法院通知法律援助机构指派律师为其提供辩护的情形。在司法实践中，人民法院还可以根据案件情况对其他符合条件的被告人指定律师参与辩护活动，因而指定律师辩护的范围存在扩大的趋势。与此同时，在样本统计中发现，有一部分未成年案件的被告人是由其监护人参与辩护，考虑到此种情况同样增加了辩护力量，与实际律师参与辩护具有同等意义，因而也将该部分样本作为有律师参与的类型进行了统计分析。由此以来，研究中的律师参与存在三种类型，分别是自请律师、指定律师和监护人辩护。

经过样本统计，没有律师参与辩护的样本占 63.3%，有律师参与的占 36.7%。在有律师参与的样本中，属于自请律师的占 19.0%，属于指定律师的占 17.1%，属于监护人辩护的占 0.7%。

为了分析律师参与对量刑的影响情况，需要分别对律师参与样本的量刑和无律师参与样本的量刑进行研究。经统计，在律师参与下，样本量刑的最小值是 6 个月，最大值是 180 个月，全距 174 个月，覆盖整个有期徒刑刑期范围；在量刑分布趋势上，量刑均值是 40 个月，中值是 24

个月，众数刑期是36个月，峰度是1.515，偏度是1.535，形成了较为明显的集中化趋势。为了明确律师参与样本量刑的分布趋势，研究时以一年作为区间分隔标准，从有期徒刑一年以下、有期徒刑一年以上二年以下直到有期徒刑十四年以上十五年以下、有期徒刑十五年，对每一区间内的样本数量比例进行了统计，具体结果分别是：30.0%、16.3%、8.7%、13.9%、8.2%、4.9%、3.0%、2.1%、1.3%、0.6%、3.6%、2.4%、2.2%、1.4%、1.0%、0.4%。

在无律师参与下，样本量刑的最小值是6个月，最大值是180个月，全距174个月，覆盖整个有期徒刑刑期范围；在量刑分布趋势上，量刑均值是57个月，中值是48个月，众数刑期是8个月，峰度是−0.179，偏度是0.925，集中化趋势不明显。为了明确无律师参与样本量刑的分布趋势，同样以一年作为区间分隔标准，从有期徒刑一年以下、有期徒刑一年以上二年以下直到有期徒刑十四年以上十五年以下、有期徒刑十五年，对每一区间内的样本数量比例进行了统计，具体结果分别是：19.4%、7.7%、4.4%、17.2%、13.1%、8.7%、5.0%、3.5%、2.3%、1.0%、4.6%、4.4%、3.5%、3.0%、1.7%、0.5%。

通过两种样本类型的量刑比较情况来看，在有期徒刑三年以下区间内，有律师参与量刑的样本比例明显高于无律师参与量刑的样本比例，而在有期徒刑三年以上十年以下和有期徒刑十年以上的区间内，有律师参与量刑的样本比例则明显低于无律师参与量刑的样本比例。两者对比的结果非常明显，即律师参与下的量刑轻于无律师参与下的量刑。统计相关性检验结果也表明（$r=-0.177$，$p<0.001$），律师参与对量刑差异具有显著影响。同时，有律师参与和无律师参与样本量刑均值比较结果也清楚地体现了这种差异，即在律师参与下的量刑均值为40个月，而在无律师参与下的量刑均值是57个月，两者相差17个月，即接近一年半的刑期。为了直观展现这一量刑情况，以下用图4−7进行描述。

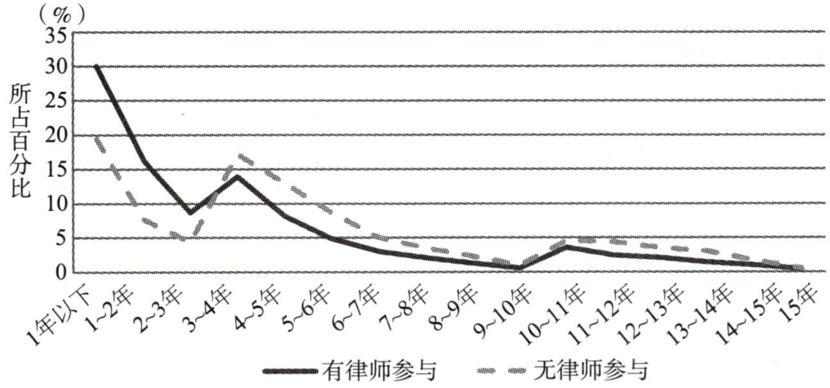

图 4-7 北京市基层法院有无律师参与样本的量刑分布趋势

上述统计结果雄辩地说明，尽管法官意识不到辩护人对案件量刑施加的影响，甚至也存在个别情况下的消极反作用，但在总体上律师参与对有期徒刑量刑的影响作用是显著的，这是不以法官意志为转移的客观现实。

既然律师参与对有期徒刑量刑具有显著影响，那么辩护人类型的不同是否存在量刑差异便成为进一步研究的问题。经过对量刑情况的统计，不同辩护人类型样本的量刑情况是：

自请律师量刑的最小值是 6 个月，最大值是 180 个月，全距 174 个月，覆盖整个有期徒刑刑期范围；在量刑分布趋势上，量刑均值是 53 个月，中值是 38 个月，众数刑期是 36 个月，峰度是 −0.025，偏度是 1.048，集中化趋势不明显。为了明确自请律师样本量刑的分布趋势，研究时以一年作为区间分隔标准，从有期徒刑一年以下、有期徒刑一年以上二年以下直到有期徒刑十四年以上十五年以下、有期徒刑十五年，对每一区间内的样本数量比例进行了统计，具体结果分别是：18.0%、14.1%、6.4%、17.8%、11.1%、5.8%、3.7%、2.8%、1.8%、1.1%、5.9%、3.6%、3.8%、2.3%、1.3%、0.5%。

指定律师量刑的最小值是 6 个月，最大值是 180 个月，全距 174 个月，覆盖整个有期徒刑刑期范围；在量刑分布趋势上，量刑均值是 27 个月，中值是 12 个月，众数刑期是 7 个月，峰度是 6.582，偏度是 2.465，集中化趋势较为明显。为了明确指定律师样本量刑的分布趋势，同样以一年作为区间分隔标准，从有期徒刑一年以下、有期徒刑一年以上二年以下直到有期徒刑十四年以上十五年以下、有期徒刑十五年，对每一区间内的样本数量比例进行了统计，具体结果分别是：44.1%、18.3%、10.8%、9.5%、4.9%、3.8%、2.1%、1.3%、0.7%、0.3%、1.3%、1.1%、0.5%、0.5%、0.6%、0.2%。

监护人辩护量刑的最小值是 6 个月，最大值是 84 个月，全距 78 个月，刑期分布范围较小；在量刑分布趋势上，量刑均值是 32 个月，中值是 24 个月，众数刑期是 24 个月，峰度是 0.039，偏度是 0.938，集中化趋势不明显。为了明确监护人辩护样本量刑的分布趋势，同样以一年作为区间分隔标准，从有期徒刑一年以下、有期徒刑一年以上二年以下直到有期徒刑七年以上八年以下，对每一区间内的样本数量比例进行了统计，具体结果分别是：9.6%、28.9%、21.1%、17.3%、9.6%、5.8%、5.8%、1.9%。

从三种类型样本量刑情况比较来看，在有期徒刑三年以下幅度内，自请律师的样本比例最低，指定律师样本的比例最高；在有期徒刑三年以上十年以下的幅度内，自请律师样本的比例最高，指定律师样本的比例最低；在有期徒刑十年以上的幅度内，监护人辩护类型没有样本存在，自请律师样本的比例仍然高于指定律师样本的比例。另外，通过单因素方差分析的结果表明［$F(2, 2840)=159.589$，$p<0.001$］，三种辩护人类型样本的量刑存在显著性差异。为了直观展现这一量刑情况，以下用图 4-8 进行描述。

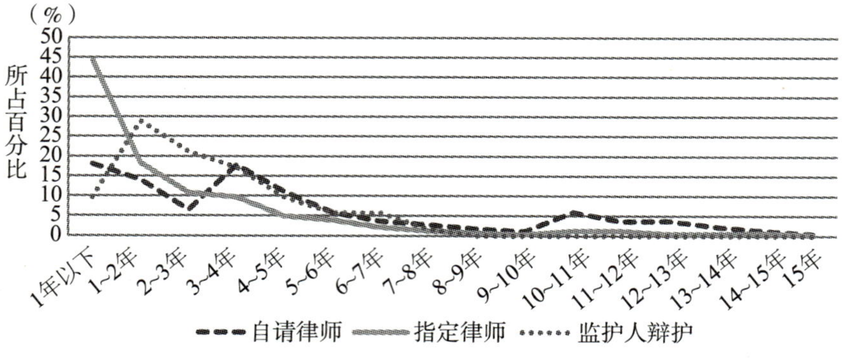

图 4-8　北京市基层法院不同辩护人类型样本的量刑分布趋势

二、非关联型程序因素与有期徒刑量刑

（一）审理时间对有期徒刑量刑的影响

作为量刑影响因素的审理时间，是指量刑活动发生的时间。量刑活动总是在特定时间内发生的，不同时间进行的量刑是否对量刑造成影响，就成为值得研究的量刑影响因素。

本研究所收集的样本始于 2000 年，逐年持续到 2011 年，时间跨度达 12 年。不同年度的样本即代表了不同年度的审理时间，不同年度样本的量刑情况即代表了不同审理时间内的量刑情况，从而体现出不同的审理时间对量刑的影响。根据前文的介绍，本书共收集到的案件样本数量为 4865 个，具体的量刑样本数量达 8760 个。但在这些样本中，判处有期徒刑实刑的样本数量仅为 7748 个，其中 2000 年的样本数量为 523 个，所占百分比为 6.7%；2001 年的样本数量为 955 个，所占百分比为 12.3%；2002 年的样本数量为 760 个，所占百分比为 9.8%；2003 年的样本数量为 612 个，所占百分比为 7.9%；2004 年的样本数量为 795 个，所占百分比为 10.3%；2005 年的样本数量为 807 个，所占百分比为 10.4%；2006 年的样本数量为 905 个，所占百分比为 11.7%；2007 年的样本数量为 873 个，所占百分比为 11.3%；2008 年的样本数量为 549 个，所占百分比为 7.1%；2009 年的样本数量为 448 个，所占百分比为 5.8%；2010 年的样本数量为 296 个，所占百分比为 3.8%；2011 年的样本数量为 225 个，所占百分比为 2.9%。

从样本的量刑情况来看，不同审理时间的量刑存在不同程度的差异。2000 年的量刑均值是 54 个月，中值是 48 个月；2001 年的量刑均值是 58 个月，中值是 48 个月；2002 年的量刑均值是 55 个月，中值是 42 个月；2003 年的量刑均值是 51 个月，中值是 42 个月；2004 年的量刑均值是 47

个月，中值是 36 个月；2005 年的量刑均值是 47 个月，中值是 36 个月；2006 年的量刑均值是 46 个月，中值是 36 个月；2007 年的量刑均值是 45 个月，中值是 36 个月；2008 年的量刑均值是 51 个月，中值是 36 个月；2009 年的量刑均值是 49 个月，中值是 36 个月；2010 年的量刑均值是 60 个月，中值是 47 个月；2011 年的量刑均值是 58 个月，中值是 46 个月（具体参见表 4-1）。

表 4-1　北京市基层法院不同年度样本的量刑比较

主刑时长（月）

年度	频数	均值	标准差	中值	最小值	最大值	全距	峰度	偏度
2000	523	53.87	41.722	48.00	6	180	174	0.564	1.120
2001	955	57.83	46.583	48.00	6	180	174	−0.064	0.970
2002	760	55.44	45.988	42.00	6	180	174	−0.111	0.963
2003	612	51.25	42.788	42.00	6	180	174	−0.023	0.981
2004	795	46.93	41.812	36.00	6	180	174	0.548	1.169
2005	807	46.62	45.747	36.00	6	180	174	0.535	1.248
2006	905	46.44	44.947	36.00	6	180	174	0.459	1.211
2007	873	45.34	45.686	36.00	6	180	174	0.512	1.280
2008	549	50.50	45.570	36.00	6	180	174	0.276	1.139
2009	448	48.92	44.299	36.00	6	174	168	0.269	1.163
2010	296	59.57	48.698	46.50	6	180	174	−0.671	0.821
2011	225	58.43	45.607	46.00	8	180	172	0.466	1.235
总计	7748	50.84	45.132	36.00	6	180	174	0.216	1.105

从不同审理时间的量刑情况来看，量刑均值表现出不同程度的波动，从而反映了轻重不同的量刑变化。为了直观反映这一波动情况，下面通过图 4-9 进行描述。

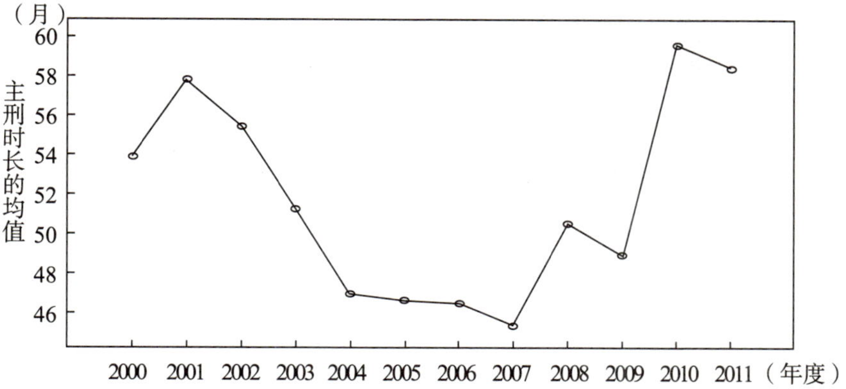

图 4-9　北京市基层法院不同年度的量刑变化趋势

根据图 4-9 不难发现，随着年度的变化量刑轻重也出现了一定的起伏和波动，从总体上看，整个量刑变化形成了两个波峰一个波谷的“V”形图。第一个波峰出现在 2001 年，量刑均值为 58 个月，然后开始逐年降低，趋势一直持续到 2007 年，量刑均值下降到 45 个月，接着又开始出现波动性升高，到 2010 年再次达到波峰，量刑均值为 60 个月。因而不同年度的量刑差异非常明显。为了进一步验证年度与量刑变化的关系，进行单因素方差分析结果显示［F（11，7736），p<0.001］，表明不同年度的量刑情况存在显著性差异。

经分析认为，以上量刑差异可能与以下因素有关：

第一，刑事政策。因为在上述样本年度内的 2001 年和 2002 年，我国开展了第三次“严打”活动，对严重暴力犯罪实行“从重、从快”处罚。“严打”给人的感觉似乎是：同样的行为，赶上“严打”就可能是犯罪，没有赶上“严打”便不是犯罪；同样轻重的行为，赶上“严打”就可能重判，没有赶上“严打”则可能轻判。[①] 因而，上述统计中第一个波峰出现在 2001 年便得到了合理的解释。

① 参见白建军:《罪行均衡实证研究》，法律出版社 2004 年版，第 428 页。

第二，社会防控政策。北京市为了迎接2008年奥运会开始加强社会治安防控措施，对社会安全隐患进行了全面整治，这其中必然包含着对严重暴力犯罪活动的从严惩处。因抢劫罪是威胁社会安全稳定的重要犯罪，加重对这类犯罪的严判重罚便成为治安防控的重要方式。所以，2008年后量刑出现了加重趋势可能与此有关。

第三，案件数量。在上述不同年度内，除了出现不同的犯罪控制政策以外，还存在着案件数量的较大差异，对此前文已有详细述及。案件数量与有期徒刑量刑的关系，经过统计相关性检验结果表明（$r=-0.043$，$p<0.001$），案件数量与有期徒刑量刑具有显著相关性，但从相关性方向来看，案件数量与量刑时长呈反比关系，即案件数量越多量刑越轻，案件数量越少量刑越重。

（二）审理法院对有期徒刑量刑的影响

审理法院对于量刑的意义在于量刑活动的特定空间范围。因为不同的空间范围有着不同的外部环境，既有可能存在不同的量刑管理机制，也有可能产生有差别的事实评价观念，也就因此会使法官对量刑产生不同的评价结果。而且，我国刑事诉讼一般采取的是地域管辖原则，审理法院一般情况下就是犯罪地域，不同的外部环境还可能影响相同犯罪的危害性大小，如在闹市区发生抢劫案件的社会影响肯定要大于人烟稀少的偏远地区案件的影响，因而也会形成有差别的量刑评价。

北京市，我国首都，直辖市之一，面积约16,410.54平方公里，市辖16个区县，各个区县紧密相连，外部环境在总体上也是大同小异，没有太大的差异。然而，由于历史和现实的原因，北京各个区县在政治文化功能及经济社会发展等方面并非完全相似，形成了各具特色的地域差异。如中心城区是主要的中央机关和外国驻华机构所在地，地理位置非常重要，而且这里人口密集，商业发达，成为最具代表性的首都城区；中心城区以外的则是城乡接合部地区，这里既紧邻中心城区又有大范围的农村地带，其特色是地域广阔、新兴产业不断涌现，不同地域的人口和文化频繁流动和交织，呈现出新型城市的地域特点；距离中心城区最远的是远郊区县，这里的商业文化相对落后，人口流动小，社会生活稳定，具有发展相对稳定的地域特色。因而，在各具特点的不同地域内，其犯罪和量刑都可能受到不同程度的影响。

为了比较不同地域对量刑的影响，本书选取了代表北京地域特点的三种类型样本进行研究，将整个中心城区的东城区和西城区所有样本、作为城乡接合部地区代表的海淀区所有样本以及作为远郊区县代表的平谷区和延庆县所有样本进行了收集，通过对这些样本量刑的比较来考察地域因素对量刑的影响情况。

经统计，选取的中心城区样本数量为 2173 个，所占百分比为 28.1%，城乡接合部地区样本数量 4759 个，所占百分比为 61.4%，远郊区县样本数量 816 个，所占百分比为 10.5%。三个类型地区样本的量刑情况分别如下：

中心城区量刑的最小值是 6 个月，最大值是 180 个月，全距 174 个月，覆盖整个有期徒刑刑期范围；在量刑分布趋势上，量刑均值是 60 个月，中值是 48 个月，众数刑期是 36 个月，峰度是 0.083，偏度是 1.040，在较低刑罚区间形成了一定程度的集中化趋势。为了明确中心城区的量刑分布趋势，以一年作为区间分隔标准，从有期徒刑一年以下、有期徒刑一年以上二年以下直到有期徒刑十四年以上十五年以下、有期徒刑十五年，对每一区间内的样本数量比例进行了统计，具体结果分别是：5.3%、12.6%、7.3%、20.4%、15.5%、9.7%、4.8%、3.9%、2.0%、0.7%、4.7%、4.3%、3.4%、3.0%、1.9%、0.5%。即在有期徒刑三年以上五年以下区间内的样本比例较高，其他区间的样本比例略低。

城乡接合部地区量刑的最小值是 6 个月，最大值是 180 个月，全距 174 个月，覆盖整个有期徒刑刑期范围；在量刑分布趋势上，量刑均值是 45 个月，中值是 36 个月，众数刑期是 8 个月，峰度是 0.579，偏度是

1.276，形成了比中心城区更为明显的集中化趋势。为了明确城乡接合部地区的量刑分布趋势，同样以一年作为区间分隔标准，从有期徒刑一年以下、有期徒刑一年以上二年以下直到有期徒刑十四年以上十五年以下、有期徒刑十五年，对每一区间内的样本数量比例进行了统计，具体结果分别是：34.7%、10.2%、4.8%、13.2%、9.3%、5.7%、3.7%、2.5%、1.5%、0.8%、3.6%、3.2%、3.0%、2.2%、1.2%、0.4%。即在有期徒刑一年以下的区间内样本比例最高，其他区间内的样本比例较低。

远郊区县量刑的最小值是6个月，最大值是180个月，全距174个月，覆盖整个有期徒刑刑期范围；在量刑分布趋势上，量刑均值是63个月，中值是48个月，众数刑期是36个月，峰度是−0.247，偏度是0.860，集中化趋势不明显。为了明确远郊区县的量刑分布趋势，同样以一年作为区间分隔标准，从有期徒刑一年以下、有期徒刑一年以上二年以下直到有期徒刑十四年以上十五年以下、有期徒刑十五年，对每一区间内的样本数量比例进行了统计，具体结果分别是：4.7%、9.6%、10.2%、19.6%、11.4%、10.3%、6.8%、3.1%、4.0%、2.1%、6.7%、4.3%、2.6%、2.4%、1.8%、0.4%。即在有期徒刑三年以上四年以下的区间内样本比例最高，其他区间的样本比例较低。

为了直观展示三个地域类型样本的量刑情况，下面使用图4−10进行描述：

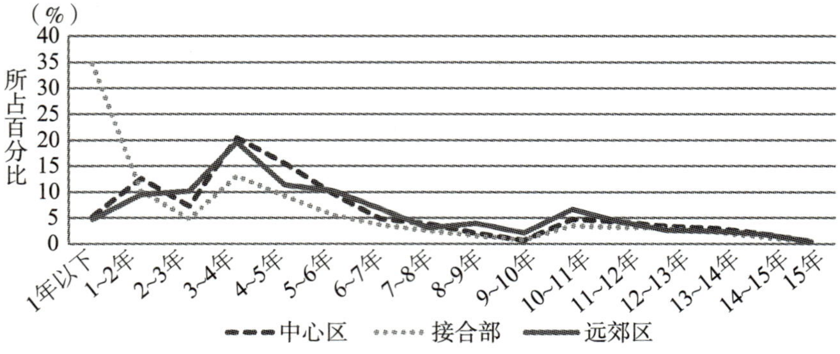

图4−10　北京市基层法院样本中不同地域审理法院的量刑分布趋势

从以上量刑情况的描述来看，城乡接合部地区样本的量刑在有期徒刑三年以下的区间所占比例最高，在有期徒刑三年以上十年以下和有期徒刑十年以上的区间内的比例均较低；中心城区和远郊区县样本的量刑在有期徒刑三年以下和有期徒刑三年以上十年以下的区间内的量刑比例互有高低，相差不大，而在有期徒刑十年以上的区间内，远郊区县样本的量刑比例略高于中心城区样本的量刑比例。为确认三个类型地域样本的量刑之间是否存在明显差异，研究时采用单因素方差分析的方式进行了检验，检验结果表明［F（2，7745）=116.589，p<0.001］，中心城区、城乡接合部地区和远郊区县不同地域之间存在显著性的量刑差异。

针对不同地域之间存在的量刑差异，表 4-2 采用多重比较的方式对各地区相互之间量刑均值差异进行了统计。

表 4-2　北京市基层法院不同地域法院量刑的多重比较

主刑时长（月）LSD

（I）审理法院	（J）审理法院	均值差（I-J）	标准差	显著性	95% 置信区间	
					下限	上限
中心城区	接合城区	15.031*	1.151	0.000	12.77	17.29
	远郊区县	−2.717	1.826	0.137	−6.30	0.86
接合城区	中心城区	−15.031*	1.151	0.000	−17.29	−12.77
	远郊区县	−17.748*	1.685	0.000	−21.05	−14.45
远郊区县	中心城区	2.717	1.826	0.137	−0.86	6.30
	接合城区	17.748*	1.685	0.000	14.45	21.05

* 均值差的显著性水平为 0.05。

根据比较结果，中心城区的量刑均值比城乡接合部地区高出 15 个月，比远郊区县少了 3 个月；城乡接合部地区的量刑均值比中心城区少 15 个月，比远郊区县少 18 个月；远郊区县的量刑均值比中心城区高出 3 个月，比城乡接合部地区高出 18 个月。除了中心城区和远郊区县样本之间的量刑差异性不显著以外，其他情形下的差异性均为显著。总之，远郊区县的量刑均值最高，其次是中心城区，最轻的是城乡接合部地区。

（三）羁押状况对有期徒刑量刑的影响

羁押状况是指犯罪人在审判时是否处于羁押状态。在刑事诉讼过程中，司法机关为了保障刑事诉讼活动的顺利进行，可以对犯罪人实施拘传、取保候审、监视居住、拘留、逮捕等强制措施。拘传、拘留一般是在特殊或紧急情形下所采取的临时性强制措施，只有取保候审、监视居住和逮捕才是常态化的措施。取保候审与监视居住都不属于羁押措施，而逮捕属于羁押措施，因而刑事审判过程中的羁押状况实际上就是犯罪人因被逮捕而处于羁押状态，或者因被采取取保候审、监视居住而处于非羁押状态两种情形。

从当前司法实践情况来看，犯罪人在刑事审判过程中的羁押状态基本上取决于其被提起公诉时的状态，如果在提起公诉前已被逮捕的，人民法院在审理过程中除非有其他特殊事由而变更强制措施，在一般情况下仍会继续保持其羁押状态；如果犯罪人在提起公诉时处于非羁押状态的，一般也不会对其变更为逮捕，只有在特殊情形出现，如违反取保候审规定而妨碍刑事审判顺利进行，或者需要对其判处监禁刑的，才会决定对其逮捕。所以，这里的羁押状况，实际上就是犯罪人被提起公诉后、判决结果作出前所处的羁押与否的状态。从刑事诉讼立法规定和司法实践状况来看，司法机关决定对犯罪人实施羁押与否措施的依据主要是犯罪的严重性程度和犯罪人的身体状况两个方面因素。所犯罪行较重的，一般会对犯罪人实施逮捕，但犯罪人因患病、怀孕等原因不适宜羁押的，则不予逮捕。

对判处有期徒刑实刑样本的统计情况来看，犯罪人处于羁押状态下的样本有 7690 个，所占百分比为 99.3%，而处于非羁押状态下的样本共有 58 个，所占百分比仅为 0.7%。由于非羁押状态下的样本较少，绝大部分仍然属于羁押状态的样本，因而羁押状态样本的量刑情况与全样本的量刑差别不大，可仅对非羁押状态样本的量刑进行重点分析。

从非羁押状态样本的量刑情况来看，其量刑的最小值是 6 个月，最大值是 156 个月，全距 150 个月，分布范围较广；在量刑分布趋势上，量刑均值是 46 个月，中值是 36 个月，众数刑期是 24 个月，峰度是 0.302，偏度是 1.129，形成了一定程度的集中化趋势。为了明确非羁押状态样本量刑的分布趋势，研究时以一年作为区间分隔标准，从有期徒刑一年以下、有期徒刑一年以上二年以下直到有期徒刑十三年以上十四年以下，对每一区间内的样本数量比例进行了统计，具体结果分别是：17.2%、19.0%、12.1%、12.1%、6.9%、8.6%、5.2%、1.7%、3.4%、1.7%、8.7%、0、1.7%、1.7%。为了直观展现这一量刑情况，以下用图 4-11 进行描述。

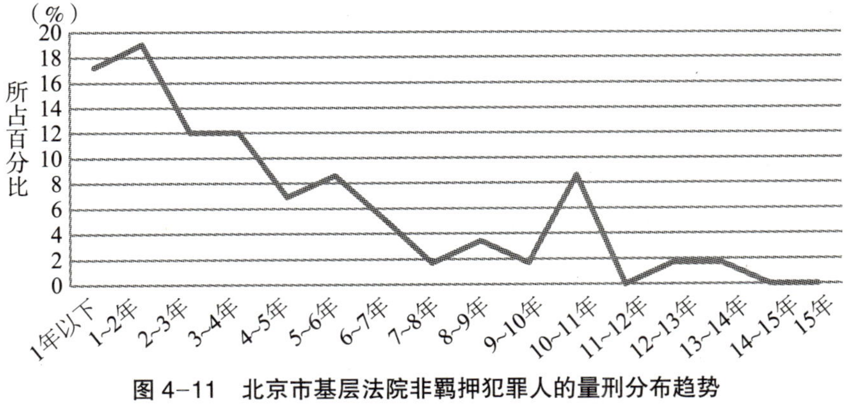

图 4-11　北京市基层法院非羁押犯罪人的量刑分布趋势

从非羁押样本的量刑分布情况来看，其有近半数的样本处于有期徒刑三年以下幅度内，在有期徒刑十年以上区间量刑的比例仅为 12.1%，因而在整体上量刑较轻。羁押与非羁押两种类型的量刑差异情况，通过单因素方差分析进行了统计检验，检验结果表明［F（1，7746）=0.588，p>0.1］，两类样本之间不具有显著性量刑差异。可见，在量刑实践中，法官在决定有期徒刑时长时并没有受到犯罪人是否处于何种羁押状态的影响。

（四）法官性别对有期徒刑量刑的影响

量刑是以事实为基础、以法律为准绳的司法活动，而不管是对事实的认定还是对法律的评判都离不开作为法官的人的决定。作为法官的个人虽然受过专业的法律训练，掌握一定的司法技能，但这无论如何都无法排除法官个体因素对裁量刑罚的影响。因为不同个体在人生阅历、价值观念、主观好恶、情绪情感、审判经验等方面存在很大不同，这些差异会反映到法官具体的量刑活动中，从而可能对相同案件形成不同评价，进而作出大相径庭的判决结果。正如蔡墩铭先生指出的那样，法官性格、情绪、年龄、世界观、成见五个方面的人格特质最终导致了相同案件的量刑差异。他认为，对于相同案件，性格上严厉的法官较之于宽容的法官量刑为重，感情用事之法官在无法控制自己情绪时“易为特别苛刻之量刑”“审判官之年龄大，则其量刑通常较轻，如审判官之年龄不大，则其量刑通常较重”“仇视女性之独身推事对于女人之犯罪易予以重罚”“对于强暴案件，女性推事之量刑不利于被告”“同情贫者之审判官对于贫者之犯罪从轻量刑，而对于富者之犯罪毫不姑息”。[①]可见，“每个法官，由于其经历、特征、性格、偏见、习惯等，总之，由于其个性不同，他们所认定的案件事实可能极不相同”。[②]

上述见解基本符合大众的认识规律，一般来说是能够为人们所接受的。然而，在实际的量刑中果真如此吗？由于没有见到相关实证统计资料，并不敢妄加猜测。因而，要想真正确认法官个人因素是否影响量刑，有必要对实际量刑结果进行实证检验。但要精确地将不同法官的经历、性格、爱好等个人资料收集起来并非易事，甚至难以做到，实证验证的设想

---

① 蔡墩铭：《审判心理学》，水牛出版社 1991 年版，第 711 ～ 712 页。

② 吴新耀：《当代西方法学思潮评析》，辽宁大学出版社 1991 年版，第 138 ～ 139 页。

也就难以实现。不过在笔者看来，全面收集法官的个人资料实现彻底的实证检验确非易事，但从中选取法官某一方面因素进行检验是完全可以做到的。基于此，本书将法官性别作为变量进行了统计，以期从性别角度管窥法官个体因素对量刑的影响情况。

从实际统计情况来看，法官性别为男性的样本数量为 3894 个，所占百分比为 50.3%，法官性别为女性的样本数量为 3854 个，所占百分比为 49.7%。两相比较，法官性别比例基本平衡，有利于对两类样本进行有效对比研究。

对量刑样本的统计结果显示，男性法官对抢劫罪量刑的最小值是 6 个月，最大值是 180 个月，全距 174 个月，分布范围涵盖整个有期徒刑刑期；在量刑分布趋势上，量刑均值是 59 个月，中值是 48 个月，众数刑期是 48 个月，峰度是 −0.306，偏度是 0.894，集中化趋势不明显。为了明确男性法官量刑的分布趋势，研究时以一年作为区间分隔标准，从有期徒刑一年以下、有期徒刑一年以上二年以下直到有期徒刑十四年以上十五年以下、有期徒刑十五年，对每一区间内的样本数量比例进行了统计，具体结果分别是：13.7%、10.7%、5.9%、17.2%、13.6%、8.0%、4.8%、3.7%、2.3%、1.0%、4.9%、4.5%、4.1%、3.4%、1.7%、0.5%。

女性法官对抢劫罪量刑的最小值是 6 个月，最大值是 180 个月，全距 174 个月，分布范围涵盖了整个有期徒刑刑期；在量刑分布趋势上，量刑均值是 42 个月，中值是 30 个月，众数刑期是 8 个月，峰度是 1.110，偏度是 1.388，形成了较为明显的集中化趋势。为了明确女性法官量刑的分布趋势，同样以一年作为区间分隔标准，从有期徒刑一年以下、有期徒刑一年以上二年以下直到有期徒刑十四年以上十五年以下、有期徒刑十五年，对每一区间内的样本数量比例进行了统计，具体结果分别是：33.1%、10.9%、6.2%、14.6%、8.9%、6.6%、3.9%、2.3%、1.6%、0.8%、3.5%、2.8%、1.9%、1.5%、1.1%、0.3%。

为了较好地呈现两类样本的量刑差异，以下采用图 4-12 进行直观展示。

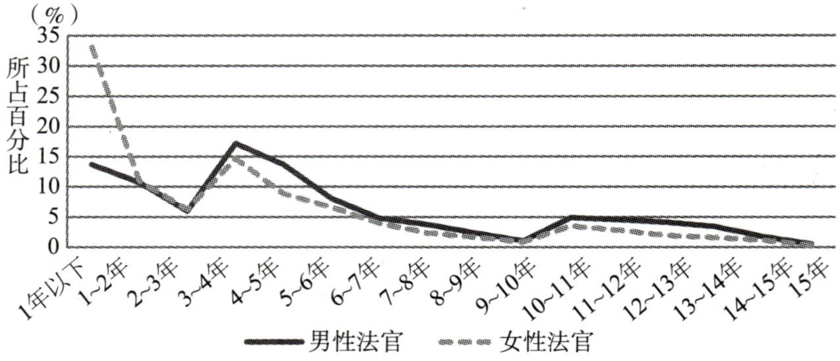

图 4-12　北京市基层法院不同性别法官的量刑分布趋势

从图 4-12 情况来看，在有期徒刑一年以下的区间内，女性法官量刑的比例远远高于男性法官的量刑比例，而在有期徒刑三年以上十年以下和有期徒刑十年以上的幅度内，男性法官量刑的比例则高于女性法官的量刑比例。这说明，法官性别的不同产生了有差异的量刑结果。对于此种情况，单因素方差分析的结果也表明［F（1，7746）=279.016，p<0.001］，男性法官与女性法官在量刑上具有显著性的差异。而且，男性法官 59 个月的量刑均值与女性法官 42 个月的量刑均值相比，两者相差 17 个月，即接近一年半的刑期，男性法官的量刑明显重于女性法官的量刑。

对于以上分析结果，可能会有人提出疑问，即男性法官的量刑高于女性法官的量刑，也可能是男性法官量刑样本的犯罪严重性高于女性法官量刑样本的犯罪严重性，从而得出了较重的量刑结果。这种疑问是可能成立的，因为确实在实践中基于对女性法官的关照，有的法院女性法官承办案件的严重性轻于男性法官所承办案件的严重性。为了验证这一推测是否成立，在研究中仍然以抢劫数额、抢劫次数、抢劫人数等体现犯罪严重性程度的变量进行均值比较，以考察男女性法官审理案件的量刑差别。比较结果表明，男性法官所量刑样本的抢劫数额均值是 9262 元，女性法官量刑样本的抢劫数额均值是 4638 元，基本上是二比一的差距。在抢劫次数与抢劫人数上，男性法官量刑样本分别是 1.6 次和 1.8 人，略高于女性法官量刑样本的 1.5 次和 1.6 人。因此，男性法官量刑样本的严重性程度确实大于女性法官量刑样本，对于相互间的量刑差异便有了除法官性别以外的解释。

针对两类量刑样本存在的严重性程度差异的现实，必须选取严重性程度相同的样本进行量刑比较，如果仍然得出差异性的量刑结果，便可确认法官性别因素对量刑的影响。为此，通过采取控制相关因素对主刑时长影响力的基础上，对法官性别与主刑时长进行了偏相关性分析，即在控制了犯罪人户籍、犯罪人年龄、犯罪人性别、是否在押、是否有律师参与、抢劫数额、抢劫次数、抢劫人数、伤害后果、犯罪停止形态对主刑时长影响力的情况下，法官性别与主刑时长的偏相关性分析结果表明（$r=-0.084$，$p<0.001$），法官性别与主刑时长具有显著相关性，男性法官的量刑偏重，女性法官的量刑偏轻。

上述实证量刑结果的对比情况说明，法官性别上的差异具有对量刑的实际影响力。“那些有关法官努力追寻唯一正确的答案，法官裁量权不受个人价值和偏好影响的描述都是错误的。”①

第三节　小　　结

有期徒刑量刑不但与案件事实有关，同时还可能受到案件事实以外的

① [美] 波斯纳:《法理学问题》，苏力译，中国政法大学出版社 1994 年版，第 235 ~ 237 页。

主体性因素和程序性因素的影响。

（一）关于主体性因素与有期徒刑量刑

主体性因素包括情节型的年龄、限制行为能力因素和非情节型的性别、户籍和职业因素。

1. 年龄因素中的未成年是影响量刑的重要情节，经统计，未成年犯罪人的量刑均值是 26 个月，主要集中在有期徒刑三年以下的区间内，其中尤以有期徒刑一年以下最多。

2. 样本研究中的限制行为能力仅指精神病人和盲人、聋哑人，统计发现，限制行为能力样本的量刑均值是 38 个月，量刑主要集中在有期徒刑二年至三年期间，约有半数的样本在这一区间内量刑。统计相关性检验结果表明，未成年和限制行为能力对量刑具有显著相关性，即二因素出现的情况下量刑明显偏轻。

3. 在人们的通常观念中，女性所犯罪行应当轻于男性所犯罪行，且女性的弱者地位更容易受到法官的从轻处罚。然而，实际统计发现，女性犯罪人的量刑均值明显高于男性犯罪人，并表现出显著的量刑相关性。经进一步样本分析，发现女性犯罪人所参与的抢劫犯罪的危害后果普遍较重，且犯罪既遂率明显高于男性犯罪人，这显然与人们的最初设想相反。但经过对男女性犯罪人相同情形下的量刑比较，女性犯罪人的量刑明显轻于男性犯罪人，即性别因素对量刑结果具有显著影响力。

4. 由于可能存在户籍身份的偏见，量刑实践中可能出现外地人量刑重于本地人量刑的结果。而样本统计表明，本地人量刑均值却明显高于外地人的量刑均值。但从本地人与外地人量刑分布趋势情况来看，在有期徒刑一年以下区间内，外地人所占比例较大，而本地人所占比例较少，说明外地人实施的较轻犯罪的数量占有相当比重；从有期徒刑二年以上的区间开始，本地人所占比例开始高于外地人的比例，且这种状况一直持续到有期徒刑十年以上的区间。经过对相同条件范围样本的比较发现，本地人量刑总体上轻于外地人，即在量刑实践中户籍因素的影响的确存在。

5. 同样，社会对不同的职业身份也会形成不同的评价，进而对法官量刑产生实际影响。经过对无业、农民、学生和其他职业身份样本的量刑统计，其量刑均值分别是 61 个月、49 个月、29 个月和 45 个月，单因素方差分析的结果表明，不同职业间的量刑存在显著性差异。即学生的量刑最轻，其次是其他职业人群，然后是农民，而无业人员的量刑最重。

（二）关于程序性因素与有期徒刑量刑

程序性因素主要包括量刑关联型的审理程序、律师参与因素和与量刑无关联的审理时间、审理法院、羁押状况和法官性别等因素。

1. 简易程序、“简便审”程序和普通程序是样本年度内北京市基层法院审理案件所适用的三种程序。统计发现，不同程序审理案件的量刑均值存在显著性差异，分别是 9 个月、58 个月和 64 个月。考虑到三种程序所适用案件的罪行程度存在较大差异，因而通过设定相同条件即在同一标准范围内的样本统计，发现不同程序的量刑仍然具有显著差异，结果仍然是简易程序最轻，其次是“简便审”程序，最重的是普通程序。因而程序本身对实际量刑具有影响力。

2. 律师参与诉讼的目的是帮助犯罪人行使辩护权。统计表明，律师参与下的量刑均值是 40 个月，而无律师参与下的量刑均值是 57 个月，因而是否有律师参与形成量刑上的显著性差异。同时，自请律师、指定律师和监护人辩护在量刑结果上也存在显著差异，这实际上是较多受到案件类型的较大差异造成的。

3. 从对不同审理年度样本的量刑统计情况来看，量刑均值呈现出“V”字形态势，即 2001 年出现量刑峰值，然后开始下降，2008 年后又开始上升，到 2010 年又出现量刑峰值。这种现象可能受到“严打”刑事政策及治安防控措施的影响，即在犯罪控制力度加大情况下量刑偏重，反之则偏轻。而且，量刑轻重差异还与案件数量有关，案件数量越多量刑越轻、案件数量越少则量刑越重。

4. 不同审理法院的量刑结果具有显著差异，统计发现，中心城区的量刑均值是 60 个月，接合部地区的量刑均值是 45 个月，远郊区县的量刑均值是 63 个月，因此，接合部地区的量刑最轻，中心区和远郊区的量刑较重。通过前文的介绍，这种差异性与不同地域的案件数量和未成年人、外地人比例上的差异具有密切关系。

5. 受性别因素的影响，不同性别的法官可能对犯罪事实形成不同的评价，进而影响实际的量刑结果。经统计发现，男法官的量刑均值是 59 个月，而女法官的量刑均值是 42 个月，在有期徒刑一年以下的区间内，女性法官量刑的比例远远高于男性法官的量刑比例，而在有期徒刑三年以上十年以下和有期徒刑十年以上的幅度内，男性法官量刑的比例则高于女性法官的量刑比例。与此同时，统计表明，男法官审理的抢劫案件在罪行程度上明显重于女法官审理的案件。但即便如此，在控制了其他因素对主刑时长影响力的情况下，男法官在量刑上也重于女法官。可见，法官性别是一个重要的影响量刑因素。

6. 犯罪人的羁押状态与有期徒刑量刑不具有显著相关性，即犯罪人羁押与否均不对量刑结果产生实际影响力。

第五章　影响因素与有期徒刑缓刑量刑

与刑罚立即执行的量刑相比，缓刑量刑还需要在判处一定刑罚的基础上对是否适用缓刑和决定缓刑时长两项内容进行裁量。无论是缓刑适用与否还是缓刑时长的长短，都建立在一定影响因素的基础之上，缓刑量刑的活动也主要围绕对有关影响因素的考察而展开。

由于缓刑是一种附条件不执行原判刑罚的制度，故刑法将其严格限定在一定的范围内，我国刑法规定仅对判处拘役、三年以下有期徒刑的犯罪分子可以宣告缓刑。从本书统计的样本情况来看，被判处拘役的犯罪分子仅有 20 人，而其中被宣告缓刑只有 7 人，所占比例较小。同时考虑到对抢劫罪能否通过减轻处罚的方式判处拘役刑仍存在理论和实践的分歧，故本书只对有期徒刑适用缓刑的情况进行研究。

同样，本章对有期徒刑缓刑适用因素的研究仍然是以北京市基层法院 12 年间做出的 4865 份抢劫罪刑事判决书中的 8760 个量刑结果作为实证样本。

第一节　影响有期徒刑缓刑量刑的因素

关于缓刑适用的条件，2011 年《刑法修正案（八）》在原有条文规定的“根据犯罪分子的犯罪情节和悔罪表现，适用缓刑确实不致再危害社会的”三个条件基础上又增加了“宣告缓刑对所居住社区没有重大不良影响”的条件，并且对其中不满十八周岁的人、怀孕的妇女和已满七十五周岁的人，规定应当宣告缓刑。但前后条文两相比较来看，适用缓刑的条件仍主要是犯罪情节、悔罪表现和没有再犯罪危险，至于“宣告缓刑对所居住社区没有重大不良影响”则是与案件事实没有直接关联的案外因素，因而总体变化不大。同时，本书所统计的样本均是2011年以前判决的案件，影响因素也主要是犯罪情节、悔罪表现和没有再犯罪危险三个方面，因而以下对有期徒刑缓刑适用影响因素的研究也主要围绕这三个方面进行。另外，作为案件以外的程序性因素也是影响量刑的重要内容，在此一并进行讨论。

一、犯罪事实内因素与有期徒刑缓刑量刑

犯罪情节主要体现在犯罪事实中，因而犯罪事实内因素是衡量犯罪情节轻重的主要参考指标。犯罪事实内因素主要体现为连续性变量和行为因素。

（一）连续性变量对有期徒刑缓刑量刑的影响

连续性变量包括抢劫数额、抢劫次数、抢劫人数和伤害后果四个方面。考察连续性变量对有期徒刑缓刑适用的影响，应当在判处三年以下有期徒刑样本的范围内进行。关于连续性变量与有期徒刑缓刑适用的相关性，统计学相关关系分析结果发现，抢劫数额、抢劫次数、抢劫人数、伤害后果与有期徒刑缓刑适用相关性的 r 值分别是 −0.089、−0.200、−0.316、−0.076，四个连续性变量的 p 值均小于0.001。可见，四个连续性变量均对有期徒刑缓刑适用具有显著相关关系。但需要说明的是，它们对缓刑适用的影响不是正相关关系，而是呈现出负相关关系，即越是数额

高、次数多、人数多、后果重越容易适用缓刑。

上述检验结果显然与人们的想象产生很大差距，因为不管是数额、次数、人数还是后果，均是随着由低到高而导致犯罪情节逐渐加重，因而适用缓刑的可能性逐渐降低，而实际情况却恰恰相反。为此，需要对每个变量的情况进行分别研究。

1. 抢劫数额。从适用缓刑样本抢劫数额的统计情况来看，抢劫数额为 0 的占缓刑样本的 7.8%，在该数额段内为 3.3%；1 元以上 1000 元以下的占缓刑样本的 49.3%，在该数额段内为 31.2%；1000 元以上 2000 元以下的占缓刑样本的 22.7%，在该数额段内为 30.9%；2000 元以上 3000 元以下的占缓刑样本的 9.0%，在该数额段内为 31.8%；3000 元以上 4000 元以下的占缓刑样本的 5.3%，在该数额段内为 36.9%；4000 元以上 5000 元以下的占缓刑样本的 1.8%，在该数额段内为 25.4%；5000 元以上 10000 元以下的占缓刑样本的 3.2%，在该数额段内为 21.2%；10000 元以上占缓刑样本的 0.9%，在该数额段内为 28.6%。

根据以上统计情况，除了抢劫数额为 0 的以外，缓刑适用多出现在 1000 元以下的数额范围内，占缓刑样本的近一半。而后随着抢劫数额的提高呈现出缓刑适用逐渐减少的趋势。因抢劫数额大小反映犯罪情节的轻重，上述趋势符合了缓刑适用于较轻犯罪的立法要求。与此同时，从适用缓刑样本在各个数额段内的比例来看，除了抢劫数额为 0 的以外，其他各数额段内的比例基本保持在 30% 左右，说明不同数额对缓刑适用的影响不大。但比较特殊的是，抢劫数额为 0 这一反映犯罪情节最轻的情形却没有表现出缓刑适用最多的特点。为此，研究时对该部分样本的犯罪情况进行了分析，发现存在以下特点：一是犯罪预备率高，所占比例为 85.3%，二是未成年人犯罪率低，所占比例为 16.6%。而在其他数额段内的犯罪预备率是 37.4%，显然，在犯罪预备率高的情况下，由于尚未着手实施犯罪便被查获，其自首、退赔等体现悔罪表现的机会较少。另外，其他数额段内的未成年人犯罪样本情况是：1 元以上 1000 元以下样本所占比例为 62.3%，1000 元以上 2000 元以下的为 62.6%，2000 元以上 3000 元以下的为 73.7%，3000 元以上 4000 元以下的为 63.8%，4000 元以上 5000 元以下的为 61.9%，5000 元以上 10000 元以下的为 56.2%，10000 元以上的为 50.0%。从这些样本的分布趋势来看，大体上与缓刑适用样本分布规律相同（如图 5-1 所示）。由此可见，在不同数额段内的缓刑适用与未成年人因素有很大关系，而受抢劫数额的影响不大。

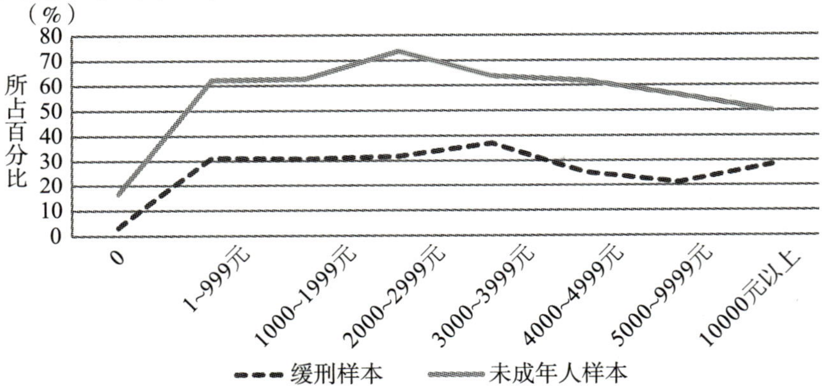

图 5-1　北京市基层法院缓刑样本与未成年犯罪人样本的犯罪数额对比

2. 抢劫次数。从适用缓刑样本抢劫次数的统计情况来看，抢劫次数为 1 的占缓刑样本的 73.7%，在该次数段内为 15.8%；抢劫 2 次样本的占缓刑样本的 14.2%，在该次数段内为 31.5%；抢劫 3 次的占缓刑样本的 8.5%，在该次数段内为 60.3%；抢劫 4 次的占缓刑样本的 2.0%，在该次数段内为 52.9%；抢劫 5 次的占缓刑样本的 1.2%，在该次数段内为 73.3%；抢劫 6 次的占缓刑样本的 0.4%，在该次数段内为 50.0%；抢劫 7 次以上的样本只有 6 个，无适用缓刑情况。卡方检验结果表明（χ^2=272.136，df=8，p<0.001），不同抢劫次数的犯罪人在适用缓刑方面具有显著性差异。

根据以上统计情况，在缓刑样本的范围内，适用缓刑样本的抢劫次数多为 1 次，然后随着抢劫次数的增多而适用缓刑比例大幅度减少。而在所有三年以下有期徒刑样本的范围内，不同抢劫次数的缓刑样本在该次数段内的比例各不相同。其中，抢劫1次的缓刑样本比例最低，仅占15.8%，而抢劫5次的缓刑样本比例最高，占到73.3%。也就是说，虽然抢劫1次的样本在所有适用缓刑的样本中比例最高，但实际上其在同一次数样本中所占比例最低。这说明，虽然缓刑适用样本的抢劫次数多为1次的情况，但更多抢劫1次的样本没有被适用缓刑。而且，随着抢劫次数的增多，适用缓刑的比例也呈现出逐渐提高的趋势。这显然与缓刑适用于情节较轻犯罪的立法思想相矛盾。为此，通过样本分析同样发现了未成年人因素在样本中的不同寻常作用。如在抢劫1次的样本中，未成年人所占比例为36.5%；在抢劫2次的样本中，未成年人为80.3%；在抢劫3次的样本中，未成年人为98.4%；在抢劫4次以上的样本中，未成年人均为100.0%。通过对未成年人样本与缓刑样本所占比例的比较来看，两者具有大致相同的分布趋势，即在抢劫1次的样本中，未成年人所占比例低，适用缓刑的比例也低，随着抢劫次数的增加未成年人样本比例也逐渐提高，而适用缓刑的比例也跟着大幅提高。这说明，抢劫次数在决定是否适用缓刑方面的意义不大，实际受到诸如未成年人等其他因素的影响更大。上述两种样本的分布变化情况可用图5-2进行直观描述。

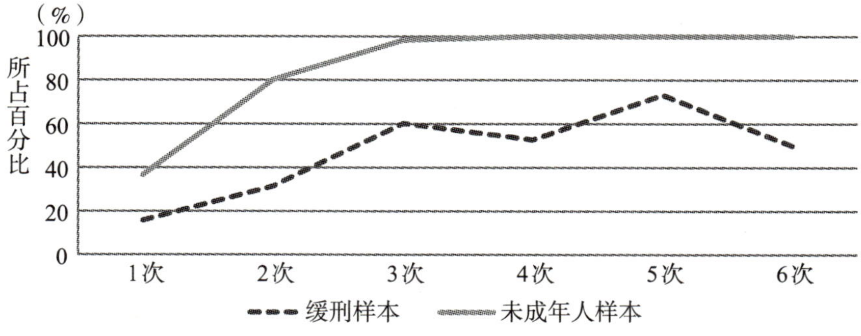

图5-2　北京市基层法院缓刑样本与未成年人样本的抢劫次数对比

3. 抢劫人数。从适用缓刑样本抢劫人数的统计情况来看，抢劫人数为0的占缓刑样本的3.7%，在该人数段内为1.9%；抢劫1人的占缓刑样本的50.0%，在该人数段内为22.9%；抢劫2人的占缓刑样本的21.1%，在该人数段内为32.9%；抢劫3人的占缓刑样本的10.9%，在该人数段内为41.4%；抢劫4人的占缓刑样本的3.5%，在该人数段内为36.0%；抢劫5人的占缓刑样本的3.3%，在该人数段内为48.4%；抢劫6人的占缓刑样本的3.4%，在该人数段内为62.0%；抢劫7人的占缓刑样本的1.3%，在该人数段内为54.5%；抢劫8人的占缓刑样本的1.8%，在该人数段内为66.7%；抢劫9人的占缓刑样本的0.1%，在该人数段内为25.0%；抢劫10人的占缓刑样本的0.9%，在该人数段内为47.1%；抢劫11次以上的没有缓刑适用情况。卡方检验结果表明（$\chi=681.950$，$df=13$，$p<0.001$），不同抢劫人数的犯罪人在适用缓刑方面具有显著性差异。

统计情况表明，在适用缓刑的样本范围内，缓刑适用比例最高的是抢劫1人的情况，占缓刑样本的一半，然后随着抢劫人数的增加而比例逐渐下降。而虽然抢劫人数为0属于情节较轻的情形，但缓刑适用比例相对很低。与之相反，在整个三年以下有期徒刑样本范围内，在不同人数段的样本中缓刑适用比例则呈现出逐渐升高的趋势，即抢劫人数越多，则适用缓刑的可能性越大，而抢劫人数越少，则适用缓刑的可能性也越小。这显然与缓刑适用于情节较轻犯罪的立法要求相矛盾，因为抢劫人数往往与犯罪轻重具有正比关系，抢劫人数多的则犯罪情节重。为此，同样对不同人数段内的未成年人犯罪情况进行统计，具体结果是：抢劫0人的样本中未成年人所占比例为13.2%，抢劫1人的样本中未成年人为50.5%，抢劫2人的样本中未成年人为68.5%，抢劫3人的样本中未成年人为82.7%，抢劫4人的样本中未成年人为86.0%，抢劫5人的样本中未成年人为91.9%，抢劫6人的样本中未成年人为82.0%，抢劫7人的样本中未成年人为81.8%，抢劫8人的样本中未成年人为87.5%，抢劫9人的样本中未成年人为 75.0%，在抢劫 10 人的样本中未成年人为 94.1%。显然，随着抢劫人数的增多，未成年人所占比例也逐渐提高，这便与缓刑适用比例形成了大致相同的趋势（具体可通过图 5-3 进行直观表示）。这说明，抢劫人数在决定是否适用缓刑方面的意义不大，实际受到诸如未成年人等其他因素的影响更大。

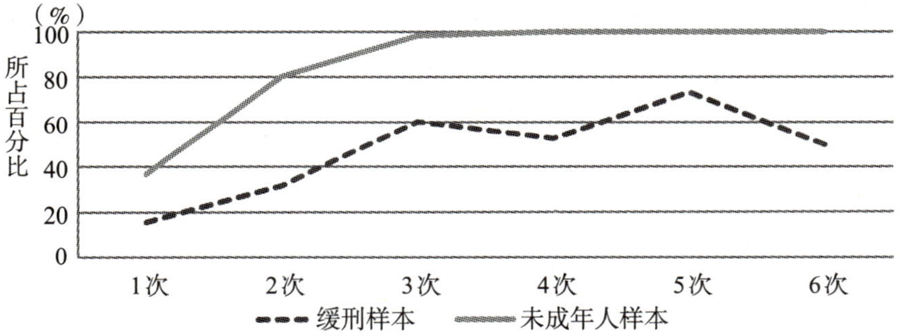

图 5-3　北京市基层法院缓刑样本与未成年人样本的抢劫人数对比情况

4. 伤害后果。从适用缓刑样本伤害后果的统计情况来看，无伤害后果的占缓刑样本的 80.5%，在该伤害后果范围内为 17.6%；轻微伤的占缓刑样本的 15.6%，在该伤害后果范围内为 24.6%；轻伤的占缓刑样本的 3.3%，在该伤害后果范围内为 27.5%；重伤的占缓刑样本的 0.6%，在该伤害后果范围内为 62.5%。卡方检验结果表明（χ^2=31.761，df=3，p<0.001），不同伤害后果样本在适用缓刑方面具有显著性差异。

根据以上统计情况，在适用缓刑的样本范围内，无伤害后果的缓刑适用率最高，在整个缓刑样本中超过了 80%，其他伤害后果的缓刑适用率则相对较低。但在三年以下有期徒刑范围内，在不同伤害后果的样本中缓刑适用比例则呈现出逐渐升高的趋势，即无伤害后果的缓刑适用率最低，伤害后果越重则适用缓刑的可能性越大。这种情况表明，本来表征犯罪情节轻重的伤害后果对决定缓刑适用完全起到了相反的影响，即按照缓刑适用要求越是不宜适用缓刑的则在实践中越有可能适用缓刑。这就意味着伤害后果已经丧失了其对缓刑适用的影响意义。对此，笔者同样分析了不同伤害后果样本中的未成年人犯罪情况，具体结果是：在无伤害后果的样本中，未成年人是39.9%；在轻微伤的样本中，未成年人为56.9%；在轻伤的样本中，未成年人为69.7%；在重伤的样本中，未成年人为100.0%。显然，未成年人样本所占比例随着伤害后果的加重而呈现出逐渐升高的趋势，与缓刑适用的比例在分布趋势上一致（具体可通过图5-4进行直观表示）。这说明，伤害后果在决定是否适用缓刑方面的意义不大，实际受到诸如未成年人等其他因素的影响更大。

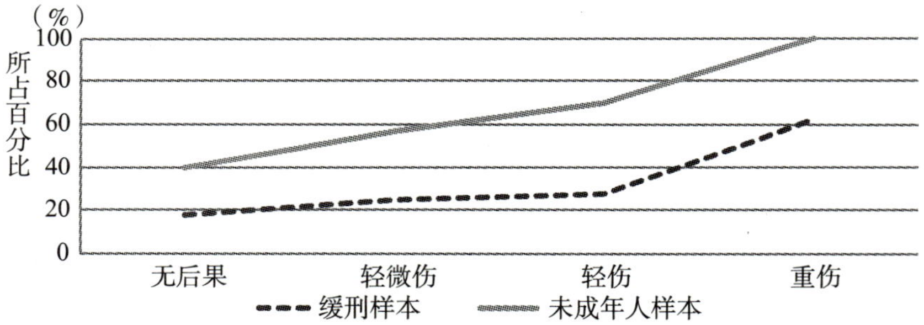

图5-4　北京市基层法院缓刑样本与未成年人样本的伤害后果对比情况

通过以上对抢劫数额、抢劫次数、抢劫人数、伤害后果四个连续性变量与缓刑适用关系的分析，不难发现，虽然四个变量与缓刑适用具有显著相关性，但实际上起到了与变量本身功能完全相反的作用。在这种情况下，该四个变量本身并没有对决定缓刑适用发挥任何作用，而通过样本分析，真正起到影响作用的应当是未成年人等其他因素。

（二）行为因素对有期徒刑缓刑量刑的影响

根据前文有期徒刑量刑的研究，抢劫罪中影响量刑的行为因素主要包括共同犯罪、转化犯、数罪、作案时间、被害人性别等方面。考虑到犯罪停止形态体现着行为状态，因而为研究方便，这里也将其纳入行为因素范围。这些因素与有期徒刑缓刑量刑的关系，可通过统计相关性结果进行验证。从以上相关性统计结果表明，是否共犯、是否数罪、是否转化犯、作案时间、被害人性别、犯罪停止形态分别与有期徒刑缓刑适用的 r 值是 0.158、−0.079、−0.105、0.231、0.264、−0.366，p 值均小于 0.001。说明以上变量均与有期徒刑缓刑适用具有显著相关性。根据相关性 r 值的正负结果，共同犯罪、白天作案和男性被害人样本的缓刑适用率高于单独犯罪、晚上作案和女性被害人样本的缓刑适用率，而数罪、转化犯和未完成形态样本的缓刑适用率低于一罪、非转化犯和完成形态样本的缓刑适用率。

1. 共同犯罪。根据统计情况，在共同犯罪样本中，缓刑适用率为 21.7%。而在单独犯罪的样本中，缓刑适用率仅为 5.7%。可见，在共同犯罪的情况下，被告人被适用缓刑的可能性是单独犯罪的四倍，因而是否共同犯罪对有期徒刑缓刑适用具有重要影响。卡方检验结果表明（$\chi^2=119.191$，$df=1$，$p<0.001$），是否共犯在判处缓刑方面具有显著差异。

前文已经分析，共同犯罪相较于单独犯罪的危害性更大，但为何共同犯罪的缓刑适用率大于单独犯罪，这就需要对有期徒刑三年以下样本的犯罪情况进行分析。结合缓刑适用条件和缓刑影响因素，通过对是否共犯情形下的是否在押、犯罪主体和前科情况进行对比分析，其结果为：在共同犯罪样本中，属于非在押的为 17.6%，未成年人为 46.9%，有前科劣迹的为 5.7%；而在单独犯罪样本中，非在押的为 4.1%，未成年人为 23.7%，有前科劣迹的为 10.0%。显然，较易适用缓刑的非在押和未成年人因素在共同犯罪中所占比例高于单独犯罪，而体现人身危险性较大程度的前科劣迹在共同犯罪中所占比例低于单独犯罪。这说明，与单独犯罪相比，符合缓刑适用条件的因素在共同犯罪中更占优势。

2. 数罪。根据统计情况，在266个数罪的样本中，适用缓刑的样本数量为16，所占百分比是6.0%；而在4527个一罪的样本中，适用缓刑的样本数量为884个，所占百分比是19.5%。很明显，在数罪的情况下，适用缓刑的概率较小，而在一罪的情况下，则相对较高，是一罪的三倍多。卡方检验结果表明（χ^2=30.077，df=1，p<0.001），是否数罪对是否适用缓刑具有显著差异。

一般来说，在相同情况下，实施数罪的社会危害性和人身危险性明显大于一罪的情况。如在三年以下有期徒刑范围内，数罪样本的量刑均值是24个月，而一罪样本的量刑均值是17个月；在数罪样本中，有前科劣迹的占15.8%，而在一罪样本中，有前科劣迹的占5.9%。显然，一罪样本在缓刑适用方面相较于数罪样本更具有优势，因而其适用缓刑的可能性就明显大于数罪。

3. 转化犯。根据统计情况，在转化犯样本中，适用缓刑的为3.0%；而在非转化犯样本中，适用缓刑的为19.8%。可见，非转化犯样本适用缓刑的比例明显大于转化犯样本。卡方检验结果表明（χ^2=52.486，df=1，p<0.001），是否转化犯对是否适用缓刑具有显著差异。

根据前文对转化犯与有期徒刑量刑的研究，转化犯对有期徒刑从轻处罚具有显著影响作用，其也因社会危害性和人身危险性较小而具有较轻的犯罪情节。但其为何在适用缓刑方面具有较小影响，则需要对具体犯罪情况进行分析。通过对是否转化犯中未成年人主体、前科劣迹、主刑时长等因素的比较发现，在转化犯样本中，未成年人占16.6%，有前科劣迹的为15.3%，量刑均值是28个月；而在非转化犯样本中，未成年人为44.4%，有前科劣迹的为5.9%，量刑均值是17个月。显然，尽管在整体上转化犯属于情节较轻的抢劫行为，但在有期徒刑三年以下的区间内，该类型样本的未成年人犯罪主体比例少于一般抢劫行为的未成年人犯罪主体比例，且犯罪主体的前科劣迹比例高于一般抢劫主体的前科劣迹比例，量刑均值也高出一般抢劫量刑均值 11 个月。在这种情形下，转化犯样本的缓刑适用率就必然少于一般抢劫样本的缓刑适用率。

4. 作案时间。根据统计情况，在白天作案的样本中，适用缓刑的为 40.6%；在夜晚作案的样本中，适用缓刑的为 10.4%；在白天夜晚均有作案的样本中，适用缓刑的为 52.6%。这说明，在三年以下有期徒刑的样本中，白天夜晚均有作案的犯罪人，被适用缓刑的可能性最大，其次是白天作案的犯罪人，而夜晚作案的犯罪人被适用缓刑的可能性最小。卡方检验结果表明（χ^2=617.334，df=2，p<0.001），不同作案时间对是否适用缓刑具有显著性差异。

如果单纯因作案时间不同而影响犯罪情节轻重的评价，那么“白天夜晚均有”样本就不应当是适用缓刑比例最高或最低的类型，而应当处于白天作案样本和夜晚作案样本中间的位置。上述“白天夜晚均有”样本的缓刑适用比例最高，显然不太符合人们的通常认识，说明其中可能有其他因素在起着更大的影响作用。为此，通过对有关样本进行分析发现，不同作案时间段内未成年人犯罪比例存在很大差别，如在白天作案的样本中，未成年人为 64.4%，在夜晚作案的样本中，未成年人是 33.9%，在白天夜晚均有作案的样本中，未成年人是 88.7%。这种分布趋势与有期徒刑缓刑适用大体相同（参见图 5-5），即在未成年人样本比例高的情况下，有期徒刑缓刑适用的比例也高，而在未成年人样本比例低的情况下，则有期徒刑缓刑适用的比例也相应降低，两者形成了同步变化的趋势。对于此种情况，卡方检验结果也同样表明（χ^2=445.178，df=2，p<0.001），是否未成年人与作案时间样本数量存在显著差异。这说明，在不同作案时间段内，未成年人犯罪主体所占比例的不同，影响了有期徒刑缓刑的适用，进而使不同的作案时间对有期徒刑缓刑适用形成了显著性差异。

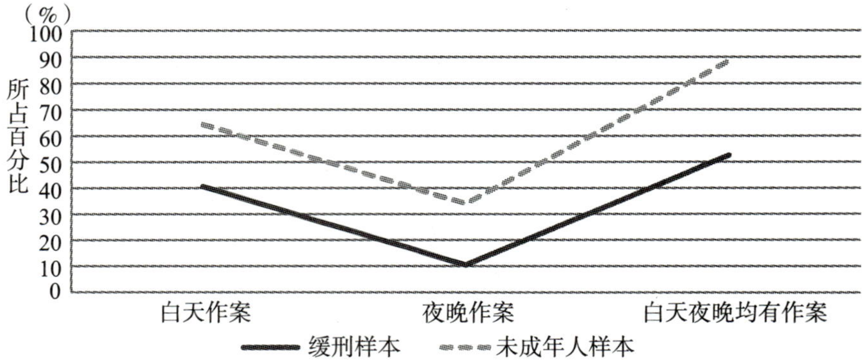

图 5-5　北京市基层法院缓刑样本与未成年人样本的作案时间对比情况

5. 被害人性别。根据统计情况，在男性被害人样本中，适用缓刑的是 31.6%；在女性被害人样本中，适用缓刑的是 11.4%；在男女被害人均有的样本中，适用缓刑的是 42.3%。很明显，在男女性被害人均有的情况下，适用缓刑的可能性最大，其次是男性被害人的样本，而在被害人为女性的情况下，则适用缓刑的可能性最小。卡方检验结果表明（χ^2=576.005，df=3，p<0.001），被害人性别对是否适用缓刑具有显著差异性。

如果单纯因被害人性别不同而影响犯罪情节轻重的评价，那么男女性被害人均有的样本就不应当是适用缓刑比例最高或最低的类型，而应当处于男性被害人样本和女性被害人样本中间的位置。对于上述男女性被害人均有的样本缓刑适用比例最高，显然不太符合人们的认识，说明其中可能有其他因素在起着更大的影响作用。为此，通过样本分析发现，在不同性别被害人样本中，未成年人比例存在明显差别，如在男性被害人样本中，未成年人所占百分比是 60.2%；在女性被害人样本中，未成年人所占百分比是 40.3%；在男女性被害人均有样本中，未成年人所占百分比是 78.3%。这种比例分布同样与有期徒刑缓刑样本的比例分布相同（详见图 5-6），即在未成年人样本比例高的情况下，有期徒刑缓刑适用的比例也高，而在未成年人样本比例低的情况下，则有期徒刑缓刑适用的比例也相应降低，两者形成了同步变化的趋势。对于此种情况，卡方检验结果也同样表明（χ^2=836.268，df=3，p<0.001），是否未成年人与被害人性别存在显著差异。这说明，在不同性别被害人样本范围内，未成年人犯罪主体所占比例的不同，影响了有期徒刑缓刑的适用，进而使不同的被害人性别与有期徒刑缓刑适用形成了显著相关性。

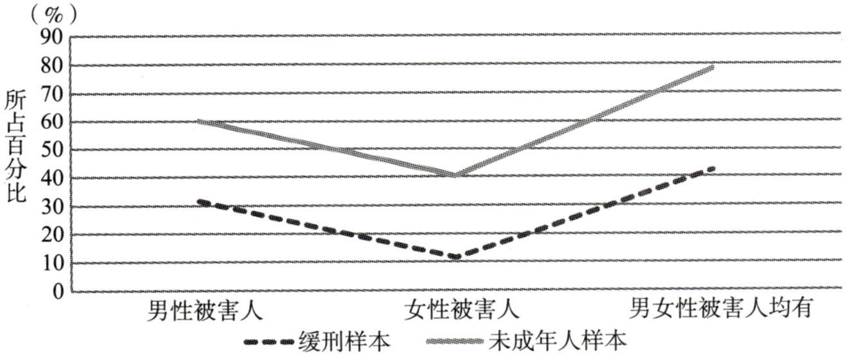

图 5-6 北京市基层法院缓刑样本与未成年人样本的被害人性别对比情况

6. 犯罪停止形态。根据统计情况，在犯罪预备形态样本中，适用缓刑样本的百分比为 1.8%；在犯罪中止形态的样本中，适用缓刑的数量是 0；在犯罪未遂形态的样本中，适用缓刑的百分比为 9.6%；在犯罪既遂形态的样本中，适用缓刑的百分比为 32.9%。很明显，犯罪既遂样本的缓刑适用率最高，犯罪中止的缓刑适用率最低。卡方检验结果表明（χ^2=692.406，df=3，p<0.001），行为停止形态对是否适用缓刑具有显著差异性。

一般来讲，犯罪行为的完成程度与犯罪情节的轻重具有密切关系，首先犯罪预备因尚未着手实施犯罪即被迫停止，犯罪情节最轻；其次是犯罪中止，[①] 是在犯罪实行过程中自动停止犯罪；再次是犯罪未遂，是在犯罪开始实施后尚未完成前而被迫停止，该三种停止形态因尚未齐备构成要件，因而均属于犯罪未完成形态；最后是犯罪既遂，即犯罪行为已经完成

① 犯罪中止包括预备中止和实行中止，因本书中所收集样本没有预备中止，所以这里仅指实行中止。

的情形，此时构成犯罪的要件已经齐备，所反映出的犯罪情节最重。从缓刑适用于情节较轻犯罪的要求来看，本应未完成形态样本的适用率高于完成形态的适用率，而实际情况则恰恰相反，即情节较重的完成形态样本缓刑适用率高于情节较轻的未完成形态样本缓刑适用率。为此，研究时对四种停止形态样本中未成年人犯罪情况进行了统计分析，结果为：在犯罪预备形态的样本中，未成年人所占百分比为 13.5%；在犯罪中止形态的样本中，未成年人所占百分比为 16.7%；在犯罪未遂形态的样本中，未成年人所占百分比为 27.8%；在犯罪既遂形态的样本中，未成年人所占百分比为 66.9%。从未成年人犯罪样本在不同停止形态中的分布趋势来看，与有期徒刑缓刑样本的分布趋势大致相同（详见图 5–7）。即在未成年人犯罪样本比例较低的情况下，有期徒刑缓刑适用的比例也较低，而在未成年人犯罪样本比例提高的情况下，则有期徒刑缓刑适用的比例也相应提高，两者形成了明显的同步变化趋势。对于此种情况，卡方检验结果也同样表明（χ^2=1267.646，df=3，p<0.001），未成年人犯罪对不同行为停止形态变化具有显著相关性。这说明，在不同犯罪行为停止形态的样本范围内，未成年人犯罪主体所占比例的不同，影响了有期徒刑缓刑的适用，进而使不同的犯罪停止形态与有期徒刑缓刑适用形成了显著相关性。而具有表征犯罪情节轻重功能的不同犯罪停止形态，则丧失了其对缓刑适用的真正作用。

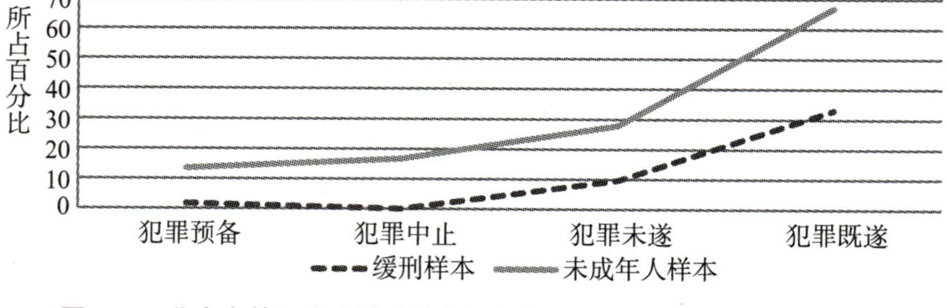

图 5–7　北京市基层法院缓刑样本与未成年人样本的犯罪停止形态对比

通过以上对共同犯罪、转化犯、数罪、作案时间、被害人性别、犯罪停止形态与有期徒刑缓刑量刑关系的分析情况，虽然各个行为因素与有期徒刑缓刑量刑具有显著相关性，但实际上真正对缓刑量刑具有影响作用的则是与这些因素有密切关联的未成年、前科劣迹等其他因素。正是由于这些“实质”影响因素的存在，使上述行为因素与有期徒刑缓刑适用表现出“形式”上的显著相关关系。

二、犯罪事实外因素与有期徒刑缓刑量刑

犯罪事实外因素是案件事实以外而与犯罪主体刑事责任有关的因素。在这些因素中，有的仅仅属于犯罪主体的自然情况，并不直接体现犯罪人的悔罪表现、人身危险性大小或犯罪情节轻重，如犯罪人性别、户籍、职业、年龄等情况，但却可能与缓刑适用有关；有的属于量刑情节而直接体现犯罪人的悔罪表现或人身危险性大小，如前科劣迹、自首、立功、坦白、退赃、赔偿等，有的则反映犯罪情节轻重，如从犯、损失挽回、被害人谅解等，从而直接影响缓刑评价。因此，为了研究分析的便利，以下从自然情况和量刑情节两个方面分别进行研究。

（一）自然情况对有期徒刑缓刑量刑的影响

犯罪人的自然情况主要包括性别、户籍、职业、行为能力等方面。因行为能力方面的未成年因素在量刑实践中较为常见和特殊，因而有必要对其单独研究，这就使行为能力方面仅包括精神障碍和盲聋哑人。一般而言，这些因素既与犯罪情节轻重无关，也不能反映犯罪人的悔罪程度和再犯可能性，似乎与缓刑适用评价没有直接关系。为此，有必要对其与缓刑适用进行统计相关性检验。根据相关性检验结果，犯罪人的户籍、性别、年龄、职业、行为能力与有期徒刑缓刑适用相关性的 r 值分别是 0.550、−0.130、0.425、−0.280、−0.0130，除了行为能力的 p 值大于 0.1 以外，其

余均小于 0.001，这说明犯罪人的户籍、性别、年龄、职业与有期徒刑缓刑适用具有显著相关关系，而行为能力则与有期徒刑缓刑适用没有显著相关性。以下对各因素对有期徒刑缓刑适用的实际影响情况分别进行研究。

1. 户籍。根据统计情况，在本地人样本中，适用缓刑的百分比为 48.8%；在外地人样本中，适用缓刑的百分比为 3.4%。即在三年以下有期徒刑的样本中，本地人适用缓刑的概率接近 1/2，较易适用缓刑；而外地人适用缓刑的概率不足 1/20，适用缓刑的难度较大，两者的差异性非常明显。卡方检验结果表明（χ^2=1448.584，df=1，p<0.001），犯罪人户籍对是否适用缓刑具有显著差异。

一般来说，犯罪人的户籍与缓刑适用的条件没有必然的联系，不管是本地人还是外地人，其犯罪情节、悔罪表现和再犯危险性大小并不受户籍的影响。然而，量刑实践中为何本地人适用缓刑率高而外地人适用缓刑率低，是不是样本中因为其他因素的存在而导致了这样的结果？为此，通过将样本中存在的易于影响缓刑适用的未成年、是否羁押等因素进行排除，使检验范围限定在在押且是成年人的样本范围内进行了重新检验，检验结果表明，在排除了未成年人和是否羁押因素后，本地人适用缓刑的可能性是 8.5%，而外地人适用缓刑的可能性是 0.5%，两者的差距依然是近二十倍。而且卡方检验结果表明（χ^2=130.114，df=1，p<0.001），犯罪人户籍与是否适用缓刑仍然具有显著差异。这样一来，我们完全有理由相信，在缓刑适用过程中，本地人确实受到法官的偏爱，而外地人则相对被冷落。

为何出现上述情形，同时可能与缓刑适用和执行政策有关。近年来，随着社区矫正制度的实施，各地均将缓刑犯纳入了社区矫正的对象范围，要求法院在适用缓刑前对犯罪人的住所地进行核实，否则不予接收。而且，有些地方对外地户籍的缓刑犯制定了严格的接收条件，使相当一部分外地犯罪人在适用缓刑后需要返回原籍接收矫正。在这种情况下，法院在对外地户籍人员适用缓刑前往往需要向其原籍地进行住所地核实，而且还经常出现原籍地和当地社区矫正机关相互推诿的现象，使法官在决定适用缓刑问题上左右为难，因而便出现了为了减少麻烦和节约审判时间干脆不予适用缓刑的做法。这就出现了外地犯罪人在适用缓刑面前受到不平等对待的现象。

2. 性别。根据统计情况，在男性犯罪人样本中，适用缓刑的百分比是17.8%，而在女性犯罪人样本中，适用缓刑的百分比是45.7%。显然，在三年以下有期徒刑的样本范围内，女性犯罪人适用缓刑的比例明显高于男性犯罪人，更有可能获得缓刑判决。卡方检验结果表明（χ^2=80.893，df=1，p<0.001），犯罪人性别对是否适用缓刑仍然存在显著差异。

同样为了排除犯罪人性别对缓刑适用的影响可能来自其他因素的原因，研究时对不同性别样本的未成年人样本和成年人样本的缓刑适用情况分别进行了统计，结果是：在同是未成年人样本内，女性犯罪人的缓刑适用率为55.2%，男性犯罪人的缓刑适用率为37.0%；在同是成年人样本内，女性犯罪人的缓刑适用率为22.9%，男性犯罪人的缓刑适用率为4.1%。即在排除了未成年人因素影响的情况下，女性犯罪人的缓刑适用率仍然高于男性犯罪人。而且，对不同性别犯罪人主刑时长的比较均值结果是：男性犯罪人的量刑均值是17个月，而女性犯罪人的量刑均值是22个月。以上情况结合起来，即使男性犯罪人的犯罪相对较轻，其适用缓刑的可能性仍然小于女性犯罪人。这便充分说明，单纯的性别因素对缓刑适用具有明显的影响作用。

3. 年龄。在本书研究中，将犯罪人年龄区分为未成年人和成年人两种类型。根据统计情况，在未成年人犯罪样本中，适用缓刑的比例为38.0%；在成年人犯罪样本中，适用缓刑的比例为4.4%。两相比较，差距十分明显。即未成年人被适用缓刑的可能性远远大于成年人。卡方检验结果表明（χ^2=867.191，df=1，p<0.001），犯罪人年龄对是否适用缓刑存在显著差异。

从缓刑适用情况来看，在缓刑适用样本中，未成年人占到了86.4%，成年人只占 13.6%，因而未成年人是缓刑适用的主要人群，而成年人则较难被适用缓刑。然而，既然未成年人易被适用缓刑，但为何在 2046 个未成年人犯罪样本中只有 38.0% 的样本被适用缓刑，其余未成年人没有被适用缓刑？同时，既然成年人不易被适用缓刑，为何在成年人犯罪样本中仍有 4.4% 的样本被适用缓刑？经对缓刑适用样本的分析发现，不同年龄的犯罪人是否被适用缓刑还受到在押状态的很大影响。根据统计情况，有 97.1% 的不在押未成年犯罪人被适用了缓刑，有 83.5% 的不在押成年人被适用了缓刑，而处于羁押状态的未成年人被适用缓刑的比例只有 11.8%，处于羁押状态的成年人被适用缓刑的比例只有 1.5%。可见，在押与否不管是对未成年人还是成年人，对决定是否适用缓刑都具有重要影响。但相比之下，羁押状态对成年人的缓刑适用更具有决定意义。

4. 职业。这里仍然沿用前文对有期徒刑影响因素中的犯罪人职业分类方法，将犯罪人的职业大致分为无业、农民、学生和其他从业人员四类。根据对有期徒刑三年以下样本的统计情况，在无业样本中，适用缓刑的百分比为 16.0%；在农民样本中，适用缓刑的百分比为 2.4%；在学生样本中，适用缓刑的百分比为 69.3%；在其他职业样本中，适用缓刑的百分比为 6.8%。可见，在三年以下有期徒刑的样本范围内，学生被适用缓刑的可能性最大，其次是无业人员，然后是其他从业人员，而农民被适用缓刑的可能性最小。卡方检验结果表明（χ^2=2059.774，df=3，p<0.001），犯罪人职业对是否适用缓刑具有显著差异。

对于不同职业人员的社会评价，就是否适宜适用缓刑来说，显然在上述四类职业中，学生会得到更多人的认同，这也与实际缓刑适用情况相一致。而从一般的社会评价来说，适于缓刑适用的应当是其他从业人员，因为他们一般具有一技之长，也有一定的经济收入，实施再犯罪的危险小于无业人员，然而实际情况却相反，这类人员的缓刑适用几率远小于无业人员。另外，当前因农民离开农村、脱离土地的现象较为普遍，他们流动进入城市后实际上与无业人员没有太多差别，因而在缓刑适用评价中应处于大致相同的等级，然而实际情况也是大大出人意料，农民的缓刑适用几率更是远不及无业人员，成为缓刑适用可能性最小的职业。显然，不同的职业因素在缓刑适用中并没有得到应有体现，至于实际存在的缓刑适用差别，则是受到其他因素影响的结果。为了验证这一预测结果，通过对缓刑适用样本进行分析，发现不同职业人员的缓刑适用情况与其户籍情况存在大体一致的分布趋势（详见图 5-8）。

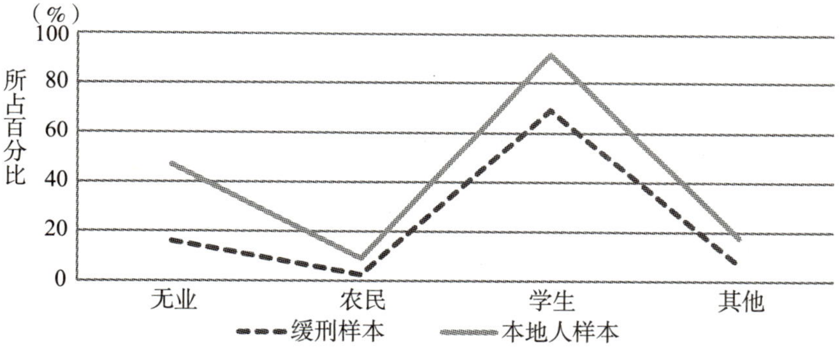

图 5-8　北京市基层法院缓刑样本与本地人样本的职业类型对比情况

根据图 5-8，如果将不同职业看作是从无业人员到农民、学生和其他从业人员的连续性变量，则缓刑适用比例随着本地人比例的变化而发生大体相似的变化。这说明，尽管不同的职业与缓刑适用之间存在显著的差别，但这种差别在很大程度上也与犯罪人的户籍因素有关。同时值得注意的是，图 5-8 中的缓刑样本分布和本地人样本分布虽然变化趋势一致，但二者并非完全平行，说明缓刑适用仍然在一定程度上受到职业因素的影响。为此，在同是本地户籍样本范围内和同是外地户籍范围内的缓刑适用统计发现，不同户籍缓刑适用率的高低顺序都是学生、无业、其他职业和农民，且卡方检验的结果均表明具有显著性差异。因而，职业因素在客观上确实对是否适用缓刑具有显著影响力。

5. 限制行为能力。刑法中的限制行为能力主要表现为未成年、精神障碍和盲聋哑人，因未成年已作为独立因素进行了考察，这里的限制行为能力仅限于精神障碍和盲聋哑的情形。根据统计情况，在限制行为能力样本中，适用缓刑的百分比为13.7%，在非限制行为能力样本中，适用缓刑的百分比为18.8%，两者相差不大。卡方检验结果表明（χ^2=0.863，df=1，p>0.1），是否限制行为能力对是否适用缓刑不具有显著差异。

在刑法中，作为限制行为能力的精神障碍和盲聋哑人，因其行为能力或控制能力较弱，从而也减轻了其所承担的刑事责任，在前文限制行为能力对有期徒刑量刑的研究中也到了印证。因缓刑是刑罚执行方式中的较轻种类，目前《刑法修正案（八）》明确规定符合缓刑适用条件的未成年犯罪人应当适用缓刑，即对未成年犯罪人在刑事责任后果上的区别对待及于刑罚执行方式的轻缓种类，而没有对其他限制行为能力作出类似规定。而上述量刑实际情况表明，未成年以外的限制刑事责任能力因素并没有对实际缓刑适用产生显著影响。而且经过对限制行为能力样本的分析发现，实际适用缓刑的7个限制行为能力人是仅有的处于非羁押状态的犯罪人，显然，他们被适用缓刑实际上是受到非羁押状态的很大影响。对于限制行为能力为何没有影响缓刑适用的原因，通过走访刑事法官了解到，缓刑适用与这类人员的语言表达能力存在很大关系，因为在实际抢劫案件中，没有一例盲人参与，限制行为能力犯罪人要么是精神障碍人，要么是聋哑人，他们的普遍特点是语言表达能力较弱，甚至不能表达，这便使他们的悔罪态度难以有效地表达出来，从而影响了法官对他们悔罪程度的评价。

（二）量刑情节对有期徒刑缓刑量刑的影响

从缓刑适用条件来看，其以犯罪人认罪为前提，且不构成累犯。因而这里不再对累犯和认罪情节进行讨论。下面根据量刑情节的类型，对体现人身危险性大小的情节，如前科劣迹、自首、立功、坦白、退赃、赔偿等，和反映犯罪情节轻重的量刑情节，如从犯、损失挽回、被害人谅解等，分别进行缓刑适用情况考察。

1. 前科劣迹。根据统计情况，在无前科劣迹的样本中，适用缓刑的为19.7%；在有劣迹的样本中，适用缓刑的为10.6%；在非抢劫罪前科样本中，适用缓刑的为2.5%；在抢劫罪前科样本中，适用缓刑的为2.9%。很明显，在无前科劣迹的情况下，犯罪人被适用缓刑的可能性最大，其次是具有劣迹的犯罪人，而存在犯罪前科的犯罪人被适用缓刑的可能性最小。卡方检验结果表明（χ^2=39.848，df=3，p<0.001），前科劣迹对是否适用缓刑具有显著影响。

前科劣迹是犯罪人曾经实施违法犯罪行为的历史记录，表明其规范意识较弱，较容易突破法律底线而实施越轨行为。一般来说，前科劣迹的性质越重，犯罪人的反规范意识越强；前科劣迹距离新罪时间越短，其再犯可能性越大；前科劣迹与新罪行的性质越是一致的，越有可能再次实施同一性质的犯罪行为。上述统计的结果基本符合了这一趋势。从统计情况来看，被适用缓刑的比例从高到低依次为：首先是没有任何前科劣迹的犯罪人；其次是具有劣迹的犯罪人，因劣迹只是普通的行政违法行为，表明犯罪人的反社会意识较小，因而在实践中被适用缓刑的比例仅次于无前科劣迹的犯罪人；最后是具有犯罪前科的犯罪人，但实施与抢劫罪非同种罪名的前科犯罪人，与实施具有抢劫罪前科的犯罪人相比，在适用缓刑比例上相差不大，表明在实践中法官并没有刻意区分不同前科性质对量刑的影响。

2. 自首和立功。根据统计情况，在自首样本中，适用缓刑的为28.2%，在非自首样本中，适用缓刑的为18.0%；卡方检验结果表明（χ^2=24.328，df=1，p<0.001），是否自首对是否适用缓刑具有显著差异。在339个立功样本中，适用缓刑的样本数量是92，所占百分比为27.1%，在4454个非立功样本中，适用缓刑的样本数量是808个，所占百分比为18.1%；卡方检验结果表明（χ^2=16.722，df=1，p<0.001），是否立功对是否适用缓刑具有显著差异。相比之下，自首犯罪人被适用缓刑的可能性大于非自首犯罪

人，立功犯罪人被适用缓刑的可能性大于非立功犯罪人，自首和立功对缓刑适用具有明显的影响作用。

自首与立功是犯罪人的罪后表现，都是对社会有益的行为。但仅从缓刑适用条件的角度考察，因自首的犯罪人愿意接受法律的裁判，表明其对抗法律的意识有所减弱，从而具有一定程度的悔罪表现；而立功不管是揭发检举他人犯罪事实还是其他有益于社会的行为，立功行为本身与所犯罪行关联度不大，因而体现不出何种程度的悔罪态度。也正是基于这个原因，从上述卡方检验的结果可以看出，自首对于缓刑适用的影响要大于立功对缓刑适用的影响。另外，从统计情况来看，无论是自首还是立功，都分别对缓刑适用具有显著影响，那么在两者同时存在于一个样本中，其对缓刑适用是否具有更加显著的影响呢？对此进行了样本统计，发现既有自首又有立功情节的样本数量是 34 个，而适用缓刑的样本数量仅有 7 个，所占百分比为 20.6%，远不及自首和立功单独对缓刑适用的影响。而且，卡方检验结果表明（$\chi^2=0.269$，$df=1$，$p>0.1$），是否同时具有自首和立功对是否适用缓刑没有显著差异。这显然是一种不正常的现象，因为既然自首和立功均分别对缓刑适用具有显著影响力，在两者同时具备的情形下更应表现出显著的影响。

3. 坦白。坦白是《刑法修正案（八）》新确立的法定量刑情节，其在本研究样本年度内还属于酌定量刑情节，一般在实践中具有酌定从轻处罚的功能。根据统计情况，在坦白样本中，适用缓刑的为 38.4%，而在非坦白的样本中，适用缓刑的为 16.0%。所以在具有坦白情节的情况下，犯罪人被适用缓刑的可能性大于没有坦白情节的犯罪人。卡方检验结果表明（$\chi^2=169.020$，$df=1$，$p<0.001$），是否坦白对是否适用缓刑具有显著差异。

坦白与自首一样，是犯罪人放弃与司法机关对抗并愿意接受法律裁判的一种表现，体现出一定程度的悔罪态度，因而成为法官决定是否适用缓刑的重要影响因素，上述实证统计分析结果也验证了坦白情节的实际量刑功能。出人意料的是，坦白与自首相比，因其是在被动归案情形下的如实供述行为，其悔罪程度远不如自动归案情形下的自首，但从上述卡方检验结果来看，坦白对缓刑适用的影响程度却大于自首的影响。为此，研究时对坦白和自首两种类型的样本进行了分析，发现其他影响因素在两类样本中的比例并不相同，如根据前文的分析结果，对缓刑适用具有显著影响的未成年和非羁押状态在坦白样本中的比例高于自首样本中的比例。具体情况是：坦白样本中的未成年比例是 66.6%，非羁押比例是 28.7%，而在自首样本中分别是 51.7% 和 22.4%。由此来看，坦白是在其他因素的共同作用下才在影响缓刑适用方面出现了大于自首的结果，其本身并不见得比自首具有更大的影响力。

4. 退赃和赔偿。根据统计情况，在退赃样本中，适用缓刑的为 51.1%，在非退赃样本中，适用缓刑的为 13.5%；卡方检验结果表明（χ^2=536.801，df=1，p<0.001），退赃对是否适用缓刑具有显著差异。在赔偿经济损失的样本中，适用缓刑的为 36.1%，在无赔偿经济损失的样本中，适用缓刑的为 17.5%；卡方检验结果表明（χ^2=71.023，df=1，p<0.001），赔偿经济损失对是否适用缓刑具有显著差异。显然，在退赃或者赔偿经济损失的情况下，犯罪人被适用缓刑的可能性均大于不具有上述情节的犯罪人。

退赃与赔偿经济损失是犯罪人在犯罪后为消除犯罪后果所做的积极努力，表明其对所犯罪行的悔过之意，因而往往成为衡量犯罪人悔罪态度的重要因素。上述实证统计结果也表明，这两种因素也确实在缓刑适用中发挥了影响作用。既然两种因素分别对于缓刑适用具有显著影响，那么在同时具备的情况下是否具有更加显著的关联性，研究时进行了实证检验，具体情况是：同时具有退赃和赔偿经济损失的样本中被适用缓刑的占 39.6%。卡方检验结果表明（χ^2=71.111，df=1，p<0.001），同时存在退赃和赔偿经济损失对是否适用缓刑具有显著影响。但与退赃和赔偿经济损失分别进行的卡方检验结果相比，在两种因素同时具备的情形下并没有表现出更为显著的影响力。

这种情况显然也是不正常的，因为单独存在退赃或者赔偿经济损失因素即对缓刑适用具有显著影响，而在两者同时具备时更应表现出更大的影响力。

5. 主犯和从犯。根据统计情况，在主犯样本中，适用缓刑的为 21.0%，在从犯样本中，适用缓刑的为 30.5%。相比之下，从犯比主犯更有可能被适用缓刑。卡方检验结果表明（$\chi^2=14.886$，$df=1$，$p<0.001$），主从犯认定对是否适用缓刑具有显著差异。

相对于主犯来说，从犯在犯罪中起较小作用或者辅助作用，因而犯罪情节相对较轻，更符合缓刑适用条件。但从实际统计情况来看，尽管主从犯在缓刑适用中具有显著差异，但主犯的缓刑适用率为 21.0%，30.5% 的从犯缓刑适用率也仅仅高出不足 10 个百分点，因而总体差异不大。为此，通过对两类样本情况进行分析发现，从犯样本基本上属于犯罪既遂类型，比例达到了 88.9%，犯罪预备的比例只有 0.7%；而主犯样本的犯罪既遂率只有 52.2%，犯罪预备的比例则达到了 41.0%。[①] 而且，两者犯罪形态的差异，导致两种样本的量刑均值也相差较大，统计结果是，主犯的量刑均值是 17 个月，从犯的量刑均值是 21 个月。之所以出现这种情形，是因为实际被认定从犯的样本数量较少，从犯样本大多出现在罪行较重的犯罪中（主从犯量刑均值的比较就是明证），而相当多罪行较轻的共同犯罪样本却没有区分主从犯，其共同犯罪人均被作为主犯统计，因而主从犯的比较大多在不具有共犯关系的不同犯罪之间进行，从而造成两者罪行程度的较大差异。从以上统计情况来看，从犯样本的罪行程度一般重于主犯样本的罪行程度，但即便如此，其适用缓刑的比例也高于主犯。因而，如果在共犯关系的范围内比较主从犯的缓刑适用情况，其差异性可能会更加明显。

6. 挽回财产损失和被害人谅解。在犯罪既遂的情形下，可能存在财产

---

① 在样本统计时将没有区分主从犯的共同犯罪人都归入主犯，因而主犯数量远远多于从犯数量，这也造成主犯与从犯不可能全部是对应关系，所以主犯与从犯存在不同的犯罪既遂率和犯罪预备率也是正常的。

损失后又通过犯罪人退赔或司法机关起获等方式予以挽回的情况。因而，对于是否挽回财产损失的情况应当在犯罪既遂的样本范围内进行比较。根据统计情况，在挽回财产损失的样本中，适用缓刑的为36.8%；在未挽回财产损失的样本中，适用缓刑的为22.9%。相比之下，挽回财产损失的样本适用缓刑的可能性更大。卡方检验结果表明（$\chi^2=44.157$，$df=1$，$p<0.001$），挽回财产损失对是否适用缓刑具有显著差异。为了防止其他因素影响缓刑适用，研究时在排除了是否羁押和未成年因素的基础上再次进行了交叉统计，其结果为：在挽回财产损失的样本中，适用缓刑的为5.5%；在未挽回财产损失的样本中，适用缓刑的为1.7%。卡方检验结果表明（$\chi^2=6.020$，$df=1$，$p<0.005$），挽回财产损失对是否适用缓刑仍具有显著差异。

被害人谅解与犯罪是否既遂没有关系，可以存在于任何停止形态的样本中，因而可以在整个三年以下有期徒刑样本范围内进行比较。根据统计情况，在被害人谅解的样本中，适用缓刑的为31.2%，在非被害人谅解的样本中，适用缓刑的为18.5%。显然，被害人谅解的犯罪人被适用缓刑的可能性更大。卡方检验结果表明（$\chi^2=9.992$，$df=1$，$p<0.05$），被害人谅解对是否适用缓刑具有显著影响。同样为了防止其他因素影响缓刑适用，在排除了是否羁押和未成年因素的基础上再次进行了交叉统计，其结果为：在被害人谅解的样本中，适用缓刑的为16.7%，在被害人未谅解的样本中，适用缓刑的为1.4%。卡方检验结果表明（$\chi^2=36.347$，$df=1$，$p<0.001$），被害人谅解对是否适用缓刑仍具有显著差异。

在挽回财产损失和被害人谅解的情况下，犯罪对社会关系的侵害得到一定程度的修复，表明犯罪情节相对较轻。而且，挽回财产损失和被害人谅解往往与犯罪人的主动退赃或者赔偿损失有关，因而也在一定程度上是犯罪人悔罪态度的体现，从而对缓刑适用具有相应的影响作用。但在两种因素同时具备的情形下，统计表明，在85个样本中适用缓刑的样本数量是27个，所占百分比为31.8%，与两种单独因素相比并没有表现出更显著的影响力。这种结果当然也是非常不正常的现象。

三、程序性因素与有期徒刑缓刑量刑

从前文程序性因素对有期徒刑量刑的研究来看，这些因素主要包括审理时间、审理法院、审理程序、羁押状况、律师参与和法官性别等方面，它们是否同时对有期徒刑的缓刑量刑具有影响作用，同样需要进行实证统计分析。

（一）审理时间对有期徒刑缓刑量刑的影响

根据统计情况，从2000年至2011年，不同年度间缓刑适用的比例分别是23.9%、21.2%、24.5%、27.0%、23.7%、22.9%、13.0%、10.5%、9.8%、15.4%、9.6%、13.4%，形成了一定程度的高低起伏。其中，2003年的缓刑适用率最高，2010年的缓刑适用率最低。卡方检验结果表明（χ^2=116.372，df=11，p<0.001），不同审理时间内的缓刑适用情况存在显著差异。

虽然缓刑适用存在不同年度间的起伏，但从总体变化趋势上，缓刑适用情况可分为2006年以前和2006年以后两个不同的阶段。在2006年前，缓刑适用率基本保持在20%以上，而在2006年以后，则下降为10%~15%之间的水平。之所以出现以上变化，经推测可能与一定时期的犯罪控制政策有关。因为自2006年开始，北京市为了迎接2008年奥运会而开始加强社会治安防控措施，不但破获的抢劫犯罪案件有所增多，而且也对缓刑适用予以从严掌握，防止不稳定因素对社会治安秩序的破坏，从而使缓刑适用率出现了急剧的下滑趋势。对于这种解释，还可以从2001年开展的“严打”运动得到印证。因为从统计情况可以发现，“严打”对缓刑适用情况的影响也是适用率急剧下降，以此来体现从重、从严打击犯罪的政策精神。

另外，缓刑适用率的变化还受到该年度的样本数量影响。如从缓刑和样本年度变化的折线图（详见图5-9）来看，样本数量高的年份缓刑适用率低，而样本数量低的年份则缓刑适用率高。对于这种情况，也说明缓刑适用受到犯罪控制政策的影响，在犯罪数量高发的情况下，为了防范再犯风险而严格适用缓刑，而在犯罪数量相对较低的态势下，则适当放宽了缓刑适用条件，较好地发挥了刑事审判在预防和打击犯罪中的作用。

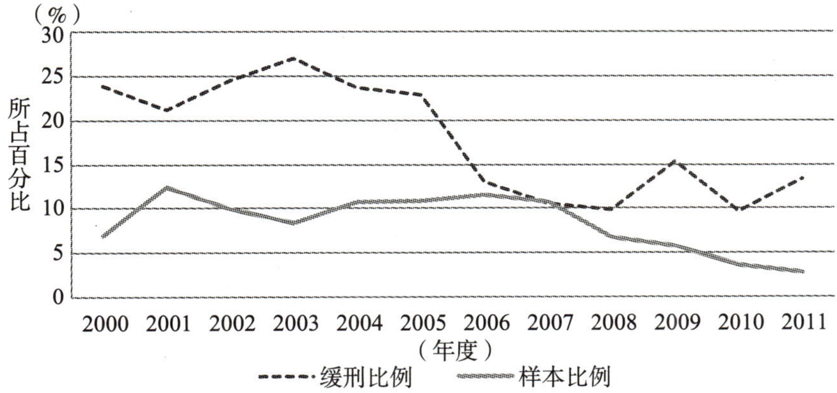

注：缓刑比例是在有期徒刑三年以内适用缓刑样本数量的百分比，样本比例是在北京市基层法院样本总数内不同年度样本数量的百分比。

图 5-9　北京市基层法院缓刑适用与样本数量的分布趋势对比

（二）审理法院对有期徒刑缓刑量刑的影响

根据统计情况，在中心城区样本中，适用缓刑的为 42.8%，在城乡接合部样本中，适用缓刑的为 6.2%，在远郊区样本中，适用缓刑的为 22.4%。因而，中心城区法院适用缓刑的比例最高，其次是远郊区县法院，适用缓刑可能性最小的是接合部法院。卡方检验结果表明（χ^2=863.771，df=2，p<0.001），不同地域法院的缓刑适用存在显著差异。

对于不同地域法院缓刑适用的差异，大致可以归结为以下原因：

1. 不同地域法院内部的审判管理机制存在很大不同。据了解，北京市各区县法院之间在缓刑适用管理制度上存在很大差别，有的法院实行严格的审批流程，对于适用缓刑的案件要经过庭长、主管副院长等层层审批，甚至有些法院还要经审委会讨论后才能适用。这便抑制了法官适用缓刑的积极性，对一些即便符合缓刑条件的案件也不愿意去“费尽周折”适用缓刑。而有的法院则实行相对宽松的管理机制，赋予法官在适用缓刑上的较大决定权，从而使许多符合缓刑条件的案件得到缓刑适用。

2. 不同地域的抢劫犯罪情况存在很大不同。一方面，不同地域的未成年人犯罪率存在显著差异。根据实际统计，中心区样本中，未成年人为65.7%，接合部样本中，未成年人为29.5%，远郊区样本中，未成年人为54.6%。对此，卡方检验的结果表明（$\chi^2=549.130$，$df=2$，$p<0.001$），不同地域犯罪人的未成年人比例存在显著差异。而未成年人受“教育为主、惩罚为辅”政策的影响，更容易获得缓刑判决的机会。另一方面，不同地域的抢劫犯罪数量存在显著差异。根据统计情况，中心区地域的样本数量是1469个，接合部地区的样本数量是2923个，远郊区县的样本数量是401个，形成数量上的较大差异。而从前述缓刑适用受到犯罪控制政策的影响，犯罪数量高发情况下的缓刑适用得到严格控制，而在犯罪数量较低情况下则会适当放松适用条件，这便同样形成了不同地域间的缓刑适用差别。

（三）审理程序对有期徒刑缓刑量刑的影响

根据统计情况，在适用简易程序审理的样本中，适用缓刑的为8.4%，在适用普通程序简便方式审理的样本中，适用缓刑的为13.2%，在适用普通程序审理的样本中，适用缓刑的为29.9%。卡方检验结果表明（$\chi^2=321.817$，df=2，$p<0.001$），不同审理程序的缓刑适用存在显著差异。

从不同程序适用对象来看，适用简易程序审理的犯罪最轻，其次是“简便审”程序，普通程序审理的可能最重，因而缓刑适用率最高的应该是简易程序，其次是“简便审”程序，普通程序最低。而从以上统计情况来看，适用普通程序审理的样本缓刑率最高，而适用简易程序审理的样本缓刑率最低。为何出现这种结果，笔者猜测可能由于其他因素的存在而影响了缓刑适用。为此，通过分析不同程序样本的犯罪情况发现，对缓刑适用具有较大影响的未成年和羁押状态因素在不同程序中存在明显差异，具体情况是：简易程序中的未成年人犯罪比例是27.5%，非羁押比例是7.8%，“简便审”程序中的比例分别是39.6%和9.5%，普通程序中的比例分别是57.2%和23.7%。该比例分布恰好与缓刑适用比例形成相同的趋势（详见图5-10）。

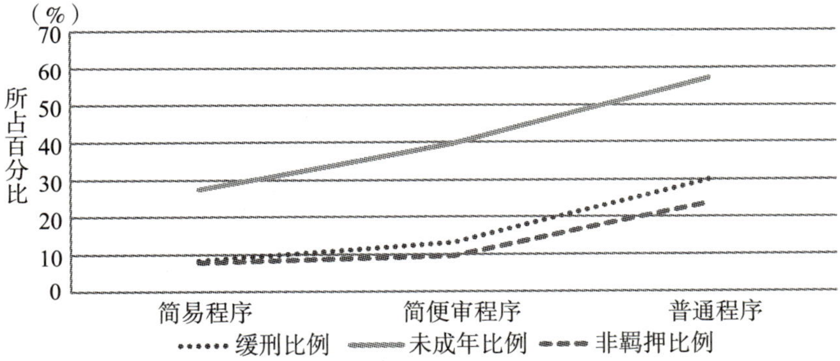

图5-10　北京市基层法院缓刑样本与未成年、非羁押样本比例对比

根据图5-10，如果将三个程序看作是连续性变量，随着简易程序向普通程序变化，未成年和非羁押因素比例在逐渐提高，缓刑适用比例也相应在提高，且在提高幅度上步调基本一致。由此来看，受到来自审理程序以外因素的影响是现实缓刑适用差异的重要原因。

另外，从实际办案角度来看，适用缓刑案件的审判特点和不同程序的审理时限也是造成缓刑适用的程序差异原因。因为法官在适用缓刑前一般需要了解犯罪人的个体情况并核实居住地，有的案件还可能要做犯罪人与受害人之间的矛盾化解工作，然后根据内部管理制度进行请示、汇报，或者召开审委会研究，这便使这类案件具有较长的审理周期。而原刑诉法规定的简易程序只有20天的审理时限，无法满足适用缓刑的时间要求，无奈之下法官便选择适用“简便审”程序或普通程序来审理，从而形成了普通程序、“简便审”程序缓刑适用率高于简易程序的状况。

（四）羁押状况对有期徒刑缓刑量刑的影响

根据统计情况，在押样本中适用缓刑的为 5.1%，非在押样本中适用缓刑的为 95.3%。相比之下，两者的缓刑适用几率差别很大，即非在押的犯罪人被适用缓刑的概率极大，而在押的犯罪人被适用缓刑的概率很小。卡方检验结果表明（χ^2=3286.459，df=1，p<0.001），不同羁押状态的缓刑适用存在显著差异。

在刑事诉讼实践中，因对犯罪人是否羁押缺乏明确的标准，羁押状态与缓刑适用条件之间不具有直接关系。如在有期徒刑三年以下的样本范围内，根据相关性检验结果（r=0.016，p>0.1），羁押与否与量刑时长没有显著相关性，即不在押并不意味着所犯罪行比在押者的犯罪轻。既然如此，为何羁押状态对缓刑适用产生如此之大的影响力？根据实际办案情况判断主要存在两个原因：一是受内部管理机制影响。北京市法院对释放或收押犯罪人规定了严格的审批机制，如果对在押的犯罪人适用缓刑，就必须在宣判后予以释放，这便需要经过内部层层审批，有的法院还需要审委会讨论决定，因而法官们往往不愿意对在押的犯罪人适用缓刑以免去烦琐的请示、汇报；而如果犯罪人处于非在押状态下，如果对其判处实刑，则需要对其收监执行，这同样面临层层的审批流程，因而法官们就尽量适用缓刑来避免收监执行的烦琐。二是受到收押和释放工作量的影响。犯罪人在羁押状态下，如果适用缓刑需要对其办理释放手续；犯罪人在非羁押状态下，如果判处实刑则需要对其办理收押手续。而这些工作都是由审理法官亲自来完成的，这无疑给法官增加了更多的工作量。因而在实践中，法官们在繁重的审判任务下，为了节省办案时间尽量不改变原有的羁押状态而作出相应的判决。

（五）律师参与对有期徒刑缓刑量刑的影响

根据统计情况，在有律师参与的样本中，适用缓刑的为29.8%，而在没有律师参与的样本中，适用缓刑的为5.7%。可见，在律师参与的情况下，犯罪人被适用缓刑的可能性大，没有律师辩护的犯罪人则被适用缓刑的可能性小。卡方检验结果表明（$\chi^2=451.079$，$df=1$，$p<0.001$），是否有律师参与对缓刑适用具有显著差异。

律师参与能提高缓刑适用的可能性，这是与辩护人在审判过程中的作用密切相关的。因为辩护人一般是由具有诉讼专业技能的律师担任的，他们能够根据案件情况向法官提示犯罪人所具有的从宽量刑情节，从而引起法官注意；而且辩护人能够根据缓刑适用的条件协助开展化解矛盾的工作和对犯罪人进行诉讼辅导，使犯罪人在庭审中表现出较好的认罪悔罪态度，为缓刑适用创造良好条件；同时，辩护人能够利用自身的职责便利向法官反映案件以外的而对犯罪人有利的信息，如犯罪人的家庭困难背景、一贯表现等，从而增强法官在适用缓刑问题上的认同感。显然，这些都会对法官决定是否适用缓刑产生重要影响，也是无辩护人的犯罪人所无法具备的。

（六）法官性别对有期徒刑缓刑量刑的影响

根据统计情况，在男法官量刑的样本中，适用缓刑的为22.8%，在女法官量刑的样本中，适用缓刑的为15.7%。这说明男法官比女法官更有可能对犯罪人适用缓刑。卡方检验结果表明（$\chi^2=38.908$，$df=1$，$p<0.001$），法官性别对缓刑适用具有显著差异。

缓刑是一种对犯罪人从宽处罚的量刑结果，体现了法官对犯罪人利益的更多关注。然而，根据前文关于法官性别对有期徒刑量刑影响的研究，女性法官的量刑相对轻于男性法官，说明女性法官在量刑时更多地关注了犯罪人的利益，但这里却出现了适用缓刑中的相反结果，显然是与前文的研究结论相矛盾的。为此，本研究对不同性别法官所量刑样本的犯罪情况进行了分析，发现对缓刑适用具有较大影响的羁押状况和未成年因素在两类样本中的比例均存在差异，即男性法官审理样本中的非羁押比例是53.7%，未成年比例是51.8%，而在女性法官审理样本中的比例分别是46.3%和48.2%。对于该两种因素的差异，卡方检验结果分别是（χ^2=38.045，df=1，p<0.001）和（χ^2=104.778，df=1，p<0.001），差异性均为显著。因而从样本情况来看，男性法官审理样本受到缓刑适用的影响大于女性法官审理的样本，所以得出男性法官适用缓刑的可能性大于女性法官的结论就不足为奇了。在这种情况下，为了验证法官性别本身对适用缓刑的影响，就必须对比较样本统一标准。在剔除了上述两种影响因素后，男性法官的缓刑适用比例仍高于女性法官的缓刑适用比例。卡方检验结果表明（χ^2=7.843，df=1，p<0.05），法官性别对缓刑适用具有显著差异。在这种情况下，男性法官更有可能适用缓刑的结论便成为不得不接受的现实。

对于法官性别差异影响缓刑适用的原因，笔者认为这是由男女性别不同的个性心理特征造成的。一般来说，男性能够自我决定，遇事有主见，办事果断；女性则显得优柔寡断、胆小怕事、信心不足。[①] 因为在决定是否适用缓刑问题上存在着对犯罪人是否具有再犯可能性的判断，如判断准确，则量刑适当；如判断失误，则量刑失当。由于男性法官较有主见，当其认为犯罪人符合缓刑适用条件时，便会果断决定适用缓刑；而女性法官因胆小怕事、信心不足，总担心自己的判断会出现失误，在犹豫不决的情况下为了保险起见，就干脆尽量少适用缓刑或者干脆不适用缓刑，以免误判而导致再次犯罪。所以，这两种不同的个性心理特点便在缓刑适用问题上表现出明显的性别差异。

① 参见赖修桂、赵学军：《女性犯罪研究》，法律出版社2013年版，第85页。

第二节　影响有期徒刑缓刑时长的因素

根据《刑法》第 73 条第 2 款的规定，有期徒刑的缓刑考验期是原判刑期以上五年以下，但不能少于一年。有期徒刑的缓刑时长是以主刑刑期为基础的，主刑刑期的长度决定着基本的缓刑时长，最终宣告的缓刑时长是在此基础上再进行适当增加而产生的，但具体增加多少由法官裁量决定。也就是说，有期徒刑缓刑时长实际上包括两个时段：一是主刑刑期，二是裁量时长。对于主刑刑期的确定，根据《刑法》第 61 条的规定，应当根据犯罪的事实、犯罪的性质、情节和对社会的危害程度判决，对其具体影响因素已在前文中进行了分析。而对于裁量时长如何确定，刑法没有作出明确规定，但从《刑法》第 77 条关于撤销缓刑的规定来看，撤销缓刑的条件是犯罪人在缓刑考验期限内又犯新罪，发现在判决以前还有其他罪没有判决，或者具有情节严重的违反缓刑监督管理规定的行为。如果没有发现上述情形的，缓刑考验期满就不再执行原判刑罚，如果存在上述情形的则撤销缓刑并执行原判刑罚。因此，设置缓刑考验期的目的就是考察犯罪人遵守法律规定的情况，即规范意识的强弱或者人身危险性的大小。如果犯罪人在一定的考验期限内没有作出违反相关规定的行为或者没有发现遗漏罪行的，说明其规范意识较强，实施再次犯罪的可能性较小，原判刑罚作出后已经起到了预防犯罪的作用，就没有必要对其执行原判刑罚；如果犯罪人在考验期限内违反了上述规定，则表明其规范意识较弱，人身危险性较大，仍有必要对其进行刑罚矫治。由此来看，缓刑考验期与犯罪人的人身危险性程度具有紧密关系，在确定缓刑考验期时应结合其人身危险性大小来进行，人身危险性大的缓刑考验期应适当延长，人身危险性小的缓刑考验期应适当缩短，这应当是立法确定缓刑考验制度的题中应有之义。

而根据前面的分析，缓刑时长包括主刑刑期和裁量时长两部分，既然主刑刑期是由与犯罪有关的因素决定的，这些因素就不能再对裁量时长产生影响，否则就造成同一因素两次影响量刑时长的局面，而产生重复性评价的问题。所以，法官在决定缓刑考验期的裁量时长时就应当避免再次受到与犯罪有关因素的影响，应当主要考虑其他与人身危险性有关的因素。因此，有期徒刑缓刑时长主要受到主刑刑期和人身危险性因素的影响，而人身危险性主要体现在犯罪人的主体性因素中。同时，根据前述研究，与案件事实和主体性因素无关的程序性因素也对量刑产生影响，因而也有必要考察其对缓刑时长的影响情况。

一、主刑时长与有期徒刑缓刑时长

根据刑法规定，缓刑时长必须超过主刑刑期，即主刑刑期是缓刑时长的基础时长，然后再根据相关因素在主刑刑期以上但不少于一年和五年以下的范围内确定具体的缓刑考验期。因此，主刑刑期长的，缓刑时长的起点就高，最终期限也会较长。对此，主刑时长和缓刑时长的相关性检验结果表明（r=0.894，p<0.001），主刑时长对缓刑时长具有显著影响力。同时，根据相关性中 R^2 具有决定影响力大小的特点，计算出这里的 R^2=0.799，即主刑刑期对缓刑时长具有 79.9% 的影响力。也就是说，缓刑时长中 79.9% 的期限是由主刑时长决定的。可见，主刑刑期对缓刑时长具有相当大的影响力，除了主刑刑期以外的全部因素仅对缓刑时长具有 20% 的影响力。

关于缓刑时长主要由主刑刑期决定的结果，从罪刑相适应的角度来说是较为合理的。因为缓刑时长尽管不是具体的刑期，但其作为一种刑罚后果毕竟也是犯罪行为引起的，如果没有犯罪行为发生，无论行为人具有怎样程度的人身危险性也不能对其作出具有一定缓刑考验期的缓刑判决，否则就会产生主观归罪之嫌。因而，犯罪行为的严重性程度应当与作为刑罚后果的缓刑时长相适应，犯罪行为重的，缓刑时长相对较长，犯罪行为轻的，缓刑时长相对较短。而不能对较轻的犯罪行为判处较长的缓刑时长，或者较重的犯罪行为判处较短的缓刑时长，这显然是违背罪刑相适应原则的。由于主刑时长是犯罪行为严重性程度的直接体现，在具体实践中就应当是主刑时长与缓刑时长相适应。而从缓刑时长应当主要体现犯罪人人身危险性大小的角度来说，缓刑时长主要受主刑刑期的影响也是行得通的。因为犯罪人所实施犯罪行为的严重性程度是衡量其主观恶性、人身危险性大小的重要客观依据，人身危险性较小的犯罪人，其所实施的犯罪行为相对较轻，人身危险性较大的犯罪人，其所实施的犯罪行为相对较重。然后在此基础上参考其他因素进行适当延长，从而使人身危险性大小的判断具有了看得见的标准。否则，如果不以罪行程度作为主要判断标准，就会使缓刑时长的裁量出现随意性和主观臆断性，从而使人身危险性的判断也随之丧失。

由于缓刑时长是一定主刑刑期的考验期，且缓刑时长是在一定主刑时长基础上确定的，因而对缓刑时长的考察就不能将其与主刑时长分开。为了发现缓刑判决的量刑经验，有必要对实践中判决刑期、缓刑时长的分布特点及两者之间的关系进行研究。根据统计情况，主刑时长的最小值是 6 个月，最大值是 36 个月，均值是 19 个月，中值是 18 个月，众数刑期是 12 个月。由此来看，判处缓刑的主刑刑期分布较为分散，从 6 个月到 36 个月均有涉及。但这种分散性的分布也存在较为明显的趋势，即如果筛选超过 10% 的对应样本数，则刑期分布主要是 6 个月、12 个月、18 个月、24 个月、36 个月，所占百分比分别是 10.6%、28.2%、12.8%、17.2%、20.4%，累积百分比达到了 89.2%。也就是半年、一年、一年半、两年、三年，呈现出相对整数性的分布趋势。

从缓刑时长的统计情况来看，缓刑时长的最小值是 6 个月，最大值是 60 个月，均值是 23 个月，中值是 24 个月，众数值是 12 个月。根据刑法关于缓刑时长不得少于一年的规定，实际样本中出现了 6 个月和 10 个月的判决结果，这显然是适用法律错误。从缓刑时长的分布情况看，其总体上较为分散，除了适用法律错误而判处一年以下的缓刑时长以外，在一年至五年的范围内都有样本出现。但这种分散性分布也呈现出相对集中化的趋势，即 12 个月、18 个月、24 个月、36 个月、48 个月和 60 个月的所占百分比较高，分别为 38.0%、6.8%、29.1%、15.9%、5.1%、2.8%，累计百分比达到了 97.7%，相对整数性的分布趋势更为明显。

根据以上主刑时长和缓刑时长的统计结果，不管是主刑时长还是缓刑时长，12 个月的百分比均最高，其次是 24 个月、36 个月依次递减。这说明，主刑刑期越短越有可能被适用缓刑，适用的缓刑时长也相应较短。而且，司法实践中法官倾向于取整数作为主刑刑期和缓刑考验期。为了更为直观地反映主刑时长与缓刑时长的分布趋势，下面通过图 5-11 进行具体描述。

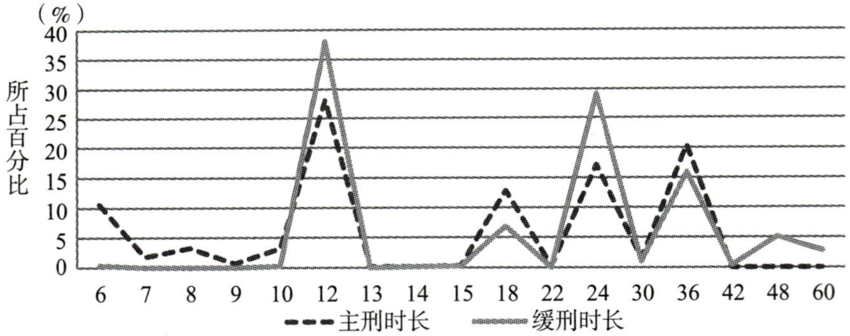

图 5-11　北京市基层法院主刑时长与缓刑时长关系示意

从刑法关于缓刑考验期的规定来看，缓刑时长应当高于主刑时长，但一般高出多少为宜，这同样需要通过样本观察来寻找答案。为此，通过将主刑时长与缓刑时长之间的对应情况进行交叉统计，便可以使主刑时长所对应的缓刑时长清晰展现出来（见表 5-1）。而且，卡方检验的结果表明（χ^2=2149.069，df=143，p<0.001），不同主刑时长所对应的缓刑时长具有显著差异。

表 5-1　北京市基层法院主刑时长与缓刑时长情况

计数

主刑时长（月）	缓刑时长（月）												合计
	6	10	12	14	15	18	24	30	36	42	48	60	
6	3	1	90	1	–	–	–	–	–	–	–	–	95
7	–	1	13	–	1	–	–	–	–	–	–	–	15
8	–	–	26	–	–	3	–	–	–	–	–	–	29
9	–	–	5	–	–	–	–	–	–	–	–	–	5
10	–	–	27	–	–	1	–	–	–	–	–	–	28
12	–	–	181	–	–	18	54	1	–	–	–	–	254
13	–	–	–	–	1	–	–	–	–	–	–	–	1
14	–	–	–	–	–	1	–	–	–	–	–	–	1
15	–	–	–	–	–	1	2	–	–	–	–	–	3
18	–	–	–	–	–	37	77	1	–	–	–	–	115
22	–	–	–	–	–	–	2	–	–	–	–	–	2
24	–	–	–	–	–	–	127	3	24	–	1	–	155
30	–	–	–	–	–	–	–	4	8	–	1	–	13
36	–	–	–	–	–	–	–	–	111	4	44	25	184
合计	3	2	342	1	2	61	262	9	143	4	46	25	900

注：“–”是指与主刑时长没有对应的缓刑时长。

根据表 5-1 的统计情况，一定的主刑时长所对应的缓刑时长较为集中，形成明显的规律性。为了总结主刑时长与缓刑时长之间的对应规律，分别对二者的对比率和百分比进行了统计（见表 5-2）。

表 5-2　北京市基层法院主刑时长与缓刑时长对应关系[①]

主刑时长（月）	缓刑时长（月）	对比率	频数	百分比（%）
6	6	1.0	3	3.2
	10	0.6	1	1.1
	12	0.5	90	94.7
	14	0.4	1	1.1
7	10	0.7	1	6.7
	12	0.6	13	86.7
	15	0.5	1	6.7
8	12	0.7	26	89.7
	18	0.4	3	10.3
9	12	0.8	5	100.0
10	12	0.8	27	96.4
	18	0.6	1	3.6
12	12	1.0	181	71.3
	18	0.7	18	7.1
	24	0.5	54	21.3
	30	0.4	1	0.4
13	15	0.9	1	100.0
14	18	0.8	1	100.0
15	18	0.8	1	33.3
	24	0.6	2	66.7
18	18	1.0	37	32.2
	24	0.8	77	67.0
	30	0.6	1	0.9
22	24	0.9	2	100.0
24	24	1.0	127	81.9
	30	0.8	3	1.9
	36	0.7	24	15.5
	48	0.5	1	0.6
30	30	1.0	4	30.8
	36	0.8	8	61.5
	48	0.6	1	7.7
36	36	1.0	111	60.3
	42	0.9	4	2.2
	48	0.8	44	23.9
	60	0.6	25	13.6

① 表中的对比率是主刑时长和缓刑时长的比率，即对比率＝主刑时长 / 缓刑时长。

根据表 5-2，主刑时长与缓刑时长的对比率存在着大致相同的比例范围，除主刑时长为 6 个月、8 个月、12 个月的个别样本最小对比率略小于 0.5 以外，其余均在 0.5~1.0。也就是说，主刑时长与缓刑时长的关系是，缓刑时长一般在主刑时长本数以上、一倍以下范围内确定，如有期徒刑一年的缓刑时长在一年至二年之间确定。

二、主体性因素与有期徒刑缓刑时长

在犯罪主体性因素对有期徒刑缓刑适用的研究中，区分了犯罪人自然情况和量刑情节两方面，并分别进行了统计分析。犯罪人自然情况包括性别、户籍、职业、年龄、限制行为能力等因素，量刑情节则包括前科劣迹、自首、立功、坦白、退赃、赔偿等因素。应当说，量刑情节是体现犯罪人人身危险性大小的因素，从而对再犯可能性产生直接影响；而自然情况虽与人身危险性大小无关，但受到社会观念的影响，这些因素可能间接影响法官对再犯可能性的判断。这些因素虽然已经对主刑时长产生影响，但在法官确定缓刑时长时出于对犯罪人再犯可能性判断的需要，仍有可能再次成为影响法官衡量的因素。

（一）自然情况对有期徒刑缓刑时长的影响

犯罪人自然情况包含性别、户籍、职业、年龄、限制行为能力等多种因素，这些因素对缓刑时长是否具有影响，有必要首先通过相关性检验来确定。因刑法规定的有期徒刑缓刑时长最低为 12 个月，所以在统计时应当将实践中错误适用法律的样本予以剔除，仅对符合法律规定的缓刑样本进行统计。

根据对户籍、性别、职业、年龄、限制行为能力等自然情况与缓刑时长的相关性检验结果，其 r 值分别是 0.055、0.036、−0.126、0.350、0.020，其 p 值分别是大于 0.1、大于 0.1、小于 0.001、小于 0.001、大于 0.1，即只有犯罪人的年龄和职业因素对缓刑时长具有显著相关性，而犯罪人户籍、性别、限制行为能力因素对缓刑时长不具有显著影响力。为此，下面仅对年龄和职业因素进行详细研究。

1. 年龄。根据对不同年龄样本缓刑时长的统计得知，未成年人样本的缓刑时长分别是 12 个月、14 个月、15 个月、18 个月、24 个月、30 个月、36 个月、42 个月、48 个月和 60 个月，所对应的百分比分别为 41.3%、0.1%、0.3%、7.9%、30.3%、1.2%、13.2%、0.4%、4.9% 和 0.4%。而成年人样本的缓刑时长分别是 12 个月、24 个月、36 个月、42 个月、48 个月和 60 个月，所对应的百分比分别为 18.9%、22.1%、33.6%、0.8%、6.6% 和 18.0%。卡方检验的结果表明（χ^2=173.748，df=9，p<0.001），不同年龄所对应的缓刑时长之间具有显著差异。为了直观展示不同年龄样本的缓刑时长分布情况，以下用图 5-12 进行描述。

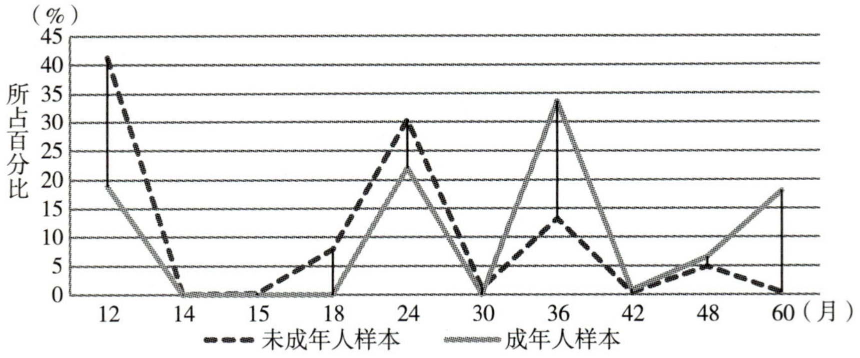

图 5-12　北京市基层法院犯罪人年龄与缓刑时长关系

根据图 5-12 所示情况，未成年人缓刑时长大多位于两年以内，两年以上的样本比例相对较少；而与之相反，成年人缓刑时长则大多在两年以上，其中尤其以三年作为缓刑时长的比例最高。这说明，不同年龄样本的缓刑时长在具体分布上具有明显差异。但是，由于缓刑时长与主刑时长具有密切联系，不同年龄样本的缓刑时长差异可能是受到主刑时长差异的影响。为了剔除主刑时长的影响，研究中对两类样本不同主刑时长所对应的缓刑时长均值进行了统计，通过比较同一主刑时长所对应的缓刑时长均值，可以在消除主刑时长因素的影响下来比较两类样本的缓刑时长差异。如果均值较大的，则说明年龄因素有较大影响；反之，则具有较小影响。具体比较结果形成表 5-3 所列数据。

表 5-3　北京市基层法院不同年龄样本在相同主刑时长下的缓刑时长对比*

缓刑时长（月）

主刑时长（月）	未成年人均值	成年人均值	平均均值	频数	显著性
6	12.02	12.00	12.02	91	0.811
7	12.21	–	12.21	14	–
8	12.75	12.00	12.62	29	0.422
9	12.00	12.00	12.00	5	–
10	12.22	12.00	12.21	28	0.852
12	15.01	15.69	15.05	254	0.636
13	15.00	–	15.00	1	–
14	18.00	–	18.00	1	–
15	22.00	–	22.00	3	–
18	22.04	24.00	22.12	115	0.140
22	24.00	–	24.00	2	–
24	26.12	26.18	26.13	155	0.955
30	35.08	–	35.08	13	–
36	40.50	45.26	42.26	184	0.000
总计	21.58	33.98	23.27	895	0.000

* 表中的显著性水平为 0.05。“–”是指与主刑时长没有对应的缓刑时长。

根据以上统计，在主刑时长相同的情况下不同年龄样本的缓刑时长均值差别不大，仅在主刑时长是36个月时方差分析的结果显示［$F(1,182)=13.954$，$p<0.001$］，不同年龄对缓刑时长具有显著性影响，而在其他主刑时长的情况下，犯罪人年龄对缓刑时长不具有显著性影响。[①]

综合以上分析结果，犯罪人年龄对缓刑时长的影响主要体现在不同时长的分布上，即未成年人的缓刑时长相对较短，而成年人的缓刑时长相对较长，但这种差异主要是由于主刑时长的差异造成的。因为在同一主刑时长时，除了个别情况下不同年龄犯罪人的缓刑时长基本相同，说明年龄因素是通过影响主刑时长的方式来影响缓刑时长的，单纯的年龄因素并不能对缓刑时长造成显著性影响。

2. 职业。根据对不同职业样本缓刑时长的统计情况，在缓刑时长分别是12个月、14个月、15个月、18个月、24个月、30个月、36个月、42个月、48个月和60个月的不同职业样本中，无业样本所对应的百分比分别为25.0%、0、0、6.7%、32.3%、0.6%、23.8%、0、4.9%和6.7%；农民样本所对应的百分比分别是42.4%、1.7%、0、0、33.9%、1.7%、15.2%、0、3.4%和1.7%；学生样本所对应的百分比分别是41.3%、0、0.3%、7.7%、27.7%、1.1%、14.2%、0.6%、5.4%和1.7%；其他职业样本所对应的百分比分别为31.8%、0、0、0、40.9%、0、13.7%、0、4.5%和9.1%。卡方检验的结果表明（$\chi^2=59.060$，$df=27$，$p<0.001$），不同职业所对应的缓刑时长之间具有显著差异。为了直观展示不同年龄样本的缓刑时长分布情况，以下用图5-13进行描述。

从以上统计情况看，无业样本的缓刑时长相对最长，其次是其他职业样本，然后是学生样本，最短的是农民样本。同样为了剔除主刑时长的影响，有必要对不同职业样本不同主刑时长所对应的缓刑时长均值进行统计，具体比较结果形成表5-4所列数据。

① 对于造成这种结果的原因，受到样本承载信息有限的影响，还不能给出合理的解释。

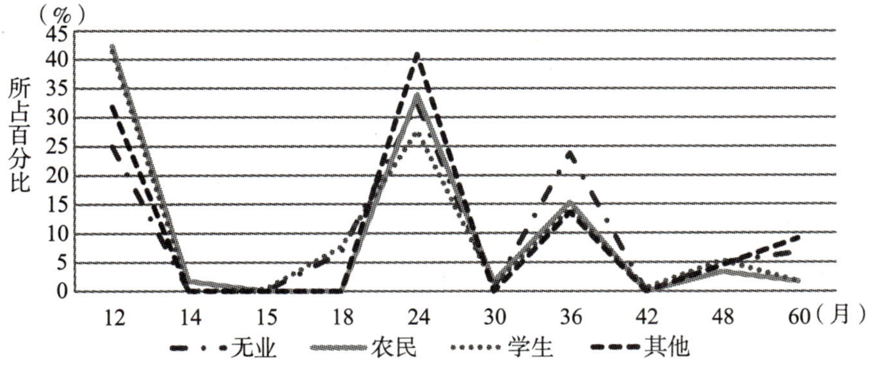

图 5-13　北京市基层法院不同职业样本的缓刑时长分布

表 5-4　北京市基层法院不同职业样本在相同主刑时长下的缓刑时长对比 *

主刑时长（月）	无业均值	农民均值	学生均值	其他职业均值	平均均值	频数	显著性
6	12.00	12.00	12.00	12.00	12.02	91	0.041
7	12.00	–	12.25	–	12.21	14	0.700
8	12.00	12.00	12.78	12.00	12.62	29	0.854
9	12.00	12.00	12.00	–	12.00	5	–
10	13.50	12.00	12.00	–	12.21	28	0.043
12	16.67	17.37	14.47	16.80	15.05	254	0.011
13	–	–	15.00	–	15.00	1	–
14	–	–	18.00	–	18.00	1	–
15	–	–	22.00	–	22.00	3	–
18	22.36	24.00	21.95	24.00	22.12	115	0.474
22	24.00	–	24.00	–	24.00	2	–
24	26.71	26.18	26.07	24.00	26.13	155	0.641
30	34.50	–	35.33	–	35.08	13	0.787
36	43.50	40.80	41.70	46.00	42.26	184	0.410
总计	27.07	22.10	22.32	26.18	23.27	895	0.000

* 表中的显著性水平为 0.05。“–”是指与主刑时长没有对应的缓刑时长。

根据以上统计，虽然总体上不同职业样本之间的缓刑时长存在显著性差异，但在同一主刑时长情况下，除了主刑为 12 个月时各类型样本的缓刑时长具有较为显著的差异性以外，很少存在差异显著的情况。这说明，尽管不同职业间的缓刑时长存在差异，主要是受主刑时长影响，而单纯的职业因素对缓刑时长的影响力较小。

（二）量刑情节对有期徒刑缓刑时长的影响

与人身危险性大小有关的量刑情节包括前科劣迹、自首、立功、坦白、退赃、赔偿等，这些因素对缓刑时长是否具有影响，有必要首先通过相关性检验来确定。

根据相关性检验结果，只有自首、坦白与前科因素与缓刑时长的相关性 p 值小于 0.01，即具有显著相关性，其他因素的 p 值均大于 0.05，显著性不明显。一般来说，自首与坦白表明犯罪人人身危险性较小，缓刑时长应相应较短，前科表明犯罪人人身危险性较大，缓刑时长相应较长。然而从三个因素的 r 值来看，分别是 −0.106、0.094 和 0.093，即自首和前科因素引起了缓刑时长的缩短和延长，与自身功能一致，但坦白因素却导致了缓刑时长的增加，显然与自身功能背道而驰。为此，对自首、坦白和前科因素分别加以研究。

1. 自首。根据对是否自首样本的分别统计情况，在缓刑时长分别是 12 个月、14 个月、15 个月、18 个月、24 个月、30 个月、36 个月、42 个月、48 个月和 60 个月的样本中，自首样本的百分比分别为 47.7%、0、0、9.2%、30.3%、1.8%、7.4%、0、1.8% 和 1.8%；非自首样本的百分比分别为 36.9%、0.1%、0.3%、6.5%、29.1%、0.9%、17.2%、0.5%、5.6% 和 2.9%。卡方检验的结果表明（$\chi^2=14.645$，$df=9$，$p>0.1$），是否自首的缓刑时长分布不具有显著差异。为了直观展示自首与非自首样本的缓刑时长分布情况，以下用图 5-14 进行描述。

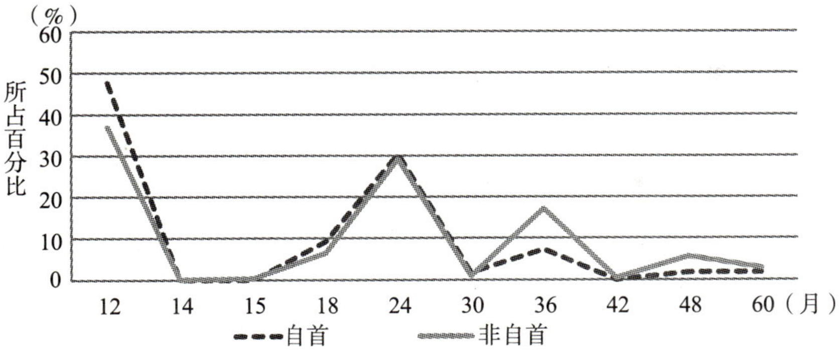

图 5-14　北京市基层法院自首与非自首样本的缓刑时长分布

从图 5-14 所示情况来看，自首样本在较低时长的范围内多于非自首样本，而在较高时长的范围内则少于非自首样本，说明自首样本的缓刑时长总体上短于非自首样本的缓刑时长。为了避免主刑时长对自首因素的缓刑时长影响力干扰，笔者统计了主刑时长相同情况下的是否自首样本缓刑时长均值，以此考察单纯自首因素对缓刑时长的影响情况，统计结果形成表 5-5 所列数据。

表 5-5　是否自首在相同主刑时长下的缓刑时长对比[*]

主刑时长（月）	自首均值	非自首均值	平均均值	频数	显著性
6	12.00	12.03	12.02	91	0.598
7	12.00	12.23	12.21	14	0.794
8	15.00	12.24	12.62	29	0.004
9	–	12.00	12.00	5	–
10	12.00	12.30	12.21	28	0.537
12	15.77	14.93	15.05	254	0.360
13	–	15.00	15.00	1	–
14	–	18.00	18.00	1	–
15	–	22.00	22.00	3	–
18	22.91	22.04	22.12	115	0.347
22	24.00	24.00	24.00	2	–
24	24.75	26.29	26.13	155	0.219
30	30.00	36.00	35.08	13	0.106
36	42.55	42.24	42.26	184	0.911
总计	19.82	23.75	23.27	895	0.000

[*] 表中的显著性水平为 0.05。“–”是指与主刑时长没有对应的缓刑时长。

根据以上统计，虽然总体上是否自首对缓刑时长具有显著性影响，但在同一主刑时长情况下，除了主刑为 8 个月时自首与否对缓刑时长具有较为显著的影响（$p<0.05$）以外，其他主刑时长所对应的缓刑时长差异性不明显。这说明，尽管自首因素在总体上对缓刑时长影响显著，但其可能主要是通过影响主刑时长的方式来间接影响缓刑时长，而单纯的自首因素对缓刑时长的影响力较小。

2. 坦白。根据对是否坦白样本的分别统计得知，在缓刑时长分别是 12 个月、14 个月、15 个月、18 个月、24 个月、30 个月、36 个月、42 个月、48 个月和 60 个月的样本中，坦白样本的百分比分别为 40.0%、0、0、4.9%、20.6%、0、19.7%、0、11.2% 和 3.6%；非坦白样本的百分比分别为 37.9%、0.1%、0.3%、7.4%、32.1%、1.3%、14.7%、0.6%、3.1% 和 2.5%。卡方检验的结果表明（$\chi^2=39.251$，$df=9$，$p<0.001$），是否坦白的缓刑时长分布具有显著差异。为了直观展示坦白与非坦白样本的缓刑时长分布情况，以下用图 5-15 进行描述。

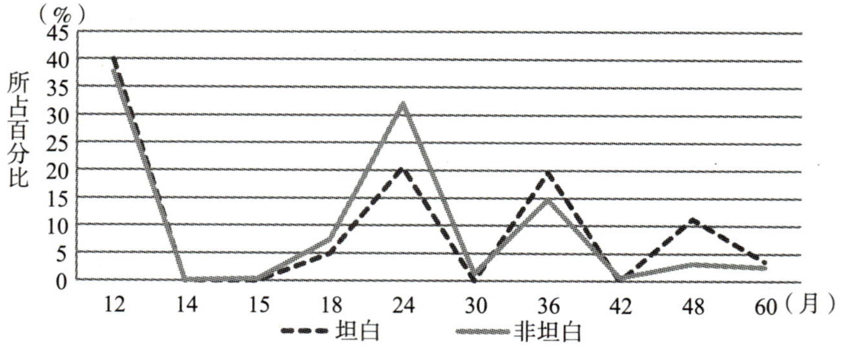

图 5-15　北京市基层法院坦白与非坦白样本的缓刑时长分布

从图 5-15 所示情况看，在 36 个月以上的较长缓刑时长内，坦白样本的比例明显高于非坦白样本的比例。这说明越是坦白越有可能被判处较长的缓刑时长，这显然是与坦白的本来目的不相符的。为此，通过比较坦白与非坦白样本的主刑时长发现，坦白样本的主刑时长均值为 21 个月，非坦白样本的主刑时长均值为 18 个月，显然，坦白样本的罪行重于非坦白样本的罪行，继而又对缓刑时长产生影响。这样一来，坦白在总体上就对缓刑时长没有产生显著影响力。为了进一步验证在除去主刑时长情况下的坦白影响力大小，研究时对相同主刑时长所对应的缓刑时长均值进行了统计，以此考察单纯坦白因素对缓刑时长的影响情况，统计结果详见表 5-6 所列数据。

表 5-6　是否坦白在相同主刑时长下的缓刑时长对比 *

主刑时长（月）	坦白均值	非坦白均值	平均均值	频数	显著性
6	12.00	12.03	12.02	91	0.634
7	12.00	12.27	12.21	14	0.621
8	12.00	12.75	12.62	29	0.422
9	–	12.00	12.00	5	–
10	12.86	12.00	12.21	28	0.083
12	13.83	15.50	15.05	254	0.018
13	–	15.00	15.00	1	–
14	18.00	–	18.00	1	–
15	–	22.00	22.00	3	–
18	21.33	22.27	22.12	115	0.211
22	24.00	24.00	24.00	2	–
24	24.89	26.39	26.13	155	0.134
30	36.00	34.91	35.08	13	0.782
36	42.74	41.95	42.26	184	0.544
总计	25.26	22.61	23.27	895	0.000

* 表中的显著性水平为 0.05。“–”是指与主刑时长没有对应的缓刑时长。

根据统计情况，坦白因素只对主刑时长 12 个月的缓刑时长产生显著影响（$p<0.05$），而对其他主刑时长的缓刑时长无显著影响。这表明，单纯的坦白因素对缓刑时长的影响力相对较小。

3. 前科。根据对有无前科样本的分别统计得知，在缓刑时长分别是 12 个月、14 个月、15 个月、18 个月、24 个月、30 个月、36 个月、42 个月、48 个月和 60 个月的样本中，前科样本的百分比分别为 22.2%、0、5.5%、5.6%、16.7%、0、27.8%、0、5.5% 和 16.7%；无前科样本的百分比分别为 38.7%、0.1%、0.1%、6.8%、29.5%、1.0%、15.7%、0.5%、5.1% 和 2.5%。卡方检验的结果表明（$\chi^2=40.192$，$df=9$，$p<0.001$），有无前科的缓刑时长的分布具有显著差异。为了直观展示有无前科样本的缓刑时长分布情况，以下用图 5−16 进行描述。

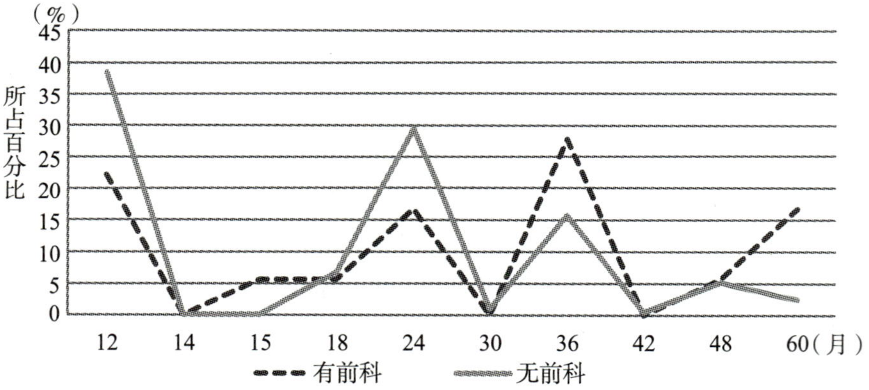

图 5−16　北京市基层法院有前科与无前科样本的缓刑时长分布

从图 5−16 所示情况看，无前科样本的缓刑时长大多分布于 24 个月以下，明显短于有前科样本的缓刑时长，说明前科因素在总体上对缓刑时长具有明显影响。同样，为了考察不受主刑时长影响下的前科因素与缓刑时长的关系，通过对相同主刑时长时的缓刑时长均值进行统计，以此考察单纯坦白因素对缓刑时长的影响情况，统计结果为表 5−7 所列数据。

表 5-7　有无前科在相同主刑时长下的缓刑时长对比 *

主刑时长（月）	有前科均值	无前科均值	平均均值	频数	显著性
6	–	12.02	12.02	91	–
7	–	12.21	12.21	14	–
8	–	12.62	12.62	29	–
9	–	12.00	12.00	5	–
10	12.00	12.22	12.21	28	0.852
12	13.50	15.07	15.05	254	0.536
13	15.00	–	15.00	1	–
14	–	18.00	18.00	1	–
15	–	22.00	22.00	3	–
18	–	22.12	22.12	115	–
22	–	24.00	24.00	2	–
24	24.00	26.17	26.13	155	0.432
30	–	35.08	35.08	13	–
36	45.33	42.10	42.26	184	0.275
总计	31.17	23.11	23.27	895	0.000

* 表中的显著性水平为 0.05。“–”是指与主刑时长没有对应的缓刑时长。

从以上统计情况来看，有前科样本在实践中被适用缓刑的情形较少，而在适用缓刑情况下，其与无前科样本的缓刑时长相比没有显著差异。而且只有主刑时长 36 个月的缓刑时长均值高于无前科样本的缓刑时长均值，其他主刑时长的缓刑时长还出现了较短的情况，这说明单纯的前科因素对缓刑时长无显著相关性。

（三）程序性因素对有期徒刑缓刑时长的影响

样本中的程序性因素包括审理时间、审理法院、审理程序、羁押状况、律师参与和法官性别。这些因素本来与犯罪人人身危险性程度没有任何关系，但由于这些因素在实际量刑中具有不同程度的影响力，这里有必要对其是否影响缓刑时长进行分析。同样，为了确定其对缓刑时长的影响程度，可先通过相关性检验的方式进行考察。

根据相关性检验结果，审理时间、审理法院、审理程序、羁押状况、律师参与和法官性别等分别与缓刑时长的相关性检验中，其相关性系数 r 值分别是 −0.029、−0.017、0.241、−0.179、0.115、0.016，其 p 值分别是大于 0.1、大于 0.1、小于 0.001、小于 0.001、小于 0.01、大于 0.1，即只有审理程序、羁押状态和律师参与对缓刑时长具有显著相关性，而审理时间、审理法院和法官性别与缓刑时长不具有显著相关性。下面对审理程序、羁押状态和律师参与等因素分别进行分析。

1. 审理程序。根据对简易程序、“简便审”程序和普通程序样本缓刑时长的统计情况得知，在缓刑时长分别是 12 个月、14 个月、15 个月、18 个月、24 个月、30 个月、36 个月、42 个月、48 个月和 60 个月的不同程序样本中，简易程序样本的百分比分别为 78.3%、0.6%、0、1.3%、12.2%、0.6%、5.1%、0、1.3% 和 0.6%；“简便审”程序样本的百分比分别为 32.3%、0、0、4.9%、30.4%、0、16.7%、0、6.9% 和 8.8%；普通程序样本的百分比分别为 29.4%、0、0.3%、8.5%、33.2%、1.3%、18.5%、0.6%、5.8% 和 2.4%。卡方检验的结果表明（χ^2=153.403，df=18，p<0.001），不同程序所对应的缓刑时长之间具有显著差异。为了直观展示不同审理程序样本的缓刑时长分布情况，以下用图 5-17 进行描述。

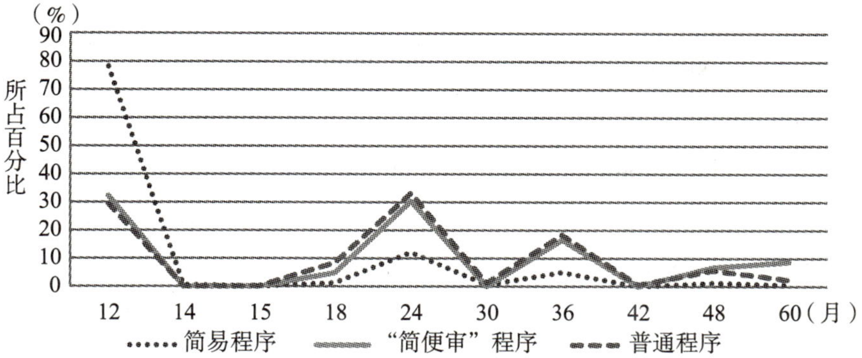

图 5-17 北京市基层法院不同审理程序样本的缓刑时长分布

根据统计情况，简易程序样本的缓刑时长大多为 12 个月，其他时长的比例较低，“简便审”程序和普通程序样本的缓刑时长差别不大，但在各时长的分布较为均衡，没有形成明显的集中化趋势。由于不同程序所适用的罪行程度存在差异，因而形成了明显的主刑时长变化，进而可能影响缓刑时长。为此，有必要剔除主刑时长因素分析单纯的审理程序对缓刑时长的影响，因而通过对不同程序样本各个主刑时长所对应的缓刑时长均值进行统计，具体比较结果形成表 5-8 所列数据。

表 5-8 北京市基层法院不同审理程序在相同主刑时长下的缓刑时长对比 *

主刑时长（月）	简易程序均值	“简便审”程序均值	普通程序均值	平均均值	频数	显著性
6	12.05	12.00	12.00	12.02	91	0.503
7	12.00	12.00	12.33	12.21	14	0.786
8	12.00	16.00	12.55	12.62	29	0.001
9	12.00	–	12.00	12.00	5	–
10	12.67	12.00	12.00	12.21	28	0.361
12	14.29	15.77	15.22	15.05	254	0.298
13	–	–	15.00	15.00	1	–
14	–	18.00	–	18.00	1	–

续表

主刑时长（月）	简易程序均值	“简便审”程序均值	普通程序均值	平均均值	频数	显著性
15	–	–	22.00	22.00	3	–
18	24.00	24.00	21.96	22.12	115	0.130
22	24.00	–	24.00	24.00	2	–
24	28.80	26.53	25.97	26.13	155	0.393
30	–	42.00	33.82	35.08	13	0.019
36	41.33	45.86	41.63	42.26	184	0.056
总计	15.67	26.65	24.59	23.27	895	0.000

* 表中的显著性水平为 0.05。“–”是指与主刑时长没有对应的缓刑时长。

根据以上统计，虽然总体上不同程序样本之间的缓刑时长存在显著性差异，但在同一主刑时长情况下，除了主刑为 8 个月和 30 个月时各类型样本的缓刑时长具有较为显著的差异性以外（$p<0.05$），在其他主刑时长情况下各类型样本的缓刑时长则不具有显著性变化。这说明，尽管不同程序缓刑时长存在差异，主要是受主刑时长影响的结果，而单纯的程序因素对缓刑时长的影响力较小。

2. 羁押状态。根据对在押与非在押样本缓刑时长的统计情况，在缓刑时长分别是 12 个月、14 个月、15 个月、18 个月、24 个月、30 个月、36 个月、42 个月、48 个月和 60 个月的不同程序样本中，在押样本的百分比分别为 22.6%、0、0、2.9%、37.0%、0.5%、26.0%、1.5%、6.3% 和 3.4%；非在押样本的百分比分别为 42.9%、0.1%、0.3%、8.0%、26.8%、1.2%、13.0%、0.1%、4.8% 和 2.6%。卡方检验的结果表明（$\chi^2=54.520$，$df=9$，$p<0.001$），羁押与否对所对应的缓刑时长具有显著差异。为了直观展示不同羁押状态样本的缓刑时长分布情况，以下用图 5–18 进行描述。

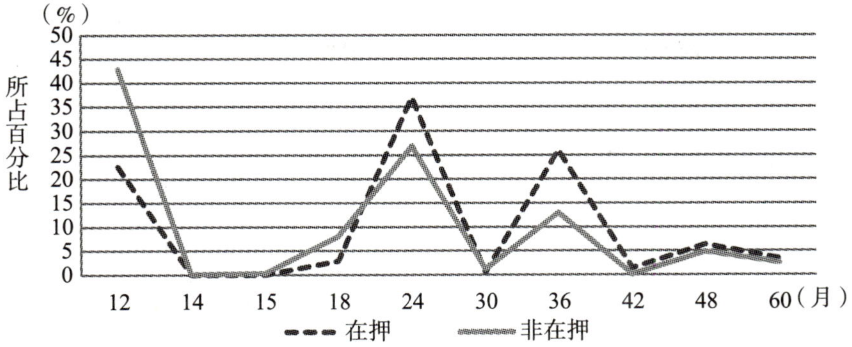

图 5-18 北京市基层法院不同羁押状态样本的缓刑时长分布

根据统计情况，非在押样本的缓刑时长大多为 12 个月，其他时长的比例相对较低，在押样本的缓刑时长比例最高的则是 24 个月，且处于较高时长的比例均高于非在押样本的比例。因而，在押样本的缓刑时长明显高于非在押样本的缓刑时长。同时，为了考察单纯的羁押状态对缓刑时长的影响，通过对不同样本相同主刑时长所对应的缓刑时长均值进行统计，具体比较结果形成表 5-9 所列数据。

表 5-9 是否在押在相同主刑时长下的缓刑时长对比 *

主刑时长（月）	在押均值	非在押均值	平均均值	频数	显著性
6	12.00	12.02	12.02	91	0.792
7	12.00	12.25	12.21	14	0.700
8	12.00	12.75	12.62	29	0.422
9	12.00	12.00	12.00	5	–
10	12.00	12.27	12.21	28	0.611
12	15.47	14.97	15.05	254	0.572
13	–	15.00	15.00	1	–
14	18.00	–	18.00	1	–
15	–	22.00	22.00	3	–

续表

主刑时长（月）	在押均值	非在押均值	平均均值	频数	显著性
18	23.57	21.66	22.12	115	0.002
22	24.00	24.00	24.00	2	–
24	25.53	26.39	26.13	155	0.301
30	38.00	32.57	35.08	13	0.035
36	40.82	43.07	42.26	184	0.090
总计	27.23	22.07	23.27	895	0.000

* 表中的显著性水平为 0.05。"–" 是指与主刑时长没有对应的缓刑时长。

根据以上统计，在押样本的缓刑时长均值是 27 个月，非在押样本的缓刑时长均值是 22 个月，两者相差 5 个月，总体上不同羁押状态之间的缓刑时长存在显著性差异。但在同一主刑时长情况下，除了主刑为 18 个月和 30 个月时羁押状态对缓刑时长具有较为显著的差异性影响以外（$p<0.05$），在其他主刑时长情况下各类型样本的缓刑时长则不具有显著性变化。这说明，尽管不同羁押状态间的缓刑时长存在差异，这主要是受主刑时长影响的结果，而单纯的羁押因素对缓刑时长的影响力较小。

3. 律师参与。根据对是否有律师参与不同样本缓刑时长的统计情况，在缓刑时长分别是 12 个月、14 个月、15 个月、18 个月、24 个月、30 个月、36 个月、42 个月、48 个月和 60 个月的不同程序样本中，律师参与样本的百分比分别为 38.2%、0.1%、0.3%、7.8%、30.2%、1.2%、15.1%、0.5%、4.7% 和 1.9%；非律师参与样本的百分比分别为 38.4%、0、0、0.8%、23.2%、0、21.6%、0、8.0% 和 8.0%。卡方检验的结果表明（$\chi^2=31.432$，$df=9$，$p<0.001$），是否有律师参与所对应的缓刑时长之间具有显著差异。为了直观展示是否有律师参与样本的缓刑时长分布情况，以下用图 5–19 进行描述。

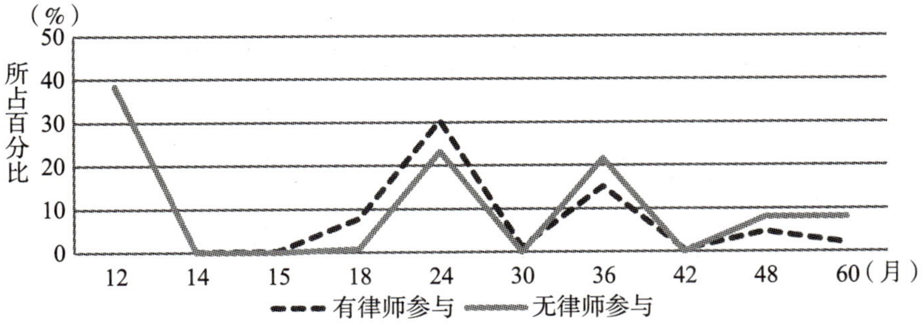

图 5-19　北京市基层法院有无律师参与样本的缓刑时长分布

根据统计情况，在缓刑时长低于 24 个月的时段内，有律师参与样本的比例高于无律师参与样本的比例，而在缓刑时长高于 36 个月的时段内，则无律师参与样本的比例高于有律师参与样本的比例。这说明在律师参与下，犯罪人有可能获得较短的缓刑时长判决。同时，为了考察单纯的律师参与对缓刑时长的影响，通过对不同样本相同主刑时长所对应的缓刑时长均值进行统计，具体比较结果形成表 5-10 所列数据。

表 5-10　有无律师参与在相同主刑时长下的缓刑时长对比 *

主刑时长（月）	有律师参与均值	无律师参与均值	平均均值	频数	显著性
6	12.02	12.00	12.02	91	0.713
7	12.21	–	12.21	14	–
8	12.75	12.00	12.62	29	0.422
9	12.00	12.00	12.00	5	–
10	12.25	12.00	12.21	28	0.691
12	15.01	15.26	15.05	254	0.791
13	15.00	–	15.00	1	–
14	18.00	–	18.00	1	–
15	22.00	–	22.00	3	–
18	21.98	24.00	22.12	115	0.058
22	24.00	24.00	24.00	2	–
24	26.01	27.20	26.13	155	0.357

续表

主刑时长（月）	有律师参与均值	无律师参与均值	平均均值	频数	显著性
30	35.08	–	35.08	13	–
36	41.62	44.37	42.26	184	0.067
总计	22.71	26.74	23.27	895	0.000

* 表中的显著性水平为 0.05。“–”是指与主刑时长没有对应的缓刑时长。

根据以上统计，有律师参与样本的缓刑时长均值是 23 个月，无律师参与样本的缓刑时长均值是 27 个月，两者相差 4 个月，总体上是否有律师参与之间的缓刑时长存在显著性差异。但在同一主刑时长情况下，是否有律师参与对缓刑时长则不具有显著性影响（$p>0.05$）。这说明，尽管是否有律师参与之间的缓刑时长存在显著性差异，主要是受主刑时长影响的结果，即律师参与与否主要是通过影响主刑时长的方式来影响缓刑时长，而单纯的辩护人因素对缓刑时长无显著性影响。

第三节 小　结

对有期徒刑缓刑影响因素的考察包括对是否适用缓刑的影响因素和缓刑时长的影响因素两个方面。

（一）关于有期徒刑缓刑量刑的影响因素

1. 根据统计相关性检验结果得知，抢劫数额、抢劫次数、抢劫人数、伤害后果四个连续性变量均对有期徒刑缓刑适用具有显著相关性。但与缓刑适用于罪行较轻犯罪的条件相反，即越是数额高、次数多、人数多、后果重越容易适用缓刑。具体来说，抢劫数额 3000 元至 4000 元的样本的缓刑适用率最高，达 36.9%，而数额为 0 的样本的缓刑适用率最低，仅为 3.3%，在其他数额段样本的缓刑适用率大致在 20%~30%。经样本分析发现，抢劫数额为 0 的样本具有犯罪预备率高和未成年人犯罪率低的特点，所占比例分别为 85.3% 和 16.6%。抢劫 5 次样本的缓刑适用率最高，达 73.3%，而抢劫 1 次样本的缓刑适用率仅为 15.8%，在抢劫 7 次以上的样本中没有缓刑适用情况，其他抢劫次数样本的缓刑适用率在 30%~50%。其原因也与未成年人犯罪率密切相关，如在抢劫 1 次样本中的未成年人犯罪率最低，仅为 36.5%，而在抢劫 4 次以上样本中的未成年人犯罪率达到了 100.0%。抢劫 8 人样本的缓刑适用率最高，达 66.7%，而抢劫人数为 0 样本的缓刑适用率仅为 1.9%，抢劫 11 人以上的样本中无缓刑适用情况，其他抢劫人数段样本的缓刑适用率在 20%~60%。其原因也往往与未成年人犯罪率有关，因为抢劫人数为 0 样本中的未成年人犯罪率仅为 13.2%，比例最低，其他人数段样本中的比例均在 50% 以上，甚至达到了 90% 以上。无伤害后果样本缓刑适用率最低，为 17.6%，而重伤后果样本的缓刑适用率最高，达到 62.5%，除了没有死亡后果的样本外，其他伤害后果样本的缓刑适用率均在 20% 以上。其原因也来自未成年人犯罪率的差异，即无伤害后果样本的未成年人犯罪率为 39.9%，比例最低，而重伤样本的未成年人犯罪率达到 100.0%，其他伤害后果样本的未成年人犯罪率分别在 50% 或者 60% 以上。这说明上述因素本身对缓刑适用作用不大。

2. 从行为因素对有期徒刑缓刑适用的影响来看，共犯、数罪、转化犯、作案时间、被害人性别、行为停止形态分别与有期徒刑缓刑适用显著相关。共同犯罪、白天作案和男性被害人的缓刑适用率高于单独犯罪、晚上作案和女性被害人缓刑适用率，而数罪、转化犯和未完成形态样本的缓刑适用率低于一罪、非转化犯和完成形态样本的缓刑适用率。具体来说，共同犯罪样本的缓刑适用率为 21.7%，而非共同犯罪样本的缓刑适用率仅为 5.7%，其原因在于体现较轻情节的犯罪预备和未成年人因素在共同犯罪中所占比例高于单独犯罪，而体现人身危险性较大程度的前科劣迹在共同犯罪中所占比例低于单独犯罪。数罪样本的缓刑适用率为 6.0%，一罪样本的缓刑适用率为 19.5%，原因可能与数罪样本的前科劣迹率高于一罪样本有关。转化犯样本的缓刑适用率为 3.0%，非转化犯样本的缓刑适用率为 19.8%，原因在于转化犯样本的未成年人犯罪低于一般抢劫样本，而前科劣迹比例高于非转化犯。白天作案的缓刑适用率是 40.6%，夜晚作案的缓刑适用率是 10.4%，白天晚上均有的缓刑适用率是 52.6%。而与之相对应的未成年人犯罪率分别是 64.4%、33.9% 和 88.7%。男被害人样本的缓刑适用率是 31.6%，女被害人样本的缓刑适用率是 11.4%，男女被害人均有样本的缓刑适用率是 42.3%，而与之相对应的未成年人犯罪率分别是 60.2%、40.3% 和 78.3%。犯罪预备的缓刑适用率是 1.8%，犯罪中止的缓刑适用率是 0，犯罪未遂的缓刑适用率是 9.6%，犯罪既遂的缓刑适用率是 32.9%，所对应的未成年人犯罪率分别是 13.5%、16.7%、27.8% 和 66.9%。由此来看，上述样本的缓刑适用率均与未成年人犯罪率密切相关，行为因素本身对缓刑适用的影响较小。

3. 犯罪人的自然情况主要包括年龄、性别、户籍、职业、行为能力等方面。经统计分析，犯罪人的户籍、性别、年龄、职业与有期徒刑缓刑适用具有显著相关关系，而行为能力则不具有显著相关性。具体来说，本地人缓刑适用率是 48.8%，外地人缓刑适用率是 3.4%，而在排除了未成年因素影响后，本地人与外地人缓刑适用率仍然相差 20 倍，即本地人的缓刑适用率仍然高于外地人。男性犯罪人的缓刑适用率是 17.8%，女性犯罪人的缓刑适用率是 45.7%，同样在排除了未成年人因素影响的情况下，女性犯罪人的缓刑适用率仍然高于男性犯罪人。未成年人缓刑适用率是 38.0%，成年人缓刑适用率是 4.4%，两者存在显著性差异，但与此同时，不同年龄段犯罪人是否适用缓刑还受到羁押状态的影响，但同等情形下未成年人的缓刑适用率仍然高于成年人的缓刑适用率。无业人员、农民、学生和其他职业人员的缓刑适用率分别是 16.0%、2.4%、69.3% 和 6.8%，即学生的缓刑适用率最高，其次是无业人员，然后是其他职业人员，农民的缓刑适用率最低，且在排除了其他可能的影响因素后，上述职业之间仍然保持同样顺序的缓刑适用率。限制行为能力因素对是否适用缓刑不具有显著影响力，可能的原因是，限制行为能力犯罪人要么是精神障碍人，要么是聋哑人，他们的普遍特点是语言表达能力较弱，甚至不能表达，这便使他们的悔罪态度难以有效地表达出来，从而影响了法官对他们悔罪程度的评价。

4. 体现人身危险性大小的情节主要有前科劣迹、自首、立功、坦白、退赃、赔偿等，反映犯罪情节轻重的量刑情节主要有从犯、损失挽回、被害人谅解等。具体来说，无前科劣迹的缓刑适用率为 19.7%，有劣迹的缓刑适用率是 10.6%，抢劫罪前科的缓刑适用率是 2.9%，非抢劫罪前科的缓刑适用率是 2.5%，这说明人身危险性越大越不宜适用缓刑。自首的缓刑适用率是 28.2%，高于非自首的缓刑适用率 18.0%，立功的缓刑适用率是 27.1%，高于非立功的缓刑适用率 18.1%，两者均对缓刑适用具有显著影响力，但卡方检验结果显示，自首因素的影响力略大于立功的影响力。坦白的缓刑适用率是 38.4%，而非坦白的缓刑适用率是 16.0%，根据卡方检验结果，坦白对缓刑适用的影响力大于自首，但样本分析发现，坦白样本中的未成年、非羁押等因素的比例高于自首样本，因而其本身并不见得比自首具有更大的影响力。退赃的缓刑适用率是 51.1%，大于非退赃的缓刑适用率 13.5%，赔偿的缓刑适用率是 36.1%，也大于非赔偿的缓刑适用率 17.5%，卡方检验结果表明，退赃对缓刑适用的影响力大于赔偿的影响力。共同犯罪中主犯的缓刑适用率是 21.0%，从犯的缓刑适用率是 30.5%，从犯的影响优势并不明显，原因在于，从犯样本的罪行程度一般重于主犯样本的罪行程度，主从犯的比较大多在不具有共犯关系的不同犯罪之间进行，从而造成两者罪行程度的较大差异。挽回财产损失的缓刑适用率是

36.8%，大于未挽回财产损失的缓刑适用率22.9%，被害人谅解的缓刑适用率是31.2%，大于被害人未谅解的缓刑适用率18.5%，卡方检验结果表明，挽回财产损失对缓刑适用的影响力略大于被害人谅解的影响力。

5. 程序性因素主要包括审理时间、审理法院、审理程序、羁押状况、律师参与和法官性别等方面。具体来说，不同年度间的缓刑适用率存在显著差异，在2006年前，缓刑适用率基本保持在20%以上，而在2006年以后，则下降为10%~15%的水平。这首先与犯罪控制政策有关，在犯罪控制加强时缓刑适用率低，其次与样本数量多少有关，即犯罪人数多时缓刑适用率低，否则缓刑适用率高。中心区、接合部和远郊区的缓刑适用率分别是42.8%、6.2%和22.4%，原因在于不同法院审判管理机制和各地犯罪情况存在较大差异，凡是内部审判程序烦琐的法院，其缓刑适用率低，未成年人犯罪比例高的缓刑适用率高。简易程序、“简便审”程序和普通程序的缓刑适用率分别是8.4%、13.2%和29.9%，即审理罪行较轻案件的简易程序反而适用缓刑率低，而审理相对复杂案件的普通程序反而缓刑适用率高，这可能与缓刑案件审理特点有关，因为适用缓刑需要更多流程，简易程序的较短期限难以完成上述工作，往往需要在期限较长的普通程序内才能顺利开展。羁押的缓刑适用率是5.1%，远小于非羁押的缓刑适用率95.3%，原因在于内部审批流程和收押、释放工作量的差异，由于收押、释放的审批流程烦琐，法官往往不愿意改变羁押状态而增大工作量，因而尽量对羁押的判处实刑、对非羁押的适用缓刑。有律师参与的缓刑适用率是29.8%，无律师参与的缓刑适用率是5.7%，说明律师参与确实起到了维护犯罪人权益的作用。男性法官的缓刑适用率是22.8%，高于女性法官的缓刑适用率15.7%，这其实是男性的果断、主见与女性的犹豫、谨慎的客观反映。

（二）关于有期徒刑缓刑时长的影响因素

从刑法对缓刑考验期限的规定来看，缓刑时长实际上是以主刑时长为基础增加适当期限而形成的，主刑时长是确定的，而增加的期限则是需要裁量的，因而，缓刑时长包括主刑时长和裁量时长两部分。同时，缓刑时长与犯罪人的人身危险性程度具有紧密关系，在确定缓刑考验期时应结合其人身危险性大小来进行，人身危险性大的缓刑考验期长，人身危险性小的缓刑考验期短。

从缓刑时长的统计情况来看，缓刑时长的均值是23个月，在实践中基本上是以一年、二年、三年、四年和五年的整数性形式出现的，而且其期限出现最高频率是一年，其次是二年和三年。统计相关性检验结果表明，主刑时长对缓刑时长的影响力达到80%，这一比例已经达到了相当高的程度，可以说缓刑时长基本上是受主刑时长影响而作出的。具体到实践量刑中，主刑时长与缓刑时长的关系是，缓刑时长一般在主刑时长本数以上、一倍以下范围内确定，如有期徒刑一年的缓刑时长在一年至二年之间确定。

除了主刑时长的影响因素外，其他对缓刑时长具有影响力的因素主要有未成年、职业、自首、坦白、前科、审理程序、羁押状态和律师参与等。但这些因素对缓刑时长的影响力不均衡，一般仅体现在个别缓刑时长段的样本内。

第六章　影响因素与无期徒刑量刑

无期徒刑是剥夺犯罪分子终身自由的主刑种类，是剥夺自由刑中最严厉的刑罚方法，在所有刑罚方法中，其严厉程度仅次于死刑。鉴于无期徒刑的严厉性，因而它的适用对象是罪行严重，但不必判处死刑而又需要与社会永久隔离的犯罪分子。抢劫罪是最为严重的犯罪类型之一，因而无期徒刑是抢劫罪量刑中较多适用的刑罚方法。

为了了解抢劫罪无期徒刑的量刑情况，有必要对其整体适用情况进行考察，以便发现其量刑特点。鉴于无期徒刑是类别变量，不像有期徒刑存在幅度变化，因而无法进行刑期分布的统计。而研究无期徒刑的量刑经验，旨在考察不同情形下的无期徒刑适用情况，因而有必要对其适用情形即影响因素予以分析。

因无期徒刑适用于罪行严重的抢劫犯罪行为，理论上一般认为，无期徒刑的裁量应当考虑两个方面的因素，一是已然犯罪的危害性是否达到相当严重的程度，二是未然犯罪的可能性的大小。[①] 即体现社会危害性程度和人身危险性大小的因素。而社会危害性程度主要体现在客观性因素中，人身危险性大小则主要体现在主体性因素中，同时，有关的程序性因素也可能对无期徒刑适用产生影响。与此同时，刑法规定了八种加重处罚同时

---

① 参见陈兴良:《刑法适用总论》(下卷)，法律出版社 1999 年版，第 294 页。

也是可能判处无期徒刑的法定情形，即入户抢劫，在公共交通工具上抢劫，抢劫银行或者其他金融机构，多次抢劫或者抢劫数额巨大，抢劫致人重伤、死亡，冒充军警人员抢劫，持枪抢劫，抢劫军用物资或者抢险、救灾、救济物资。因而这八种情形也是影响无期徒刑量刑的重要因素，有必要单独予以考察其影响情况。

由于无期徒刑主要是中级人民法院作为一审法院作出的量刑结果，因而本章实证研究的主要基础是北京市中级法院在12年间作出的867份抢劫罪刑事判决书。统计发现，判决书中共涉及2113个量刑结果。另外，为了解相关影响因素在全部样本中的情况，以及全部样本中无期徒刑量刑的情况，也会涉及对北京市全部样本（包括基层法院样本和中级法院样本）的分析。

第一节　无期徒刑量刑的影响因素

一、法定情形与无期徒刑量刑

在抢劫罪八种法定加重处罚情形中，除了抢劫军用物资或者抢险、救灾、救济物资情形没有在北京市中级法院的样本中出现外，其他情形都有数量不等的样本存在。经统计发现，在北京市中级法院样本范围内，属于入户抢劫的占33.0%，在公共交通工具上抢劫的占1.3%，抢劫银行或者其他金融机构的占0.2%，多次抢劫的占34.5%，抢劫数额巨大的占64.3%，抢劫致人重伤的占5.2%，抢劫致人死亡的占47.3%，冒充军警人员抢劫的占2.8%，持枪抢劫的占7.4%。下面用图6-1进行直观展示。

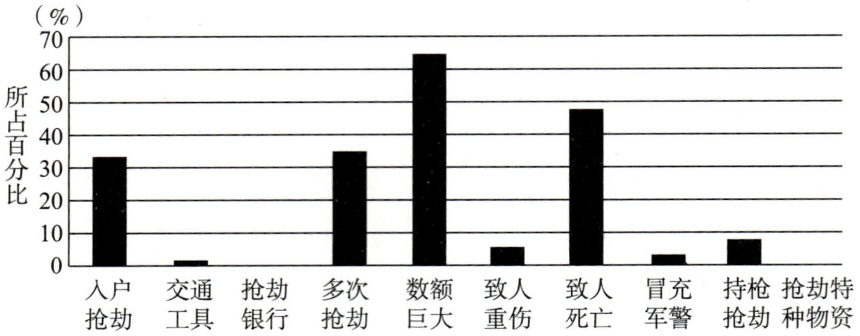

图 6-1　北京市中级法院无期徒刑样本中法定情形分布比例

由图 6-1 所示情况可知，抢劫数额巨大、抢劫致人死亡、多次抢劫和入户抢劫所占比例较大，其余情形所占比例较小。总体上，上述各法定情形所占比例的总和达到了 196%，即北京市中级法院样本范围内平均每个样本就有接近两个法定情形，说明有些样本同时存在着多种法定情形。另外，由于抢劫银行或者其他金融机构的样本数量较少，而且经统计发现，该情形没有被判处无期徒刑的情况出现，下面仅对其他可能被判处无期徒刑的法定情形进行分析。

（一）入户抢劫对无期徒刑量刑的影响

在北京市全部样本中，统计发现入户抢劫被判处无期徒刑的比例为 11.7%，有 88.3% 的入户抢劫没有被判处无期徒刑。而在非入户抢劫的样本中，被判处无期徒刑的比例仅为 2.8%，有 97.2% 的非入户抢劫没有被判处无期徒刑。在所有被判处无期徒刑的样本中，有 35.7% 是入户抢劫，有 64.3% 是非入户抢劫。卡方检验的结果显示（χ^2=2514.519，df=1，p<0.001），是否入户抢劫在无期徒刑量刑中具有显著性差异。是否入户与是否无期徒刑的相关性检验结果也显示（r=0.149，p<0.001），即两者存在显著相关性，入户抢劫存在判处无期徒刑的较大可能性。

虽然入户抢劫的情形在全样本中都存在，但实际上真正可能被判处无期徒刑仅在中级法院作为一审法院审理的样本中。因而为了考察入户抢劫对无期徒刑量刑的影响情况，应当在中级法院审理的样本中进行进一步分析。

在北京市中级法院审理的样本范围内，经统计发现，有 18.3% 的入户抢劫被判处无期徒刑，非入户抢劫中有 16.3% 被判处无期徒刑。卡方检验的结果显示（χ^2=1.343，df=1，p>0.1），是否入户抢劫在无期徒刑量刑中没有显著性差异。是否入户与是否判处无期徒刑的相关性检验结果也显示（r=0.025，p>0.1），即两者不存在显著相关性，入户抢劫对是否判处无期徒刑不具有显著性影响。

（二）在公共交通工具上抢劫对无期徒刑量刑的影响

在北京市全部样本中，统计发现在公共交通工具上抢劫被判处无期徒刑的比例为 2.6%，有 97.4% 在公共交通工具上抢劫的没有被判处无期徒刑。而非“在公共交通工具上抢劫”的样本中，被判处无期徒刑的比例仅为 3.8%，有 96.2% 的没有被判处无期徒刑。在所有被判处无期徒刑的样本中，有 0.3% 是在公共交通工具上抢劫，有 99.7% 不是在公共交通工具上抢劫。卡方检验的结果显示（χ^2=0.168，df=1，p>0.1），是否在公共交通工具上抢劫在无期徒刑量刑中不具有显著性差异。是否在公共交通工具上抢劫与是否判处无期徒刑的相关性检验结果也显示（r=0.004，p>0.1），即两者不存在显著相关性。

在北京市中级法院作为一审法院审理的样本范围内，经统计发现，有 3.6% 的在公共交通工具上抢劫被判处无期徒刑，非“在公共交通工具上抢劫”中有 17.2% 的被判处无期徒刑；在被判处无期徒刑的样本中，有 0.3% 的是在公共交通工具上抢劫，有 99.7% 的不是在公共交通工具上抢劫。卡方检验的结果显示（χ^2=3.623，df=1，p>0.05），是否在公共交通工具上抢劫在无期徒刑量刑中没有显著性差异。是否在公共交通工具上抢劫与是否判处无期徒刑的相关性检验结果也显示（$r=0.041$，$p>0.05$），即两者不存在显著相关性，是否在公共交通工具上抢劫对是否判处无期徒刑不具有显著性影响。

（三）多次抢劫对无期徒刑量刑的影响

在北京市全部样本中，统计发现多次抢劫被判处无期徒刑的比例为12.2%，有87.8%的多次抢劫没有被判处无期徒刑。而多次抢劫以外的样本中，被判处无期徒刑的比例仅为2.3%，有97.7%的没有被判处无期徒刑。在所有被判处无期徒刑的样本中，有48.5%是多次抢劫，有51.5%不是多次抢劫。卡方检验的结果显示（$\chi^2=320.415$，$df=1$，$p<0.001$），是否多次抢劫在无期徒刑量刑中具有显著性差异。另外，是否多次抢劫与是否判处无期徒刑的相关性检验结果也显示（$r=0.185$，$p<0.001$），即两者存在显著相关性，多次抢劫的情况下判处无期徒刑的可能性更大。

在北京市中级法院作为一审法院审理的样本范围内，经统计发现，有23.9%的多次抢劫被判处无期徒刑，非多次抢劫中有13.4%被判处无期徒刑。卡方检验的结果显示（$\chi^2=37.613$，$df=1$，$p<0.001$），是否多次抢劫在无期徒刑量刑中有显著性差异。同样，是否多次抢劫与是否判处无期徒刑的相关性检验结果也显示（$r=0.133$，$p<0.001$），即两者存在显著相关性，是否多次抢劫对是否判处无期徒刑具有显著性影响。

（四）抢劫数额巨大对无期徒刑量刑的影响

在北京市全部样本中，统计发现抢劫数额巨大被判处无期徒刑的比例为13.3%，有86.7%的抢劫数额巨大没有被判处无期徒刑。而在抢劫数额巨大以外的样本中，被判处无期徒刑的比例仅为1.2%，有98.8%的没有被判处无期徒刑。在所有被判处无期徒刑的样本中，有74.7%的是抢劫数额巨大，有25.3%的不是抢劫数额巨大。卡方检验的结果显示

（χ^2=630.323，df=1，p<0.001），是否抢劫数额巨大在无期徒刑量刑中具有显著性差异。另外，是否抢劫数额巨大与是否判处无期徒刑的相关性检验结果也显示（r=0.259，p<0.001），即两者存在显著相关性，抢劫数额巨大的情况下判处无期徒刑的可能性更大。

在北京市中级法院作为一审法院审理的样本范围内，经统计发现有19.7%的抢劫数额巨大被判处无期徒刑，非抢劫数额巨大被判处无期徒刑的比例为12.1%。卡方检验的结果显示（χ^2=20.085，df=1，p<0.001），是否抢劫数额巨大在无期徒刑量刑中有显著性差异。同样，是否抢劫数额巨大与是否判处无期徒刑的相关性检验结果也显示（r=0.098，p<0.001），即两者存在显著相关性，是否抢劫数额巨大对是否判处无期徒刑具有显著性影响。

（五）抢劫致人重伤对无期徒刑量刑的影响

在北京市全部样本中，统计发现抢劫致人重伤被判处无期徒刑的比例为19.7%，有80.3%的抢劫致人重伤没有被判处无期徒刑。而在抢劫致人重伤以外的样本中，被判处无期徒刑的比例仅为3.5%，有96.5%没有被判处无期徒刑。在所有被判处无期徒刑的样本中，有9.5%是抢劫致人重伤，有90.5%不是抢劫致人重伤。卡方检验的结果显示（χ^2=120.293，df=1，p<0.001），是否抢劫致人重伤在无期徒刑量刑中具有显著性差异。另外，是否抢劫致人重伤与是否判处无期徒刑的相关性检验结果也显示（r=0.113，p<0.001），即两者存在显著相关性，抢劫致人重伤的情况下判处无期徒刑的可能性更大。

在北京市中级法院作为一审法院审理的样本范围内，经统计发现，有31.2%的抢劫致人重伤样本被判处无期徒刑，非抢劫致人重伤被判处无期徒刑的比例为16.2%。卡方检验的结果显示（χ^2=16.438，df=1，p<0.001），是否抢劫致人重伤在无期徒刑量刑中有显著性差异。同样，是否抢劫致人重伤与是否判处无期徒刑的相关性检验结果也显示（r=0.088，

$p<0.001$），即两者存在显著相关性，是否抢劫致人重伤对是否判处无期徒刑具有显著性影响。

（六）抢劫致人死亡对无期徒刑量刑的影响

在北京市全部样本中，统计发现抢劫致人死亡被判处无期徒刑的比例为 15.8%，有 84.2% 的抢劫致人死亡没有被判处无期徒刑。而在抢劫致人死亡以外的样本中，被判处无期徒刑的比例仅为 2.4%，有 97.6% 的没有被判处无期徒刑。在所有被判处无期徒刑的样本中，有 44.3% 的是抢劫致人死亡，有 55.7% 的不是抢劫致人死亡。卡方检验的结果显示（$\chi^2=439.943$，$df=1$，$p<0.001$），是否抢劫致人死亡在无期徒刑量刑中具有显著性差异。另外，是否抢劫致人死亡与是否判处无期徒刑的相关性检验结果也显示（$r=0.216$，$p<0.001$），即两者存在显著相关性，抢劫致人死亡的情况下判处无期徒刑的可能性更大。

在北京市中级法院作为一审法院审理的样本范围内，经统计发现，有 15.9% 的抢劫致人死亡被判处无期徒刑，非抢劫致人死亡被判处无期徒刑的比例为 18.0%。卡方检验的结果显示（$\chi^2=1.599$，$df=1$，$p>0.1$），是否抢劫致人死亡在无期徒刑量刑中没有显著性差异。同样，是否抢劫致人死亡与是否判处无期徒刑的相关性检验结果也显示（$r=-0.028$，$p>0.1$），即两者不存在显著相关性，是否抢劫致人死亡对是否判处无期徒刑不具有显著性影响。

（七）冒充军警人员抢劫对无期徒刑量刑的影响

在北京市全部样本中，统计发现冒充军警人员抢劫被判处无期徒刑的比例为 14.3%，有 85.7% 的冒充军警人员抢劫没有被判处无期徒刑。而在冒充军警人员抢劫以外的样本中，被判处无期徒刑的比例仅为 3.7%，有 96.3% 的没有被判处无期徒刑。在所有被判处无期徒刑的样本中，有 3.9%

的是冒充军警人员抢劫，有 96.1% 的不是冒充军警人员抢劫。卡方检验的结果显示（$\chi^2=29.535$，$df=1$，$p<0.001$），是否冒充军警人员抢劫在无期徒刑量刑中具有显著性差异。另外，是否冒充军警人员抢劫与是否判处无期徒刑的相关性检验结果也显示（$r=0.056$，$p<0.001$），即两者存在显著相关性，冒充军警人员抢劫的情况下判处无期徒刑的可能性更大。

在北京市中级法院作为一审法院审理的样本范围内，经统计发现，有 23.7% 的冒充军警人员抢劫被判处无期徒刑，非冒充军警人员抢劫被判处无期徒刑的比例为 16.8%。卡方检验的结果显示（$\chi^2=1.954$，$df=1$，$p>0.1$），是否冒充军警人员抢劫在无期徒刑量刑中没有显著性差异。同样，是否冒充军警人员抢劫与是否判处无期徒刑的相关性检验结果也显示（$r=0.030$，$p>0.1$），即两者不存在显著相关性，是否冒充军警人员抢劫对是否判处无期徒刑不具有显著性影响。

（八）持枪抢劫对无期徒刑量刑的影响

在北京市全部样本中，统计发现持枪抢劫被判处无期徒刑的比例为 18.9%，有 81.1% 的持枪抢劫没有被判处无期徒刑。而在持枪抢劫以外的样本中，被判处无期徒刑的比例仅为 3.5%，有 96.5% 的没有被判处无期徒刑。在所有被判处无期徒刑的样本中，有 10.3% 的是持枪抢劫，有 89.7% 的不是持枪抢劫。卡方检验的结果显示（$\chi^2=123.569$，$df=1$，$p<0.001$），是否持枪抢劫在无期徒刑量刑中具有显著性差异。另外，是否持枪抢劫与是否判处无期徒刑的相关性检验结果也显示（$r=0.115$，$p<0.001$），即两者存在显著相关性，持枪抢劫的情况下判处无期徒刑的可能性更大。

在北京市中级法院作为一审法院审理的样本范围内，经统计发现，有 23.7% 的持枪抢劫被判处无期徒刑，非持枪抢劫被判处无期徒刑的比例为 16.5%。卡方检验的结果显示（$\chi^2=5.406$，$df=1$，$p<0.05$），是否持枪抢劫

在无期徒刑量刑中有显著性差异。同样，是否持枪抢劫与是否判处无期徒刑的相关性检验结果也显示（r=0.051，p<0.05），即两者存在显著相关性，是否持枪抢劫对是否判处无期徒刑具有显著性影响。

对于法定情形影响无期徒刑量刑情况，可总结为表 6-1 的数据。

表 6-1　抢劫罪法定情形影响无期徒刑量刑情况 *

法定情形	北京市全部样本			北京市中级法院样本		
	百分比（%）	相关性（r）	显著性（p）	百分比	相关性（r）	显著性（p）
入户抢劫	11.6	0.149	0.000	33.0	0.025	0.247
交通工具	0.4	0.004	0.682	1.3	0.041	0.057
抢劫银行	0.04	0.004	0.690	0.2	0.020	0.365
多次抢劫	15.2	0.185	0.000	34.5	0.133	0.000
数额巨大	21.4	0.259	0.000	64.3	0.098	0.000
致人重伤	1.8	0.113	0.000	5.2	0.088	0.000
致人死亡	10.7	0.216	0.000	47.3	−0.028	0.206
冒充军警	1.0	0.056	0.000	2.8	0.030	0.162
持枪抢劫	2.1	0.115	0.000	7.4	0.051	0.020

* 表中的显著性水平为 0.05。

二、连续性变量与无期徒刑量刑

作为连续性变量的抢劫数额、抢劫次数、抢劫人数和伤害后果因具有量化特点，下面分别分析其与无期徒刑量刑的关系。

（一）抢劫数额对无期徒刑量刑的影响

经统计发现，在判处无期徒刑的样本中，抢劫数额的均值是 140000 元，中值为 50000 元，众数为 0，最小值是 0，最大值是 2710000 元。数额分布的标准差是 273577.354，偏度为 4.620，峰度为 31.033。由于标准差是反映具体抢劫数额与均值离散程度的数值，数值越大，说明偏离均值数额的案件数量越多。鉴于无期徒刑抢劫数额的标准差达到了较高数值，因而偏离均值 140000 元的案件数量也相当多。

为了进一步了解无期徒刑案件的抢劫数额分布情况，同样按照前文中讨论有期徒刑的数额分布方法，将数额划分为 10 档，通过考察每一数额档的所占比例来了解无期徒刑的数额分布情况。经统计发现，抢劫数额为 0 的比例为 4.5%，1 ~ 99 元的比例为 0.5%，100 ~ 499 元的比例为 5.3%，500 ~ 999 元的比例为 3.1%，1000 ~ 1999 元的比例为 3.3%，2000 ~ 3999 元的比例为 4.2%，4000 ~ 9999 元的比例为 4.5%（10000 元以下的比例累计为 25.4%）；10000 ~ 29999 元的比例为 17.0%，30000 ~ 99999 元的比例为 24.2%（10000 元以上 100000 元以下的比例累计为 41.2%）；100000 元以上的比例占 33.4%。

由此可见，适用无期徒刑的数额多分布在抢劫数额巨大[①]的范围内，不符合数额巨大条件的样本比例仅占四分之一。为此，在北京市全部样本范围内通过对抢劫数额与是否判处无期徒刑两个变量进行相关性检验，检验结果显示（r=0.136，p<0.001），两者存在显著的正相关性，即抢劫数额越大越有可能被判处无期徒刑。

然而在北京市中级法院审理的样本范围内，通过对抢劫数额与是否判处无期徒刑两个变量进行相关性检验，发现检验结果为（r=0.033，p>0.1），即抢劫数额对无期徒刑的适用没有显著性影响。但是在仅有抢劫数额巨大一种法定情形的样本范围内，抢劫数额与是否判处无期徒刑的相关性检验结果为（r=0.329，p<0.001），即无期徒刑适用受到抢劫数额的影响程度非

① 北京市在该统计年度内的抢劫数额巨大标准为 10000 元以上。

常显著。

通过以上实证分析，不难发现抢劫数额作为体现危害性大小的重要因素在影响无期徒刑适用方面存在案件范围的差异。即在北京市全部样本范围内，抢劫数额是判处无期徒刑的重要影响因素；在北京市中级法院审理的案件范围内，抢劫数额在与其他可能适用无期徒刑法定情形并存的案件中，其对无期徒刑量刑不具有显著性影响，但在仅有抢劫数额巨大一种法定情形下，其对无期徒刑量刑具有显著性影响。

（二）抢劫次数对无期徒刑量刑的影响

经统计发现，在判处无期徒刑的样本中，抢劫次数的均值是 4，中值是 2，众数是 1，最小值是 1，最大值是 32。次数分布的标准差是 4.150，偏度是 2.712，峰度是 11.218。由于标准差相对较小，说明次数分布偏离均值的样本数量较少。为了直观反映抢劫次数的分布情况，下面通过图 6-2 进行直观展示。

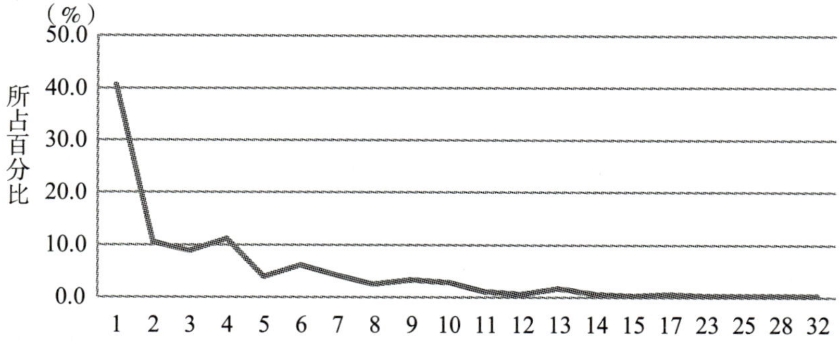

图 6-2　无期徒刑样本的抢劫次数分布示意

根据图 6-2 所示情况，在判处无期徒刑的样本中，抢劫次数是 1 次的比例最高，占 40.7%，不足 3 次的比例总和占到 51.3%，即超过了半数。3 次以上不满 10 次的比例累积占 40.1%，而 10 次以上的比例仅为 8.6%。

抢劫次数是反映社会危害性大小的重要因素。在北京市全部样本范围内通过对抢劫次数与是否判处无期徒刑两个变量进行相关性检验，发现检验结果为（r=0.149，p<0.001），即两者存在显著的正相关性，抢劫次数越多越有可能被判处无期徒刑。同时，考虑到入户抢劫、持枪抢劫等其他法定情形也是影响无期徒刑适用的重要情形，在排除上述因素影响的情况下，发现两者的检验结果变为（r=0.044，p<0.001），即两者仍然存在显著的正相关性。

另外，在北京市中级法院审理的样本范围内，通过对抢劫次数与是否判处无期徒刑两个变量进行相关性检验，发现检验结果为（r=0.079，p<0.001），即抢劫次数对无期徒刑的适用有显著性影响。而且在仅有抢劫次数一种法定情形的样本范围内，抢劫次数与是否判处无期徒刑的相关性检验结果为（r=0.177，p<0.05），即抢劫次数对无期徒刑适用具有显著影响力。[①]

通过以上实证分析，不难发现抢劫次数是体现危害性大小的重要因素，无论是在北京市全部样本范围内，还是在北京市中级法院审理的案件范围内，更抑或是仅有抢劫次数一种法定情形的样本范围内，抢劫次数都对无期徒刑量刑具有显著性影响。

（三）抢劫人数对无期徒刑量刑的影响

经统计发现，在判处无期徒刑的样本中，抢劫人数的均值是 7，中值是 4，众数是 1，最小值是 1，最大值是 55。人数分布的标准差是 8.052，偏度是 2.379，峰度是 7.985。标准差相对较小，说明人数分布偏离均值的样本数量较少。具体来说，在判处无期徒刑的样本中，抢劫人数是 1 人的比例最高，占 30.4%，3 人以下的比例占到 49.0%，即接近了半数。3 人以上 10 人以下的比例累积占 27.6%，而超过 10 人的比例达到了 23.4%。具

---

① 这种情况下的样本只有两个，分别是抢劫次数 7 和 11。

体参见图 6-3 中的抢劫人数分布。

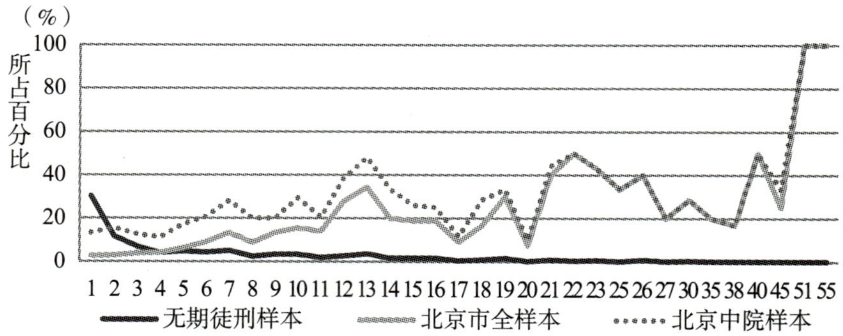

图 6-3 不同样本范围内抢劫人数分布示意

抢劫人数是反映社会危害性大小的重要因素。在北京市全部样本范围内通过对抢劫人数与是否判处无期徒刑两个变量进行相关性检验，检验结果发现（r=0.182，p<0.001），两者存在显著的正相关性，即抢劫人数越多越有可能被判处无期徒刑。

另外，在北京市中级法院审理的样本范围内，通过对抢劫人数与是否判处无期徒刑两个变量进行相关性检验，发现检验结果为（r=0.082，p<0.001），即抢劫人数对无期徒刑的适用具有显著性影响。如图 6-3 中的中院审理样本中判处无期徒刑抢劫人数比例反映了这一趋势。鉴于法定情形是判处无期徒刑必须具备的前提条件，即抢劫人数总是在特定的法定情形下实现对无期徒刑量刑的影响，经分析发现，只有在入户抢劫和抢劫数额巨大两种情形下抢劫人数与是否判处无期徒刑才具有显著相关性，相关性检验结果分别为（r=0.110，p<0.05）和（r=0.068，p<0.05）。

通过以上实证分析，抢劫人数作为体现危害性大小的重要因素，无论是在北京市全部样本范围内，还是在北京市中级法院审理的样本范围内，其都对无期徒刑量刑具有显著性影响，但仅限于在入户抢劫和抢劫数额巨大两种法定情形下。

（四）伤害后果对无期徒刑量刑的影响

经统计发现，在判处无期徒刑的样本中，存在伤害后果的占到总数的64.1%，其中轻微伤占3.1%，轻伤占7.2%，重伤占9.5%，死亡占44.3%。即重伤以上后果在无期徒刑样本中超过了半数。

在北京市全部样本范围内经对伤害后果[①]和是否判处无期徒刑进行相关性检验，检验结果发现（r=0.237，p<0.001），伤害后果对无期徒刑适用具有显著性影响，即伤害后果越重，越有可能被判处无期徒刑。

在北京市中级法院审理案件的样本范围内，经对伤害后果与是否判处无期徒刑进行相关性检验，检验结果显示（r=0.012，p>0.1），即伤害后果对无期徒刑适用不具有显著影响。如通过统计不同伤害后果的无期徒刑适用样本发现，无后果、轻微伤、轻伤、重伤和死亡的无期徒刑适用率分别为15.5%、17.7%、24.1%、31.2%和15.9%，明显没有形成显著性差异。这说明，在该样本范围内的抢劫犯罪，即便伤害后果较轻，往往由于其他影响无期徒刑适用的法定情形存在，社会危害程度加重，结果导致了整体危害性差别不明显。

而在北京市中级法院审理案件的样本范围内，仅有伤害后果一种法定情形下，伤害后果与是否判处无期徒刑的相关性检验结果表明（r=0.222，p<0.001），两者存在显著相关性，即随着伤害后果的加重，判处无期徒刑的可能性逐渐增加。如重伤情形下的无期徒刑适用率为14.3%，死亡情形下的适用率为18.6%。

所以，尽管伤害后果在北京市全部样本范围内和仅有伤害后果一种无期徒刑适用情形下，其对无期徒刑量刑具有显著影响，但是伤害后果与其他影响无期徒刑适用情形并存的情况下，其对无期徒刑的适用不具有显著性影响。

---

① 即由无后果 =0、轻微伤 =1、轻伤 =2、重伤 =3、死亡 =4 组成的虚拟变量。

三、客观性因素与无期徒刑量刑

本书将行为因素与量刑情节纳入客观性因素范畴，下面分别分析相关因素对无期徒刑量刑的影响情况。

（一）行为因素对无期徒刑量刑的影响

可能影响无期徒刑量刑的行为因素较多，除了持枪抢劫、在公共交通工具上抢劫、入户抢劫等上述法定情形以外，还包括转化犯、数罪、共同犯罪、作案时间、被害人性别等。考虑到无期徒刑主要存在于中级法院审理的样本范围内，为保证分析结论的针对性和有效性，在该范围内分析这些行为因素对无期徒刑量刑的影响更具有现实意义。

1. 转化犯。经统计发现，转化犯被判处无期徒刑的比例仅占 7.9%，而非转化犯被判处无期徒刑的比例占 17.3%。卡方检验结果显示（χ^2=4.624，df=1, p<0.05），无期徒刑量刑在是否属于转化犯的样本中存在显著性差异，即转化犯被判处无期徒刑的可能性小于非转化犯。转化犯因素与无期徒刑量刑的相关性检验结果显示（r=−0.047, p<0.05），两者存在显著负相关性，即转化犯样本被判处无期徒刑的可能性小于非转化犯样本。这意味着，转化犯不是影响无期徒刑适用的因素，而更倾向于非无期徒刑的适用。

2. 数罪。数罪因素是样本中同时存在抢劫罪与其他罪名而并罚的情况。统计发现，在被判处无期徒刑的样本中属于数罪的占 36.2%，非数罪的占 63.8%；而因犯数罪被判处无期徒刑的比例为 18.5%，非数罪被判处无期徒刑的比例为 16.2%。卡方检验结果显示（χ^2=1.741，df=1，p>0.1），无期徒刑量刑在是否属于数罪的样本中不存在显著性差异。数罪不是影响无期徒刑量刑的因素。

3. 共同犯罪。共同犯罪是抢劫罪的常见行为方式，统计发现，在被判处无期徒刑的样本中属于共同犯罪的占 96.1%，单独犯罪的仅占 3.9%；而因共同犯罪被判处无期徒刑的比例占 18.1%，单独犯罪被判处无期徒刑的比例为 6.7%。卡方检验结果显示（χ^2=17.218，df=1，p<0.05），无期徒刑量刑在是否属于共同犯罪的样本中存在显著性差异，因共同犯罪被判处无期徒刑的可能性大于单独犯罪。共同犯罪与无期徒刑量刑的相关性检验结果显示（r=0.090，p<0.05），两者存在显著的正相关性，即在共同犯罪的情形下更易于导致无期徒刑量刑结果。这意味着共同犯罪是影响无期徒刑量刑的重要因素。

4. 作案时间。统计发现，在被判处无期徒刑的样本中属于白天作案的占 22.3%，夜晚作案的占 77.7%，白天夜晚都有作案的为 0；而因白天作案被判处无期徒刑的比例为 14.5%，因夜晚作案被判处无期徒刑的比例为 17.1%。卡方检验结果显示（χ^2=1.725，df=1，p>0.1），无期徒刑量刑在不同作案时间的样本中不存在显著性差异。作案时间不是影响无期徒刑量刑的因素。

5. 被害人性别。统计发现，在被判处无期徒刑的样本中属于男性被害人的占 71.9%，属于女性被害人的占 28.1%；而因抢劫男性被害人被判处无期徒刑的比例为 16.3%，因抢劫女性被害人被判处无期徒刑的比例为 11.9%。卡方检验结果显示（χ^2=4.896，df=1，p<0.05），无期徒刑量刑在不同性别被害人样本中存在显著性差异，即抢劫男性被判处无期徒刑的可能性更大。但是在排除了抢劫数额、抢劫次数、伤害后果等因素对无期徒刑量刑的影响后，被害人性别与是否判处无期徒刑的偏相关性分析结果显示（r=−0.044，p>0.05），两者不存在显著相关性。被害人性别并不是无期徒刑量刑的影响因素。

根据以上分析，转化犯和共同犯罪因素分别对是否判处无期徒刑存在显著性影响，转化犯与共同犯罪被判处无期徒刑的可能性更大。而数罪、作案时间、被害人性别等因素则对无期徒刑量刑没有显著性影响。

（二）量刑情节对无期徒刑量刑的影响

前科劣迹、自首、立功、主从犯、犯罪未完成形态、认罪、坦白、退赃、赔偿、挽回财产损失和被害人谅解等因素都是抢劫犯罪中重要的量刑情节，下面在中级法院审理的样本范围内分别考察它们对无期徒刑量刑的影响情况。

1. 前科劣迹。统计发现，在判处无期徒刑的样本中，具有一般违法的占 4.7%，一般前科的占 16.7%，抢劫前科的占 4.2%。而在一般违法的样本中被判处无期徒刑的比例占 16.8%，一般前科被判处无期徒刑的比例占 18.8%，抢劫前科被判处无期徒刑的比例占 15.6%，无前科劣迹被判处无期徒刑的比例占 16.7%。卡方检验结果显示（χ^2=0.908，df=3，p>0.1），无期徒刑判决在不同前科劣迹样本中不存在显著性差异。犯罪人是否存在前科劣迹不是影响无期徒刑量刑的因素。

2. 自首。统计发现，在判处无期徒刑的样本中，属于自首的占 4.5%，而在自首样本中被判处无期徒刑的占 14.5%，非自首被判处无期徒刑的比例占 17.1%。卡方检验结果显示（χ^2=0.492，df=1，p>0.1），无期徒刑判决在是否自首样本中不存在显著性差异。犯罪人是否自首不是影响无期徒刑量刑的因素。

3. 立功。统计发现，在判处无期徒刑的样本中，属于立功的占 12.5%，而在立功样本中被判处无期徒刑的占 17.4%，非立功被判处无期徒刑的比例占 16.9%。卡方检验结果显示（χ^2=0.043，df=1，p>0.1），无期徒刑判决在是否立功样本中不存在显著性差异。立功不是影响无期徒刑量刑的因素。

4. 主从犯。统计发现，在判处无期徒刑的样本中，属于主犯的占 95.8%，从犯仅占 0.3%，而在从犯样本中被判处无期徒刑的占 1.1%，在主犯样本中被判处无期徒刑的比例占 19.1%。卡方检验结果显示

（χ^2=39.209，df=1，p<0.05），无期徒刑判决在主从犯样本中存在显著性差异。即主犯被判处无期徒刑的可能性大于从犯。但是单就主犯或从犯来说，两者被判处无期徒刑的比例都少于被判处其他刑罚的比例，因而均不是影响无期徒刑适用的因素，而是影响非无期徒刑适用的因素。

5. 犯罪未完成形态。统计发现，在判处无期徒刑的样本中，没有犯罪未遂的情况，即未遂样本被判处无期徒刑的占 0%，而既遂被判处无期徒刑的占 17.0%。卡方检验结果显示（χ^2=1.440，df=1，p<0.001），无期徒刑判决在既未遂样本中存在显著性差异。既然未完成形态中没有适用无期徒刑的情形，也就意味着未完成形态不是影响无期徒刑适用的因素。

6. 认罪。统计发现，在判处无期徒刑的样本中，属于认罪的占 92.2%，而在认罪样本中被判处无期徒刑的占 17.6%，不认罪被判处无期徒刑的比例为 12.3%。卡方检验结果显示（χ^2=3.908，df=1，p<0.05），无期徒刑判决在是否认罪样本中存在显著性差异，即认罪的情况下被判处无期徒刑的可能性更大。这说明该范围内的样本多为严重的抢劫犯罪，而无期徒刑相较于死刑又是相对较轻的刑罚，如果犯罪人认罪的，则有可能被判处轻于死刑的无期徒刑。

7. 坦白。统计发现，在判处无期徒刑的样本中，属于坦白的占 25.1%，而在坦白样本中被判处无期徒刑的占 19.5%，非坦白被判处无期徒刑的比例占 16.3%。卡方检验结果显示（χ^2=2.789，df=1，p>0.1），无期徒刑判决在是否坦白样本中不存在显著性差异。坦白因素不是影响无期徒刑量刑的因素。

8. 退赃。统计发现，在判处无期徒刑的样本中，属于退赃的占 11.7%，而在退赃样本中被判处无期徒刑的占 30.0%，非退赃被判处无期徒刑的占 20.3%。卡方检验结果显示（χ^2=3.755，df=1，p>0.1），无期徒刑判决在是否退赃样本中不存在显著性差异。退赃不是无期徒刑量刑的影响因素。

9. 赔偿。统计发现，在判处无期徒刑的样本中，属于赔偿的占 5.8%，而在赔偿样本中被判处无期徒刑的占 16.5%，非赔偿被判处无期徒刑的占 17.0%。卡方检验结果显示（χ^2=0.020，df=1，p>0.1），无期徒刑判决在是否赔偿样本中不存在显著性差异。赔偿不是影响无期徒刑量刑的因素。

10. 挽回财产损失。统计发现，在判处无期徒刑的样本中，属于挽回财产损失的占 11.7%，而在挽回财产损失样本中被判处无期徒刑的占 14.7%，非挽回财产损失被判处无期徒刑的占 17.4%。卡方检验结果显示（χ^2=1.246，df=1，p>0.1），无期徒刑判决在是否挽回财产损失样本中不存在显著性差异。挽回财产损失不是影响无期徒刑量刑的因素。

11. 被害人谅解。统计发现，在判处无期徒刑的样本中，属于被害人谅解的占 0.6%，而在被害人谅解样本中被判处无期徒刑的占 11.1%，非被害人谅解被判处无期徒刑的占 17.0%。卡方检验结果显示（χ^2=0.445，df=1，p>0.1），无期徒刑判决在是否被害人谅解样本中不存在显著性差异。被害人谅解不是影响无期徒刑量刑的因素。

通过以上分析，除了认罪、主从犯和犯罪未完成形态三个情节因素以外，其余因素均对无期徒刑量刑不产生显著性影响。但是无论是主从犯还是未完成形态，都不是影响无期徒刑适用的因素，而是更倾向于适用非无期徒刑。只有认罪因素对无期徒刑量刑产生实质性影响。

四、主体性因素与无期徒刑量刑

主体性因素包括年龄、限制行为能力、性别、户籍、职业等因素，下面在北京市中级法院审理的样本范围内分别考察上述因素对无期徒刑量刑的影响。

（一）年龄因素[①]对无期徒刑量刑的影响

未成年是重要的从宽处罚量刑情节，统计发现，判处无期徒刑的样本中未成年占 8.9%，成年的占 91.1%；未成年样本中判处无期徒刑的比例占 21.5%，成年样本中判处无期徒刑的比例占 16.6%。卡方检验结果显示（χ^2=2.288，df=40，p>0.1），显著性系数超出了 0.05 的显著性水平，无期徒刑量刑在是否未成年样本中不存在显著性差异。

如果将可能影响量刑的年龄因素转化为具体的年龄数，则经统计发现，犯罪人被判处无期徒刑的年龄均值是 27 岁，中值是 25 岁，众数是 21 岁，最小值是 14 岁，最大值是 57 岁。年龄分布的标准差是 7.270，偏度是 0.824，峰度是 0.476。标准差相对较小，说明年龄分布偏离均值的样本数量较少。具体来说，在判处无期徒刑的样本中,21 岁的比例最高，占 6.8%，不满 18 岁的比例占到 7.7%，18 岁以上不满 30 岁的比例累积占 61.4%，30 岁以上不满 40 岁的比例占 25.2%，40 岁以上的比例占 5.7%。18 岁以下和 40 岁以上的比例相对较低，87.6% 的无期徒刑出现在 18 岁以上 40 岁以下的年龄段。通过对犯罪人年龄与是否判处无期徒刑进行相关性检验，检验结果显示（r=−0.064，p<0.05），两者存在显著负相关性，即犯罪人年龄越小，越有可能被判处无期徒刑。

为了防止出现其他影响因素实质影响无期徒刑量刑而由年龄因素表面体现的可能，通过控制抢劫数额、抢劫次数、伤害后果以及其他法定情形对年龄因素和无期徒刑量刑进行偏相关性分析，分析结果显示（r=−0.076，p<0.05），两者仍存在显著的负相关性，即年龄因素本身属于影响无期徒刑量刑的因素。

---

① 因未成年人在中级法院审理的样本范围内数量较少，所以这里的年龄因素不再是未成年人与成年人相区别的变量，而是由具体的年龄数构成的影响因素。

（二）限制行为能力因素对无期徒刑量刑的影响

经统计发现，判处无期徒刑样本中属于限制行为能力的占 1.1%，但在限制行为能力样本中，被判处无期徒刑的比例高达 50.0%，而在非限制行为能力样本中被判处无期徒刑的比例仅为 16.9%。卡方检验结果显示（χ^2=6.204，df=1，p<0.05），无期徒刑判决在是否限制行为能力样本中存在显著性差异，即犯罪人越是属于限制行为能力的情况下，越有可能被判处无期徒刑。

一般来说，限制行为能力属于法定从宽处罚情节，而无期徒刑属于较重刑罚方法，为何越是在从宽处罚的情况下越有可能被判处较重刑罚，有必要进一步分析限制行为能力样本的具体类型。经分析发现，限制行为能力样本中的伤害后果均是致人死亡，即可能被判处最严重刑罚的样本类型。在这种情况下，由于限制行为能力因素的存在，被判处比死刑较轻刑罚即无期徒刑的可能性增加。

上述分析结果表明，限制行为能力是无期徒刑量刑的影响因素。

（三）性别因素对无期徒刑量刑的影响

经统计发现，在判处无期徒刑的样本中，男性犯罪人占 96.4%，女性犯罪人占 3.6%；而在男性样本中被判处无期徒刑的比例为 17.0%，女性样本中被判处无期徒刑的比例为 16.7%。卡方检验结果显示（χ^2=0.006，df=1，p>0.1），显著性系数超出了 0.05 的显著性水平，无期徒刑判决在不同性别样本中不存在显著性差异。

通常认为，性别是导致犯罪危害程度出现差异的重要因素，为了排除危害程度差异抵消性别因素对无期徒刑量刑影响的可能性，经对抢劫数额和伤害后果等危害结果的性别差异进行单因素方差分析，发现两种情况下的 F 值系数分别为 0.004 和 0.094，p 值均大于 0.1，显著性系数超出了 0.05

的显著性水平，即不同性别造成的主要危害结果没有显著性差异。这便进一步说明性别因素并不是无期徒刑量刑的影响因素。

（四）户籍因素对无期徒刑量刑的影响

经统计发现，在判处无期徒刑的样本中，本地人占 25.6%，外地人占 74.4%；而在本地人样本中，判处无期徒刑的比例为 16.5%，外地人样本中被判处无期徒刑的比例为 17.3%。卡方检验结果显示（χ^2=1.018，df=1，p>0.1），显著性系数超出了 0.05 的显著性水平，无期徒刑判决在不同户籍样本中不存在显著性差异。

同样为了排除危害程度差异抵消户籍因素对无期徒刑量刑影响的可能性，经对抢劫数额和伤害后果等危害结果的户籍差异进行单因素方差分析，发现两种情况下的 F 值系数分别为 0.875 和 1.702，p 值均大于 0.1，即不同户籍样本中的主要危害结果没有显著性差异。这便进一步说明户籍因素并不是无期徒刑量刑的影响因素。

（五）职业因素对无期徒刑量刑的影响

经统计发现，在判处无期徒刑的样本中，无业占 24.5%，农民占 71.6%，学生占 0.8%，其他职业者占 3.1%；而在无业样本中，判处无期徒刑的比例为 15.4%，农民样本中被判处无期徒刑的比例为 18.0%，学生样本中被判处无期徒刑的比例为 8.8%，其他职业者的样本中被判处无期徒刑的比例为 14.5%。卡方检验结果显示（χ^2=4.009，df=3，p>0.1），无期徒刑判决在不同职业样本中不存在显著性差异。

同样为了排除危害程度差异抵消职业因素对无期徒刑量刑影响的可能性，将抢劫数额和伤害后果作为控制变量对职业类型和是否判处无期徒刑进行偏相关检验，检验结果显示（r=0.005，p>0.1），显著性系数超出了 0.05 的显著性水平，说明职业类型对无期徒刑判决没有显著性影响。这便进一步说明职业因素并不是无期徒刑量刑的影响因素。

通过上述分析，除了年龄和限制行为能力能够影响无期徒刑量刑以外，其他主体性因素均不影响无期徒刑量刑。

五、程序性因素与无期徒刑量刑

程序性因素包括羁押状态、审理时间、审理法院、审理程序、律师参与和法官性别等。根据刑事诉讼法有关规定，[①] 无期徒刑案件仅适用普通程序审理，且均有律师参与，因而审理程序和律师参与因素不具有分析的必要。下面在北京市中级法院审理的样本范围内分别考察羁押状态、审理法院、审理时间和法官性别对无期徒刑量刑的影响。

（一）羁押状态对无期徒刑量刑的影响

经统计发现，在判处无期徒刑样本中处于羁押状态的占 99.7%，仅有 0.3% 处于非羁押状态；而在羁押状态的样本中被判处无期徒刑的比例占 17.0%，非羁押状态的样本被判处无期徒刑的比例为 10.0%。卡方检验结果显示（χ^2=0.348，df=1，p>0.1），无期徒刑判决在不同羁押状态的样本中不存在显著性差异。

为了排除危害程度差异抵消羁押状态因素对无期徒刑量刑影响的可能性，经对抢劫数额和伤害后果等危害结果的羁押差异进行单因素方差分析，发现两种情况下的 F 值系数分别为 0.904 和 0.410，p 值均大于 0.1，显著性系数超出了 0.05 的显著性水平，即不同羁押状态样本中的主要危害结果没有显著性差异。这便进一步说明羁押状态并不是无期徒刑量刑的影响因素。

---

① 根据《刑事诉讼法》第 214 条、222 条、第 35 条第 3 款的规定，中级人民法院审理程序中仅有普通程序，不适用简易程序、速裁程序；犯罪嫌疑人、被告人可能被判处无期徒刑、死刑，没有委托辩护人的，人民法院、人民检察院和公安机关应当通知法律援助机构指派律师为其提供辩护。

（二）审理法院[①] 对无期徒刑量刑的影响

在北京市中级法院样本范围内，将审理法院对无期徒刑量刑情况进行卡方检验，检验结果显示（$\chi^2=0.027$，$df=1$，$p>0.05$），无期徒刑量刑在不同法院间不存在显著性差异。相关性分析结果也显示（$r=0.004$，$p>0.05$），两者不存在显著相关性。在排除了抢劫数额、伤害后果、抢劫次数以及入户抢劫、持枪抢劫等法定情形的情况下，通过对审理法院和无期徒刑量刑进行偏相关性分析，检验结果显示（$r=0.009$，$p>0.05$），即显著性系数 p 值大于 0.05 的显著性水平，因而不具有显著相关性。

这说明，审理法院对无期徒刑量刑不具有显著性影响。

（三）审理时间对无期徒刑量刑的影响

经统计发现，判处无期徒刑的样本在 2000 ～ 2011 年的比例分别是 7.8%、17.5%、12.8%、13.1%、7.8%、9.5%、8.1%、9.5%、7.2%、3.3%、1.4%、1.9%；而在不同年度样本中被判处无期徒刑的比例分别是 17.4%、15.7%、15.5%、20.5%、15.2%、17.1%、18.0%、18.7%、21.5%、17.6%、9.3%、12.3%。卡方检验结果显示（$\chi^2=8.793$，$df=11$，$p>0.1$），无期徒刑判决在不同年度的样本中不存在显著性差异。

为了排除危害程度差异抵消年度因素对无期徒刑量刑影响的可能性，将抢劫数额和伤害后果作为控制变量对不同年度和是否判处无期徒刑进行偏相关检验，检验结果显示（$r=-0.003$，$p>0.1$），显著性系数超出了 0.05 的显著性水平，说明不同年度对无期徒刑判决没有显著性影响。这便进一

---

① 在北京市样本范围内，因死刑案件均来自中级法院，所以不存在中心区、接合部与远郊区的审理法院差异。另外，在本样本时段内只有北京市第一中级人民法院、北京市第二中级人民法院两个中级法院，因而这里的审理法院仅区分为北京市第一中级人民法院和北京市第二中级人民法院。审理法院的变量编码为：北京市第一中级人民法院 =1，北京市第二中级人民法院 =2。

步说明年度因素并不是无期徒刑量刑的影响因素。

（四）法官性别对无期徒刑量刑的影响

经统计发现，在判处无期徒刑的样本中，男性法官裁判的占 54.3%，女性法官裁判的占 45.7%；而男性法官裁判的样本中，被判处无期徒刑的比例占 18.0%，女性法官裁判的样本中被判处无期徒刑的比例占 15.9%。卡方检验结果显示（$\chi^2=1.575$，$df=1$，$p>0.1$），无期徒刑判决在不同性别法官样本中不存在显著性差异。法官性别不是影响无期徒刑量刑的因素。

为了排除危害程度差异抵消法官性别因素对无期徒刑量刑影响的可能性，经对不同性别法官判处无期徒刑样本中的抢劫数额和伤害后果进行单因素方差分析，发现两种情况下的 F 值系数分别为 0.014 和 0.222，p 值均大于 0.1，显著性系数超出了 0.05 的显著性水平，即不同性别法官样本中判处无期徒刑的主要危害结果没有显著性差异。这便进一步说明法官性别因素并不是无期徒刑量刑的影响因素。

通过上述分析，所有程序性因素均不影响无期徒刑量刑。

第二节 无期徒刑量刑的影响方式

无期徒刑是介于有期徒刑和死刑之间的刑种，在理论上，无期徒刑主要适用于三种情形：一是适用于犯罪较为严重与人身危险性较大但尚未达到罪大恶极程度的犯罪，二是作为相对于死刑的从轻量刑结果而适用，三是作为相对于最高有期徒刑的从重量刑之结果而适用。[①] 而这三种情形都

① 参见邱兴隆、许章润:《刑罚学》，中国政法大学出版社 1999 年版，第 279 ~ 280 页。

是由相应影响因素所决定的，实际上也就意味着量刑因素是通过不同方式来实现对无期徒刑量刑的影响。

一、罪行程度因素与无期徒刑量刑

如果犯罪人的犯罪比较严重，但不是十分严重，或者人身危险性较大，但不是特别大，仅处有期徒刑显得量刑过轻，而处死刑又显得量刑过重，那么，便应对其适用无期徒刑。这就有必要考察哪些变量是体现无期徒刑罪行程度的影响因素。

从抢劫罪的刑法规定来看，八种情形是判处十年以上有期徒刑、无期徒刑和死刑的罪行范围，但并不意味着这八种情形都是与无期徒刑相对应的罪行程度范围。根据本章第一节的统计，除了抢劫军用物资或者抢险、救灾、救济物资情形没有在北京市中级法院的样本中出现以外，其他情形都有数量不等的样本存在。下面对样本中现有法定情形的罪行程度分别进行分析。

（一）入户抢劫的罪行程度

在没有其他法定情形而仅有入户抢劫一种情形存在的情况下，经在北京市中级法院样本范围内统计发现，入户抢劫被判处无期徒刑的比例只有 5.7%，有 94.3% 的样本没有被判处无期徒刑。卡方检验结果显示（χ^2=1.932，df=1，p>0.1），是否属于入户抢劫情形对无期徒刑量刑没有形成显著性差异。对只有入户抢劫一种法定情形下的量刑结果分析发现，除了 5.7% 的量刑结果是无期徒刑以外，其余 94.3% 的量刑结果均为有期徒刑，被判处有期徒刑的量刑均值为 134 个月。即入户抢劫的罪行程度在量刑实践中更接近于 134 个月的有期徒刑刑罚量。

根据以上分析，入户抢劫的罪行程度达不到无期徒刑的刑罚量。

（二）在公共交通工具上抢劫的罪行程度

在没有其他法定情形而仅有公共交通工具上抢劫一种情形存在的情况下，经在北京市中级法院样本范围内统计发现，判处无期徒刑的比例为 0，即仅仅因公共交通工具上抢劫不可能被判处无期徒刑。另外，经对此种情形下的量刑结果分析发现，全部量刑结果均为有期徒刑，被判处有期徒刑的量刑均值是 133 个月。即在公共交通工具上抢劫在量刑实践中接近于 133 个月的有期徒刑刑罚量。

所以，在公共交通工具上抢劫的罪行程度也达不到无期徒刑的刑罚量。

（三）多次抢劫的罪行程度

在没有其他法定情形而仅有多次抢劫一种情形存在的情况下，经在北京市中级法院样本范围内统计发现，判处无期徒刑的样本比例为 4.1%，95.9% 的样本没有被判处无期徒刑。卡方检验结果显示（χ^2=0.792，df=1，p>0.1），是否属于多次抢劫情形在无期徒刑量刑结果中没有显著性差异。对此种情形下的量刑结果分析发现，量刑中除了 4.1% 的无期徒刑以外，有期徒刑占 87.8%，死刑占 8.1%，其中有期徒刑的量刑均值是 135 个月。由此可见，接近九成的多次抢劫被判处有期徒刑，即多次抢劫在类别变量意义上，其罪行程度达不到无期徒刑的刑罚量要求，仅相当于 135 个月的刑罚量水平。

但是在多次抢劫的样本范围内，同时存在次数多少的量化差别。经对抢劫 3 次以上样本进行量刑结果分析发现，抢劫次数 7 次以上开始出现无期徒刑、死刑的量刑情况，所占比例达到了 54.5%。抢劫次数与无期徒刑量刑的相关性检验结果显示（r=0.177，p<0.05），两者存在显著相关性，即抢劫次数越多被判处无期徒刑的可能性越大。这说明，当抢劫次数作为一

个连续性变量存在的情况下，次数本身对无期徒刑量刑具有显著性影响，当抢劫次数达到一定数量后的罪行程度便会与无期徒刑刑罚量达到罪刑相当的程度。据对样本的分析，抢劫 9 次左右便会达到该程度。

所以根据以上分析，多次抢劫作为类别变量，其罪行程度仅在有期徒刑范围内；而作为连续性变量，抢劫次数达到一定数量后便与无期徒刑的刑罚量相当。

（四）抢劫数额巨大的罪行程度

在没有其他法定情形而仅有抢劫数额巨大一种情形存在的情况下，经在北京市中级法院样本范围内统计发现，有 7.0% 的样本被判处无期徒刑。卡方检验结果显示（$\chi^2=4.175$，$df=1$，$p<0.05$），是否属于抢劫数额巨大在无期徒刑量刑结果中存在显著性差异。对此种情形下的量刑结果分析发现，量刑中除了 7.0% 的无期徒刑以外，有期徒刑占 90.8%，死刑占 2.2%，其中有期徒刑的量刑均值是 131 个月。由此可见，超过九成的抢劫数额巨大被判处有期徒刑，即抢劫数额巨大在类别变量意义上，其罪行程度达不到无期徒刑的刑罚量要求，仅相当于 131 个月的刑罚量水平。

与多次抢劫一样，抢劫数额巨大同时存在数额多少的量化差别。经过对抢劫数额巨大样本进行量刑结果的分析发现，当抢劫数额达到一定幅度时便会出现无期徒刑的量刑结果，此时的抢劫数额均值是 53 万元，最小值为 5 万元，最大值为 142 万元。其中，10 万元以下的比例为 15.4%，10 万元以上 100 万元以下的比例为 76.9%，100 万元以上的比例为 7.7%。抢劫数额与是否判处无期徒刑的相关性检验结果显示（$r=0.117$，$p<0.05$），两者存在显著相关性，即抢劫数额越大，判处无期徒刑的可能性越大。这同样说明，抢劫数额达到相应范围后的罪行程度就会与无期徒刑的刑罚量相当。

所以根据以上分析，抢劫数额巨大作为类别变量，其罪行程度仅在有期徒刑范围内；而作为连续性变量，当抢劫数额达到一定范围后便与无期徒刑的刑罚量相当。

（五）抢劫致人重伤的罪行程度

在没有其他法定情形而仅有抢劫致人重伤一种情形存在的情况下，经在北京市中级法院样本范围内统计发现，有 14.3% 的样本被判处无期徒刑。卡方检验结果显示（χ^2=4.426，df=1，p>0.05），是否属于抢劫致人重伤在无期徒刑量刑结果中不存在显著性差异。经进一步分析发现，量刑中除了 14.3% 的无期徒刑以外，有期徒刑占 85.7%，其中有期徒刑的量刑均值是 134 个月。由此可见，接近九成的抢劫致人重伤被判处有期徒刑，即抢劫致人重伤的罪行程度达不到无期徒刑的刑罚量要求，仅相当于 134 个月的刑罚量水平。

所以，抢劫致人重伤的罪行程度也达不到无期徒刑的刑罚量。

（六）抢劫致人死亡的罪行程度

在没有其他法定情形而仅有抢劫致人死亡一种情形存在的情况下，经在北京市中级法院样本范围内统计发现，有 18.6% 的样本被判处无期徒刑。卡方检验结果显示（χ^2=19.420，df=1，p<0.05），是否属于抢劫致人死亡在无期徒刑量刑结果中存在显著性差异。对此种情形下的量刑结果分析发现，量刑中除了 18.6% 的无期徒刑以外，有期徒刑占 20.9%，死刑占 60.1%，还有 0.4% 被免予刑事处罚，其中有期徒刑的量刑均值是 140 个月。由此可见，超过六成的抢劫致人死亡被判处死刑，其罪行程度已经超过了无期徒刑的刑罚量要求。

所以，抢劫致人死刑的罪行程度不符合无期徒刑的刑罚量。

（七）冒充军警人员抢劫的罪行程度

在没有其他法定情形而仅有冒充军警人员抢劫一种情形存在的情况下，经在北京市中级法院样本范围内统计，发现没有样本被判处无期徒刑，即仅仅因冒充军警人员抢劫不可能被判处无期徒刑。另外，经对此种情形下的量刑结果分析发现，全部量刑结果均为有期徒刑，被判处有期徒刑的量刑均值是 144 个月。即冒充军警人员抢劫在量刑实践中接近于 144 个月的有期徒刑刑罚量。

所以，冒充军警人员抢劫的罪行程度也达不到无期徒刑的刑罚量。

（八）持枪抢劫的罪行程度

在没有其他法定情形而仅有持枪抢劫一种情形存在的情况下，经在北京市中级法院样本范围内统计，发现没有样本被判处无期徒刑，即持枪抢劫本身不是决定判处无期徒刑量刑的因素。另外，经对此种情形下的量刑结果分析发现，全部量刑结果均为有期徒刑，被判处有期徒刑的量刑均值是 144 个月。即持枪抢劫在量刑实践中接近于 144 个月的有期徒刑刑罚量。

所以，持枪抢劫的罪行程度也达不到无期徒刑的刑罚量。

（九）抢劫银行或其他金融机构的罪行程度

在没有其他法定情形而仅有抢劫银行或者其他金融机构一种情形存在的情况下，在北京市中级法院样本范围内没有统计到样本数量。进一步分析发现，抢劫银行或者其他金融机构情形通常和其他法定情形并存，并存的情形有抢劫致人死亡、抢劫数额巨大和多次抢劫等。另外，经对此种情形下的量刑结果分析发现，死刑占 25.0%，有期徒刑占 75.0%，被判处有期徒刑的量刑均值是 160 个月。这说明抢劫银行或者其他金融机构本身不是决定判处无期徒刑量刑的因素，且通常导致有期徒刑的量刑结果。考虑到该情形与其他法定情形共同影响的情况，其罪行程度在量刑实践中低于160个月的有期徒刑刑罚量。

所以，抢劫银行或其他金融机构的罪行程度也达不到无期徒刑的刑罚量。

通过以上分析可见，只有抢劫次数和抢劫数额达到一定数量范围后，其罪行程度才达到无期徒刑的刑罚量要求，而抢劫致人死亡的罪行程度则高于无期徒刑的刑罚量，除此之外的其他情形的罪行程度都低于无期徒刑。

二、从严事由因素与无期徒刑量刑

抢劫罪中无期徒刑与死刑和有期徒刑总是同居一个法定量刑格，当犯罪人的犯罪属于这一最高法定量刑格，但其应判刑只是最高有期徒刑时，通常不能对之适用无期徒刑。然而，如果犯罪人具有从严情节，即使他的应判刑本来只是最高有期徒刑，也可以对其从重判处无期徒刑，否则，从重量刑便无从体现。在量刑实践中，从严情节既可以是其他法定事由，如在入户抢劫的情形下又致人重伤的，则抢劫致人重伤就是从严情节；也可以是连续性变量、客观性因素、主体性因素和程序性因素等。

从严事由应当是在罪行程度低于无期徒刑情形下的无期徒刑量刑的影响因素，因而不能出现在抢劫致人死亡的样本中。而且从严事由也只能出现在具有无期徒刑量刑结果的情形下。所以下面仅分别对入户抢劫、多次抢劫、抢劫数额巨大、抢劫致人重伤情形下的从严事由进行分析。

（一）入户抢劫情形下的从严事由

在入户抢劫的情形下，在北京市中级法院样本范围内，经对其他法定情形、连续性变量、客观性因素（包括行为因素[①]和量刑情节）、主体性因素和程序性因素与是否判处无期徒刑分别进行相关性检验，发现下列变量与无期徒刑量刑具有显著相关性（见表 6-2）。

表 6-2　入户抢劫情形下影响无期徒刑量刑的从严事由 *

从严事由		相关性系数（r）	显著性系数（p）
其他法定情形	多次抢劫	0.197	0.000
	抢劫数额巨大	0.138	0.000
	抢劫致人重伤	0.140	0.000
连续性变量	抢劫次数	0.143	0.000
	抢劫人数	0.110	0.004
行为因素	数罪	0.078	0.040
	共同犯罪	0.109	0.004
	故意杀人	0.133	0.000
量刑情节	主犯	0.075	0.048
主体性因素	–	–	–
程序性因素	–	–	–

* 表中的显著性水平为 0.05。“–”表明此种情形下没有相应类型的从严事由。

根据表 6-2 中数据，在入户抢劫情形下，如果具有多次抢劫、抢劫数额巨大、抢劫致人重伤等其他法定情形，或者抢劫次数、抢劫人数较多，或者有数罪、共同犯罪、故意杀人等因素时，因这些因素对无期徒刑量刑影响的显著性系数 p 值均小于 0.05 的显著性水平，成为影响无期徒刑量刑的从严事由。而主体性因素和程序性因素中没有出现从严事由。

① 根据样本情况，在行为因素中增加了故意杀人因素，即在抢劫后又实施故意杀人罪的情形。

从相关性系数 r 值的大小来看，在入户抢劫中又属于多次抢劫被判处无期徒刑的可能性最大，而主犯因素的影响力相对较小。

（二）多次抢劫情形下的从严事由

在多次抢劫的情形下，在北京市中级法院样本范围内，经对研究变量与是否判处无期徒刑分别进行相关性检验，发现下列变量与无期徒刑量刑具有显著相关性（见表 6-3）。

表 6-3　多次抢劫情形下影响无期徒刑量刑的从严事由 *

从严事由		相关性系数（r）	显著性系数（p）
其他法定情形	抢劫数额巨大	0.155	0.000
连续性变量	–	–	–
行为因素	共同犯罪	0.085	0.021
	故意杀人	0.089	0.014
量刑情节	主犯	0.078	0.034
主体性因素	–	–	–
程序性因素	无律师参与	0.092	0.013

* 表中的显著性水平为 0.05。“–”表明此种情形下没有相应类型的从严事由。

根据表 6-3 中数据，在多次抢劫情形下，如果具有抢劫数额巨大法定情形，或者有共同犯罪、故意杀人、主犯、无律师参与等因素时，这些因素对无期徒刑量刑影响的显著性系数 p 值均小于 0.05 的显著性水平，成为影响无期徒刑量刑的从严事由。而连续性变量和主体性因素中没有出现从严事由。

从相关性系数 r 值的大小来看，多次抢劫又属于抢劫数额巨大的被判处无期徒刑的可能性最大，同样主犯因素的影响力相对较小。

（三）抢劫数额巨大情形下的从严事由

在抢劫数额巨大的情形下，在北京市中级法院样本范围内，经对研究变量与是否判处无期徒刑分别进行相关性检验，发现下列变量与无期徒刑量刑具有显著相关性（见表 6–4）。

表 6–4　抢劫数额巨大情形下影响无期徒刑量刑的从严事由 *

从严事由		相关性系数（r）	显著性系数（p）
其他法定情形	多次抢劫	0.162	0.000
	抢劫致人重伤	0.105	0.000
连续性变量	抢劫次数	0.070	0.010
	抢劫人数	0.068	0.012
行为因素	共同犯罪	0.076	0.005
量刑情节	主犯	0.097	0.000
	财产未挽回	0.067	0.014
主体性因素	–	–	–
程序性因素	无律师参与	0.076	0.005

* 表中的显著性水平为 0.05。“–”表明此种情形下没有相应类型的从严事由。

根据表 6–4 中数据，在抢劫数额巨大情形下，如果具有多次抢劫、抢劫数额巨大、抢劫致人重伤等其他法定情形，或者抢劫次数、抢劫人数较多，或者有共同犯罪、主犯、财产未挽回、无律师参与等因素时，其对无期徒刑量刑影响的显著性系数 p 值均小于 0.05 的显著性水平，即成为影响无期徒刑量刑的从严事由。而主体性因素中没有出现从严事由。

从相关性系数 r 值的大小来看，抢劫数额巨大又属于多次抢劫的被判处无期徒刑的可能性最大，而财产未挽回因素的影响力相对较小。

（四）抢劫致人重伤情形下的从严事由

在抢劫致人重伤的情形下，在北京市中级法院样本范围内，经对其他法定情形、连续性变量、客观性因素（包括行为因素和量刑情节）、主体性因素和程序性因素与是否判处无期徒刑分别进行相关性检验，发现下列变量与无期徒刑量刑具有显著相关性（见表 6–5）。

表 6–5 抢劫致人重伤情形下影响无期徒刑量刑的从严事由 *

从 严 事 由		相关性系数（r）	显著性系数（p）
其他法定情形	抢劫数额巨大	0.191	0.047
连续性变量	–	–	–
行为因素	–	–	–
量刑情节	–	–	–
主体性因素	–	–	–
程序性因素	–	–	–

* 表中的显著性水平为 0.05。“–”表明此种情形下没有相应类型的从严事由。

根据表 6–5 中数据，在抢劫致人重伤情形下，如果具有抢劫数额巨大的法定情形，该因素对无期徒刑量刑影响的显著性系数 p 值均小于 0.05 的显著性水平，成为影响无期徒刑量刑的从严事由。而连续性变量、行为因素、量刑情节、主体性因素和程序性因素中都没有从严事由。

三、从宽事由因素与无期徒刑量刑

当抢劫犯罪属于 10 年以上有期徒刑、无期徒刑或者死刑的最高法定量刑格，且已经达到了罪大恶极的程度时，其应判刑便是死刑。但是，如果犯罪人具有从宽情节而不能适用死刑，作为仅轻于死刑的法定刑的无期徒刑，便是作为对本应处死刑的罪犯从轻量刑的结果。从前文的研究来看，属于超过无期徒刑罪行程度的法定情形只有抢劫致人死亡，而且从宽事由不应当是其他法定情形。

在抢劫致人死亡情形下，在北京市中级法院样本范围内，经对连续性变量、客观性因素（包括行为因素和量刑情节）、主体性因素和程序性因素与是否判处无期徒刑分别进行相关性检验，发现下列变量与无期徒刑量刑具有显著相关性（见表 6-6）。

表 6-6 抢劫致人死亡情形下影响无期徒刑量刑的从宽事由 *

从 严 事 由		相关性系数（r）	显著性系数（p）
连续性变量	–	–	–
行为因素	–	–	–
量刑情节	自首	0.080	0.011
	立功	0.072	0.022
	从犯	0.075	0.018
主体性因素	未成年人	0.125	0.000
	限制行为能力	0.084	0.008
程序性因素	–	–	–

* 表中的显著性水平为 0.05。“–”表明此种情形下没有相应类型的从宽事由。

根据表 6-6 中数据，在抢劫致人死亡的情形下，自首、立功、从犯、未成年人、限制行为能力等因素对无期徒刑量刑影响的显著性系数 p 值均小于 0.05 的显著性水平，即这些因素是影响无期徒刑量刑的从宽事由。而行为因素和程序性因素中没有出现从宽事由。

从相关性系数 r 值的大小来看，在抢劫致人死亡情形下如果犯罪人是未成年人的，其被判处无期徒刑的可能性最大，而立功因素的影响力相对较小。

第三节 小　结

本章考察了影响无期徒刑的量刑因素及其影响方式。

（一）关于无期徒刑的量刑影响因素

通过研究发现，在法定情形、连续性变量、客观性因素、主体性因素和程序性因素五个方面中，法定情形是影响无期徒刑的最主要因素。

1. 在法定情形中，除了抢劫军用物资或者抢险、救灾、救济物资情形没有在样本中出现以外，其他情形均存在一定比例的样本。在北京市全部样本范围内，在公共交通工具上抢劫和抢劫银行或者其他金融机构的情形对无期徒刑量刑没有显著影响力，其余情形均具有显著影响力。而在北京市中级法院审理的样本范围内且多种情形并存的情况下，仅有多次抢劫、持枪抢劫、抢劫数额巨大和抢劫致人重伤对无期徒刑量刑具有显著性影响。

2. 在连续性变量中，抢劫数额、伤害后果、抢劫次数和抢劫人数都在北京市中级法院审理的样本范围内影响无期徒刑量刑。但抢劫数额仅在抢劫数额巨大一种法定情形下影响无期徒刑量刑，通常判处无期徒刑样本的数额均值是53万元，最小值为5万元，最大值为142万元；伤害后果仅在抢劫致人重伤、死亡的法定情形下影响无期徒刑量刑。统计发现，抢劫致人重伤情形下的无期徒刑适用率为14.3%，抢劫致人死亡情形下的适用率为18.6%。抢劫人数仅限于在入户抢劫和抢劫数额巨大两种法定情形下对无期徒刑适用具有显著性影响。

3. 在客观性因素方面，行为因素中的转化犯和共同犯罪因素对是否判处无期徒刑存在显著性影响，转化犯不被判处无期徒刑的可能性更低，共同犯罪被判处无期徒刑的可能性更大。而数罪、作案时间、被害人性别等因素则对无期徒刑量刑没有显著性影响。在量刑情节中，除了认罪、主从犯和犯罪未完成形态三个情节因素以外，其余因素均对无期徒刑量刑不产生显著性影响。但无论是主从犯还是犯罪未完成形态，都不是影响无期徒刑适用的因素，而是更倾向于非无期徒刑的量刑结果。只有认罪因素对无期徒刑量刑产生实质性影响。

4. 在主体性因素方面，除了年龄因素和限制行为能力因素能够影响无期徒刑量刑以外，其他主体性因素均不影响无期徒刑量刑。犯罪人年龄越小或者在限制行为能力情况下，越有可能被判处无期徒刑。

5. 在程序因素方面，所有程序性因素均不影响无期徒刑量刑。

（二）关于因素影响无期徒刑量刑的方式

因素通过反映罪行程度、从严事由和从宽事由三个方式来影响无期徒刑量刑。

1. 在反映罪行程度方面，经分析发现，入户抢劫、在公共交通工具上抢劫、抢劫致人重伤、冒充军警人员抢劫、持枪抢劫和抢劫银行或者其他金融机构的罪行程度达不到无期徒刑的刑罚量要求；而抢劫致人死亡的罪行程度则高于无期徒刑的刑罚量要求。抢劫数额巨大和多次抢劫作为类别变量时，其罪行程度也达不到无期徒刑的刑罚量要求，但是作为连续性变量时，当抢劫数额和抢劫次数达到一定范围后的罪行程度则与无期徒刑的刑罚量相当。

2. 在从严事由方面，当法定情形的罪行程度达不到无期徒刑刑罚量要求时，影响入户抢劫情形下无期徒刑量刑的从严事由包括多次抢劫、抢劫数额巨大、抢劫致人重伤等其他法定情形和抢劫次数、抢劫人数较多，以及数罪、共同犯罪、故意杀人等因素；影响多次抢劫情形下无期徒刑量刑的从严事由有抢劫数额巨大、共同犯罪、故意杀人、主犯、无律师参与等因素；影响抢劫数额巨大情形下无期徒刑量刑的从严事由有多次抢劫、抢劫数额巨大、抢劫致人重伤等其他法定情形和抢劫次数、抢劫人数较多，以及共同犯罪、主犯、财产未挽回、无律师参与等因素；影响抢劫致人重伤情形下无期徒刑量刑的从严事由是抢劫数额巨大。

3. 在反映从宽事由方面，当法定情形的罪行程度超过无期徒刑刑罚量要求时，在抢劫致人死亡的情形下，影响无期徒刑量刑的从宽事由有自首、立功、从犯、未成年人和限制行为能力等因素。

第七章　影响因素与死刑量刑

死刑是剥夺犯罪分子生命的主刑种类，是所有刑罚种类中最严厉的刑罚方法。鉴于死刑的严厉性，它的适用对象是罪行极其严重的犯罪分子。抢劫罪是最为严重的犯罪类型之一，因而死刑是抢劫罪量刑中较多适用的刑罚方法。死刑在执行方式上包括立即执行和缓期二年执行，前者经最高人民法院核准后即被执行死刑，后者在缓期二年期间没有故意犯罪的即被减为自由刑，在后果上具有明显不同。所以有必要对死刑缓期执行方式的量刑单独进行考察。由于死刑与无期徒刑一样，均属于类别变量，在量刑过程中存在很多共性，因而在考察死刑影响因素时亦采用相同的方法。

死刑主要也是由中级人民法院作为一审法院作出的量刑结果，因而本章也以北京市中级人民法院在 12 年间作出的 867 份抢劫罪刑事判决书中的 2113 个量刑结果作为实证研究基础。另外，为了解相关影响因素在全部样本中的情况，以及全部样本中死刑量刑的情况，也会涉及对北京市全部样本（包括基层法院样本和中级法院样本）的分析。

第一节　死刑量刑的影响因素[①]

一、法定情形与死刑量刑

与无期徒刑量刑一样，八种法定情形除了抢劫军用物资或者抢险、救灾、救济物资情形没有在样本中出现，其他情形都有数量不等的样本存在。下面对不同法定情形下死刑的适用情况进行分析。

（一）入户抢劫对死刑量刑的影响

在北京市全部抢劫罪样本中，入户抢劫样本中被判处死刑的比例为22.9%，在非入户抢劫的样本中，被判处死刑的比例仅为6.1%。卡方检验的结果显示（$\chi^2=366.526$，$df=1$，$p<0.001$），是否判处死刑在是否入户抢劫不同样本中具有显著性差异，即入户抢劫被判处死刑具有更大的可能性。

虽然入户抢劫的情形在全样本中都存在，但实际上真正可能被判处死刑的仅在中级法院作为一审法院审理的样本中。因而为了考察入户抢劫对死刑量刑的影响情况，应当在中级法院审理的样本中进行进一步分析。

经统计发现，在北京市中级法院审理的样本范围内，有35.8%的入户抢劫被判处死刑，非入户抢劫中有35.9%被判处死刑。卡方检验的结果显示（$\chi^2=0.001,df=1,p>0.1$），是否入户抢劫在死刑量刑中没有显著性差异。但是在致人重伤以上的样本范围内，入户抢劫被判处死刑的比例为69.1%，非入户抢劫被判处死刑的比例为58.5%。卡方检验的结果显示（$\chi^2=4.590$，$df=1$，$p<0.05$），死刑判决在是否入户的不同样本中存在显著性差异。

---

① 本节研究的死刑包括立即执行和缓期执行两种方式，即作为整体死刑结果的量刑情况。

另外的统计结果显示，在没有其他法定情形而仅有入户抢劫一种情形存在的情况下，判处死刑的比例为0，即仅仅因入户抢劫不可能被判处死刑。而在致人重伤以上的后果情况下，是否入户抢劫成为判处死刑的重要影响因素。

（二）在公共交通工具上抢劫对死刑量刑的影响

在北京市全部样本中，统计发现在公共交通工具上抢劫被判处死刑的比例为12.8%，非在公共交通工具上抢劫被判处死刑的比例仅为8.0%。在所有被判处死刑的样本中，有0.7%是在公共交通工具上抢劫，有99.3%是不在公共交通工具上抢劫。卡方检验的结果显示（$\chi^2=1.195$，$df=1$，$p>0.1$），是否在公共交通工具上抢劫在死刑量刑中不具有显著性差异。

在北京市中级法院作为一审法院审理的样本范围内，有17.9%的在公共交通工具上抢劫被判处死刑，非在公共交通工具上抢劫中有36.1%的被判处死刑。卡方检验的结果显示（$\chi^2=4.004$，$df=1$，$p<0.05$），是否在公共交通工具上抢劫在死刑量刑中具有显著性差异。但对在公共交通工具上抢劫和死刑量刑进行相关性分析，分析结果显示（$r=-0.044$，$p<0.05$），两者存在显著负相关性，即在公共交通工具上抢劫被判处死刑的可能性小于不在公共交通工具上抢劫。显然，由于在公共交通工具上抢劫属于加重情形，上述差异不能说明该因素对死刑量刑的影响。但是分别在致人重伤、抢劫数额巨大、多次抢劫等情形下，在公共交通工具上抢劫与是否判处死刑的相关性检验结果分别表明（$r=0.222$，$p<0.05$；$r=0.054$，$p<0.05$；$r=0.078$，$p<0.05$），在公共交通工具上抢劫对是否判处死刑具有显著影响力。

另外的统计结果显示，在没有其他法定情形而仅有在公共交通工具上抢劫一种情形存在的情况下，判处死刑的比例为0，即仅仅因公共交通工具上抢劫不可能被判处死刑。而在其他法定情形下，在公共交通工具上抢劫对致人重伤、抢劫数额巨大、多次抢劫等情形下的死刑量刑具有显著影响力。

（三）多次抢劫对死刑量刑的影响

在北京市全部样本中，统计发现多次抢劫被判处死刑的比例为 15.9%，有 84.1% 的多次抢劫没有被判处死刑。而在多次抢劫以外的样本中，被判处死刑的比例仅为 6.7%，有 93.3% 没有被判处死刑。在所有被判处死刑的样本中，有 29.9% 的是多次抢劫，有 70.1% 的不是多次抢劫。卡方检验的结果显示（$\chi^2=139.056, df=1, p<0.001$），是否多次抢劫在死刑量刑中具有显著性差异。

在北京市中级法院作为一审法院审理的样本范围内，有 31.2% 的多次抢劫被判处死刑，非多次抢劫中有 38.3% 被判处死刑。卡方检验的结果显示（$\chi^2=10.628$，$df=1$，$p<0.05$），是否多次抢劫在死刑量刑中具有显著性差异。但对多次抢劫和死刑量刑进行相关性分析，分析结果显示（$r=-0.071$，$p<0.05$），两者存在显著负相关性，即多次抢劫被判处死刑的可能性小于不是多次抢劫。显然，由于多次抢劫属于加重情形，上述差异不能说明该因素对死刑判决的影响。但是分别在公共交通工具上抢劫、冒充军警人员抢劫、持枪抢劫等情形下，多次抢劫与是否判处死刑的相关性检验结果分别表明（$r=0.595$，$p<0.05$；$r=0.356$，$p<0.05$；$r=0.306$，$p<0.05$），多次抢劫对是否判处死刑具有显著影响力。

另外的统计结果显示，在没有其他法定情形而仅有多次抢劫一种情形存在的情况下，判处死刑的比例为 8.2%，且抢劫次数的均值是 10 次。而在其他法定情形下，多次抢劫分别对在公共交通工具上抢劫、冒充军警人员抢劫、持枪抢劫情形下的死刑量刑具有显著性影响。

（四）抢劫数额巨大对死刑量刑的影响

在北京市全部样本中，统计发现抢劫数额巨大被判处死刑的比例为 22.8%，有 77.2% 的抢劫数额巨大没有被判处死刑。而在抢劫数额巨大以外的样本中，被判处死刑的比例仅为 4.0%，有 96.0% 没有被判处死刑。在所有被判处死刑的样本中，有 60.5% 的是抢劫数额巨大，有 39.5% 的不是抢劫数额巨大。卡方检验的结果显示（χ^2=749.888，df=1，p<0.001），是否抢劫数额巨大在死刑量刑中具有显著性差异。

在北京市中级法院作为一审法院审理的样本范围内，有 33.7% 的被判处死刑，非抢劫数额巨大被判处死刑的比例为 39.8%。卡方检验的结果显示（χ^2=7.661,df=1,p<0.05），是否抢劫数额巨大在死刑量刑中有显著性差异。但对抢劫数额巨大和死刑量刑进行相关性分析，分析结果显示（r=−0.061，p<0.05），两者存在显著负相关性，即抢劫数额巨大被判处死刑的可能性小于不是抢劫数额巨大。显然，由于抢劫数额巨大属于加重情形，上述差异不能说明该因素对死刑判决的影响。但是分别在公共交通工具上抢劫、抢劫致人死亡等情形下，抢劫数额巨大与是否判处死刑的相关性检验结果分别表明（r=0.595，p<0.05；r=0.065，p<0.05），抢劫数额巨大对是否判处死刑具有显著影响力。

另外的统计结果显示，在没有其他法定情形而仅有抢劫数额巨大一种情形存在的情况下，判处死刑的比例为 2.2%，抢劫数额的均值是 28 万元。经分析，这类样本出现于“严打”期间，犯罪人又实施抢劫又实施故意杀人行为等。除此之外，抢劫数额巨大仅在在公共交通工具上抢劫、抢劫致人死亡等情形下对死刑判决具有显著影响力。

（五）抢劫致人重伤对死刑量刑的影响

在北京市全部样本中，统计发现抢劫致人重伤被判处死刑的比例为 17.3%，有 82.7% 的抢劫致人重伤没有被判处死刑。而在抢劫致人重伤以外的样本中，被判处死刑的比例仅为 7.9%，有 92.1% 没有被判处死刑。在所有被判处死刑的样本中，有 4.0% 是抢劫致人重伤，有 96.0% 不是抢劫致人重伤。卡方检验的结果显示（χ^2=20.461，df=1，p<0.001），是否抢劫致人重伤在死刑量刑中具有显著性差异。

在北京市中级法院作为一审法院审理的样本范围内，有 27.5% 的被判处死刑，非抢劫致人重伤被判处死刑的比例为 36.3%。卡方检验的结果显示（$\chi^2=3.483$，$df=1$，$p>0.5$），是否抢劫致人重伤在死刑量刑中不具有显著性差异。但是在在公共交通工具上抢劫、冒充军警人员抢劫等情形下，抢劫致人重伤与是否判处死刑的相关性检验结果分别表明（$r=0.595$，$p<0.05$；$r=0.391$，$p<0.05$），抢劫致人重伤对是否判处死刑具有显著影响力。

另外的统计结果显示，在没有其他法定情形而仅有抢劫致人重伤一种情形存在的情况下，没有被判处死刑的样本。因此，抢劫致人重伤仅在在公共交通工具上抢劫、冒充军警人员抢劫等情形下对死刑判决具有显著影响力。

（六）抢劫致人死亡对死刑量刑的影响

在北京市全部样本中，统计发现抢劫致人死亡被判处死刑的比例为 64.6%，有 35.4% 的抢劫致人死亡没有被判处死刑。而在抢劫致人死亡以外的样本中，被判处死刑的比例仅为 1.3%，有 98.7% 没有被判处死刑。在所有被判处死刑的样本中，有 85.9% 的是抢劫致人死亡，有 14.1% 的不是抢劫致人死亡。卡方检验的结果显示（$\chi^2=4870.730$，$df=1$，$p<0.001$），是否抢劫致人死亡在死刑量刑中具有显著性差异。

在北京市中级法院作为一审法院审理的样本范围内，有 65.1% 的抢劫致人死亡被判处死刑，非抢劫致人死亡被判处死刑的比例为 9.6%。卡方检验的结果显示（$\chi^2=704.950$，$df=1$，$p<0.001$），是否抢劫致人死亡在死刑量刑中具有显著性差异。另外，在入户抢劫、冒充军警人员抢劫、持枪抢劫、抢劫数额巨大、多次抢劫等情形下，抢劫致人死亡与是否判处死刑的相关性检验结果分别表明（$r=0.606$，$p<0.05$；$r=0.636$，$p<0.05$；$r=0.455$，$p<0.05$；$r=0.0.583$，$p<0.05$；$r=0.510$，$p<0.05$），抢劫致人死亡对是否判处死刑具有显著影响力。

另外的统计结果显示，在没有其他法定情形而仅有抢劫致人死亡一种情形存在的情况下，有 60.1% 的样本被判处死刑。显然，抢劫致人死亡是判处死刑的重要影响因素，同时对于其他法定情形下的死刑判决具有显著影响力。

（七）冒充军警人员抢劫对死刑量刑的影响

在北京市全部样本中，统计发现冒充军警人员抢劫被判处死刑的比例为 11.2%，有 88.8% 的冒充军警人员抢劫没有被判处死刑。而在冒充军警人员抢劫以外的样本中，被判处死刑的比例仅为 8.0%，有 92.0% 没有被判处死刑。在所有被判处死刑的样本中，有 1.5% 的是冒充军警人员抢劫，有 98.5% 的不是冒充军警人员抢劫。卡方检验的结果显示（$\chi^2=1.334$，$df=1$，$p>0.1$），是否冒充军警人员抢劫在死刑量刑中不具有显著性差异。

在北京市中级法院作为一审法院审理的样本范围内，有 18.6% 被判处死刑，非冒充军警人员抢劫被判处死刑的比例为 36.4%。卡方检验的结果显示（$\chi^2=7.832$，$df=1$，$p<0.05$），是否冒充军警人员抢劫在死刑量刑中没有显著性差异。但对冒充军警人员抢劫和死刑量刑进行相关性分析，分析结果显示（$r=-0.061$，$p<0.05$），两者存在显著负相关性，即冒充军警人员抢劫被判处死刑的可能性小于非冒充军警人员抢劫。由于冒充军警人员抢劫属于加重情形，因而不能说明该因素对死刑判决的影响。但是仅在抢劫致人重伤的情形下，冒充军警人员抢劫与是否判处死刑的相关性检验结果分别表明（$r=0.222$，$p<0.05$），其对是否判处死刑具有显著影响力。

另外的统计结果显示，在没有其他法定情形而仅有冒充军警人员抢劫一种情形存在的情况下，没有样本被判处死刑。除此之外，冒充军警人员抢劫对于抢劫致人重伤情形下是否被判处死刑具有显著影响。

（八）持枪抢劫对死刑量刑的影响

在北京市全部样本中，统计发现持枪抢劫被判处死刑的比例为 24.5%，有 75.5% 的持枪抢劫没有被判处死刑。而在持枪抢劫以外的样本中，被判处死刑的比例仅为 7.7%，有 92.3% 的没有被判处死刑。在所有被判处死刑的样本中，有 6.3% 的是持枪抢劫，有 93.7% 的不是持枪抢劫。卡方检验的结果显示（χ^2=72.852，df=1，p<0.001），是否持枪抢劫在死刑量刑中具有显著性差异。

在北京市中级法院作为一审法院审理的样本范围内，有 30.8% 的持枪抢劫样本被判处死刑，非持枪抢劫被判处死刑的比例为 36.3%。卡方检验的结果显示（χ^2=1.907，df=1，p>0.1），是否持枪抢劫在死刑量刑中没有显著性差异。但是仅在多次抢劫的情形下，持枪抢劫与是否判处死刑的相关性检验结果表明（r=0.102，p<0.05），其对是否判处死刑具有显著影响力。

另外的统计结果显示，在没有其他法定情形而仅有持枪抢劫一种情形存在的情况下，没有样本被判处死刑，即持枪抢劫本身不是决定判处死刑的因素。除此之外，持枪抢劫对于多次抢劫情形下是否被判处死刑具有显著影响。

（九）抢劫银行或者其他金融机构对死刑量刑的影响

在北京市全部样本中，统计发现抢劫银行或者其他金融机构被判处死刑的比例为 25.0%，有 75.0% 的抢劫银行或者其他金融机构样本没有被判处死刑。而在抢劫银行或者其他金融机构以外的样本中，被判处死刑的比例仅为 8.1%，有 91.9% 的没有被判处死刑。在所有被判处死刑的样本中，有 0.1% 的是抢劫银行或者其他金融机构。卡方检验的结果显示（χ^2=1.548，df=1，p>0.1），是否抢劫银行或者其他金融机构在死刑量刑中不具有显著性差异。

在北京市中级法院作为一审法院审理的样本范围内，有 25.0% 的抢劫银行或者其他金融机构样本被判处死刑，非抢劫银行或者其他金融机构被判处死刑的比例为 35.9%。卡方检验的结果显示（χ^2=0.206，df=1，

$p>0.1$），是否抢劫银行或者其他金融机构在死刑量刑中没有显著性差异。

另外的统计结果显示，在没有其他法定情形而仅有抢劫银行或者其他金融机构一种情形存在的情况下，没有样本被判处死刑，即持枪抢劫本身不是决定判处死刑的因素。除此之外，抢劫银行或者其他金融机构对于其他法定情形下能否被判处死刑也不具有显著影响。

上述分析情况可通过表 7-1 进行简要概括。

表 7-1　北京市中级法院样本中法定情形影响死刑量刑的卡方检验和相关性分析 *

法定情形	卡方检验		相关性分析		在以下情形下影响显著
	χ^2 值	p 值	r 值	p 值	
入户抢劫	0.001	0.970	0.001	0.970	致人重伤、死亡
交通工具	4.004	0.045	−0.044	0.045	致人重伤、抢劫数额巨大、多次抢劫
抢劫银行	0.206	0.650	−0.010	0.650	−
多次抢劫	10.628	0.001	−0.071	0.001	在公共交通工具上抢劫、冒充军警人员抢劫、持枪抢劫
数额巨大	7.810	0.005	−0.061	0.005	在公共交通工具上抢劫、抢劫致人死亡
致人重伤	3.483	0.062	−0.041	0.062	在公共交通工具上抢劫、冒充军警人员抢劫
致人死亡	704.950	0.000	0.578	0.000	入户抢劫、冒充军警人员抢劫、持枪抢劫、抢劫数额巨大、多次抢劫
冒充军警	7.832	0.005	−0.061	0.005	抢劫致人重伤
持枪抢劫	1.907	0.167	0.030	0.167	多次抢劫

* 表中的显著性水平为 0.05。“−”表示没有与之相对应的法定情形。

二、连续性变量与死刑量刑

抢劫数额、抢劫次数、抢劫人数和伤害后果等因素具有一定量化特点，虽然其在本质上属于客观性因素，但又与行为因素和量刑情节明显不同，因而这里对其影响死刑量刑情况单独予以研究。

（一）抢劫数额对死刑量刑的影响

经统计发现，适用死刑的抢劫数额均值是15万元，中值为22000元，众数为0，最小值是0，最大值是590万元。抢劫数额分布的标准差是476048.987，偏度为8.464，峰度为89.758。鉴于死刑量刑中的抢劫数额标准差达到了较高数值，因而偏离均值15万元的案件数量也相当多。

为了进一步了解死刑案件的抢劫数额分布情况，同样按照前文中讨论有期徒刑的数额分布方法，将抢劫数额划分为10档，通过考察每一数额档的所占比例来了解死刑的数额分布。经统计发现，抢劫数额为0的比例为5.9%，10000元以下（不包括0元）的比例为33.2%，10000元以上100000元以下的比例为37.0%，100000元以上的比例为23.9%（见表7–2）。

表7–2 抢劫数额在死刑量刑样本中的分布

数额档代码	数额（元）	有效百分比（%）	累积百分比（%）
1	0	5.9	5.9
2	1～99	1.0	7.0
3	100～499	5.4	12.4
4	500～999	5.4	17.8
5	1000～1999	6.7	24.5
6	2000～3999	6.2	30.7
7	4000～9999	8.4	39.2
8	10000～29999	14.8	54.0
9	30000～99999	22.2	76.1
10	100000以上	23.9	100.0
总计		100.0	—

由此可见，适用死刑的抢劫数额大多在抢劫数额巨大的范围内。根据表 7-2 中数据，抢劫数额巨大的比例达到了 60.8%，不符合数额巨大条件的样本比例仅占 39.2%。为此，在北京市全部样本范围内通过对抢劫数额与是否判处死刑两个变量进行相关性检验，检验结果显示（r=0.207，p<0.001），两者存在显著的正相关性，即抢劫数额越大越有可能被判处死刑。

在北京市中级法院审理的样本范围内，通过对抢劫数额与是否判处死刑两个变量进行相关性检验，检验结果显示（r=0.061，p<0.05），两者仍具有显著相关性。另外，分别在抢劫数额巨大、入户抢劫、在公共交通工具上抢劫、冒充军警人员抢劫、持枪抢劫、多次抢劫、抢劫致人死亡等情形下，抢劫数额与是否判处死刑的相关性检验结果分别表明（r=0.101，p<0.05；r=0.094，p<0.05；r=0.575，p<0.05；r=0.475，p<0.05；r=0.312，p<0.05；r=0.193，p<0.05；r=0.091，p<0.05），其对是否判处死刑具有显著影响力；而在抢劫致人重伤、抢劫银行或者其他金融机构情形下，抢劫数额对死刑量刑不具有显著影响力。

（二）抢劫次数对死刑量刑的影响

经统计发现，适用死刑的抢劫次数均值是 4，中值是 1，众数是 1，最小值是 1，最大值是 99。抢劫次数分布的标准差是 5.975，偏度是 8.322，峰度是 109.887。为了直观反映抢劫次数的分布情况，下面通过图 7-1 进行直观展示。

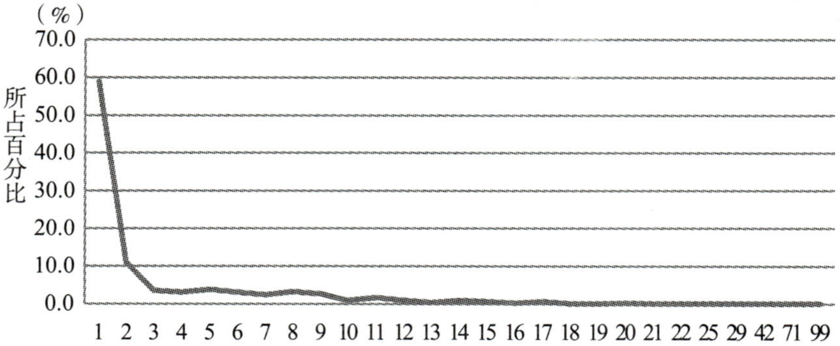

图 7-1　抢劫次数在死刑量刑样本中的分布情况

根据图 7-1 所示情况，在判处死刑的样本中，抢劫次数是 1 次的比例最高，占 58.8%，不足 3 次的占到 69.8%，即超过了半数。3 次以上不满 10 次的累积占 22.0%，而 10 次以上的仅为 8.2%。

抢劫次数是反映社会危害性大小的重要因素。在北京市全部样本范围内通过对抢劫次数与是否判处死刑两个变量进行相关性检验，发现检验结果为（r=0.174，p<0.001），即两者存在显著的正相关性，抢劫次数越多越有可能被判处死刑。同时，考虑到入户抢劫、持枪抢劫等其他法定情形也是影响死刑适用的重要情形，在排除上述因素影响的情况下，发现两者的检验结果变为（r=0.146，p<0.001），即两者仍然存在显著的正相关性。

另外，在北京市中级法院审理的样本范围内，通过对抢劫次数与是否判处死刑两个变量进行相关性检验，发现检验结果为（r=0.056，p<0.05），即抢劫次数对死刑的适用有显著性影响。而且仅有抢劫次数一种法定情形的样本范围内，抢劫次数与是否判处死刑的相关性检验结果为（r=0.173，p<0.001），即抢劫次数对死刑适用具有显著影响力。①

通过以上实证分析，不难发现抢劫次数作为体现危害性大小的重要因素，无论是在全部案件范围内，还是在北京市中级法院审理的案件范围

① 这种情况下的抢劫次数是 9 次、10 次和 11 次。

内，更抑或是仅有抢劫次数一种法定情形的样本范围内，抢劫次数都对死刑适用具有显著性影响。

（三）伤害后果对死刑量刑的影响

经统计发现，在判处死刑的样本中，存在伤害后果的样本占到总数的92.7%，其中轻微伤占0.8%，轻伤占2.1%，重伤占4.0%，死亡占85.9%。即死亡后果的样本占据了绝大多数。

在北京市全部样本范围内经对伤害后果[①]和是否判处死刑进行相关性检验，检验结果发现（r=0.664，p<0.001），伤害后果对死刑适用具有显著性影响，即伤害后果越重，越有可能被判处死刑。

在北京市中级法院审理案件的样本范围内，经对伤害后果与是否判处死刑进行相关性检验，检验结果显示（r=0.568，p<0.001），即伤害后果对死刑适用具有显著影响。另外，在排除了其他法定情形对死刑量刑影响的情况下，伤害后果与是否判处死刑的偏相关性检验结果显示（r=0.571，p<0.001），伤害后果仍然对死刑量刑具有显著影响。

所以，伤害后果不管是在北京市全部样本范围内还是在北京市中级法院审理的样本范围内，其对死刑量刑具有显著影响力，而且即便是在控制其他法定情形对死刑量刑影响的情况下，这种影响依然显著。

（四）抢劫人数对死刑量刑的影响

经统计发现，适用死刑的抢劫人数均值是6，中值是1，众数是1，最小值是1，最大值是99。人数分布的标准差是9.781，偏度是3.760，峰度是19.603。具体来说，在判处死刑的样本中，抢劫人数是1人的比例最高，占50.4%，3人以下的占到62.7%，即超过了半数。3人以上10人以下的

---

① 由无后果=0、轻微伤=1、轻伤=2、重伤=3、死亡=4组成的虚拟变量。

累积占 21.3%，而超过 10 人的达到了 16.0%。

抢劫人数是反映社会危害性大小的重要因素。在北京市全部样本范围内通过对抢劫人数与是否判处死刑两个变量进行相关性检验，检验结果发现（r=0.187，p<0.001），两者存在显著的正相关性，即抢劫人数越多越有可能被判处死刑。

另外，在北京市中级法院审理的样本范围内，通过对抢劫人数与是否判处死刑两个变量进行相关性检验，发现检验结果为（r=0.010，p>0.1），即抢劫人数对死刑的适用不具有显著性影响。但是除了在抢劫银行或者其他金融机构情形以外，分别在入户抢劫、在公共交通工具上抢劫、冒充军警人员抢劫、持枪抢劫、抢劫数额巨大、多次抢劫、抢劫致人重伤、抢劫致人死亡等法定情形下，抢劫人数与是否判处死刑的相关性检验结果显示（r=0.078，p<0.05；r=0.481，p<0.05；r=0.293，p<0.05；r=0.268，p<0.05；r=0.056，p<0.05；r=0.0.183，p<0.05；r=0.284，p<0.05；r=0.087，p<0.05），抢劫人数对死刑量刑仍具有显著影响力。

通过以上实证分析，抢劫人数作为体现社会危害性大小的重要因素，其在全部样本范围内对死刑适用具有显著影响。但是在北京市中级法院审理的样本范围内，该影响不再显著，除非分别在入户抢劫、在公共交通工具上抢劫、冒充军警人员抢劫、持枪抢劫、抢劫数额巨大、多次抢劫、抢劫致人重伤、抢劫致人死亡等法定情形下，抢劫人数对死刑量刑表现出显著性影响。

三、客观性因素与死刑量刑

本书将行为因素与量刑情节归为客观性因素范畴，下面对其影响死刑量刑情况分别研究。

（一）行为因素对死刑量刑的影响

考虑到死刑存在于中级法院审理的样本范围内，为保证分析结论的针对性和有效性，在该范围内分析行为因素对死刑量刑的影响更具有现实意义。

1. 转化犯。经统计发现，转化犯被判处死刑的比例为52.6%，而非转化犯被判处死刑的比例为35.2%。卡方检验结果显示（χ^2=9.625，df=1，p<0.05），死刑量刑在是否属于转化犯的样本中存在显著性差异，即转化犯被判处死刑的可能性大于非转化犯。为进一步考察转化犯对死刑量刑的影响，通过二元回归分析发现，模型中自变量检验p值小于0.001，具有显著影响力；但模型中的R^2值仅为0.006，判处死刑的预测率为5.3%。这说明该模型的预测效果并不理想，即通过转化犯来预测是否判处死刑并不全面。

2. 数罪。数罪因素是样本中同时存在抢劫罪与其他罪名而并罚的情况。统计发现，在被判处死刑的样本中属于数罪的占31.8%，非数罪的占68.2%；而因犯数罪被判处死刑的比例为34.3%，非数罪被判处死刑的比例为36.6%。卡方检验结果显示（χ^2=1.088，df=1，p>0.1），死刑量刑在是否属于数罪的样本中不存在显著性差异。

3. 共同犯罪。共同犯罪是抢劫罪的常见行为方式，统计发现，在被判处死刑的样本中属于共同犯罪的占78.1%，单独犯罪的仅占21.9%；而因共同犯罪被判处死刑的比例为31.1%，单独犯罪被判处死刑的比例为79.8%。卡方检验结果显示（χ^2=193.584，df=1，p<0.001），死刑量刑在是否属于共同犯罪的样本中存在显著性差异，因共同犯罪被判处死刑的可能性小于单独犯罪。为进一步考察共同犯罪对死刑量刑的影响，通过二元回归分析发现，模型中自变量检验p值小于0.001，具有显著影响力；模型中的R^2值仅为0.117，判处死刑的预测率为21.9%。

4. 作案时间。经统计发现，在被判处死刑的样本中属于白天作案的占34.1%，夜晚作案的占65.9%；而因白天作案被判处死刑的比例为47.3%，因夜晚作案被判处死刑的比例为31.0%。卡方检验结果显示（χ^2=41.288，df=1，p<0.001），死刑量刑在不同作案时间的样本中存在显著性差异，且白天作案被判处死刑的可能性大于夜晚作案。同时在排除了抢劫数额、抢劫次数、伤害后果等因素对死刑量刑的影响后，作案时间与是否判处死刑仍然具有显著相关性。

5. 被害人性别。经统计发现，在被判处死刑的样本中属于男性被害人的占57.9%，属于女性被害人的占42.1%；而因抢劫男性被害人被判处死刑的比例为33.9%，因抢劫女性被害人被判处死刑的比例为45.9%。卡方检验结果显示（χ^2=19.028，df=1，p<0.001），死刑量刑在不同性别被害人样本中存在显著性差异，即抢劫女性被判处死刑的可能性更大。同时在排除了抢劫数额、抢劫次数、伤害后果等因素对死刑量刑的影响后，被害人性别与是否判处死刑仍然具有显著相关性。

根据以上分析，除了数罪因素以外，转化犯、共同犯罪、作案时间、被害人性别等因素分别对是否判处死刑存在显著性影响，即转化犯、非共同犯罪（单独犯罪）、白天抢劫、抢劫女被害人被判处死刑的可能性更大。

（二）量刑情节对死刑量刑的影响

前科劣迹、自首、立功、主从犯、犯罪未完成形态、认罪、坦白、退赃、赔偿、挽回财产损失和被害人谅解等因素都是抢劫犯罪中重要的量刑情节，下面在北京市中级法院审理的样本范围内分别考察它们对死刑量刑的影响情况。

1. 前科劣迹。统计发现，在判处死刑的样本中，具有一般违法的占4.2%，一般前科的占19.4%，抢劫前科的占6.6%。而在一般违法的样本中被判处死刑的占31.7%，一般前科被判处死刑的占45.9%，抢劫前科被判处死刑的占 52.1%，无前科劣迹被判处死刑的占 33.1%。卡方检验结果显示（χ^2=30.989，df=3，p<0.001），死刑判决在不同前科劣迹样本中存在显著性差异。前科劣迹与是否判处死刑的相关性检验结果显示（r=0.116，p<0.001），两者存在显著相关性，即随着前科劣迹的加重，判处死刑的比例升高。

2. 自首。统计发现，在判处死刑的样本中，属于自首的占 1.7%，而在自首样本中被判处死刑的占 11.8%，非自首被判处死刑的占 37.2%。卡方检验结果显示（χ^2=29.189，df=1，p<0.0011），死刑判决在是否自首样本中存在显著性差异。自首与是否判处死刑的相关性检验结果显示（r=−0.118，p<0.001），两者存在显著负相关性，即自首的情况下判处死刑的可能性下降。

3. 立功。统计发现，在判处死刑的样本中，属于立功的占 8.4%，而在立功样本中被判处死刑的占 24.8%，非立功被判处死刑的占 37.4%。卡方检验结果显示（χ^2=15.647，df=1，p<0.001），死刑判决在是否立功样本中存在显著性差异。立功与是否判处死刑的相关性检验结果显示（r=−0.086，p<0.001），两者存在显著负相关性，即立功的情况下判处死刑的可能性下降。

4. 主从犯。统计发现，在判处死刑的样本中，没有从犯的情况，即从犯样本中被判处死刑比例为 0，而主犯被判处死刑的比例为 32.8%。卡方检验结果显示（χ^2=44.865，df=1，p<0.001），死刑判决在主从犯样本中存在显著性差异，从犯情况下不会被判处死刑。

5. 犯罪未完成形态。统计发现，在判处死刑的样本中，没有未完成的情况，即未完成形态被判处死刑的比例为 0，而既遂被判处死刑的比例为 36.70%。卡方检验结果显示（χ^2=20.054，df=1，p<0.001），死刑判决在既未遂样本中存在显著性差异，未遂的情况下不会被判处死刑。

6. 认罪。统计发现，在判处死刑的样本中，属于认罪的占 88.9%，而在认罪样本中被判处死刑的占 35.7%，不认罪被判处死刑的占 37.0%。卡方检验结果显示（χ^2=0.141，df=1，p>0.1），死刑判决在是否认罪样本中不存在显著性差异。

7. 坦白。统计发现，在判处死刑的样本中，属于坦白的占 19.9%，而在坦白样本中被判处死刑的占 32.7%，非坦白被判处死刑的占 36.8%。卡方检验结果显示（χ^2=3.202，df=1，p>0.1），死刑判决在是否坦白样本中不存在显著性差异。

8. 退赃。统计发现，在判处死刑的样本中，属于退赃的占 0.1%，而在退赃样本中被判处死刑的占 5.0%，非退赃被判处死刑的占 36.2%。卡方检验结果显示（χ^2=8.366，df=1，p<0.05），死刑判决在是否退赃样本中存在显著性差异，退赃而被判处死刑的比例明显较少。

9. 赔偿。统计发现，在判处死刑的样本中，属于赔偿的占 5.8%，而在赔偿样本中被判处死刑的占 34.6%，非赔偿被判处死刑的占 36.0%。卡方检验结果显示（χ^2=0.089，df=1，p>0.1），死刑判决在是否赔偿样本中不存在显著性差异。

10. 挽回财产损失。统计发现，在判处死刑的样本中，属于挽回财产损失的占 19.7%，而在挽回财产损失样本中被判处死刑的占 52.1%，非挽回财产损失被判处死刑的占 33.3%。卡方检验结果显示（χ^2=37.851，df=1，p<0.001），死刑判决在是否挽回财产损失样本中存在显著性差异，即挽回财产损失的情况下更可能被判处死刑。而挽回财产损失意味着社会危害性的下降，却更可能被判处死刑，这明显不符合实际情况，因而不属于死刑的量刑影响因素。

11. 被害人谅解。统计发现，在判处死刑的样本中，属于被害人谅解的占 0.4%，而在被害人谅解样本中被判处死刑的占 16.7%，非被害人谅解被判处死刑的占36.0%。卡方检验结果显示（χ^2=2.911，df=1，p>0.05），死刑判决在是否被害人谅解样本中不存在显著性差异。

通过以上分析，认罪、坦白、赔偿、挽回财产损失、被害人谅解对死刑量刑不具有显著性影响，而前科劣迹、自首、立功、从犯、犯罪未完成形态、退赃属于影响死刑量刑的因素。具体来说，前科越是严重，判处死刑的可能性越大；在自首、立功和退赃的情况下，判处死刑的可能性下降；从犯和未完成形态不存在判处死刑的可能性。

四、主体性因素与死刑量刑

主体性因素包括年龄、限制行为能力、性别、户籍、职业等因素，下面在北京市中级法院审理的样本范围内分别考察上述因素对死刑量刑的影响。

（一）年龄因素对死刑量刑的影响

由于未成年人不是适用死刑的主体，因而在死刑量刑研究中的年龄因素不再是是否未成年人的变量，而是将犯罪人的具体年龄数作为分析变量。经统计发现，判处死刑的年龄均值是28岁，中值是26岁，众数是24岁，最小值是18，最大值是57。年龄分布的标准差是7.279，偏度是0.972，峰度是0.533。具体来说，在判处死刑的样本中，24岁的比例最高，占7.7%，不满30岁的累积占66.8%，30岁以上不满40岁的占24.6%，40岁以上的占8.6%。可见，半数以上的死刑出现在30岁以下的年龄段。通过对犯罪人年龄和是否判处死刑进行卡方检验，检验结果显示（r=0.117，p<0.001），两者具有显著正相关性，即犯罪人年龄越大越有可能被判处死刑。

为了排除不同样本中其他因素对死刑量刑的影响，在排除了伤害后果、抢劫数额、抢劫次数、入户抢劫、持枪抢劫等法定情形对死刑量刑影响的情况下，通过对犯罪人年龄与是否判处死刑进行偏相关性检验，检验结果显示（r=0.209，p<0.001），两者仍具有显著相关性，即犯罪人的年龄越大越有可能被判处死刑。

（二）限制行为能力因素对死刑量刑的影响

统计发现，判处死刑样本中属于限制行为能力的占 0.3%，但在限制行为能力样本中，被判处死刑的比例为 25.0%，而在非限制行为能力样本中被判处死刑的比例为 35.9%。卡方检验结果显示（χ^2=0.413，df=1，p>0.1），死刑判决在是否限制行为能力样本中不存在显著性差异。

但是在排除了伤害后果、抢劫数额、抢劫次数、入户抢劫、持枪抢劫等法定情形对死刑量刑影响的情况下，通过对限制行为能力与是否判处死刑进行偏相关性检验，检验结果显示（r=−0.065，p<0.05），两者则具有显著负相关性，即越是在限制行为能力的情况下越有可能不被判处死刑。可见，限制行为能力因素本身对死刑判决具有显著影响力，只是由于其他影响因素的抵消而在其他因素共存的情形下没有显现出来。

（三）性别因素对死刑量刑的影响

统计发现，判处死刑的样本中，男性占 97.9%，女性占 2.1%；而在男性样本中被判处死刑的比例为 36.5%，女性样本中被判处死刑的比例为 20.5%。卡方检验结果显示（χ^2=8.307，df=1，p<0.05），死刑判决在不同性别样本中存在显著性差异，即男性犯罪人被判处死刑的可能性大于女性犯罪人。

为了排除危害程度等其他影响因素抵消性别因素对死刑量刑影响的可能性，在控制了伤害后果、抢劫数额、抢劫次数及入户抢劫、持枪抢劫等法定情形的情况下，犯罪人性别与是否判处死刑的偏相关检验结果显示（r=0.066，p<0.05），两者存在显著相关性，即男性犯罪人较女性犯罪人更有可能被判处死刑。

（四）户籍因素对死刑量刑的影响

统计发现，判处死刑的样本中，本地人占28.0%，外地人占72.0%；而在本地人样本中，判处死刑的比例为38.0%，外地人样本中被判处死刑的比例为35.5%。卡方检验结果显示（χ^2=1.076，df=1，p>0.1），死刑判决在不同户籍样本中不存在显著性差异。

同样在排除了伤害后果、抢劫数额、抢劫次数、入户抢劫、持枪抢劫等法定情形对死刑量刑影响的情况下，通过对户籍因素与是否判处死刑进行偏相关性检验，检验结果显示（r=0.010，p>0.1），两者不具有显著相关性，即户籍因素仍然不是影响死刑判决的因素。

（五）职业因素对死刑量刑的影响

统计发现，判处死刑的样本中，无业占26.9%，农民占66.5%，学生占0.9%，其他职业者占5.7%；而在无业样本中，判处死刑的比例为35.6%，农民样本中被判处死刑的比例为35.2%，学生样本中被判处死刑的比例为20.6%，其他职业者的样本中被判处死刑的比例为56.6%。卡方检验结果显示（χ^2=17.881，df=3，p<0.001），死刑判决在不同职业样本中存在显著性差异。

为了进一步分析不同职业类型对死刑判决的影响情况，经二元回归分析发现，其他职业者、无业、农民均表现出对死刑判决的显著影响力，只是在回归模型中的R^2值为0.015，对死刑判决的预测率仅为7.2%，表现出较弱的影响力。

通过上述分析，除了户籍因素不能影响死刑量刑以外，年龄、限制行为能力、性别、职业类型等都对死刑量刑具有显著性影响。在年龄较大、男性、非限制行为能力和无业、农民、其他职业类型的情况下，具有判处死刑的较大可能性。

五、程序性因素与死刑量刑

程序性因素包括羁押状态、审理时间、审理法院、审理程序、律师参与和法官性别等。根据刑事诉讼法有关规定，死刑案件适用普通程序审理，且均有律师参与，因而审理程序和律师参与因素不具有分析的必要。下面在北京市中级法院审理的样本范围内分别考察羁押状态、审理法院、审理时间和法官性别对死刑量刑的影响。

（一）羁押状态对死刑量刑的影响

经统计发现，判处死刑样本中处于羁押状态的占 100.0%，而在羁押状态的样本中被判处死刑的比例占 17.0%，非羁押状态的样本被判处死刑的比例为 0。卡方检验结果显示（$\chi^2=5.621$，$df=1$，$p<0.05$），死刑判决在不同羁押状态的样本中存在显著性差异。

一般来说，中级法院审理的抢劫犯罪均是危害程度严重的案件，这类案件的犯罪人往往需要羁押，以防止其继续危害社会或者影响诉讼顺利进行，除非犯罪人处于从犯地位或者因限制行为能力而不适宜羁押。而从犯地位或者限制行为能力因素也是影响死刑量刑的重要因素，为了排除这两种因素抵消羁押状态对死刑量刑影响的可能性，在控制了共犯类型和限制行为能力因素的情况下，经过对羁押状态和是否判处死刑进行偏相关检验，检验结果显示（$r=0.033$，$p>0.1$），两者不存在显著相关性。即羁押状态实际上并不是死刑量刑的影响因素。

（二）审理法院[①]对死刑量刑的影响

在北京市中级法院样本范围内，将审理法院对死刑量刑进行卡方检验，检验结果显示（χ^2=6.182，df=1，p<0.05），死刑量刑在不同法院存在显著性差异。相关性分析结果也显示（r=0.053，p<0.05），两者存在显著相关性，即北京市第二中级人民法院的死刑量刑比例高于北京市第一中级人民法院。在排除了抢劫数额、伤害后果、抢劫次数以及入户抢劫、持枪抢劫等法定情形的情况下，通过对审理法院和是否死刑量刑进行偏相关性分析，检验结果显示（r=−0.013，p=0.529），即显著性系数p值大于0.05的显著性水平，因而不具有显著相关性。

这说明，审理法院对死刑量刑差异的影响主要源于案件类型的不同，在排除了案件类型差异的情况下，审理法院没有形成对死刑量刑的显著性影响。

（三）审理时间对死刑量刑的影响

在北京市中级法院样本范围内，将审理时间对死刑量刑进行卡方检验，卡方检验结果显示（χ^2=83.160，df=11，p<0.001），死刑量刑在不同年度的样本中存在显著性差异。通过对年度变化和是否死刑量刑进行相关分析，检验结果显示（r=0.151，p<0.001），不同年度对死刑量刑具有显著正相关性，即随着年度的变化呈现出死刑适用率上升的趋势。

对于统计中呈现出的死刑判决年度差异，一种可能是受到案件危害程度变化的影响，另一种可能是随着年度变化引起了死刑量刑标准的变化。

---

① 在北京市样本范围内，因死刑案件均来自中级法院，所以不存在中心区、接合部与远郊区的审理法院差异。另外，在本样本时段内只有北京市第一中级人民法院、北京市第二中级人民法院两个中级法院，因而这里的审理法院仅区分为北京市第一中级人民法院和北京市第二中级人民法院。审理法院的变量编码为：北京市第一中级人民法院 =1，北京市第二中级人民法院 =2。

为此，在排除了抢劫数额、伤害后果、抢劫次数以及入户抢劫、持枪抢劫等法定情形的情况下，通过对年度变化和是否判处死刑进行偏相关性分析，检验结果显示（$r=-0.044$，$p<0.05$），不同年度对死刑判决具有显著负相关性，随着年度的变化呈现出死刑适用率下降的趋势。应当说，这种趋势与我国实行的减少死刑适用的政策是相一致的。

（四）法官性别对死刑量刑的影响

经统计发现，在判处死刑的样本中，主审法官为男性的占55.3%，主审法官为女性的占44.7%；而主审法官为男性的样本中，被判处死刑的比例为38.7%，主审法官为女性的样本中被判处死刑的比例为32.9%。卡方检验结果显示（$\chi^2=7.478$，$df=1$，$p<0.05$），死刑量刑在不同性别法官样本中存在显著性差异，即男性法官判处死刑的可能性更大。

为了排除危害程度差异抵消法官性别因素对死刑量刑影响的可能性，在控制伤害后果对死刑量刑影响的情况下，经对法官性别和是否判处死刑的偏相关分析，其检验结果显示（$r=-0.034$，$p>0.1$），两者不存在显著相关性。这意味着死刑量刑在不同法官性别样本中的差异主要是受到了伤害结果差异的影响，实际上仅就法官性别来说，其对死刑量刑不具有显著性影响。

通过上述分析，审理时间和审理法院是影响死刑量刑的重要因素，而羁押状态和法官性别并不影响死刑量刑。

第二节　死刑缓期执行量刑的影响因素

死刑量刑包括立即执行和缓期执行两种方式。根据《刑法》第48条的规定，对于应当判处死刑的犯罪分子，如果不是必须立即执行的，可以判处死刑同时宣告缓期二年执行。而对于何谓“不是必须立即执行”，并没有明确具体的法律规定。所以对于死刑缓期执行量刑的实证考察，重在分析“不是必须立即执行”的影响因素范围。

一、法定情形与死刑缓期执行量刑

刑法规定的法定情形均属于类别变量，在北京市中级人民法院适用死刑的样本范围内，通过对法定情形分别与是否缓期执行进行卡方检验和相关性分析，形成了表 7-3 的数据。

表 7-3 法定情形与死刑缓期执行的卡方检验和相关性分析数据 *

法定情形	卡方检验		相关性分析	
	χ^2 值	p 值	r 值	p 值
入户抢劫	0.633	0.437	−0.028	0.437
交通工具	0.466	0.665	−0.024	0.495
抢劫银行	0.527	1.000	−0.025	0.469
多次抢劫	0.432	0.515	−0.023	0.512
数额巨大	0.568	0.458	−0.026	0.451
致人重伤	1.083	0.330	0.036	0.299
致人死亡	8.185	0.004	−0.100	0.004
冒充军警	0.256	0.757	−0.018	0.614
持枪抢劫	1.232	0.348	−0.039	0.268

* 表中的显著性水平为 0.05。

根据表 7-3 中数据，在全部法定情形中，只有抢劫致人死亡与死刑缓期执行的卡方检验和相关性分析的显著性系数 p 值小于 0.05 的显著性水平，即只有抢劫致人死亡情形对是否适用死刑缓期执行具有显著影响。但是值得注意的是，抢劫致人死亡情形的相关性系数为 -0.100，即该情形对死刑缓期执行具有负相关性，表明在抢劫致人死亡的情形下越不可能被适用死刑缓期执行。显然，在判处死刑的情况下，抢劫致人死亡属于应当立即执行的情形，与死刑缓期执行所要求的“不是必须立即执行”相反。这也同时意味着，除了抢劫致人死亡以外的其他法定情形，对死刑的立即执行或者缓期执行都不具有显著影响。

二、连续性变量与死刑缓期执行量刑

在北京市中级人民法院适用死刑的样本范围内，将抢劫数额、抢劫次数、抢劫人数和伤害后果等连续性变量分别与死刑缓期执行进行相关性分析，形成表 7-4 的数据。

表 7-4　连续性变量与死刑缓期执行相关性分析数据 *

		抢劫数额	抢劫次数	抢劫人数	伤害后果
是否死刑缓期执行	相关性系数（r）	-0.003	-0.010	-0.007	-0.089
	显著性系数（p）	0.925	0.766	0.849	0.011

* 表中的显著性水平为 0.05。

根据表 7-4 中数据，连续性变量中的抢劫数额、抢劫次数、抢劫人数与死刑缓期执行的相关性分析结果中，其显著性系数 p 值均大于 0.05 的显著性水平，即对死刑缓期执行不具有显著性影响。只有伤害后果的显著性系数 p 值小于 0.05 的显著性水平，属于影响死刑缓期执行的显著性因素。从伤害后果的相关性系数 -0.089 来看，形成的是与死刑缓期执行的负相关关系，即伤害后果越轻越有可能被适用死刑缓期执行。经进一步分析发现，作为伤害后果的无伤害后果、轻微伤、轻伤、重伤和死亡从轻到重五个类型中，每一类型样本适用死刑缓期执行的比例分别是 47.3%、16.7%、62.5%、43.4%、32.6%；而上述样本适用死刑立即执行的比例分别是 52.7%、83.3%、37.5%、56.6%、67.4%。该比例趋势可由图 7-2 直观展示。

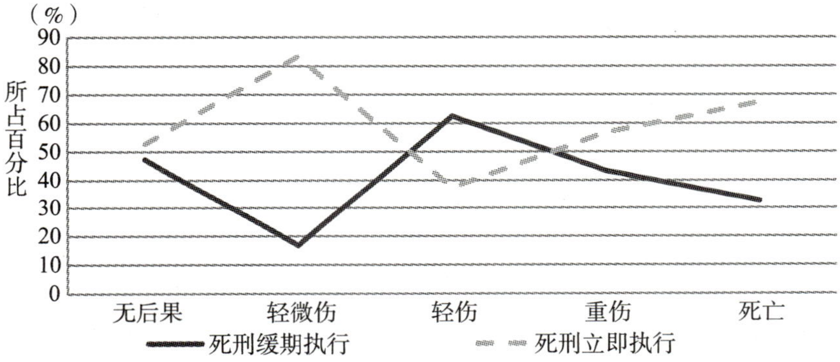

图 7-2　不同伤害后果的死刑适用比例

根据图 7-2 显示情况，死刑缓期执行除了伤害后果随着轻伤到轻微伤的减轻而出现了适用比例下降的趋势以外，其他伤害后果变化如从死亡到重伤、轻伤，以及从轻微伤到无伤害后果等后果减轻的情况下，均形成了死刑缓期执行升高的趋势，即伤害后果越轻的死刑缓期执行适用比例越高。而死刑立即执行却与之形成了相反的变化趋势，即伤害后果越重的死刑立即执行适用比例越高。

三、客观性因素与死刑缓期执行量刑

（一）行为因素对死刑缓期执行量刑的影响

在北京市中级人民法院适用死刑的样本范围内，通过对转化犯、数罪、共同犯罪、作案时间和被害人性别等行为因素与是否适用死刑缓期执行进行卡方检验和相关性分析，形成了表 7-5 的数据。

表 7-5 行为因素与死刑缓期执行的卡方检验与相关性分析数据 *

行为因素	卡方检验		相关性分析	
	χ^2值	p值	r值	p值
转化犯	1.066	0.332	0.036	0.302
数罪	0.215	0.693	0.016	0.643
共同犯罪	32.572	0.000	−0.199	0.000
作案时间	4.539	0.033	0.080	0.033
被害人性别	6.559	0.012	−0.107	0.012

* 表中的显著性水平为 0.05。

根据表 7-5 中数据，共同犯罪、作案时间和被害人性别等行为因素的卡方检验和相关性显著性系数p值均小于 0.05 的显著性水平，说明这些因素对死刑缓期执行具有显著性影响。进一步分析发现，犯罪形式为共同犯罪、作案时间为夜晚、被害人为男性的样本更有可能被判处死刑缓期执行。为了排除其他因素影响死刑缓期执行而抵消作案时间的影响可能，在控制了伤害后果、抢劫数额、入户抢劫、持枪抢劫等体现更大危害性因素的情况下进行的偏相关性分析，共同犯罪与是否适用死刑缓期执行的偏相关性分析结果显示（r=0.199，p<0.05），作案时间与是否适用死刑缓期执行的偏相关性分析结果显示（r=0.072，p>0.05），两者不再具有显著相关性；而被害人性别与是否适用死刑缓期执行的偏相关性分析结果显示（r=0.110，p<0.05），即两者仍具有显著相关性。上述分析结果表明，作案时间并不是真正影响死刑缓期执行的影响因素，而共同犯罪和被害人性别本身就是影响死刑缓期执行的因素，即死刑量刑中在共同犯罪或者被害人是男性的情况下更有可能被判处死刑缓期执行。与之相反，死刑量刑中在单独犯罪或者被害人为女性的情况下更有可能被判处死刑立即执行。

（二）量刑情节对死刑缓期执行量刑的影响

在北京市中级人民法院适用死刑的样本范围内，通过对量刑情节与是否适用死刑缓期执行进行卡方检验和相关性分析，形成了表 7-6 的数据。

表 7-6 量刑情节与死刑缓期执行的卡方检验与相关性分析数据 *

量刑情节	卡方检验		相关性分析	
	χ^2 值	p 值	r 值	p 值
前科劣迹	0.020	0.937	−0.005	0.887
累犯	0.490	0.552	−0.024	0.484
自首	5.676	0.030	0.083	0.017
立功	25.714	0.000	0.177	0.000
从犯	–	–	–	–
未完成	–	–	–	–
认罪	4.498	0.035	0.074	0.034
坦白	4.416	0.040	0.073	0.036
退赃	5.713	0.017	0.083	0.017
赔偿	89.905	0.000	0.330	0.000
挽回损失	0.121	0.785	0.012	0.729
被害人谅解	15.358	0.000	0.137	0.000

* 表中的显著性水平为 0.05。“–”表示样本范围内没有相应变量的数据。

根据表 7-6 中数据，自首、立功、认罪、坦白、退赃、赔偿和被害人谅解对死刑缓期执行的卡方检验和相关性分析显著性系数 p 值均小于 0.05 的显著性水平，属于影响死刑缓期执行量刑因素。即在死刑量刑时样本中具有自首、立功、认罪、坦白、退赃、赔偿和被害人谅解等量刑情节的，犯罪人判处死刑缓期执行的可能性较大。另外通过相关性系数 r 值的比较可见，赔偿、立功、被害人谅解、自首、退赃、认罪和坦白的影响程度形成了逐渐递减的趋势，即赔偿对死刑缓期执行的影响程度最高，坦白的影响程度最低。

四、主体性因素与死刑缓期执行量刑

在北京市中级人民法院适用死刑的样本范围内，通过对主体性因素中的年龄[1]、限制行为能力、性别、户籍和职业与是否死刑缓期执行进行卡方检验和相关性分析，形成了表 7–7 的数据。

表 7–7　主体性因素与死刑缓期执行的卡方检验与相关性分析数据 *

主体性因素	卡方检验		相关性分析	
	χ^2 值	p 值	r 值	p 值
年龄	33.752	0.528	−0.049	0.162
限制行为能力	0.214	1.000	0.016	0.642
性别	1.742	0.194	0.046	0.187
户籍	0.052	0.820	0.008	0.821
职业	9.345	0.025	−0.002	0.954

* 表中的显著性水平为 0.05。

根据表 7–7 中数据，是否死刑缓期执行只有与职业因素进行的卡方检验结果显示出显著性差异，即显著性系数 p 值小于 0.05 的显著性水平，表明职业因素对死刑缓期执行具有显著性影响，而年龄、限制行为能力、性别和户籍因素均对死刑缓期执行不具有显著性影响。但在相关性检验中，全部主体性因素的显著性系数 p 值均大于 0.05 的显著性水平，即都与死刑缓期执行不具有相关性。经对职业因素与死刑缓期执行量刑的关系进行分析发现，死刑量刑中无业人员、农民、学生和其他职业人员被判处死刑缓期执行的比例分别是 31.8%、35.8%、75.0% 和 23.3%。即职业类型中的学生更有可能被判处死刑缓期执行，其次是无业人员和农民，其他职业人员

[1] 这里的年龄变量指的是具体年龄数。

的比例最低。如果将上述职业类型代码按照死刑缓期执行适用率从低到高的顺序重新编码，[①] 则重新编码后的职业因素与死刑缓期执行进行相关性分析的结果显示（r=0.081，p<0.05），两者具有显著相关性。这意味着职业因素与死刑缓期执行实际上是存在相关性的。

五、程序性因素与死刑缓期执行量刑

程序性因素包括羁押状态、审理时间、审理法院、审理程序、律师参与和法官性别等。根据前文的介绍，因为死刑案件中均有律师参与，审理中均适用普通程序，且犯罪人均处于羁押状态，所以没有分析羁押状态、审理程序和律师参与因素的必要。因此这里仅对程序性因素中的审理时间、审理法院[②] 和法官性别与是否判处死刑缓期执行进行卡方检验和相关性分析，形成了表 7-8 数据。

表 7-8 程序性因素与死刑缓期执行的卡方检验与相关性分析数据 *

程序性因素	卡方检验		相关性分析	
	χ^2 值	p 值	r 值	p 值
审理时间	34.805	0.004	0.125	0.000
审理法院	3.237	0.072	0.063	0.072
法官性别	1.325	0.268	−0.040	0.250

* 表中的显著性水平为 0.05。

根据表 7-8 分析结果，审理法院和法官性别的卡方检验和相关性分析

---

① 职业因素的编码顺序为：无业人员 =1，农民 =2，学生 =3，其他职业人员 =4；重新编码后的职业因素为：其他职业人员 =1，无业人员 =2，农民 =3，学生 =4。

② 与对死刑量刑的分析一致，这里的审理法院仅区分为北京市第一中级人民法院和北京市第二中级人民法院。

显著性系数 p 值均大于 0.05 的显著性水平，对是否判处死刑缓期执行不具有显著性影响。只有审理时间的显著性系数 p 值均小于 0.05 的显著性水平，形成了对死刑缓期执行量刑的显著性影响。鉴于不同年度的审理时间是一个连续性的变量，通过审理时间与是否判处死刑缓期执行进行相关性检验，检验结果显示（r=0.125，p<0.05），两者具有显著正相关性，即随着年度的变化死刑缓期执行的比例也相应升高。

第三节 小　结

本章考察了影响死刑和死刑缓期执行量刑的因素。

（一）关于影响死刑量刑的因素

通过研究发现，在法定情形、连续性变量、客观性因素、主体性因素和程序性因素五个方面中，法定情形是影响死刑量刑的最主要因素。

1. 在法定情形方面，除了抢劫军用物资或者抢险、救灾、救济物资情形没有在样本中出现以外，其他情形均存在一定比例的样本。但是在北京市全部样本范围内，在公共交通工具上抢劫、冒充军警人员抢劫和抢劫银行或者其他金融机构的情形对死刑量刑没有显著影响力，其余情形均具有显著影响力。而在北京市中级法院审理的样本范围内，仅有抢劫致人死亡对死刑量刑具有显著性影响，其他情形不具有显著影响；但是在该样本范围内的具体法定情形下，除了抢劫银行或者其他金融机构仍不具有显著影响以外，其他情形都对某些特定情形下的死刑量刑产生显著性影响。具体来说，入户抢劫对抢劫致人重伤、死亡的死刑适用具有显著影响；在公共交通工具上抢劫对抢劫致人重伤、抢劫数额巨大和多次抢劫的死刑适用具有显著影响；多次抢劫对在公共交通工具上抢劫、冒充军警人员抢劫、持枪抢劫的死刑适用具有显著影响；抢劫数额巨大对在公共交通工具上抢劫、抢劫致人死亡的死刑适用具有显著影响；抢劫致人重伤对在公共交通工具上抢劫、冒充军警人员抢劫的死刑适用具有显著影响；抢劫致人死亡对入户抢劫、冒充军警人员抢劫、持枪抢劫、抢劫数额巨大和多次抢劫的死刑适用具有显著影响；冒充军警人员抢劫对抢劫致人重伤的死刑适用具有显著影响；持枪抢劫对多次抢劫的死刑适用具有显著影响。

2. 在连续性变量方面，抢劫数额、伤害后果、抢劫次数都在北京市中级法院审理的样本范围内影响死刑量刑。但抢劫数额对于抢劫致人重伤、抢劫银行或者其他金融机构情形下的死刑适用不具有显著影响。作为与抢劫数额、抢劫次数相同类型的抢劫人数，其在北京市中级法院审理的样本范围内不具有显著影响，除非分别在入户抢劫、在公共交通工具上抢劫、冒充军警人员抢劫、持枪抢劫、抢劫数额巨大、多次抢劫、抢劫致人重伤、抢劫致人死亡等法定情形下，抢劫人数表现出显著性影响。

3. 在客观性因素方面，行为因素中除了数罪因素以外，转化犯、共同犯罪、作案时间、被害人性别等因素分别对是否判处死刑存在显著性影响，即转化犯、非共同犯罪（单独犯罪）、白天抢劫、抢劫女被害人被判处死刑的可能性更大。再次，量刑情节中认罪、坦白、赔偿、挽回财产损失、被害人谅解对死刑量刑不具有显著影响，而前科劣迹、自首、立功、从犯、未完成形态、退赃属于影响死刑量刑的因素。具体来说，前科越是严重，判处死刑的可能性越大；在自首、立功和退赃的情况下，判处死刑的可能性下降；从犯和未完成形态不存在判处死刑的可能性。

4. 在主体性因素方面，年龄、限制行为能力、性别、职业类型等都对死刑判决具有显著性影响。在年龄较大、男性犯罪人、非限制行为能力和无业、农民、其他职业类型的情况下，具有判处死刑的较大可能性。

5. 在程序性因素方面，审理时间是影响死刑量刑的重要因素，即随着年度的变化呈现出死刑适用率下降的趋势。而羁押状态、审理法院和法官性别并不影响死刑量刑。

（二）关于影响死刑缓期执行量刑的因素

经统计发现，法定情形中只有抢劫致人死亡是影响死刑缓期执行量刑的因素，但该情形对死刑缓期执行具有负相关性，表明在抢劫致人死亡的情形下越不可能被适用死刑缓期执行。连续性变量中只有伤害后果是影响死刑缓期执行量刑的因素，但其与死刑缓期执行也具有负相关关系，即伤害后果越轻越有可能被适用死刑缓期执行。行为因素中只有共同犯罪和被害人性别是影响死刑缓期执行量刑的因素，即死刑量刑中在共同犯罪或者被害人是男性的情况下更有可能被判处死刑缓期执行；与之相反，死刑量刑中在单独犯罪或者被害人为女性的情况下更有可能被判处死刑立即执行。量刑情节中的自首、立功、认罪、坦白、退赃、赔偿和被害人谅解对死刑缓期执行量刑具有显著性影响，赔偿、立功、被害人谅解、自首、退赃、认罪和坦白的影响程度形成逐渐递减的趋势，即赔偿对死刑缓期执行的影响程度最高，坦白的影响程度最低。在主体性因素中，只有犯罪人职业对死刑缓期执行量刑具有显著性差异，即职业类型中的学生更有可能被判处死刑缓期执行，其次是无业人员和农民，其他职业人员的比例最低。在程序性因素中，只有审理时间对死刑缓期执行量刑具有显著相关性，表现为随着年度的变化死刑缓期执行的比例也相应升高。

第八章　影响因素与罚金刑量刑

从全样本统计情况来看，罚金是抢劫罪量刑实践中适用率最高的附加刑，也是对财产犯罪体现惩罚贪利性动机的重要方式。而且，尽管抢劫罪立法规定了罚金和没收财产两种附加刑，但由于没收财产刑适用较少，因而研究罚金的量刑适用具有更加突出的意义。鉴于基层法院承担着绝大多数抢劫罪案件的审判工作，因而也是适用罚金刑最多的审判主体，所以本章研究的基础样本来源于北京市基层法院12年间做出的4865份抢劫罪刑事判决书中的8760个量刑结果。

根据《最高人民法院关于适用财产刑若干问题的规定》（法释〔2000〕45号）第2条的规定，人民法院应当根据犯罪情节，如违法所得数额、造成损失的大小等，并综合考虑犯罪分子缴纳罚金的能力，依法判处罚金。即判处罚金主要根据犯罪情节的轻重和犯罪分子的经济条件两个方面的因素来量刑。犯罪情节轻重主要体现为罪行程度，同时主刑情况是罪行程度的直接体现；而犯罪分子的经济条件主要体现为主体性因素，同时在实际审判过程中还可能会受到程序性因素的影响。前者属于犯罪事实内因素，后者属于犯罪事实外因素。因而，下面对犯罪事实内因素和犯罪事实外因素分别与罚金量刑的关系进行研究。

第一节 犯罪事实内因素与罚金刑量刑

一、主刑情况与罚金刑量刑

主刑情况一般体现为主刑时长和主刑执行方式两个方面，下面从这两个方面分别考察其与罚金量刑的关系。

（一）主刑时长对罚金数额的影响

根据司法解释的规定，判处罚金虽然要综合考虑犯罪分子的经济条件，但主要根据犯罪情节进行量刑，这也是罪刑相适应基本原则的应有体现。而犯罪情节轻重受多种因素的影响，但最终由主刑时长来表现。因此，司法实践中多根据主刑时长的量刑情况来裁量罚金数额。为了研究便利，研究中将每一年度的主刑区间作为一个变量，如一年以下（含一年）作为区间“1”，一年以上二年以下（含二年）作为区间“2”，直到有期徒刑十四年以上十五年以下（含十五年）作为区间“15”，对每一年度的罚金裁量情况进行对比，结果如表 8-1 所示。

表 8-1 北京市基层法院主刑时长与罚金数额关系

罚金数额（元）

主刑时长区间	均值	频数	标准差	最小值	最大值	峰度	偏度
1	1476.73	2643	600.220	500	3000	−1.422	−0.300
2	1893.13	1062	974.181	500	6000	1.291	1.123
3	3235.18	1100	2188.490	500	35000	79.202	5.886

续表

主刑时长区间	均值	频数	标准差	最小值	最大值	峰度	偏度
4	4292.02	1166	2300.087	500	20000	0.792	0.771
5	5304.93	669	3098.264	500	20000	−0.340	0.628
6	6043.23	347	3364.792	1000	20000	0.369	0.895
7	7122.89	249	4370.401	500	20000	−0.300	0.768
8	7396.10	154	4797.084	1000	24000	0.525	1.020
9	8142.86	70	5480.627	1000	20000	−0.102	0.935
10	11210.59	255	6900.354	1000	50000	2.280	0.913
11	12840.24	338	6822.761	1000	33000	−1.008	0.326
12	15145.76	236	7457.895	1000	44000	−0.436	0.462
13	15932.64	193	9437.879	1000	50000	−0.399	0.444
14	19204.30	93	10781.989	2000	50000	0.243	0.606
15	19894.74	57	14124.048	2000	60000	0.430	0.965
总计	4677.18	8632	5619.512	500	60000	11.177	2.889

根据表 8-1，随着主刑时长的升高罚金数额也相应随着增加，即主刑时长较短的情况下罚金数额较低，主刑时长越长的情况下罚金数额较高。主刑时长与罚金数额的相关性研究结果表明（r=0.754，p<0.001），主刑时长与罚金数额具有显著相关性，罚金数额随着主刑时长的延长而增加。为了直观反映主刑时长与罚金数额的对应变化关系，下面用折线图 8-1 进行展示。

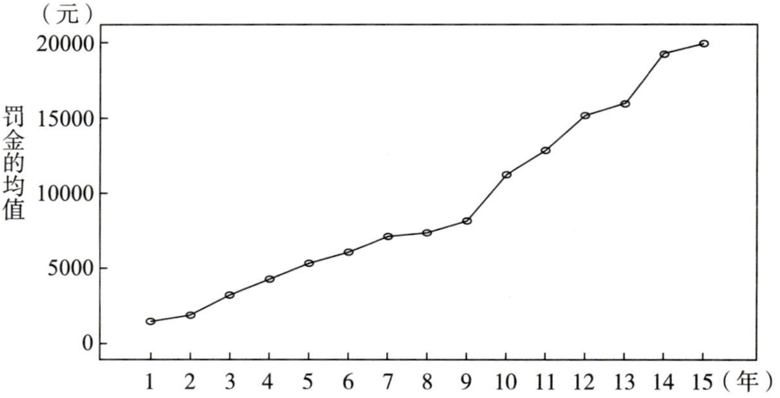

图 8-1　北京市基层法院主刑时长与罚金数额对应关系示意

同时，根据单因素方差分析的结果［F（14，8617）=857.797，p<0.001］，不同年度区间的主刑时长所对应的罚金数额存在显著性差异，即每一主刑年度区间所适用的罚金数额均存在差异。为了更为明确不同主刑年度区间的罚金数额差异情况，可采用两两比较的方式进行说明。根据多重比较的结果，仅在有期徒刑七年、八年、九年和有期徒刑十四年、十五年之间的罚金数额差异性不存在显著性以外，其他年度区间的罚金数额均存在显著性差异。这也同样说明了主刑时长对罚金量刑的显著性影响。

（二）主刑执行方式对罚金数额的影响

主刑执行方式是就实刑抑或是缓刑而言的。因为缓刑是附条件不执行原判刑罚的一种执行方式，因而相对于实刑而言是一种较为轻缓的量刑结果。既然主刑的量刑结果相对较轻，则作为附加刑的罚金在实际量刑时处于何种结果，就成为一个需要进行实证检验的问题。

由于缓刑仅适用于判处有期徒刑三年以下的犯罪分子，为了便于比较，在研究中仅对主刑在有期徒刑三年以下的样本进行统计分析。据统计，适用缓刑的样本数量为 905 个，罚金数额的均值是 1783 元，中值和众数数额均为 1000 元，最小值是 500 元，最大值是 35000 元，峰度是 166.632，偏度是 10.649，集中化趋势非常明显。而非缓刑的样本数量为 3900 个，罚金数额的均值是 2015 元，中值和众数数额均是 2000 元，最小值是 500 元，最大值是 8000 元，峰度是 3.436，偏度是 1.728，也形成了集中化的趋势，但集中化程度逊于缓刑样本。缓刑样本与非缓刑样本的具体罚金数额分布情况详见表 8–2。

表 8–2　北京市基层法院缓刑样本与非缓刑样本罚金数额分布 *

罚金数额（元）	缓刑样本			非缓刑样本		
	频数	百分比（%）	累积百分比（%）	频数	百分比（%）	累积百分比（%）
500	95	10.5	10.5	283	7.3	7.3
600	1	0.1	10.6	22	0.6	7.8
700	-	-	–	1	0	7.8
800	8	0.9	11.5	33	0.8	8.7
900	-	-	–	2	0.1	8.7
1000	372	41.1	52.6	908	23.3	32.0
1100	-	-	–	1	0	32.1
1200	-	-	–	3	0.1	32.1
1400	-	-	–	2	0.1	32.2
1500	67	6.3	58.9	49	1.3	33.4
1600	-	-	–	1	0	33.4
1700	-	-	–	1	0	33.5
1800	-	-	–	1	0	33.5
2000	212	23.4	82.3	1865	47.8	81.3
2100	1	0.1	82.4	-	-	–
2200	-	-	–	3	0.1	81.4
2300	1	0.1	82.5	-	-	–
2500	6	0.7	83.2	6	0.2	81.6
3000	96	10.6	93.8	378	9.7	91.3
3500	-	-	–	1	0	91.3
4000	13	1.4	95.2	104	2.7	93.9
5000	12	1.3	96.6	44	1.1	95.1
6000	25	2.8	99.3	190	4.9	99.9
8000	-	-	–	2	0.1	100.0
9000	2	0.2	99.6	-	-	–
10000	2	0.2	99.8	-	-	–
35000	2	0.2	100.0	-	-	–
合计	905	100.0	–	3900	100.0	–

* 表中的显著性水平为 0.05。“–”表示没有与相应罚金数额对应的样本。

为了直观展现两种不同执行方式样本的罚金数额分布情况，下面用图 8-2 进行展示。

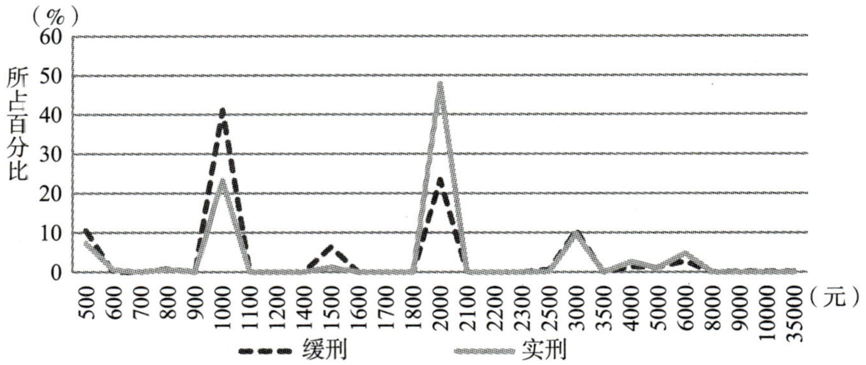

图 8-2 北京市基层法院不同执行方式样本的罚金数额分布

通过图 8-2 和表 8-2，缓刑判决的罚金最高值是 1000 元，实刑判决的罚金最高值是 2000 元，缓刑判决的罚金数额多处于较低数额段内，而实刑判决的罚金数额则明显处于较高的数额段内。单因素方差分析的结果表明［F（1，4803）=19.849，p<0.001］，不同主刑执行方式的罚金数额存在显著性差异。

由此可见，缓刑的适用也是影响罚金数额的重要因素。根据缓刑与罚金数额的相关性检验结果（r=−0.064，p<0.001），是否适用缓刑对罚金量刑具有显著性影响，即在适用缓刑的情况下罚金数额偏低。

由于缓刑适用于情节较轻的犯罪分子，在有期徒刑三年以下的样本范围内，或许适用缓刑样本的主刑轻于实刑样本的主刑。而从前面的分析来看，主刑时长是影响罚金量刑的重要因素，罚金数额随着主刑时长的延长相应提高，即缓刑样本的主刑时长轻于实刑样本的主刑时长时，缓刑样本的罚金数额自然低于实刑样本的罚金数额，这样一来，不同刑罚执行方式的罚金数额差异就不能必然得出是受缓刑适用影响的结论。为了消除这种疑虑，笔者比较了有期徒刑三年以下样本的主刑时长情况，其结果为：缓刑样本的主刑均值是 19 个月，实刑样本的主刑均值是 17 个月。单因素方差分析的结果亦表明［$F(1, 4803)=23.243$，$p<0.001$］，不同刑罚执行方式的主刑时长存在显著性差异。但差异性的结果不是缓刑的主刑轻于实刑的主刑，而是恰恰相反。这一结果自然就排除了不同主刑执行方式的罚金数额差异是受主刑时长影响的结论，说明缓刑适用本身具有影响罚金量刑的作用。

二、犯罪情节与罚金刑量刑

根据适用财产刑司法解释规定，判处罚金主要应当根据犯罪情节的轻重，且体现为违法所得数额和损失大小两个方面，下面分别进行考察。

（一）违法所得对罚金数额的影响

违法所得数额是一个连续性变量，主要表现为抢劫数额。为了便于考察抢劫数额对罚金量刑的实际情况，有必要对抢劫数额所对应的罚金情况进行分段比较。下面仍沿用之前进行的数额分段标准，即 1 代表 0 元，2 代表 1 ～ 99 元，3 代表 100 ～ 499 元，4 代表 500 ～ 999 元，5 代表 1000 ～ 1999 元，6 代表 2000 ～ 3999 元，7 代表 4000 ～ 9999 元，8 代表 10000 ～ 29999 元，9 代表 30000 ～ 99999 元，10 代表 100000 元以上。经统计，每一数额段的罚金情况如表 8-3 所示。

表 8-3 北京市基层法院抢劫数额对应的罚金数额分布情况

罚金数额（元）

抢劫数额档	均值	频数	标准差	最小值	最大值
1	1989.89	2253	1597.507	500	30000
2	2891.15	402	2991.707	500	20000
3	3507.79	1066	3597.403	500	50000
4	3984.20	1007	3969.462	500	50000

续表

抢劫数额档	均值	频数	标准差	最小值	最大值
5	3955.61	1293	3894.170	500	28000
6	4977.51	975	4725.483	500	30000
7	6755.95	837	5748.296	500	30000
8	12755.16	410	8367.222	1000	50000
9	15720.43	215	8984.232	1000	50000
10	19123.71	66	4833.908	10000	22000
总计	4491.37	8524	5275.146	500	50000

根据表 8-3，抢劫数额为 0 时，罚金均值为 1990 元，抢劫数额为 1 ～ 99 元时，罚金数额均值是 2891 元，直到抢劫数额为 30000 ～ 99999 元时，罚金数额均值为 15720 元，抢劫数额在 100000 元以上时，罚金数额升高到了 19124 元。因而总体上罚金数额随着抢劫数额的提高而增加，形成非常明显的正相关趋势。单因素方差分析结果表明 [F（9，8514）=516.133，$p<0.001$]，不同抢劫数额段对应的罚金数额存在显著性差异。为了直观表现罚金数额与抢劫数额之间的对应关系，以下通过图 8-3 进行展示。

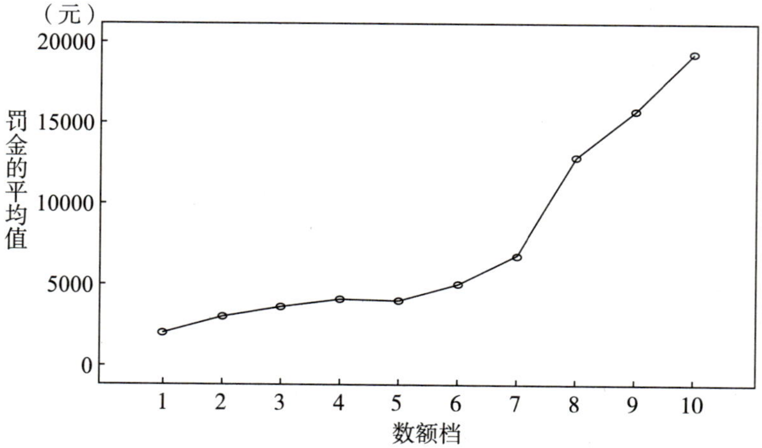

图 8-3　北京市基层法院抢劫数额对应罚金数额的分布示意

由于抢劫数额是影响主刑时长的重要因素，且主刑时长也与罚金数额存在显著相关性，因而抢劫数额是直接影响罚金数额还是通过影响主刑时长的方式间接影响罚金数额便是一个不得不考虑的问题。根据相关性检验结果，抢劫数额对主刑时长的相关性 r 值是 0.342，对罚金数额的相关性 r 值是 0.373，p 值均小于 0.001，即抢劫数额对主刑时长和罚金数额均具有显著相关性。

为了澄清抢劫数额与罚金数额之间的具体关系，需要在控制主刑时长对罚金数额影响力的情况下考察它们之间的相关性情况。为此，研究中进行了抢劫数额与罚金数额之间的偏相关性分析，抢劫数额与罚金数额的偏相关性分析结果表明（r=0.188，p<0.001），在控制了主刑时长对罚金数额影响力的情况下，抢劫数额仍然对罚金数额具有显著影响力。即抢劫数额不只是通过主刑时长来影响罚金数额，其本身同时对罚金数额产生显著性影响，因而表现出较大的影响力。

（二）损失大小对罚金数额的影响

抢劫罪中的损失大小主要表现为犯罪的停止形态和损失挽回情况两个方面。如果犯罪处于未完成形态的，则表明财产没有受到损失；在损失挽回的情况下，表明财产失而复得，同样表明没有受到实际损失。

1. 犯罪停止形态。抢劫罪是故意犯罪，其停止形态包括犯罪预备、犯罪中止、犯罪未遂和犯罪既遂四种停止形态。当犯罪处于预备、中止或者未遂形态时，由于没有实际造成财产侵害，因而财产没有受到损失，相应的罚金数额应当偏轻；而在犯罪既遂的情况下，犯罪要么侵害了具体财产，要么致使轻伤以上后果，一般应当在罚金量刑时适当偏重。在实际量刑中是否反映这一情况，下面进行实证检验。

根据实际统计，不同犯罪停止形态的罚金数额如表 8-4 所列。

表 8-4 北京市基层法院不同犯罪停止形态的罚金状况

罚金数额（元）

犯罪停止形态	均值	频数	标准差	最小值	最大值
犯罪预备	1878.46	1829	1472.704	500	50000
犯罪中止	3166.67	6	2228.602	1000	6000
犯罪未遂	3437.45	769	2751.860	500	20000
犯罪既遂	5686.02	6028	6324.757	500	60000
总计	4677.18	8632	5619.512	500	60000

从表 8-4 统计情况来看，犯罪预备的罚金数额最低，为 1878 元，其次是犯罪中止的罚金数额 3167 元，然后是犯罪未遂的罚金数额 3437 元，而犯罪既遂的罚金数额最高，达到 56876 元。单因素方差分析结果表明［F（3, 8628）=248.246, p<0.001］，不同停止形态的罚金数额存在显著性差异。为了反映犯罪停止形态与罚金数额的对应关系，下面用折线图进行展示：

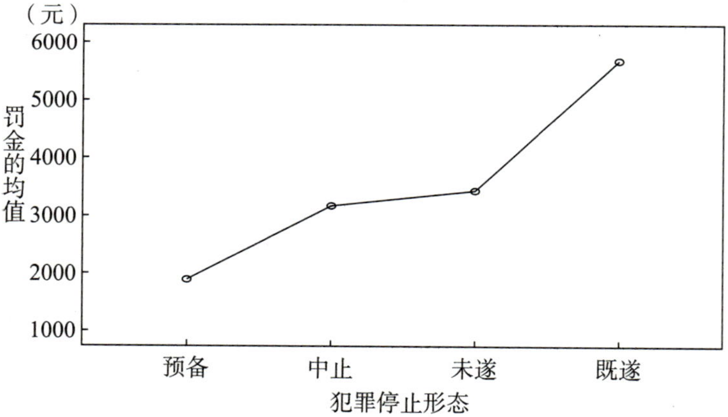

图 8-4 北京市基层法院犯罪停止形态与罚金数额的对应关系

根据以上统计情况，显然，在财产没有受到实际损失的情况下，判处的罚金数额明显低于财产受到损失的情况。说明财产的损失情况与罚金数额存在很大关系。考虑到抢劫罪是同时侵害财产权和人身权的犯罪，其犯罪停止形态的划分受到伤害后果的较大影响，因而在排除了伤害后果这一变量后，通过对犯罪停止形态与罚金数额的相关性检验，检验结果表明（r=0.251，p<0.001），不同的犯罪停止形态与罚金数额具有显著相关性，即未造成财产损失的罚金数额明显低于造成财产损失的罚金数额。

另外，前文的研究中已经证明，犯罪停止形态与主刑时长存在显著相关性，主刑时长又与罚金数额存在显著相关性。在这种情况下，就存在着犯罪停止形态是直接影响罚金数额还是通过影响主刑时长的方式来间接影响罚金数额的问题。为了解决这一问题，通过控制主刑时长的方式来进行犯罪停止形态与罚金数额的偏相关性检验，检验结果显示（r=−0.123，p<0.001），在控制主刑时长因素影响的情况下，犯罪停止形态与罚金数额存在显著相关关系，但该相关性呈现出负结果，即犯罪完成的情况下罚金数额反而偏低，犯罪未完成的情况下罚金数额则偏高。这种结果显然是与司法解释的要求相背离的。这也同时说明，在控制了主刑时长因素对罚金数额影响的情况下，犯罪停止形态没有对罚金量刑产生实际的影响作用，因而也就得出了犯罪停止形态并非直接影响罚金量刑，而是通过主刑时长来间接影响的结论。

2. 损失挽回情况。损失的挽回情况是指在犯罪既遂的情况下，被抢劫的财产是否得到追缴或者退赔。如果财产得到追缴或者退赔，表明损失得以挽回，所受损失较小或者无损失，否则即表明财产仍然处于损失的状态，说明损失较大。因而根据司法解释的要求，在损失挽回的情况下，罚金数额应偏低，而在损失未挽回的情况下，罚金数额应偏高。

根据统计情况，在财产损失的情况下，罚金数额的均值是 7337 元，在损失挽回的情况下，罚金数额的均值是 3402 元。显然，损失挽回情况在罚金数额方面存在明显差异。根据相关性检验结果（r=−0.328，p<0.001），是否挽回损失与罚金数额之间存在显著相关性，即在损失挽回的情况下罚金

数额低于未挽回损失的情况。这便与司法解释对判处罚金刑的要求一致。

根据前文的研究结论，是否挽回财产损失与主刑时长存在显著相关性，而主刑时长又与罚金量刑具有显著相关性。因而这里同样存在着挽回财产损失是直接影响罚金量刑还是通过影响主刑时长来间接影响罚金量刑的问题。为此，研究时仍然采取控制主刑时长的影响来考察是否财产损失与罚金量刑的偏相关性。根据偏相关性检验结果（r=0.057，p<0.001），发现在控制了主刑时长因素影响的情况下，是否挽回财产损失与罚金量刑存在显著相关性，但同样该相关性是负结果，即愈是损失挽回罚金数额愈是偏高，这显然也是与损失挽回因素的属性相背离的。因而，这种结果说明了损失挽回因素并不直接影响罚金量刑，而是通过影响主刑时长的方式来施加间接影响。

第二节 犯罪事实外因素与罚金刑量刑

一、缴纳能力与罚金刑量刑

从司法解释对判处罚金的要求来看，综合考虑犯罪人的缴纳能力意味着对较高缴纳能力的犯罪人判处较高的罚金数额，而对较低缴纳能力的犯罪人判处较低的罚金数额，以体现出同等程度的惩罚强度。否则，就会使具有较高缴纳能力的犯罪人体验不到应有的惩罚强度，却使较低缴纳能力的犯罪人承受着过重的负担，从而造成事实上的处罚不公。缴纳能力主要是通过犯罪主体的财产状态来反映的，而在具体司法实践中，司法机关并不会深入调查犯罪人的财产情况，一般通过主体性因素中的某些变量来推定，如年龄因素中的未成年人一般没有独立经济条件，职业因素中的其他职业者优于无业或农民的经济条件。下文将分别考察主体性因素中各变量与罚金数额的关系。

（一）年龄因素对罚金数额的影响

犯罪主体中的未成年人不但体现为较轻的责任程度，而且也是较低缴纳能力的表现。因为未成年人大多没有参加工作，没有独立的财产，对父母具有较大的经济依赖性。也正因为此，司法解释规定了对未成年人罚金的最低数额为500元，而对成年人罚金的最低数额为1000元。

从统计情况看，未成年人的罚金数额均值是1763元，成年人的罚金数额均值是5789元，两者的差异非常明显。单因素方差分析的结果亦表明［F（1，8630）=986.557，$p<0.001$］，未成年人与成年人之间的罚金数额存在显著性差异。然而，从统计情况来看，实践中存在对成年人判处最小值为500元的罚金情况，这显然是不合法的罚金量刑，也是产生量刑不均衡的重要表现。

考虑到未成年也是较小责任能力的表现，因而其同时也是影响主刑时长的重要因素，而主刑时长又与罚金量刑存在显著相关性，这就需要澄清年龄因素是直接影响罚金量刑还是通过影响主刑时长的方式间接影响罚金量刑。为此，同样通过控制主刑时长的影响力来考察年龄因素与罚金量刑的偏相关性。首先，在没有控制主刑时长影响力的情况下，年龄因素与罚金数额量刑的偏相关性结果显示为（$r=0.320$，$p<0.001$），而在控制主刑时长的影响力情况下，年龄因素与罚金数额量刑的偏相关性结果为（$r=0.106$，$p<0.001$），即年龄因素仍然对罚金数额具有显著影响力。这说明，年龄因素除了通过主刑时长来间接影响罚金量刑以外，其自身同时对罚金量刑产生直接影响，从而体现出对罚金数额量刑的较大影响力。

（二）职业因素对罚金数额的影响

不同的职业状态与缴纳能力具有密切的联系，因为职业情况直接表现为收入水平，具有稳定职业的犯罪人必然具有一定水平的罚金缴纳能力，而没有稳定职业的犯罪人必然不具有稳定的收入来源，也就缺乏相应的罚金缴纳能力。就本研究中所涉及的职业类型来看，学生因没有参加工作而不具有独立的缴纳能力；其次是无业者，因没有稳定的职业只具有较低的缴纳能力；再次是农民，他们虽然拥有土地等生产资料，但犯罪者大多脱离土地而进城务工，因而也缺乏稳定收入来源而处于较低的经济水平；经济状况稍好的为其他职业者，他们因从事相对固定的职业而具有一定的缴纳能力。在这种情况下，这些职业类型的罚金数额由低到高顺序应该是学生、无业、农民和其他职业者。

但从实际统计情况来看（见表 8-5），罚金数额由低到高的职业类型顺序是学生、其他职业、农民和无业。单因素方差分析结果表明［F（3，8628）=110.893，p<0.001］，不同职业类型间的罚金数额存在显著性差异。学生的罚金数额最低，这与他们的较低缴纳能力相一致，而无业和农民的罚金数额高于其他职业者的罚金数额则明显与他们的缴纳能力不符。

表 8-5　北京市基层法院不同职业的罚金数额比较

罚金数额（元）

被告职业	均值	频数	标准差	最小值	最大值
无业	5733.42	2337	6490.572	500	50000
农民	4748.27	4684	5526.517	500	60000
学生	2006.67	1050	2758.737	500	35000
其他	4681.82	561	4820.902	500	30000
总计	4677.18	8632	5619.512	500	60000

对于出现上述状况的原因，可能与主刑时长的影响有关，因为从不同职业类型的主刑时长情况来看，其由低到高的顺序也是学生、其他职业、

农民和无业。因而要考察职业类型与罚金数额的相关性情况，必须在排除主刑时长影响的基础上进行。为此，有必要对职业类型与罚金数额进行偏相关性分析。根据被告职业与罚金数额的偏相关性分析结果，其相关性 r 值为 −0.001，p 值大于 0.1，即在排除了主刑时长影响的情况下被告职业与罚金数额不具有显著相关性。上述情况表明，尽管不同职业类型之间的罚金数额存在显著性差异，但这种差异是因主刑时长的影响而产生的，不同职业类型本身并不直接影响罚金数额量刑。

（三）限制行为能力对罚金数额的影响

本研究中的限制行为能力主要是指精神病人和盲聋哑人。这类限制行为能力人与未成年人一样，既体现出较小的责任能力，也往往由于自身缺陷而难以找到稳定工作，从而具有较低的缴纳能力。

根据统计情况，限制行为能力人的罚金数额均值是 3555 元，而非限制行为能力人的罚金数额均值是 4687 元，两者存在明显的差异性。

是否限制行为能力与罚金数额的相关性分析结果表明（r=−0.018，p<0.1），如果以 p 值小于 0.5 作为判断相关性是否显著的标准，则是否限制行为能力与罚金数额不具有显著相关性；如果以 p 值小于 0.1 作为判断相关性是否显著的标准，则是否限制行为能力与罚金数额具有显著相关性。即便在两者存在显著相关性的情况下，由于是否限制行为与主刑时长具有显著相关性，而主刑时长又与罚金数额具有显著相关性，需要在控制主刑时长影响的情况下考察限制行为能力与罚金数额的偏相关性情况，以排除该因素的罚金数额的影响是否是主刑时长引起的。

根据以上是否限制行为能力与罚金数额的偏相关性分析结果，在控制了主刑时长影响的情况下，其相关性 r 值是 0，p 值大于 0.1，是否限制行为能力与罚金数额不存在任何相关性。

（四）户籍因素对罚金数额的影响

犯罪人户籍主要是本地人与外地人的区分。一般来说，北京市的本地人一般具有固定的住处和便利的就业条件，因而较外地人具有更好的生活、经济条件，也自然在缴纳能力方面高于外地人。

但从实际统计情况来看，本地人的罚金数额均值是 3703 元，外地人的罚金数额均值是 5081 元，两者的差异非常明显。

原本从缴纳能力的角度来说，本地人的罚金数额应当高于外地人，实际量刑中为何出现完全相反的结果，可能与主刑时长和未成年因素的影响有关。因为不同的户籍与主刑时长存在显著相关性，而主刑时长又与罚金数额存在显著相关性，这就有可能造成户籍因素通过主刑时长影响了罚金数额，而没有形成缴纳能力对罚金数额的直接影响力。另外，本地犯罪人中的未成年人占有相当比重，而未成年人是判处罚金数额较低的一类群体，就可能出现未成年人的较高比例而影响本地人罚金数额的情况。为了验证这一猜测，有必要在控制主刑时长和年龄因素影响力的基础上进行被告人户籍与罚金数额的偏相关性分析。偏相关性分析结果表明（r=0.046，p<0.001），在控制了主刑时长和年龄因素的影响后，户籍因素对罚金数额具有显著影响力。但这种影响力仍然是一种背离缴纳能力的影响，即处于较低缴纳能力的外地人罚金数额反而高于具有较高缴纳能力的本地人。且户籍因素除了通过主刑时长的间接影响以外，还具有自身的直接影响力，体现出了这一因素的较大影响。

（五）性别因素对罚金数额的影响

根据前文的研究，被告人性别也是一个影响主刑时长的因素，即在大致相同类型的样本范围内，男性犯罪人的主刑时长重于女性犯罪人。而从总体统计情况来看，男性犯罪人的罚金数额均值是 4674 元，女性犯罪人的罚金数额均值是 4763 元。单因素方差分析结果表明［F（1，8630）=0.065，

$p<0.1$]，不同性别犯罪人之间的罚金数额不存在显著性差异。

由于犯罪人性别对主刑时长的影响力是在相同样本范围内才形成的结果，因而也有必要在相同样本范围内考察犯罪人性别与罚金数额的相关性情况。为此，研究中在控制了主刑时长、抢劫数额、抢劫次数、抢劫人数、伤害后果等重要影响因素的情况下，对犯罪人性别与罚金数额进行了偏相关性分析。偏相关性分析结果表明（$r=0, p>0.1$），在相同样本范围内，犯罪人性别与罚金数额之间不存在任何相关性。

二、程序性因素与罚金刑量刑

程序性因素是与犯罪情节和缴纳能力等无关，与司法解释规定的判处罚金数额需要考虑的因素没有任何关系的因素。下面分别对审理时间、审理法院、审理程序、羁押状态、律师参与等程序性因素与罚金数额的关系进行考察。

（一）审理时间对罚金数额的影响

根据实际统计情况，不同的审理时间也存在不同的罚金数额。如 2000 年的罚金数额均值是 3823 元，2001 年是 3987 元，而到了 2010 年则为 7955 元，数额增长了 1 倍（具体见表 8–6）。从单因素方差分析的结果来看［$F(11, 8620)=41.022, p<0.001$]，不同年度间所判处的罚金数额存在显著性差异。

表 8–6 北京市基层法院不同审理时间的罚金数额情况

罚金数额（元）

年度	罚金均值	频数	标准差	最小值	最大值
2000	3822.71	590	4329.932	500	35000
2001	3986.83	1063	4710.808	500	30000
2002	3926.63	860	4516.510	500	40000

续表

年度	罚金均值	频数	标准差	最小值	最大值
2003	3770.24	719	4365.170	500	30000
2004	3303.24	926	3365.631	500	30000
2005	3611.51	938	4885.722	500	50000
2006	5208.28	978	6172.150	500	50000
2007	5821.24	932	6674.240	500	44000
2008	6339.28	583	7082.313	500	60000
2009	5992.09	493	6451.520	500	30000
2010	7955.16	310	8159.650	500	50000
2011	7128.33	240	6908.199	500	45000
总计	4677.18	8632	5619.512	500	60000

为了直观反映各审理年度之间的罚金数额变化情况，下面用图 8-5 进行展示。

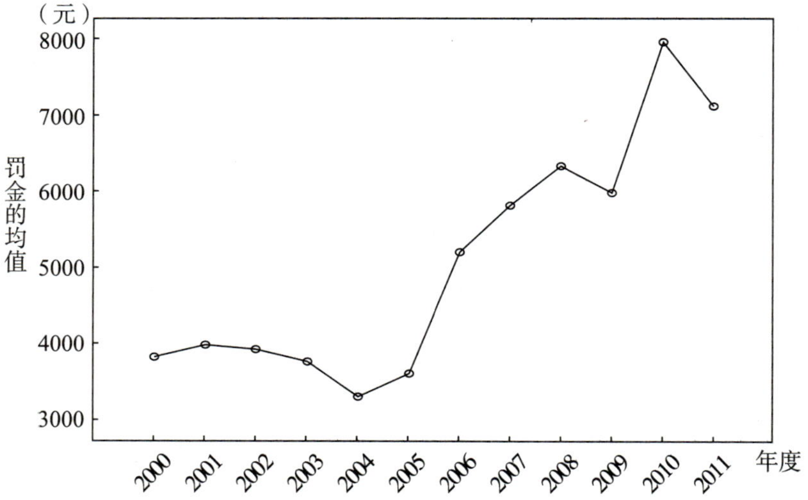

图 8-5　北京市基层法院不同审理年度的罚金数额变化示意

从图 8-5 和表 8-6 情况来看，罚金数额在 2001 年略有升高后开始出现下降趋势，在 2004 年达到了最低值，即 3303 元，然后再次出现升高趋势，一直持续到 2008 年，数额达到了 6339 元，此后的三年出现了高低起伏波动，但都维持在较高的罚金数额水平上。对于量刑实践中出现的罚金数额变化情形，分析可能基于以下原因：

第一，经济状况影响。从总体变化趋势上，2000~2011 年的罚金数额呈现出明显的上升趋势，这种上升趋势也与我国的经济发展水平相一致。根据国家统计数据，2000~2011 年我国城乡居民收入呈现显著增长，具体见表 8-7。

表 8-7　2000~2011 年城乡居民家庭人均收入[①]

年度	城镇居民家庭人均可支配收入（元）	城镇居民家庭人均可支配收入指数（1978 年 =100）	农村居民家庭人均纯收入（元）	农村居民家庭人均纯收入指数（1978 年 =100）
2000	6280.0	383.7	2253.4	483.4
2001	6859.6	416.3	2366.4	503.7
2002	7702.8	472.1	2475.6	527.9
2003	8472.2	514.6	2622.2	550.6
2004	9421.6	554.2	2936.4	588.0
2005	10493.0	607.4	3254.9	624.5
2006	11759.5	670.7	3587.0	670.7
2007	13785.8	752.5	4140.4	734.4
2008	15780.8	815.7	4760.6	793.2
2009	17174.7	895.4	5153.2	860.6
2010	19109.4	965.2	5919.0	954.4
2011	21809.8	1046.3	6977.3	1063.2

① 资料来源于国家统计局网站。

根据以上统计数据，从 2000 年至 2011 年的 12 年间，城乡居民家庭的人均可支配收入或纯收入均呈现出逐年递增的趋势。从城乡居民家庭人均可支配收入指数或纯收入指数来看，分别从 2000 年的 383.7 和 483.4 提高到 2011 年的 1046.3 和 1063.2，分别提高了 2.7 倍和 2.2 倍。而罚金数额均值从 2000 年的 3823 元升高到 2011 年的 7128 元的情况来看，升高幅度也达近 2 倍。人均收入的增加体现了缴纳能力的提高，在缴纳能力提高的情况下相应增加罚金数额符合罚金刑的适用规则。

第二，案件数量影响。在本研究样本的时间跨度内，各年度的案件数量和样本数量也存在显著性差异。从前文的研究来看，样本数量与主刑时长存在显著相关性，样本数量多的情况下量刑偏轻，这种情形是否也反映到罚金量刑中，需要进行统计相关性分析。根据分析结果，在控制了主刑时长对罚金数额影响的情况下，案件数量与罚金数额的偏相关性（$r=-0.108$，$p<0.001$）和样本数量与罚金数额的偏相关性（$r=-0.152$，$p<0.001$）均表明，案件数量、样本数量与罚金数额均具有显著相关性，在样本数量增多的情况下罚金数额减少。

（二）审理法院对罚金数额的影响

受不同审理法院处于不同地域，且受到量刑习惯的影响，罚金数额在不同法院判决中也可能存在差异。根据统计情况，中心区法院判处的罚金数额最高，均值达 5420 元，接合部法院判处的罚金数额最低，均值为 4314 元，而远郊区法院判处的罚金数额略高于接合部法院，均值为 4357 元。

根据单因素方差多重比较分析（见表 8-8），只有接合部和远郊区法院之间判处的罚金数额不存在显著性差异，中心区法院与接合部、远郊区法院判处的罚金数额均存在显著性差异。

表 8-8　北京市基层法院不同审理法院判处罚金数额的多重比较

因变量：罚金数额（元）LSD

（I）法院	（J）法院	均值差（I-J）	标准误	显著性	95% 置信区间	
					下限	上限
中心区	接合部	1106.528*	132.441	0.000	846.91	1366.15
	远郊区	1063.487*	214.555	0.000	642.91	1484.07
接合部	中心区	−1106.528*	132.441	0.000	−1366.15	−846.91
	远郊区	−43.041	202.944	0.832	−440.86	354.78
远郊区	中心区	−1063.487*	214.555	0.000	−1484.07	−642.91
	接合部	43.041	202.944	0.832	−354.78	440.86

* 均值差的显著性水平为 0.05。

对于存在这种差异性的原因，根据前文的研究结论，主刑时长、样本数量、案件数量均与罚金数额存在显著相关性，而不同法院审理样本的主刑时长、样本数量、案件数量均具有显著性差异，因而这种差异可能就会反映到罚金量刑中。为此，需要在控制上述因素影响的情况下考察不同法院之间的罚金量刑情况，以明确是否限于上述因素对罚金量刑的影响情况。

根据偏相关性分析结果（$r=-0.144$，$p<0.001$），在控制了主刑时长、案件数量和样本数量影响的情况下，不同法院间的罚金数额仍然存在显著性差异，即罚金数额自中心区到远郊区呈现一次递减态势。此种状况也正与相关地域的经济水平相一致，从中心区到接合部，再到远郊区，经济发展水平依次减弱，因而体现出经济状况对罚金数额的显著性影响。

（三）审理程序对罚金数额的影响

由于刑事审判所适用的简易程序、“简便审”程序和普通程序所针对的案件类型不同，所判处的罚金数额也应当是不同的。根据统计情况，简易程序判处的罚金数额均值是 1699 元，“简便审”程序判处的罚金数额均值是 5989 元，普通程序所判处的罚金数额均值是 5348 元，即简易程序判处的最少，“简便审”程序判处的最多。

根据单因素方差分析的多重比较，不同审理程序所判处罚金数额相互之间的差异性均为显著，具体如表 8-9 所列。

表 8-9　北京市基层法院不同审理程序所判处罚金数额之间的多重比较

因变量：罚金数额（元）LSD

（I）审理程序	（J）审理程序	均值差（I-J）	标准误	显著性	95% 置信区间	
					下限	上限
简易	“简便审”	−4290.283*	179.381	0.000	−4641.91	−3938.65
	普通	−3648.908*	145.444	0.000	−3934.01	−3363.80
“简便审”	简易	4290.283*	179.381	0.000	3938.65	4641.91
	普通	641.375*	150.346	0.000	346.66	936.09
普通	简易	3648.908*	145.444	0.000	3363.80	3934.01
	“简便审”	−641.375*	150.346	0.000	−936.09	−346.66

* 均值差的显著性水平为 0.05。

对于不同审理程序形成的罚金数额差异，由于所针对的案件类型不同，自然与抢劫数额、次数、人数、伤害后果等事实性因素有关，同时还受到主刑时长、缓刑适用、样本数量、审理法院等因素影响。为此，需要在控制上述因素影响的情况下考察审理程序与罚金数额之间的相关性情况。根据偏相关的分析结果（r=−0.125，p<0.001），在控制了主刑时长、抢劫数额、抢劫次数、抢劫人数、伤害后果、缓刑适用、审理法院、样本数量、案件数量等因素影响后，审理程序与罚金数额仍然存在显著相关性。但该相关性的结果与控制上述因素影响前完全相反，即越是复杂的程序判处的罚金数额越是偏少，而越是简易的程序判处的罚金数额越是偏多。

（四）律师参与对罚金数额的影响

从前文的研究来看，律师参与不但是影响主刑时长的重要因素，也与缓刑适用存在显著相关性，因而其是否影响罚金数额量刑也成为必须解决的问题。从实际统计情况来看，律师参与下的罚金数额均值是 3617 元，无律师参与下的罚金数额均值是 5445 元，两者存在明显差异。律师参与与罚金数额的相关性分析结果表明（r=−0.160，p<0.001），律师参与对罚金数额存在显著性影响，即在律师参与的情况下罚金数额明显偏低，而无律师参与的情况下罚金数额明显偏高。

根据前文的研究结果，律师参与对主刑时长和缓刑适用具有显著性影响，是导致量刑偏轻和提高缓刑适用的重要因素。而主刑时长和缓刑适用又与罚金数额存在显著相关性，因而要确保罚金数额不是受到主刑时长和缓刑适用的影响而直接与律师参与存在显著相关关系，必须在控制上述变量影响的情况下进行考察。同时，从犯罪人年龄与律师参与状况的统计情况来看，律师参与的样本大多系未成年犯罪人（见表 8-10），因而也必须在考察时控制年龄因素的影响。

表 8-10 北京市基层法院犯罪人年龄与是否有律师参与①

变量类别			是否有律师参与		合计
			是	否	
犯罪人年龄	未成年	计数	2029	354	2383
		年龄因素中的百分比	85.1%	14.9%*	100.0%
	成年人	计数	1597	4652	6249
		年龄因素中的百分比	25.6%	74.4%	100.0%
合计		计数	3626	5006	8632
		年龄因素中的百分比	42.0%	58.0%	100.0%

* 有 14.9% 的未成年人犯罪案件没有律师参与，主要是由监护人辩护的情形。

因此，为了准确考察律师参与对罚金数额的实际影响情况，研究中进行了偏相关性分析，结果表明（r=0.079，p<0.001），是否有律师参与对罚金数额具有显著性影响，但与控制有关因素影响之前的结论相反，即有律师参与情况下的罚金数额偏高，而无律师参与情况下的罚金数额偏低。

（五）羁押状态对罚金数额的影响

羁押状态是犯罪人处于在押与否的状态，考察羁押状态对罚金数额的影响主要是了解在押与否是否导致罚金数额变化。经统计发现，在押犯罪人的罚金数额均值是 4955 元，而非在押犯罪人的罚金数额均值是 1784 元，两者存在明显差异。相关性分析结果表明（r=0.160，p<0.001），在押状态的犯罪人被判处罚金的数额高于非在押状态的犯罪人，且差异性显著。

不同羁押状态犯罪人的罪行程度不同，如非在押状态一般存在于人身

① 卡方检验结果表明（χ^2=2514.519，df=1，p<0.001），说明犯罪人年龄与是否有律师参与存在显著差异性。

危险性较小而无逮捕必要的犯罪人，因而量刑结果上必然存在差异。即上述分析结果仅表明不同羁押状态犯罪人的罚金数额存在显著性差异，并不意味着不同羁押状态本身存在显著的罚金数额差异。因而，要确认羁押状态本身是否影响罚金数额量刑，必须在控制有关罪行程度影响的情况下进行考察。从前文的研究来看，不同羁押状态犯罪人的主刑时长存在显著差异，而且其是影响缓刑适用的重要因素，所以在考察时必须将主刑时长和缓刑适用情况进行排除。偏相关性分析结果表明（$r=-0.015$，$p>0.1$），在控制主刑时长和缓刑适用影响的前提下，是否在押与罚金数额不具有显著相关性。这就意味着不同羁押状态犯罪人之间的罚金数额差异是受到诸如主刑时长、是否适用缓刑等因素的结果，而羁押状态本身并不实际影响罚金量刑。

第三节 小　　结

本章主要研究考察了影响罚金数额量刑的主要因素。通过研究，主刑情况、犯罪情节、缴纳能力和程序性因素都直接或者间接与罚金数额存在显著相关性。

1. 就主刑情况而言，主刑量刑中的主刑时长和缓刑适用均实际影响罚金数额量刑。主刑时长越长罚金数额越高，罚金数额与主刑时长存在同步增长趋势；在缓刑适用的情况下罚金数额偏低，形成了较低罚金数额与较轻犯罪情节相一致的情形。

2. 违法所得数额与损失大小是衡量犯罪情节轻重的重要因素。违法所得数额体现为抢劫数额，统计结果表明，罚金数额随着抢劫数额的增加而相应提高，两者存在同步性。而且在控制了主刑时长影响的情况下，抢劫数额仍然对罚金数额存在显著性影响。损失大小主要体现为犯罪停止形态和损失挽回两个方面的因素，根据实证分析结果，犯罪完成与否和是否挽回损失均在罚金数额上存在显著性差异，但这种差异主要是通过主刑时长的影响而产生的，即犯罪停止形态与损失挽回间接影响罚金数额的量刑。

3. 缴纳能力主要体现在主体性因素中。通过分别对犯罪人年龄、限制行为能力状态、职业、户籍和性别等因素的分析，发现犯罪人年龄和户籍是影响罚金数额量刑的重要因素，未成年犯罪人的罚金数额明显低于成年犯罪人，本地户籍犯罪人的罚金数额明显低于外地户籍的犯罪人；而限制行为能力状态、不同职业和性别差异均对罚金数额不存在显著性影响。

4. 程序性因素是影响罚金数额量刑较多的方面，审理时间、审理法院、审理程序和律师参与均对罚金数额存在显著性影响。具体来说，不同审理年度的罚金数额存在显著性差异，这与经济发展状况和样本数量存在密切关系，即经济状况越好罚金数额越高，样本数量越多则罚金数额越是偏低；中心区法院的罚金数额明显高于远郊区法院的罚金数额；在相同样本条件下，越是简易程序判处的罚金数额越高，而越是复杂程序判处的罚金数额越低；律师参与下的罚金数额明显高于无律师参与下的罚金数额量刑。而作为程序性因素的羁押状态本身与罚金数额没有相关性。

第九章　抢劫罪量刑的地区差异

从已有研究成果来看，在多种因素的影响下不同地区的量刑活动往往表现出较明显的地区差异。如有学者在危险驾驶罪量刑影响因素研究中发现，东部地区、中部地区和西部地区在影响因素相对重要性排序方面存在明显不同。[①] 为了解抢劫罪量刑中是否同样存在着地区差异的问题，下文对我国三大地区[②] 的量刑情况进行比较分析。

根据本书前面的介绍，本章用于实证研究基础的样本来自全国三大地区共计 1518 份抢劫罪刑事判决书。经统计发现，样本中共涉及 2024 个量刑结果。其中有 921 个量刑结果属于东部地区，571 个属于中部地区，532 个属于西部地区。

第一节　有期徒刑量刑的地区差异

一、有期徒刑实刑量刑的地区差异

（一）有期徒刑刑期分布比较

在全国样本范围内，经对有期徒刑（实刑）的时长统计发现，均值为

① 参见文姬:《醉酒型危险驾驶罪量刑影响因素实证研究》，载《法学研究》2016 年第 1 期。

② 考虑地区发展程度差异，这里将我国地域划分中的华北地区、华东地区和华南地区作为东部地区，将东北地区、华中地区作为中部地区，将西南地区、西北地区作为西部地区。

58个月，中值为45个月，众数刑期为36个月，最小值为6个月，最大值为180个月。而就各个地区的情况来看，东部地区的时长均值为58个月，中部地区的时长均值为60个月，西部地区的时长均值为56个月。单因素方差分析结果显示（F=0.721，p>0.1），时长均值在不同地区不存在显著性差异。

而就具体分布情况来看，全国范围内的样本量刑从有期徒刑一年以下、有期徒刑一年以上二年以下直到有期徒刑十四年以上十五年以下、有期徒刑十五年的样本比例分别是1.3%、6.3%、8.5%、30.8%、15.7%、7.9%、4.2%、1.6%、1.4%、0.8%、7.0%、4.1%、2.5%、3.7%、1.7%、2.5%。与之相对应，东部地区的样本比例分别是：1.1%、5.4%、9.5%、33.0%、13.7%、8.6%、4.7%、1.1%、0.8%、0.6%、7.4%、4.7%、2.9%、2.2%、1.6%、2.7%；中部地区的样本比例分别是：2.5%、8.4%、6.4%、27.6%、18.5%、7.0%、5.3%、1.8%、1.4%、0.6%、7.0%、2.9%、2.9%、3.3%、2.1%、2.3%；西部地区的样本比例分别是：0.4%、5.9%、9.0%、30.2%、16.4%、7.7%、2.0%、2.2%、2.6%、1.5%、6.6%、4.1%、1.3%、6.6%、1.3%、2.2%。具体分布趋势如图9-1所示。

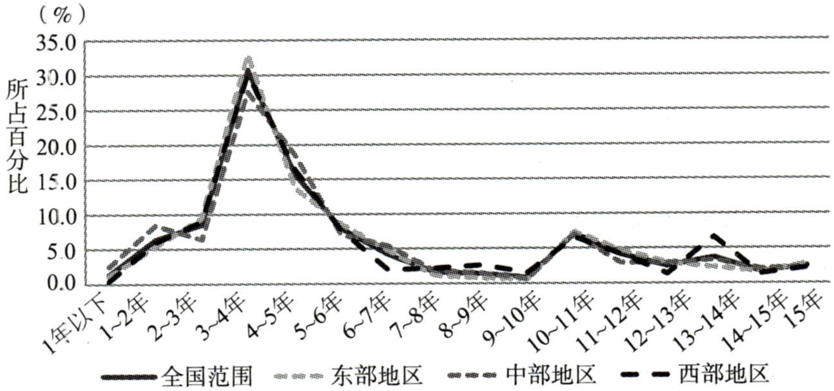

图9-1 全国不同地区有期徒刑分布趋势

从图9-1所示情况来看，不论是全国还是不同地区，都表现出在不同刑罚幅度内开始区间比较集中，然后比例逐步下降。虽然各地区的相关比例略有不同，但总体差异不大，呈现出大致相同的分布趋势。

（二）连续性变量的影响差异

在本书研究中，抢劫数额、抢劫次数、抢劫人数和伤害后果被看作影响有期徒刑的连续性变量因素。下面就连续性变量在不同地区的量刑影响情况进行分析。

首先看东部地区。在该地区样本范围内，分别对抢劫数额、抢劫次数、抢劫人数和伤害后果对有期徒刑时长的量刑影响情况建立回归模型。在抢劫数额模型中，相关性检验结果显示（r=0.282，p<0.001），抢劫数额对有期徒刑量刑具有显著影响力，R^2 值为 0.078；在抢劫次数的模型中，相关性检验结果显示（r=0.494，p<0.001），抢劫次数对有期徒刑量刑具有显著影响力，R^2 值为 0.243；在抢劫人数的模型中，相关性检验结果显示（r=0.472，p<0.001），抢劫人数对有期徒刑量刑具有显著影响力，R^2 值为 0.221；在伤害后果的模型中，相关性检验结果显示（r=0.092，p<0.05），伤害后果对有期徒刑量刑具有显著影响力，R^2 值为 0.007。由此可见，上述连续性变量在东部地区量刑中均是显著影响因素，在影响力排序上，通过比较 R^2 值可知，抢劫次数的影响力最大，其次是抢劫人数，然后是抢劫数额，最后是伤害后果。

其次看中部地区。在该地区样本范围内，分别对抢劫数额、抢劫次数、抢劫人数和伤害后果对有期徒刑时长的量刑影响情况建立回归模型。在抢劫数额模型中，相关性检验结果显示（r=0.427，p<0.001），抢劫数额对有期徒刑量刑具有显著影响力，R^2 值为 0.181；在抢劫次数的模型中，相关性检验结果显示（r=0.486，p<0.001），抢劫次数对有期徒刑量刑具有显著影响力，R^2 值为 0.234；在抢劫人数的模型中，相关性检验结果显示（r=0.326，p<0.001），抢劫人数对有期徒刑量刑具有显著影响力，R^2 值为 0.105；在伤害后果的模型中，相关性检验结果显示（r=0.055，p>0.05），伤害后果对有期徒刑量刑不具有显著影响力，R^2 值为 0.001。由此可见，上述连续性变量中除了伤害后果以外，其他变量在中部地区量刑中均是显著影响因素，在影响力排序上，通过比较 R^2 值可知，抢劫次数的影响力最大，其次是抢劫数额，最后是抢劫人数。

最后看西部地区。在该地区样本范围内，分别对抢劫数额、抢劫次数、抢劫人数和伤害后果对有期徒刑时长的量刑影响情况建立回归模型。在抢劫数额模型中，相关性检验结果显示（r=0.243，p<0.001），抢劫数额对有期徒刑量刑具有显著影响力，R^2 值为 0.057；在抢劫次数的模型中，相关性检验结果显示（r=0.570，p<0.001），抢劫次数对有期徒刑量刑具有显著影响力，R^2 值为 0.323；在抢劫人数的模型中，相关性检验结果显示（r=0.545，p<0.001），抢劫人数对有期徒刑量刑具有显著影响力，R^2 值为 0.295；在伤害后果的模型中，相关性检验结果显示（r=0.058，p>0.05），伤害后果对有期徒刑量刑具有显著影响力，R^2 值为 0.001。由此可见，上述连续性变量中除了伤害后果以外，其他变量在西部地区量刑中均是显著影响医素，在影响力排序上，通过比较 R^2 值可知，抢劫次数的影响力最大，其次是抢劫人数，最后是抢劫数额。

根据以上分析，连续性变量在影响量刑方面存在明显的地区差异。具体来说，抢劫次数在各地区均是排在第一位的量刑影响因素；抢劫人数在东部和西部地区均是第二位的影响因素，而在中部地区则排在第三位；抢劫数额在东部和西部地区是排在第三位的影响因素，而在中部地区则排在第二位；伤害后果仅在东部地区影响量刑，在中部和西部地区则不具有显著影响力。

（三）行为因素的影响差异

共同犯罪、转化犯、数罪、作案时间、被害人性别、入户抢劫、在公共交通工具上抢劫、冒充军警人员抢劫、持枪抢劫和抢劫银行或其他金融机构是需要考察的可能影响因素。由于上述因素均为类别变量，而作为被解释变量的有期徒刑刑期则为数值变量，可通过方差分析的方法检验各因素在不同地区中对有期徒刑量刑的影响情况。针对不同地区有关行为因素与有期徒刑时长分别进行方差分析，得出表 9-1 所列数据。

表 9-1　不同地区样本中行为因素影响有期徒刑量刑的方差分析 *

行为因素	东部地区		中部地区		西部地区	
	F 值	*p* 值	*F* 值	*p* 值	*F* 值	*p* 值
共同犯罪	2.235	0.135	3.175	0.075	0.579	0.447
转化犯	13.067	0.000	4.534	0.034	2.143	0.144
数罪	3.114	0.078	0.152	0.697	1.484	0.224
作案时间	1.051	0.306	5.538	0.019	0.211	0.646
被害人性别	2.654	0.104	9.825	0.002	1.946	0.164
入户抢劫	86.101	0.000	128.507	0.000	50.088	0.000
公共交通工具	–	–	–	–	0.186	0.666
冒充军警	21.436	0.000	–	–	–	–
持枪抢劫	7.622	0.006	14.960	0.000	–	–
抢劫银行	0.065	0.799	0.194	0.660	–	–

* 表中的显著性水平为 0.05。“–”表示样本范围内由于因素数量较少无法进行方差分析。

从表 9-1 中各行为因素对有期徒刑量刑的单因素方差分析结果来看，共同犯罪在东部地区、中部地区和西部地区的显著性 p 值分别为 0.135、0.075 和 0.447，均大于 0.05 的显著性水平，因而在各地区对有期徒刑量刑均没有表现出显著性影响。同样的情况出现在数罪、在公共交通工具上抢劫、抢劫银行或者其他金融机构等因素对有期徒刑量刑的影响上。因而可以说，作为行为因素的共同犯罪、数罪、在公共交通工具上抢劫、抢劫银行或者其他金融机构等因素对有期徒刑量刑方面没有形成地区差异。

而在其他因素方面，转化犯在东部地区和中部地区的显著性 p 值分别是 0.000 和 0.034，均小于 0.05 的显著性水平，因而对有期徒刑量刑产生了显著性影响；但是在西部地区的显著性p值则为0.144，由于其大于0.05的显著性水平，不具有对有期徒刑量刑的显著影响。同样的情况出现在持枪抢劫因素上，即仅在东部地区和中部地区具有显著影响。另外，作案时间、被害人性别仅在中部地区具有显著影响，入户抢劫在各地区均具有显著影响，冒充军警人员抢劫仅在东部地区具有显著影响。

（四）量刑情节的影响差异

前科、累犯、自首、立功、从犯、犯罪未完成形态、认罪、坦白、退赃、赔偿损失、挽回财产损失和被害人谅解是需要考察的可能影响量刑的量刑情节因素。上述因素也是作为类别变量存在的，因而仍然可以通过方差分析的方法检验各因素在不同地区对有期徒刑量刑的影响情况。针对不同地区有关量刑情节与有期徒刑时长分别进行方差分析，得出表9-2所列数据。

表9-2　不同地区样本中量刑情节影响有期徒刑量刑的方差分析 *

量刑情节	东部地区		中部地区		西部地区	
	F值	p值	F值	p值	F值	p值
前科	7.244	0.000	4.277	0.005	2.098	0.100
累犯	10.884	0.001	6.558	0.011	3.051	0.082
自首	3.667	0.056	7.469	0.007	15.818	0.000
立功	0.482	0.488	0.014	0.907	0.488	0.485
从犯	11.782	0.000	8.264	0.000	3.009	0.051
未完成形态	20.560	0.000	6.430	0.002	24.228	0.000
认罪	9.770	0.002	0.074	0.786	0.055	0.815
坦白	11.978	0.001	1.372	0.242	0.718	0.397
退赃	4.775	0.029	9.308	0.002	6.150	0.014
赔偿	5.811	0.016	20.478	0.000	0.881	0.349
挽回财产损失	27.072	0.000	8.383	0.004	21.109	0.000
被害人谅解	12.974	0.000	19.100	0.000	1.481	0.224

* 表中的显著性水平为0.05。

根据表 9–2 所示，上述量刑情节分别是反映犯罪人人身危险性和犯罪行为社会危害性的因素，可以将其中的前科、累犯、自首、立功、认罪、坦白作为反映人身危险性的因素，将从犯、未完成形态、退赃、赔偿、挽回财产损失和被害人谅解作为反映犯罪行为社会危害性的因素。通过对照上表情况发现，东部地区的样本中只有自首和立功对有期徒刑量刑的影响不显著以外，其余因素均对有期徒刑量刑具有显著性影响；在中部地区的样本中，除了立功、认罪、坦白对量刑的影响不显著以外，其余因素均对有期徒刑量刑具有显著性影响；西部地区样本中除了自首、未完成形态、退赃、挽回财产损失对有期徒刑量刑的影响显著以外，其余的前科、累犯、立功、从犯、认罪、坦白、赔偿和被害人谅解均对有期徒刑量刑不具有显著性影响。

通过对比发现，各地区均对反映犯罪行为社会危害性的因素较为重视，因而在量刑中得到了较好的体现。如东部地区和中部地区中的反映客观危害的因素都是显著的影响因素，西部地区也有半数的反映客观危害因素得到体现。但在体现犯罪人人身危险性的因素方面，各地区的量刑结果均没有全面体现。其中西部地区体现的最少，仅有自首得到体现；而东部地区体现的最多，仅有自首和立功没有体现，其他反映人身危险性的因素均对量刑具有显著影响。另外，从不同地区影响有期徒刑量刑的因素数量上来看，东部地区的数量最多，其次是中部地区，西部地区最少。说明不同地区在量刑活动中考察和关注的视野存在明显的差异。

（五）主体性因素的影响差异

主体性因素包括年龄、限制行为能力、性别、户籍、职业等因素，均与有期徒刑量刑具有显著相关性。下面对不同地区的量刑影响情况分别进行考察。

1. 年龄因素。这里的年龄因素仅包括未成年和成年两个类型变量。经统计发现，东部地区的未成年量刑均值是 34 个月，成年的量刑均值是 59 个月，单因素方差分析结果显示（F=8.509，p<0.05），有期徒刑量刑在不同年龄段存在显著性差异；中部地区的未成年量刑均值是 21 个月，成年的量刑均值是 62 个月，单因素方差分析结果显示（F=30.228，p<0.001），有斯徒刑量刑在不同年龄段存在显著性差异；西部地区的未成年量刑均值是 29 个月，成年的量刑均值是 57 个月，单因素方差分析结果显示（F=87.345，p<0.05），有期徒刑量刑在不同年龄段存在显著性差异（如图 9−2 所示）。

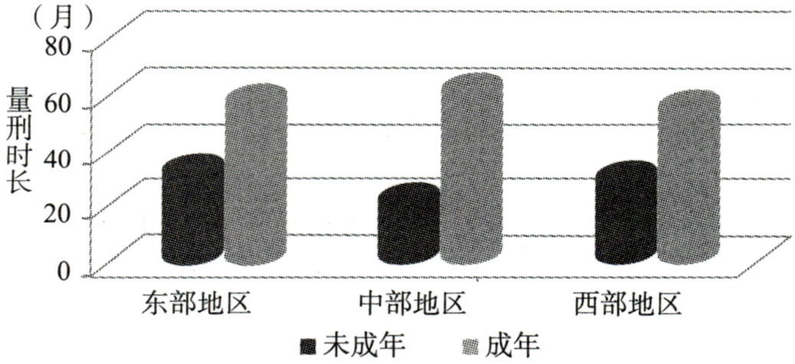

图 9−2　年龄因素影响量刑的地区差异

根据图 9−2，尽管年龄因素在三个地区中均对有期徒刑量刑具有显著性影响，但明显在中部地区的影响程度更大。通过比较不同地区未成年量刑均值也发现，中部地区最低，仅有 21 个月；东部地区最高，达到了 34 个月。单因素方差分析结果显示（F=3.811，p<0.05），对未成年量刑在不同地区存在显著性差异。另外，根据前文的分析，抢劫次数、抢劫人数、抢劫数额都是影响各地区有期徒刑量刑的重要因素，在排除了上述因素对有期徒刑量刑影响的情况下，经对年龄因素与主刑时长的偏相关分析，发现三个地区的相关性系数分别为 0.194、0.231、0.167，即中部地区的相关性系数最大，其次是东部地区，最小的是西部地区。说明年龄因素在不同地区的影响程度存在明显差异。

2. 限制行为能力因素。经统计发现，东部地区限制行为能力样本的量刑均值是31个月，非限制行为能力样本的量刑均值是59个月，单因素方差分析结果显示（$F=12.432$，$p<0.001$），有期徒刑量刑受限制行为能力因素的影响显著；中部地区的限制行为能力样本量刑均值是23个月，非限制行为能力样本的量刑均值是60个月，单因素方差分析结果显示（$F=5.901$，$p<0.05$），有期徒刑量刑受限制行为能力因素的影响显著；西部地区的限制行为能力样本仅有1个，受样本数量的限制，无法进行样本分析。但就东部地区和中部地区的比较情况来看，限制行为能力因素在中部地区的影响程度明显大于东部地区。

3. 性别因素。经统计发现，东部地区男性犯罪人的量刑均值是59个月，女性犯罪人的量刑均值是35个月，单因素方差分析结果显示（$F=4.712$，$p<0.05$），有期徒刑量刑存在显著的性别差异，即对男性的量刑明显重于女性。同样在控制了抢劫次数、抢劫人数、抢劫数额对有期徒刑量刑影响的情况下，经过对性别与有期徒刑时长进行偏相关性分析结果显示（$r=0.075$，$p<0.05$），两者存在显著相关性，越是在男性犯罪人的情况下量刑越会加重。在中部地区中，男性犯罪人的量刑均值是60个月，女性是36个月，单因素方差分析结果显示（$F=0.698$，$p>0.1$），有期徒刑量刑不存在显著的性别差异。同样在控制了抢劫次数、抢劫人数、抢劫数额对有期徒刑量刑影响的情况下，经过对性别与有期徒刑时长进行偏相关性分析结果显示（$r=0.056$，$p>0.1$），两者不存在显著相关性。在西部地区中，男性犯罪人的量刑均值是57个月，女性是34个月，单因素方差分析结果显示（$F=1.607$，$p>0.1$），有期徒刑量刑不存在显著的性别差异。同样在控制了抢劫次数、抢劫人数、抢劫数额对有期徒刑量刑影响的情况下，经过对性别与有期徒刑时长进行偏相关性分析结果显示（$r=0.050$，$p>0.1$），两者不存在显著相关性。这说明，性别因素影响量刑的情况仅出现在东部地区，中西部地区量刑不受性别因素的影响。

4. 户籍因素。经对样本统计发现，东部地区本地犯罪人的量刑均值是 65 个月，外地犯罪人的量刑均值是 55 个月，单因素方差分析结果显示（$F=7.304$，$p<0.05$），有期徒刑量刑存在显著的户籍差异，即对本地犯罪人的量刑明显重于外地犯罪人。同样在控制了抢劫次数、抢劫人数、抢劫数额对有期徒刑量刑影响的情况下，经过对户籍与有期徒刑时长进行偏相关性分析结果显示（$r=0.108$，$p<0.05$），两者存在显著相关性，越是在本地犯罪人的情况下量刑越会加重。在中部地区样本中，本地犯罪人的量刑均值是 64 个月，外地犯罪人的量刑均值是 66 个月，单因素方差分析结果显示（$F=0.186$，$p>0.1$），有期徒刑量刑不存在显著的户籍差异。同样在控制了抢劫次数、抢劫人数、抢劫数额对有期徒刑量刑影响的情况下，经过对户籍与有期徒刑时长进行偏相关性分析结果显示（$r=0.020$，$p>0.1$），两者不存在显著相关性。在西部地区样本中，本地犯罪人的量刑均值是 56 个月，外地犯罪人的量刑均值是 49 个月，单因素方差分析结果显示（$F=2.650$，$p>0.1$），有期徒刑量刑不存在显著的户籍差异。同样在控制了抢劫次数、抢劫人数、抢劫数额对有期徒刑量刑影响的情况下，经过对户籍与有期徒刑时长进行偏相关性分析结果显示（$r=0.055$，$p>0.1$），两者不存在显著相关性。这说明，户籍因素影响量刑的情况仅出现在东部地区，中部地区和西部地区量刑不受户籍因素的影响。

5. 职业因素。通过对不同地区具有不同职业人员的量刑均值进行统计，发现仅有东部地区在量刑上存在着显著的职业差异，单因素方差分析结果为（$F=2.642$，$p<0.05$）；而中部地区和西部地区均不存在显著的职业差异，单因素方差分析结果分别为（$F=1.993$，$p>0.1$）和（$F=2.307$，$p>0.05$）。可见，不同地区对于职业类型的态度也存在明显差异。

通过以上分析，发现主体性因素在影响量刑方面存在着明显的地区差别。具体来说，东部地区的量刑受到主体性因素的影响较大，如上述各种主体性因素均影响量刑，而中西部地区的量刑受到主体性因素的影响较小，仅有年龄因素、限制行为能力因素具有显著性影响，其他因素的影响并不显著。

（六）程序性因素的影响差异

羁押状态、审理时间、审理法院、审理程序、律师参与和法官性别是可能影响量刑的程序性因素。由于全国范围内的样本均是2016年审理的案件，因而无法反映审理时间对量刑的影响。下面仅就其他因素对不同地区的量刑情况进行研究。

1. 羁押状态。经对不同地区羁押状态对主刑时长的单因素方差分析发现，东部、中部和西部地区的 F 值分别是13.536、4.156和6.634，显著性系数 p 值均小于0.05，即均对有期徒刑量刑具有显著性影响。同时，在控制了抢劫次数、抢劫人数、抢劫数额对有期徒刑量刑影响的情况下，经过对羁押状态与有期徒刑时长进行偏相关性分析结果显示，三个地区的显著性系数 p 值均小于0.05，即显著性影响仍然存在。另外，经对不同地区同一羁押状态下的量刑均值进行比较分析，发现三个地区间没有形成显著的差异性。由此可见，羁押状态对不同地区量刑的影响方面不存在差异。

2. 审理法院。根据前文的统计分析，不同地区的有期徒刑量刑均值没有表现出显著性差异。这有必要深入分析样本中体现危害性程度的因素是否存在差异性。分析发现，在体现社会危害性大小的因素中，抢劫数额、抢劫次数、抢劫人数在不同地区间不存在显著性差异，而伤害后果则具有显著性差异，即东部地区的伤害后果最重，其次是中部地区，最轻的是西部地区。这其实意味着在判处有期徒刑的样本范围内，东部地区的抢劫犯罪最严重，其次是中部地区，西部地区的犯罪最轻。但量刑结果在总体上没有形成地区差异的事实说明，东部地区的量刑相对最轻，其次是中部地区，而量刑最重的是西部地区。

3. 审理程序。通过对不同地区简易程序和普通程序审理下有期徒刑量刑结果的均值分析，[①] 发现审理程序对有期徒刑量刑存在明显的地区差异，并形成方差分析结果（见表 9-3）。

表 9-3　不同地区样本中审理程序影响有期徒刑量刑的分析结果 *

地区	审理程序	刑期（月）	方差分析		偏相关分析	
			方差 F 值	p 值	偏相关 r 值	p 值
东部地区	简易	50	28.081	0.000	0.107	0.003
	普通	64				
中部地区	简易	51	11.466	0.001	0.064	0.158
	普通	63				
西部地区	简易	50	7.712	0.006	−0.008	0.866
	普通	60				

* 表中的显著性水平为 0.05。

根据表 9-3 所示情况，东部地区适用简易程序的有期徒刑均值是 50 个月，适用普通程序的有期徒刑均值是 64 个月，两者相差 14 个月；中部地区适用简易程序的有期徒刑均值是 51 个月，适用普通程序的有期徒刑均值是 63 个月，两者相差 12 个月；西部地区适用简易程序的有期徒刑均值是 50 个月，适用普通程序的有期徒刑均值是 60 个月，两者相差 10 个月。即东部地区的差异最大，然后是中部地区，差异最小的是西部地区。通过单因素方差分析结果显示的显著性系数情况来看，不同地区在适用不同审理程序作出的量刑结果均存在显著性差异。但是为了排除其他因素对量刑结果的影响，在控制了抢劫数额、抢劫次数、抢劫人数、伤害后果和认罪

---

① 在北京市法院样本中出现的“简便审”程序，由于 2012 年刑事诉讼法修正后已不存在，所以本章研究的 2016 年量刑样本中只有简易程序和普通程序两种类型。与此同时，刑事诉讼法修正后的简易程序适用范围也不再局限在有期徒刑三年以下的样本中，而是扩大到基层法院审理的所有案件范围。

态度对有期徒刑量刑影响的情况下，审理程序与有期徒刑量刑的偏相关性分析结果显示，仅有东部地区的显著性系数 p 值小于 0.05，中部和西部地区的显著性系数 p 值均大于 0.1。这说明审理程序对量刑的影响仅仅体现在东部地区中，中西部地区的有期徒刑量刑不受审理程序的影响。

4. 律师参与。通过对有律师参与和无律师参与下的有期徒刑量刑结果均值分析，发现律师参与对有期徒刑量刑存在明显的地区差异，并形成以下方差分析结果（见表 9–4）。

表 9–4　不同地区样本中律师参与影响有期徒刑量刑的分析结果 *

地区	律师参与	刑期（月）	方差分析		偏相关分析	
			方差 F 值	p 值	偏相关 r 值	p 值
东部地区	有	54	3.170	0.075	0.091	0.012
	无	59				
中部地区	有	49	16.166	0.000	0.177	0.000
	无	64				
西部地区	有	55	0.055	0.814	0.083	0.092
	无	54				

* 表中的显著性水平为 0.05。

根据上表所示情况，东部地区的样本中，律师参与下的有期徒刑量刑均值是 54 个月，无律师参与下的有期徒刑量刑均值是 59 个月；中部地区律师参与下的有期徒刑量刑均值是 49 个月，无律师参与下的有期徒刑量刑均值是 64 个月；西部地区律师参与下的有期徒刑量刑均值是 55 个月，无律师参与下的有期徒刑量刑均值是 54 个月。东部地区和中部地区在律师参与下的有期徒刑量刑结果均偏轻，而西部地区则导致了偏重的结果。与此同时，根据单因素方差分析结果中的显著性系数大小，只有中部地区

的系数 p 值小于 0.05，说明量刑在有无律师参与下具有显著性差异，东部地区和西部地区的系数 p 值均大于 0.05，说明有无律师参与的差异性并不显著。另外，为了防止其他因素对量刑结果的影响而抵消了律师参与的影响力，在控制了抢劫数额、抢劫次数、抢劫人数、伤害后果对量刑影响的情况下，律师参与与有期徒刑量刑的偏相关性分析结果显示，东部地区和中部地区的显著性系数 p 值均小于 0.05，具有显著性影响；而西部地区的显著性系数 p 值均大于 0.05，不具有显著性影响。这说明有无律师参与对有期徒刑量刑的影响只体现在东部地区和中部地区的量刑中，是否有律师参与对西部地区的有期徒刑量刑不具有显著性影响。

5. 法官性别。通过对男性法官和女性法官作出的量刑结果的均值分析，发现不同地区的量刑在法官性别影响方面不具有显著性差异。[①] 在此不再详述。

通过以上对程序性因素对不同地区量刑的影响情况分析，可以得出以下结论：同等情况下东部地区量刑较轻、西部地区量刑较重；东部地区在适用简易程序和律师参与情形下的量刑趋轻，中部地区也在律师参与下的量刑趋轻，西部地区则不受影响。

二、有期徒刑缓刑量刑的地区差异

对有期徒刑缓刑的量刑分析包括对是否适用缓刑的影响因素和缓刑时长的影响因素两个方面，因而这里的地区差异分析也应当从该两个方面进行。

（一）有期徒刑缓刑适用的影响差异

根据前文的分析，在决定是否适用缓刑方面，影响因素主要体现在主体性因素、量刑情节和程序性因素三个方面。下面分别进行地区差异分析。

---

① 对全国范围内刑事判决书样本中法官性别对量刑影响力的分析，主要根据姓名特征判断法官性别，因缺少进一步验证的渠道，所以该部分数据的准确性存在查证的空间。这里的分析结果仅作一般性参考，不具有最终性意义。

1. 主体性因素。针对犯罪人的户籍、性别、年龄、职业以及行为能力等主体性因素，在不同地区有期徒刑三年以下有期徒刑的样本范围内，通过对不同情形下的缓刑适用情况进行卡方检验，发现各因素对缓刑适用的影响情况存在明显地区差异（见表 9–5）。

表 9–5　不同地区样本中主体性因素影响有期徒刑缓刑量刑的卡方检验系数 *

主体性因素	东部地区		中部地区		西部地区	
	χ^2 值	p 值	χ^2 值	p 值	χ^2 值	p 值
户籍因素	11.336	0.002	5.087	0.025	1.620	0.262
性别因素	4.686	0.054	0.314	0.483	0.827	1.000
年龄因素	26.280	0.000	15.864	0.000	0.753	0.478
职业因素	8.435	0.038	14.197	0.003	23.701	0.000
行为能力	1.107	0.480	2.311	0.146	0.994	0.382

* 表中的显著性水平为 0.05。

根据表 9–5 中所示，如果以 0.05 作为显著性水平的判断标准，在东部地区和中部地区样本中，只有户籍、年龄和职业三个主体性因素在卡方检验中的显著性系数 p 值小于 0.05，因而成为影响有期徒刑缓刑适用的主体性因素。而在西部地区样本中，只有职业因素在卡方检验中的显著性系数 p 值小于 0.05，从而成为影响有期徒刑缓刑适用的主体性因素，其他因素均对有期徒刑缓刑适用无显著影响。

2. 量刑情节。针对自首、立功、坦白、退赃、赔偿、前科劣迹、从犯、损失挽回和被害人谅解等可能影响有期徒刑缓刑适用的量刑情节，在不同地区有期徒刑三年以下的样本范围内，通过对不同情形下的缓刑适用情况进行卡方检验，发现各因素对有期徒刑缓刑适用的影响情况存在地区差异（见表 9–6）。

表 9-6 不同地区样本中量刑情节影响有期徒刑缓刑量刑的卡方检验系数 *

量刑情节	东部地区		中部地区		西部地区	
	χ^2 值	p 值	χ^2 值	p 值	χ^2 值	p 值
自首	3.663	0.056	4.300	0.038	2.365	0.124
立功	0.490	0.484	1.733	0.188	0.810	0.691
坦白	0.007	1.000	0.002	1.000	0.272	1.000
退赃	0.083	0.773	3.039	0.081	5.520	0.030
赔偿	8.800	0.003	3.027	0.082	10.493	0.001
前科劣迹	3.741	0.053	3.360	0.067	2.681	0.126
从犯	0.889	0.346	0.093	0.761	1.897	0.387
挽回损失	0.213	0.724	3.245	0.109	5.955	0.015
被害人谅解	5.993	0.014	7.062	0.008	10.493	0.003

* 表中的显著性水平为 0.05。

通过上表的分析情况，如果以 0.05 作为显著性水平的判断标准，在东部地区样本中，赔偿经济损失和被害人谅解在卡方检验中的显著性系数 p 值小于 0.05，成为影响有期徒刑缓刑适用的量刑情节；在中部地区样本中，自首和被害人谅解在卡方检验中的显著性系数 p 值小于 0.05，成为影响缓刑适用的量刑情节；在西部地区样本中，退赃、挽回财产损失和被害人谅解在卡方检验中的显著性系数 p 值小于 0.05，成为影响缓刑适用的量刑情节。显然，量刑情节在影响有期徒刑缓刑适用方面存在明显的地区差异。

3. 程序性因素。可能影响有期徒刑缓刑适用的程序性因素包括羁押状态、审理时间、审理法院、审理程序、律师参与和法官性别等。同样由于样本均来源于同一年度的原因，无法进行审理时间的影响差异分析。而就审理法院来说，在有期徒刑三年以下的样本范围内，通过对三大地区的缓刑适用情况进行卡方检验，检验结果显示（χ^2=2.943，df=2，p>0.1），不同地区的有期徒刑缓刑适用不存在显著性差异。除此之外的其他程序性因素，在可能判处有期徒刑缓刑的样本范围内进行卡方检验的结果如表 9–7 所列。

表 9–7 不同地区样本中程序性因素影响有期徒刑缓刑量刑的卡方检验系数 *

程序性因素	东部地区		中部地区		西部地区	
	χ^2 值	p 值	χ^2 值	p 值	χ^2 值	p 值
羁押状态	142.164	0.000	16.309	0.001	29.649	0.000
审理程序	7.380	0.007	2.596	0.107	2.848	0.091
律师参与	0.656	0.418	9.039	0.003	9.206	0.002
法官性别	2.786	0.095	0.053	0.818	0.250	0.617

* 表中的显著性水平为 0.05。

根据表 9–7 中的卡方检验结果，如果以 0.05 作为显著性水平的判断标准，在东部地区样本中，羁押状态和审理程序在卡方检验中的显著性系数 p 值小于 0.05，成为影响有期徒刑缓刑适用的程序性因素；在中部地区和西部地区样本中，羁押状态和律师参与在卡方检验中的显著性系数 p 值小于 0.05，成为影响有期徒刑缓刑适用的程序性因素。显然，程序性因素在影响有期徒刑缓刑适用方面也存在一定的地区差异。

（二）有期徒刑缓刑时长的影响差异

除了影响缓刑适用的影响因素之外，需要考察不同地区在影响缓刑时长方面的差异情况。根据前文的分析，缓刑时长主要受到主刑时长的影响，其他对缓刑时长具有影响力的因素主要有未成年、职业、自首、坦白、前科劣迹、审理程序、羁押状态和律师参与等。下面分别对不同地区的影响情况进行具体分析。

首先从主刑时长与缓刑时长的关系而言，经统计发现，东部地区的缓刑时长是主刑时长的1.2倍，中部地区和西部地区的缓刑时长是主刑时长的1.3倍。通过建立回归模型，发现主刑时长在不同地区间均对缓刑时长具有显著性影响，但在影响程度方面存在一定差别。具体来说，东部地区样本范围内回归模型中的 R^2 值为0.804，中部地区样本范围内回归模型中的 R^2 值为0.686，西部地区样本范围内回归模型中的 R^2 值为0.581，也即东部地区主刑时长影响80.4%的缓刑时长，中部地区主刑时长影响68.6%的缓刑时长，西部地区主刑时长影响58.1%的缓刑时长。

其次就其他影响因素来说，通过对年龄、职业、自首、坦白、前科劣迹、审理程序、羁押状态和律师参与等因素对缓刑时长建立线性回归模型，发现各因素在不同地区对缓刑时长的影响情况存在较大差异，具体如表9–8所列。

表9–8 不同地区样本中有期徒刑缓刑时长的线性回归模型系数 *

影响因素	东部地区		中部地区		西部地区	
	R^2 值	p 值	R^2 值	p 值	R^2 值	p 值
年龄	0.012	0.229	0.290	0.002	0.004	0.360
职业	0.179	0.014	0.000	1.000	0.027	0.561
自首	0.000	0.408	0.000	0.628	0.016	0.515
坦白	0.000	0.625	0.000	0.548	–	–
前科劣迹	0.016	0.204	0.066	0.100	0.001	0.317
审理程序	0.000	0.628	0.080	0.078	0.031	0.156
羁押状态	0.500	0.000	0.158	0.021	0.049	0.104
律师参与	0.000	0.850	0.027	0.602	0.000	0.515

* 表中的显著性水平为0.05。“–”表示样本范围内由于因素数量较少无法进行相关性检验。

根据表 9-8 中决定影响程度的 R^2 值[①]和显著性系数，在表 9-8 中的因素范围内，东部地区样本中只有羁押状态和职业类型在回归模型中的显著性系数 p 值小于 0.05，成为影响缓刑时长的因素；中部地区样本中只有年龄因素和羁押状态在回归模型中的显著性系数 p 值小于 0.05，成为影响缓刑时长的因素；西部地区样本中各因素在回归模型中的显著性系数 p 值均大于 0.05，不能成为影响缓刑时长的因素。所以，东部地区影响缓刑时长的因素除了主刑时长以外，羁押状态和职业类型也是重要影响因素；中部地区除了主刑时长以外，其他因素还有年龄和羁押状态；而西部地区影响缓刑时长的主要因素只有主刑时长。

第二节　无期徒刑量刑的地区差异

一、法定情形影响无期徒刑量刑的地区差异

在全国样本范围内，法定情形中属于在公共交通工具上抢劫的数量是 7，抢劫银行或者其他金融机构的数量是 5，抢劫军用物资或者抢险、救灾、救济物资的数量是 0，因数量较少都不具有统计分析意义。下面仅就入户抢劫、冒充军警人员抢劫、持枪抢劫、抢劫数额巨大、多次抢劫、抢劫致人重伤、抢劫致人死亡情形下的无期徒刑量刑情况进行比较分析。在不同地区中级法院审理的样本范围内，针对不同法定情形分别与无期徒刑量刑进行相关性分析，得出表 9-9 的数据。

① 表中的 R^2 值是指单一因素下的影响数值，或者是在假定其他因素影响力不变情况下的影响数值。

表 9-9 不同地区样本中法定情形与无期徒刑量刑的相关性系数 *

法定情形	东部地区		中部地区		西部地区	
	r 值	p 值	r 值	p 值	r 值	p 值
入户抢劫	0.083	0.338	−0.079	0.501	0.003	0.973
冒充军警	−0.008	0.923	−0.126	0.284	–	–
持枪抢劫	0.041	0.632	−0.083	0.482	−0.017	0.862
数额巨大	0.052	0.550	−0.103	0.385	−0.302	0.002
多次抢劫	−0.038	0.656	0.093	0.432	−0.089	0.371
致人重伤	0.250	0.003	0.271	0.019	0.171	0.085
致人死亡	0.046	0.591	−0.039	0.740	0.374	0.000

* 表中的显著性水平为 0.05。“–”表示样本范围内由于因素数量较少无法进行相关性检验。

从表 9-9 中的相关性数据来看，不同地区影响无期徒刑量刑的法定情形均不相同。具体来说，东部地区影响无期徒刑量刑的法定情形是抢劫致人重伤，其显著性系数 p 值为 0.003，小于 0.05 的显著性水平标准。中部地区影响无期徒刑量刑的法定情形也是抢劫致人重伤，其显著性系数 p 值为 0.019，小于 0.05 的显著性水平标准。西部地区影响无期徒刑量刑的法定情形与东部地区和中部地区不同，主要表现在抢劫数额巨大和抢劫致人死亡两个情形，其显著性系数 p 值分别为 0.002 和 0.000，均小于 0.05 的显著性水平标准。由此可见，法定情形在影响无期徒刑量刑方面存在明显的地区差异，东部地区和中部地区较为一致，均只受抢劫致人重伤情形的显著性影响；而西部地区则受到抢劫数额巨大和抢劫致人死亡的显著性影响。

二、客观性因素影响无期徒刑量刑的地区差异

鉴于可能影响量刑的客观性因素较多，下面从连续性变量、行为因素、量刑情节三组数据分别考察客观性因素在不同地区对无期徒刑量刑的

影响情况。

（一）连续性变量

在不同地区中级法院审理的样本范围内，通过对抢劫数额、抢劫次数、抢劫人数和伤害后果分别与无期徒刑量刑进行相关性分析，得出表9–10的数据。

表 9–10　不同地区样本中客观性因素与无期徒刑量刑的相关性系数 *

连续性变量	东部地区		中部地区		西部地区	
	r 值	*p* 值	*r* 值	*p* 值	*r* 值	*p* 值
抢劫数额	−0.052	0.548	−0.074	0.530	−0.136	0.171
抢劫次数	0.021	0.807	0.255	0.028	0.054	0.585
抢劫人数	0.031	0.720	0.229	0.050	−0.002	0.982
伤害后果	0.122	0.157	0.006	0.958	0.436	0.000

* 表中的显著性水平为 0.05。

从表9–10中的相关性数据来看，不同地区影响无期徒刑量刑的因素均不相同。具体来说，上述四个变量在东部地区中的显著性系数 *p* 值均大于0.05的显著性水平，因而均不能对无期徒刑量刑产生显著性影响。在中部地区样本中，仅有抢劫次数的显著性系数 *p* 值小于0.05，属于影响无期徒刑量刑的连续性变量。而在西部地区中，只有伤害后果的显著性系数 *p* 值小于0.05，属于影响无期徒刑量刑的连续性变量。所以，尽管不同地区中均有影响无期徒刑量刑的连续性变量，但在各地区均表现为不同变量，形成明显的地区性差异。

（二）行为因素

在不同地区中级法院审理的样本范围内，通过对转化犯、数罪、共同犯罪、作案时间、被害人性别等行为因素分别与无期徒刑量刑进行相关性分析，得出表 9-11 的数据。

表 9-11 不同地区样本中行为因素与无期徒刑量刑的相关性系数 *

行为因素	东部地区		中部地区		西部地区	
	r 值	p 值	r 值	p 值	r 值	p 值
转化犯	−0.267	0.002	−0.202	0.085	−0.067	0.502
数罪	−0.116	0.178	−0.115	0.330	–	–
共同犯罪	0.112	0.194	0.106	0.367	0.178	0.073
作案时间	−0.043	0.617	0.123	0.295	0.227	0.021
被害人性别	0.016	0.853	−0.026	0.826	−0.096	0.334

* 表中的显著性水平为 0.05。"–" 表示样本范围内由于因素数量较少无法进行相关性检验。

从表 9-11 中的数据来看，在东部地区中，行为因素中只有转化犯对无期徒刑量刑的显著性系数 p 小于 0.05 的显著性水平，成为影响无期徒刑量刑的因素；中部地区中的全部行为因素对无期徒刑量刑的显著性系数 p 值均大于 0.05 的显著性水平，不属于影响无期徒刑量刑的因素；西部地区中只有作案时间对无期徒刑量刑的显著性系数 p 小于 0.05 的显著性水平，成为影响无期徒刑量刑的因素。这说明，虽然有个别因素在不同地区中对无期徒刑量刑产生显著影响，但总体上行为因素在各个地区中对无期徒刑量刑的影响较小，从而没有表现出明显的地区性差异。

（三）量刑情节

在不同地区中级法院审理的样本范围内，通过对前科劣迹、累犯、自首、立功、从犯、犯罪未完成形态、认罪、坦白、退赃、赔偿、挽回财产损失和被害人谅解等量刑情节分别与无期徒刑量刑进行相关性分析，得出表 9-12 的数据。

表 9-12　不同地区样本中量刑情节与无期徒刑量刑的相关性系数 *

量刑情节	东部地区		中部地区		西部地区	
	r 值	*p* 值	*r* 值	*p* 值	*r* 值	*p* 值
前科劣迹	−0.086	0.318	0.111	0.344	0.154	0.121
累犯	−0.001	0.987	0.062	0.603	0.035	0.724
自首	0.063	0.470	0.047	0.692	0.128	0.197
立功	−0.090	0.297	−0.126	0.284	0.028	0.776
从犯	0.104	0.226	0.156	0.185	0.195	0.049
未完成	0.052	0.550	0.089	0.452	–	–
认罪	−0.119	0.167	0.092	0.435	0.049	0.626
坦白	−0.026	0.760	0.002	0.989	–	–
退赃	−0.010	0.905	−0.001	0.993	−0.106	0.286
赔偿	0.150	0.081	0.069	0.561	−0.024	0.809
挽回损失	−0.014	0.874	0.075	0.525	−0.192	0.053
被害人谅解	0.005	0.950	0.004	0.971	−0.075	0.452

* 表中的显著性水平为 0.05。“–” 表示样本范围内由于因素数量较少无法进行相关性检验。

从表 9-12 中的数据来看，不同量刑情节在东部地区和中部地区对无期徒刑量刑的显著性系数 *p* 值均大于 0.05 的显著性水平，因而不是无期徒刑量刑的影响因素。而在西部地区中，只有从犯的显著性系数 *p* 值小于 0.05 的显著性水平，从而对无期徒刑量刑产生显著性影响；其他量刑情节则都不是无期徒刑量刑的影响因素。这种状况说明，量刑情节对无期徒刑量刑在不同地区存在细微差异，但整体上差别不大。

三、主体性因素影响无期徒刑量刑的地区差异

在不同地区中级法院审理的样本范围内，通过对年龄、限制行为能

力、性别、户籍、职业等主体性因素分别与无期徒刑量刑进行相关性分析，得出表 9-13 的数据。

表 9-13　不同地区样本中主体性因素与无期徒刑量刑的相关性系数 *

主体性因素	东部地区		中部地区		西部地区	
	r 值	*p* 值	*r* 值	*p* 值	*r* 值	*p* 值
年龄	−0.090	0.297	−	−	−	−
限制行为能力	0.143	0.096	−	−	−0.049	0.626
性别	0.065	0.456	−0.154	0.193	−0.087	0.387
户籍	−0.024	0.822	0.021	0.893	0.025	0.834
职业	−0.021	0.840	−0.164	0.306	0.158	0.229

* 表中的显著性水平为 0.05。"−" 表示样本范围内由于因素数量较少无法进行相关性检验。

从表 9-13 中的数据来看，主体性因素在东部、中部和西部地区中的相关性显著性系数 *p* 值均大于 0.05 的显著性水平，对无期徒刑量刑均不具有显著性影响。这也意味着主体性因素对无期徒刑量刑不具有地区性差异。

四、程序性因素影响无期徒刑量刑的地区差异

鉴于研究样本来源于同一年度，且依照法律规定，中级法院在刑事案件审理中不适用简易程序、速裁程序，并依法应当为可能判处无期徒刑、死刑的被告人指派律师，因而审理时间、审理程序和律师参与等程序因素没有分析的必要。根据统计结果，不同地区的无期徒刑量刑存在明显差异，如东部地区的样本范围内被判处无期徒刑的比例是 26.5%，中部地区是 36.5%，西部地区是 19.4%，卡方检验结果显示（$\chi^2=6.439$，$df=2$，$p<0.05$），无期徒刑量刑存在着显著的地区差异性。除此之外，在不同地区中级人民法院审理的样本范围内，通过对羁押状态和法官性别等程序因素

分别与是否适用无期徒刑进行相关性分析，得出表 9-14 的数据。

表 9-14　不同地区样本中程序性因素与无期徒刑量刑的相关性系数 *

程序性因素	东部地区		中部地区		西部地区	
	r 值	*p* 值	*r* 值	*p* 值	*r* 值	*p* 值
羁押状态	−0.023	0.787	–	–	0.049	0.626
法官性别	−0.068	0.430	−0.103	0.383	0.007	0.942

* 表中的显著性水平为 0.05。“–” 表示样本范围内由于因素数量较少无法进行相关性检验。

根据表 9-14 中数据，羁押状态和法官性别在东部地区、中部地区和西部地区中的显著性系数 *p* 值均大于 0.05 的显著性水平，对无期徒刑量刑不具有显著性影响。由此可见，程序性因素中除了无期徒刑适用比例上存在一定地区差异以外，其他相关因素没有形成无期徒刑量刑的地区性差异。

第三节　死刑量刑的地区差异

死刑包括立即执行和缓期二年执行两种方式。根据《刑事诉讼法》第 246 条和第 248 条的规定，死刑由最高人民法院核准；中级人民法院判处死刑缓期二年执行的案件，由高级人民法院核准。统计分析发现，在判处死刑的样本范围内，是否适用缓期执行没有形成显著的地区差异。当死刑在最高人民法院核准的情况下，由于核准标准的一致性所决定，一般不会形成地区差异；而在死刑缓期二年执行由各高级人民法院核准的情况下，可能会因各地区核准标准的不同而导致量刑结果的差异。另外，死刑与无期徒刑均是类别变量，因而对于死刑量刑的地区差异可以参照无期徒刑量刑差异情况进行分析。

一、法定情形影响死刑量刑的地区差异

在不同地区中级人民法院审理的样本范围内，通过对入户抢劫、冒充军警人员抢劫、持枪抢劫、抢劫数额巨大、多次抢劫、抢劫致人重伤、抢劫致人死亡等法定情形分别与是否适用死刑进行相关性分析，得出表 9–15 的数据。

表 9–15 不同地区样本中法定情形与是否适用死刑的相关性系数 *[①]

法定情形			入户抢劫	冒充军警	持枪抢劫	数额巨大	多次抢劫	致人重伤	致人死亡
东部地区	死刑	r 值	−0.029	−0.091	−0.097	−0.085	−0.053	0.059	0.325
		p 值	0.736	0.291	0.260	0.323	0.542	0.494	0.000
	死缓	r 值	−0.040	−0.094	−0.101	−0.146	−0.167	−0.112	0.432
		p 值	0.642	0.274	0.244	0.089	0.052	0.194	0.000
中部地区	死刑	r 值	0.207	−0.081	−0.168	−0.193	−0.223	−0.099	0.340
		p 值	0.077	0.495	0.152	0.099	0.056	0.400	0.003
	死缓	r 值	−0.057	−0.058	−0.121	−0.197	−0.161	−0.072	0.296
		p 值	0.629	0.623	0.304	0.092	0.171	0.545	0.011
西部地区	死刑	r 值	0.250	–	−0.077	−0.076	−0.105	−0.101	0.322
		p 值	0.011	–	0.440	0.443	0.289	0.308	0.001
	死缓	r 值	−0.022	–	−0.025	−0.091	−0.079	−0.032	0.151
		p 值	0.823	–	0.805	0.362	0.428	0.745	0.128

* 表中的显著性水平为 0.05。"–" 表示样本范围内由于因素数量较少无法进行相关性检验。

首先就死刑立即执行的量刑情况来看，根据表中的相关性系数所示，

① 表中的"死刑"是死刑立即执行，"死缓"是死刑缓期二年执行。

抢劫致人死亡在东部地区、中部地区和西部地区的显著性系数*p*值分别为0、0.003和0.001，即均小于显著性水平0.05，因而均具有显著性影响；入户抢劫在上述三个地区的显著性系数*p*值分别为0.736、0.077和0.011，即只有西部地区的系数小于0.05的显著性水平，因而只能在西部地区成为显著性影响因素。其次就死刑缓期二年执行的量刑情况来看，抢劫致人死亡在三个地区的显著性系数*p*值分别为0.000、0.011和0.128，即只有在东部地区和中部地区的系数小于0.05的显著性水平。总体来看，三个地区中的死刑立即执行影响因素主要是抢劫致人死亡情形，具有适用标准上的趋同性。但也存在一定地区差异，即西部地区的死刑立即执行同时还受到入户抢劫情形的影响，而且抢劫致人死亡并不是死刑缓期二年执行的显著性影响因素。

二、客观性因素影响死刑量刑的地区差异

对于可能影响死刑量刑的客观性因素，同样从连续性变量、行为因素、量刑情节三个方面分别考察其对不同地区死刑量刑的影响情况。

（一）连续性变量

在不同地区中级人民法院审理的样本范围内，通过对抢劫数额、抢劫次数、抢劫人数和伤害后果等连续性变量分别与是否适用死刑进行相关性分析，得出表9-16的数据。

表9-16　不同地区样本中连续性变量与是否适用死刑的相关性系数*

连续性变量			抢劫数额	抢劫次数	抢劫人数	伤害后果
东部地区	死刑立即执行	*r* 值	−0.055	−0.123	−0.121	0.343
		p 值	0.526	0.152	0.160	0.000
	死刑缓期二年执行	*r* 值	−0.057	−0.123	−0.128	0.381
		p 值	0.508	0.153	0.138	0.000

续表

连续性变量			抢劫数额	抢劫次数	抢劫人数	伤害后果
中部地区	死刑立即执行	r 值	−0.164	−0.169	−0.183	0.347
		p 值	0.162	0.150	0.118	0.002
	死刑缓期二年执行	r 值	−0.133	−0.109	−0.129	0.277
		p 值	0.260	0.355	0.274	0.017
西部地区	死刑立即执行	r 值	−0.112	0.052	0.015	0.260
		p 值	0.259	0.601	0.883	0.008
	死刑缓期二年执行	r 值	−0.056	−0.057	−0.047	0.132
		p 值	0.575	0.568	0.639	0.184

* 表中的显著性水平为 0.05。

从表 9-16 中的相关性系数来看，抢劫数额、抢劫人数和抢劫次数三个连续性变量无论对于死刑立即执行还是死刑缓期二年执行，在三个地区中的显著性系数 p 值均大于 0.05 的显著性水平，因而都不是影响因素。而对于伤害后果则不同，该变量在东部地区和中部地区对于死刑立即执行和死刑缓期二年执行影响的显著性系数 p 值都小于 0.05 的显著性水平，但是在西部地区中则略有不同，即该变量只对死刑立即执行具有显著性影响，而不影响死刑缓期二年执行的量刑。上述情况说明，连续性变量在三个地区对于死刑立即执行的影响没有显著性差异，但是在死刑缓期二年执行的量刑上表现出一定差异。

（二）行为因素

在不同地区中级人民法院审理的样本范围内，通过对转化犯、数罪、共同犯罪、作案时间、被害人性别等行为因素分别与是否适用死刑进行相关性分析，得出表 9-17 的数据。

表 9-17　不同地区样本中行为因素与是否适用死刑的相关性系数 *

行为因素			转化犯	数罪	共同犯罪	作案时间	被害人性别
东部地区	死刑立即执行	r 值	−0.015	−0.108	0.006	−0.105	−0.178
		p 值	0.858	0.209	0.943	0.223	0.038
	死刑缓期二年执行	r 值	0.064	0.133	−0.388	−0.059	−0.150
		p 值	0.460	0.124	0.000	0.492	0.082
中部地区	死刑立即执行	r 值	0.076	−0.057	−0.093	−0.100	−0.403
		p 值	0.522	0.632	0.430	0.396	0.000
	死刑缓期二年执行	r 值	−0.072	−0.041	−0.422	−0.039	0.014
		p 值	0.545	0.730	0.000	0.739	0.903
西部地区	死刑立即执行	r 值	0.151	–	−0.220	0.065	−0.012
		p 值	0.128	–	0.026	0.515	0.901
	死刑缓期二年执行	r 值	−0.017	–	−0.215	0.003	−0.107
		p 值	0.863	–	0.029	0.975	0.284

* 表中的显著性水平为 0.05。“–” 表示样本范围内由于因素数量较少无法进行相关性检验。

根据表 9-17 中数据，行为因素中只有共同犯罪和被害人性别两个因素对死刑适用产生显著性影响。首先对死刑立即执行的影响方面，共同犯罪只在西部地区中的显著性系数 p 值小于 0.05 的显著性水平，成为影响西部地区死刑立即执行的影响因素；被害人性别则在东部地区和中部地区的显著性系数小于 0.05 的显著性水平，成为影响东部地区和中部地区死刑立即执行的影响因素。其次在死刑缓期二年执行的影响方面，共同犯罪在三个地区中的显著性系数 p 值均小于 0.05 的显著性水平，成为三个地区中同时存在的影响因素；被害人性别则对三个地区的死刑缓期二年执行均不具有显著性影响。

上述情况说明，三个地区中的行为因素对死刑立即执行的量刑具有差异性的影响，而对于死刑缓期二年执行则不具有差异性影响。

（三）量刑情节

在不同地区中级人民法院审理的样本范围内，通过对前科劣迹、累犯、自首、立功、从犯、犯罪未完成形态、认罪、坦白、退赃、赔偿、挽回财产损失和被害人谅解等量刑情节分别与是否适用死刑立即执行进行相关性分析，得出表 9-18 的数据。

表 9-18　不同地区样本中量刑情节与是否适用死刑立即执行的相关性系数 *

量刑情节	东部地区		中部地区		西部地区	
	r 值	*p* 值	*r* 值	*p* 值	*r* 值	*p* 值
前科劣迹	0.203	0.018	−0.126	0.284	0.285	0.004
累犯	0.116	0.178	−0.074	0.530	0.297	0.002
自首	−0.091	0.291	−0.081	0.495	−0.133	0.181
立功	−0.055	0.526	−0.081	0.495	−0.062	0.533
从犯	0.064	0.462	0.099	0.400	0.123	0.217
未完成	0.031	0.716	0.057	0.632	–	–
认罪	0.010	0.907	−0.145	0.218	0.031	0.759
坦白	−0.100	0.246	−0.290	0.012	–	–
退赃	−0.033	0.702	−0.202	0.085	−0.015	0.882
赔偿	−0.015	0.858	0.032	0.787	−0.035	0.729
挽回损失	0.003	0.973	0.143	0.224	−0.031	0.759
被害人谅解	−0.025	0.776	0.111	0.346	−0.038	0.705

* 表中的显著性水平为 0.05。“–” 表示样本范围内由于因素数量较少无法进行相关性检验。

从表 9-18 中的相关性数据来看，东部地区的量刑情节中，只有前科劣迹因素的显著性系数 p 值小于 0.05 的显著性水平，从而对死刑立即执行产生显著性影响；中部地区只有坦白因素的显著性系数 p 值小于 0.05 的显著性水平，从而对死刑立即执行产生显著性影响；西部地区则存在前科劣迹和累犯两个显著性系数 p 值小于 0.05 显著性水平的因素，从而对死刑立即执行产生显著性影响。这说明，在死刑立即执行的影响方面，不同地区的量刑情节具有不同的影响。

与此同时，将上述量刑情节分别与是否适用死刑缓期二年执行进行相关性分析，得出表 9-19 的数据。

表 9-19　不同地区样本中量刑情节与是否适用死刑缓期二年执行的相关性系数 *

量刑情节	东部地区		中部地区		西部地区	
	r 值	p 值	r 值	p 值	r 值	p 值
前科劣迹	0.184	0.032	0.027	0.817	−0.059	0.554
累犯	0.168	0.050	0.004	0.976	−0.038	0.706
自首	−0.094	0.274	−0.058	0.623	−0.042	0.670
立功	−0.057	0.512	−0.058	0.623	−0.020	0.842
从犯	0.066	0.447	0.072	0.545	0.039	0.694
未完成	0.033	0.707	0.041	0.730	–	–
认罪	0.132	0.124	0.253	0.030	0.010	0.922
坦白	0.012	0.894	−0.059	0.616	–	–
退赃	−0.118	0.173	−0.145	0.216	−0.056	0.574
赔偿	−0.106	0.217	−0.205	0.080	−0.060	0.544
挽回损失	0.078	0.369	0.040	0.733	0.100	0.315
被害人谅解	−0.112	0.194	−0.205	0.080	−0.042	0.670

* 表中的显著性水平为 0.05。"–" 表示样本范围内由于因素数量较少无法进行相关性检验。

从表 9-19 中的相关性数据来看，东部地区的量刑情节中，只有前科劣迹因素的显著性系数 p 值小于 0.05 的显著性水平，从而对死刑缓期二年执行产生显著性影响；中部地区只有认罪因素的显著性系数 p 值小于 0.05 的显著性水平，从而对死刑缓期二年执行产生显著性影响；西部地区则不存在影响死刑缓期二年执行的量刑情节因素。这说明，在死刑缓期二年执行的影响方面，不同地区的量刑情节也具有不同的影响。

三、主体性因素影响死刑量刑的地区差异

考虑到未成年人不符合判处死刑的条件，下面仅对限制行为能力、性别、户籍、职业等主体性因素在不同地区的中级人民法院样本中与是否适用死刑进行相关性分析，得出表 9-20 的数据。

表 9-20 不同地区样本中主体性因素与是否适用死刑的相关性系数 *

主体性因素			限制行为能力	性别	户籍	职业
东部地区	死刑立即执行	r 值	−0.031	−0.045	−.030	−0.124
		p 值	0.716	0.605	0.784	0.234
	死刑缓期二年执行	r 值	−0.033	−0.047	0.152	0.031
		p 值	0.707	0.592	0.159	0.771
中部地区	死刑立即执行	r 值	−	0.074	0.257	−0.067
		p 值	−	0.531	0.101	0.676
	死刑缓期二年执行	r 值	−	−0.073	−0.098	0.123
		p 值	−	0.541	0.538	0.443
西部地区	死刑立即执行	r 值	−0.031	−0.055	0.144	0.044
		p 值	0.759	0.587	0.225	0.739
	死刑缓期二年执行	r 值	0.010	−0.017	−	−
		p 值	0.922	0.862	−	−

* 表中的显著性水平为 0.05。“−” 表示样本范围内由于因素数量较少无法进行相关性检验。

从表 9-20 中的数据来看，在东部地区、中部地区和西部地区中，限制行为能力、性别、户籍和职业四个主体性因素的显著性系数 p 值均大于 0.05 的显著性水平，即对死刑立即执行和死刑缓期二年执行的量刑均不具有显著性影响，没有表现出量刑方面的差异性。

四、程序性因素影响死刑量刑的地区差异

在不同地区中级人民法院审理的样本范围内，经统计发现，东部地区判处死刑立即执行的比例为 11.8%，中部地区的比例为 18.9%，西部地区的比例为 8.7%。卡方检验的结果显示（$\chi^2=4.199$，$df=2$，$p>0.05$），死刑立即执行量刑在适用率上不存在显著的地区性差异。在死刑缓期二年执行量刑方面，东部地区的比例为 12.5%，中部地区的比例为 10.8%，西部地区的比例为 1.0%。卡方检验的结果显示（$\chi^2=11.026$，$df=2$，$p<0.05$），死刑缓期二年执行量刑在适用率上存在显著的地区性差异。

与此同时，通过对羁押状态和法官性别等程序因素分别与是否适用死刑进行相关性分析，得出了表 9-21 的数据。

表 9-21 不同地区样本中程序性因素与是否适用死刑的相关性系数 *

程序性因素			羁押状态	法官性别
东部地区	死刑立即执行	r 值	0.055	0.200
		p 值	0.526	0.020
	死刑缓期二年执行	r 值	0.057	0.129
		p 值	0.512	0.135
中部地区	死刑立即执行	r 值	–	0.100
		p 值	–	0.398
	死刑缓期二年执行	r 值	–	0.041
		p 值	–	0.729
西部地区	死刑立即执行	r 值	0.031	0.109
		p 值	0.759	0.274
	死刑缓期二年执行	r 值	0.010	0.202
		p 值	0.922	0.041

* 表中的显著性水平为 0.05。“–”表示样本范围内由于因素数量较少无法进行相关性检验。

从表 9-21 中的数据来看，而羁押状态在任何一个地区中的显著性系

数 p 值均大于 0.05 的显著性水平，不能作为影响死刑立即执行和死刑缓期二年执行量刑的有效因素。另外，法官性别在东部地区对死刑立即执行量刑具有显著性影响，在西部地区则对死刑缓期二年执行量刑具有显著性影响。

综合以上情况说明，在地区差异方面死刑缓刑二年执行量刑受到程序性因素影响较多，体现在法院地区和法官性别两个方面；而对死刑立即执行量刑的影响较少，仅体现为法官性别一个因素。

第四节 附加刑量刑的地区差异

抢劫罪中的附加刑包括罚金、没收财产和剥夺政治权利三个方面。下面分别进行量刑地区差异分析。

一、罚金刑量刑的地区差异

经统计发现，东部地区的罚金数额均值是 9692 元，中部地区是 8149 元，西部地区是 10343 元。单因素方差分析结果显示（F=0.940，p>0.1），罚金数额在不同地区不存在显著性差异。就附加的主刑种类来看，东部地区的罚金附加于有期徒刑的比例是 98.8%，附加于无期徒刑的比例是 0.8%，附加于死刑的比例是 0.4%；中部地区和西部地区的上述比例分别是 97.5%、2.1%、0.4% 和 97.6%、2.0%、0.4%，总体差别不大。

在罚金数额影响因素方面，根据前文的分析，主刑时长、缓刑适用、抢劫数额、未完成形态、挽回财产损失、年龄因素、户籍因素、审理程序、律师参与等因素对罚金数额具有显著影响。下面就上述因素在不同地区样本中对罚金数额的影响情况建立线性回归模型，得出表 9-22 的数据。

表 9–22 不同地区样本中罚金数额量刑的线性回归模型系数 *

影响因素	东部地区		中部地区		西部地区	
	R^2 值	p 值	R^2 值	p 值	R^2 值	p 值
主刑时长	0.006	0.012	0.002	0.163	0.013	0.005
缓刑适用	0.006	0.012	0.000	0.390	0.000	0.539
抢劫数额	0.026	0.000	0.190	0.000	0.201	0.000
未完成	0.003	0.052	0.000	0.734	0.002	0.138
挽回损失	0.012	0.000	0.000	0.461	0.004	0.081
年龄	0.004	0.028	0.000	0.271	0.000	0.381
户籍	0.006	0.022	0.000	0.610	0.009	0.043
审理程序	0.028	0.000	0.003	0.113	0.025	0.000
律师参与	0.004	0.036	0.000	0.449	0.021	0.000

* 表中的显著性水平为 0.05。

根据表 9–22 分析，东部地区除了未完成因素以外的所有其他因素都是影响罚金数额的显著性因素，但从影响力来看，各因素的影响程度均相对较弱，仅有抢劫数额、挽回损失和审理程序超过了 1 个百分点，其他因素的 R^2 值接近零，模型的拟合度较低；中部地区影响罚金数额的因素仅有抢劫数额，其他因素均无显著影响，但作为单个因素的抢劫数额在影响程度方面较高，达到了 19.0%；西部地区影响罚金数额的因素包括主刑时长、抢劫数额、审理程序和律师参与，其中抢劫数额的影响力较为突出，达到了 20.1%。

二、没收财产量刑的地区差异

经统计发现，东部地区在罚金或没收财产的附加刑量刑比例是：罚金占 93.3%，没收财产占 6.7%；中部地区的罚金占 92.8%，没收财产占 7.2%；西部地区的罚金占 96.1%，没收财产占 3.9%。卡方检验结果显示（χ^2=16.319，df=3，p>0.05），罚金或者没收财产在适用上不存在显著的地区差异。

从没收财产附加的主刑情况看，东部地区的没收全部财产均附加于无期徒刑、死刑，没收部分财产的仅有 5 件，分别附加于有期徒刑的 2 件，附加于无期徒刑的 3 件。中部地区的样本没收全部财产也均附加于无期徒刑、死刑，没收部分财产的只有 1 件，附加于无期徒刑。西部地区的样本没收全部财产也均附加于无期徒刑和死刑，没收部分财产的共有 4 件，均附加于无期徒刑。

可见，没收财产在不同地区的适用中以没收全部财产为主，并均以无期徒刑、死刑为附加主刑。没收部分财产的适用率都相对较低，并且以附加于无期徒刑为主，仅有东部地区的个别案件附加于有期徒刑。这也意味着，没收财产量刑的影响因素主要是主刑种类。

三、剥夺政治权利量刑的地区差异

经对不同地区附加剥夺政治权利适用情况的统计分析，形成表 9-23 的数据。

表 9-23　不同地区样本中剥夺政治权利量刑情况 *

剥夺政治权利	东部地区		中部地区		西部地区	
	百分比	主刑	百分比	主刑	百分比	主刑
1 年	7.9%	5.5~11.5 年	12.4%	10~14 年	11.0%	10~13 年
2 年	25.5%	10~15 年	14.4%	10~13.5 年	24.7%	8.5~14 年
3 年	16.4%	10~15 年	14.4%	12~15 年	12.3%	8~15 年
4 年	3.0%	10.5~13 年	3.1%	14 年	4.1%	13~15 年
5 年	3.6%	15 年	5.2%	14.5~14 年	6.8%	15 年
终身	43.6%	无期徒刑死刑	50.5%	无期徒刑死刑	41.1%	无期徒刑死刑

* 表中的显著性水平为 0.05。

通过对不同地区剥夺政治权利的适用情况进行卡方检验，检验结果显示（χ^2=7.879，df=10，p>0.05），即剥夺政治权利在不同地区量刑中不存在显著性差异。另外，在以剥夺政治权利[①]为因变量、主刑时长[②]为自变量建立的线性回归模型中，东部地区、中部地区和西部地区的R^2值均为0.696，概率p值均为0.000，即在剥夺政治权利的影响因素中，各地区的主刑时长均具有显著性影响，且影响程度占到了69.6%，没有表现出地区差异性。

第五节 小 结

通过对全国范围内东部地区、中部地区和西部地区的量刑情况进行比较分析，发现量刑情况存在不同程度的地区差异。

1. 虽然有期徒刑的刑期分布没有形成显著的地区差异，但影响有期徒刑量刑的影响因素表现出明显的地区差别。（1）在连续性变量方面，抢劫数额、抢劫次数、抢劫人数和伤害后果在各地区的影响力次序不同。东部地区是抢劫次数、抢劫人数、抢劫数额和伤害后果；中部地区是抢劫次数、抢劫数额和抢劫人数；西部地区是抢劫次数、抢劫人数和抢劫数额。伤害后果在中部地区和西部地区的量刑影响不显著。（2）在行为因素方面，转化犯、持枪抢劫、入户抢劫、冒充军警人员抢劫属于东部地区的影响因素，转化犯、作案时间、被害人性别、入户抢劫和持枪抢劫是中部地区的影响因素，西部地区则仅有入户抢劫一个行为因素影响量刑。（3）在量刑

---

① 以月数代表剥夺政治权利期限，1~5年分别为12个月、24个月、36个月、48个月、60个月，将剥夺政治权利终身虚拟为100个月。

② 将无期徒刑虚拟为300个月，死刑缓期执行虚拟为400个月，死刑立即执行虚拟为600个月。参见白建军:《公正底线——刑事司法公正性实证研究》，北京大学出版社2008年版，第17页。

情节方面，影响东部地区量刑的量刑情节数量最多，兼顾了客观危害和主观危险两个方面；西部地区的影响因素数量最少，且多为反映客观危害方面的情节。（4）在主体性因素方面，东部地区的量刑受到主体性因素的影响较大；中西部地区的量刑受到主体性因素的影响较小，仅有年龄因素、限制行为能力因素具有显著性影响，其他因素的影响并不显著。（5）在程序因素方面，东部地区量刑轻于西部地区。东部地区在适用简易程序和律师参与情形下的量刑趋轻，中部地区也在律师参与下的量刑趋轻，西部地区则不受影响。（6）在有期徒刑缓刑方面，在东部地区和中部地区影响缓刑适用的主体性因素均是户籍、年龄、职业，而西部地区影响缓刑适用的主体性因素仅有职业类型。另外，量刑情节和程序因素在影响缓刑适用方面也存在一定程度的地区差异。而就缓刑时长的影响因素而言，除了主刑时长以外，东部地区还有羁押状态和职业类型，中部地区还有年龄和羁押状态。

2. 就无期徒刑的量刑影响因素而言。（1）在法定情形方面，东部地区和中部地区影响无期徒刑量刑的法定情形均是抢劫致人重伤，西部地区的因素包括抢劫数额巨大和抢劫致人死亡两个情形。（2）在客观性因素方面，东部地区没有影响无期徒刑量刑的连续性变量，中部地区影响无期徒刑量刑的因素是抢劫次数，西部地区则是伤害后果。东部地区只有转化犯这一个行为因素是影响无期徒刑量刑的因素；中部地区没有影响无期徒刑量刑的影响因素；西部地区只有作案时间是影响无期徒刑量刑的影响因素。量刑情节中只有从犯是西部地区影响无期徒刑量刑的因素，除此之外没有影响各地区无期徒刑量刑的量刑情节。（3）在主体性因素和程序性因素方面，虽然各地区无期徒刑适用比例存在差异性，但受到主体性因素和程序性因素的影响较少，没有表现出显著的地区差异。

3. 死刑量刑的影响因素表现出以下地区特点：（1）在法定情形方面，抢劫致人死亡是东部地区、中部地区和西部地区适用死刑立即执行的主要影响因素，入户抢劫同时还是西部地区适用死刑立即执行的影响因素；抢劫致人死亡还是影响东部地区和中部地区死刑缓期二年执行的唯一法定情形，但是对西部地区的死刑缓期二年执行不具有显著性影响。（2）在客观性因素方面，伤害后果是影响东部地区和中部地区死刑立即执行和死刑缓期二年执行的连续性变量，但该因素只对西部地区的死刑立即执行产生显著影响。共同犯罪是影响三个地区死刑缓期二年执行的共同行为因素；被害人性别则是西部地区影响死刑立即执行的行为因素；前科劣迹在东部地区，坦白在中部地区，前科劣迹和累犯在西部地区是影响死刑立即执行的量刑情节，而只有前科劣迹是东部地区，认罪是中部地区死刑缓期二年执行的量刑情节。（3）在主体性因素和程序性因素方面，主体性因素在不同地区均不是影响死刑立即执行和死刑缓期二年执行量刑的影响因素；死刑立即执行量刑在适用率上不存在显著的地区性差异，但是死刑缓期二年执行的适用率却存在显著的地区性差异。法官性别是影响东部地区死刑立即执行量刑的程序性因素，而对西部地区只影响死刑缓期二年执行量刑。

4. 附加刑的地区量刑差异相对较小。（1）罚金刑方面，东部地区的主要影响因素是抢劫数额、挽回损失和审理程序；中部地区仅有抢劫数额；西部地区包括主刑时长、抢劫数额、审理程序和律师参与等因素。（2）没收财产方面，不同地区均以没收全部财产为主，并均以无期徒刑、死刑为附加主刑。没收部分财产的适用率都相对较低，并且以附加于无期徒刑为主，仅有东部地区的个别案件附加于有期徒刑。（3）剥夺政治权利方面，均受到主刑时长的显著性影响，且没有表现出显著的地区差异。

第十章　量刑研究结论的梳理与启示

通过对 12000 多个抢劫罪量刑结果的实证研究,[①] 抢劫罪量刑情况全部呈现出来，从总体上反映出了抢劫罪量刑的现状与特点，并在一定程度上体现了抢劫罪量刑的规律性做法。通过实际统计分析，应当说影响抢劫罪量刑的因素是相当广泛的，而且在影响程度和影响方式上都具有很大差别，反映出了量刑过程的复杂性，因而有必要对整体研究结论进行全面梳理，以便总结量刑的经验、发现存在的问题。与此同时，从量刑实践中总结出来的量刑经验和发现的量刑问题，还是进一步指导量刑实践和改进量刑方法的逻辑起点；而且，现实的量刑结果还是检验立法现状的有效方式，因而为立法调整提供了依据和方向。

第一节　量刑研究结论的梳理

从抢劫罪量刑结果的统计和影响因素的分析来看，相当多的情形是符合最初设想并具有合理性的，它们应当成为量刑的经验并成为指导合理量

---

① 共计 12897 个量刑结果，涉及 7250 份刑事判决书，分别为北京市基层法院 4865 份刑事判决书中的 8760 个量刑结果，北京市中级法院 867 份刑事判决书中的 2113 个量刑结果，全国三个代表性地区 1518 份刑事判决书中的 2024 个量刑结果。

刑的规律。但也有许多情形并非合理但却在实际量刑中产生相当影响，这是应当改变的现状。同时，也有一些情形虽然具有合理量刑依据但却往往被忽略，它们是应当引起足够重视的因素。

一、应当总结的量刑经验

通过对抢劫罪量刑的实证研究，不难发现在实践中确实存在许多共性的做法，这些做法是广大法官在司法实践中对事实和法律深入思考的结果，是解决量刑问题的共识性方法。它们不同于个别法官的任性之举，而是广大法官共同认可且经历了时间检验的较为成熟、理性的做法，体现了集体智慧。为此，有必要进行总结以供量刑借鉴和研究。

（一）有期徒刑的量刑经验

1. 有期徒刑量刑的一般状况。有期徒刑是抢劫罪中适用率最高的主刑刑种，基层法院审理的抢劫案件中有 98.7% 的犯罪人被判处有期徒刑。所有被判处的有期徒刑均值是 48 个月，处于七年以下（法定刑三分之一）的样本比例达到了 81.3%。其中，普通抢劫罪（法定刑在有期徒刑三年以上十年以下）的量刑均值是 30 个月，在法定最低刑三年有期徒刑之下，且处于五年以下（法定刑三分之一）的样本比例达到了 85.5%；加重抢劫罪（法定刑在有期徒刑十年以上）的量刑均值是 109 个月，在法定最低刑十年有期徒刑之下，且处于十二年以下（法定刑三分之一）的样本比例达到了 70.4%。如果仅考察有期徒刑的实刑结果，则北京市基层法院样本的量刑均值是 51 个月，普通抢劫罪的量刑均值是 32 个月，加重抢劫罪的量刑均值是 114 个月，仍然低于其所在法定量刑幅度的最低刑。

我国对抢劫罪的量刑情况与德国、奥地利两国关于抢劫罪的量刑大致相同，即轻微抢劫的量刑均值在 30 个月左右，严重抢劫的量刑均值在十年以下，且均聚集于法定刑三分之一以下的区域内。如对于轻微抢劫：德国规定了法定刑幅度为一年以上十五年以下有期徒刑量刑幅度，经验量刑中被判处的平均刑罚量却为24个月自由刑，且判处五年以下自由刑的为95%，德国轻微抢劫经验量刑幅度聚集区明显低于法定刑三分之一以下区域；奥地利规定了法定刑幅度为一年以上十年以下有期徒刑量刑幅度，经验量刑中被判处的平均刑罚量却为31个月自由刑，且判处五年以下自由刑的为94%，奥地利轻微抢劫经验量刑幅度聚集区为法定刑三分之一以下区域。对于严重抢劫：德国规定了法定刑幅度为五年以上十五年以下有期徒刑量刑幅度，经验量刑中被判处的平均刑罚量却为58个月自由刑，且判处十年以下自由刑的为98%；奥地利规定了法定刑幅度为五年以上十五年以下有期徒刑量刑幅度，经验量刑中被判处的平均刑罚量却为76个月自由刑，且判处十年以下自由刑的为98%。在严重抢劫方面，德奥两国的经验量刑幅度聚集区稍高于法定刑三分之一，且主要集中在三分之一以下区域内。①

在有期徒刑的刑期确定上，实践中多以整数年的形式进行判决，该比例达到了50.9%，即有超过半数的刑期是以整数年的形式出现的，另有20.7%的刑期则以半年作为刑期尾数，呈现出半整数性。其余20.3%样本的刑期不具有规则性。

以上情况表明，基层法院所审理的抢劫案件基本上适用的主刑是有期徒刑，普通抢劫罪的刑期大多分布在有期徒刑五年以下，而加重抢劫罪的刑期大多分布在有期徒刑十二年以下。在刑期形式上呈现出整数性或者半整数性特征，不规则刑期在实践中仅占五分之一。

2. 有期徒刑减轻处罚情况。由于减轻处罚是法官在法定刑以下作出的量刑结果，因而对最终的量刑结果影响最大。从实证研究情况来看，加重

---

① 德奥经验量刑结论详细介绍，参见赵书鸿：《论行为等比性量刑——作为沟通行为严重性与刑罚严厉性的量刑理论》，北京师范大学2009年博士论文，第18～23页。

抢劫罪和普通抢劫罪的减轻处罚比例分别是 38.5% 和 54.9%，减轻处罚占全部样本的比例达 51.3%。这说明抢劫罪有过半的犯罪分子获得减轻处罚，但严重抢劫罪的减轻处罚适用率明显小于较轻抢劫罪的减轻处罚适用率，体现了司法实践中对较重犯罪从严惩处的态度。

在有期徒刑减轻处罚的刑期分布上，加重抢劫罪减轻处罚后的量刑均值为 58 个月，适用数量最多的刑期是有期徒刑三年，所占比例超过五分之一，其次是有期徒刑五年、六年和七年，有超过半数的样本位于有期徒刑三年以上十年以下的中线以下，在有期徒刑三年以下的样本大多位于靠近有期徒刑三年的区间。普通抢劫罪减轻处罚后的量刑均值是 13 个月，适用数量最多的刑期是有期徒刑 8 个月，多数样本位于有期徒刑三年以下区间的中线以下。说明抢劫罪因罪行程度的差异在减轻幅度上也体现出相同的差别，即重罪减轻幅度小，轻罪减轻幅度大。

在有期徒刑减轻处罚的影响因素上，主要存在着未成年、限制行为能力（精神障碍、盲聋哑人）、从犯、犯罪预备、犯罪中止、犯罪未遂、自首、立功等影响因素。统计结果表明，未成年的减轻处罚率为 90.4%，限制行为能力的减轻处罚率为 64.4%，从犯的减轻处罚率为 71.1%，犯罪预备的减轻处罚率为 97.7%，犯罪中止的减轻处罚率为 60.0%，犯罪未遂的减轻处罚率为 61.1%，自首的减轻处罚率为 67.1%，立功的减轻处罚率为 53.6%，根据卡方检验结果，除了立功对减轻处罚不具有显著影响力以外，其他因素均具有显著影响力。而从减轻处罚率的情况来看，犯罪预备的减轻处罚概率最高，接近 100%，其次是未成年，然后依次是从犯、自首、限制行为能力、犯罪未遂、犯罪中止。犯罪中止是自己主动放弃犯罪的未完成形态，为何其减轻处罚率偏低，根据样本分析的情况，其除了减轻处罚以外的样本均为免除处罚，因而其实际从宽处罚的比例达到了 100%，已经超过了未成年的从宽处罚率。

3. 有期徒刑从轻从重处罚情况。从轻与从重处罚是法官在法定刑幅度内作出的刑罚裁量。根据统计结果，普通抢劫罪属于从轻或者从重处罚的比例为 43.7%，处于有期徒刑三年至五年区间的比例达到了 67.5%，而加重抢劫罪属于从轻或者从重处罚的比例为 61.3%，处于有期徒刑十年以上十二年以下的样本比例达到了 51.8%。即不管是普通抢劫罪还是加重抢劫罪，其从轻从重处罚的多数刑期靠近法定刑幅度的底线。

就从轻从重处罚大多影响因素来看，除了抢劫数额的大小对量刑轻重具有影响以外，普通抢劫罪中影响从轻处罚的因素主要有未成年、限制行为能力、从犯、犯罪预备、犯罪未遂、自首、立功、坦白、认罪、退赃、赔偿经济损失等，而累犯、致人轻伤、致人重伤、抢劫 2 次等则是从重处罚的影响因素。从影响因素的分布情况看，认罪态度在从轻处罚情节中的频率最高，占到 76.8%，其次是坦白、犯罪未遂、立功、退赃等。在从重处罚的量刑情节中，频率较高的是致人轻微伤，其次是抢劫 2 次、累犯、致人轻伤等。加重抢劫罪中影响从轻处罚的因素与普通抢劫罪一致，但影响从重处罚的因素不同，主要有累犯、致人轻伤、致人重伤、致人死亡、数额巨大、入户抢劫、在公共交通工具上抢劫、冒充军警人员抢劫、持枪抢劫、多次抢劫等。从影响因素分布情况看，认罪态度在从轻处罚情节中的频率最高，占到 74%，在从重处罚的量刑情节中，频率较高的是数额巨大，占 54.1%。

4. 有期徒刑量刑的影响因素。从总体情况看，抢劫罪随着犯罪行为社会危害性程度的增大和犯罪主体人身危险性提高而在有期徒刑时长上呈现出由低到高的量刑特点。除此之外，其量刑轻重还受到除社会危害性和人身危险性以外的程序性因素的影响。具体来说，影响有期徒刑量刑的因素大致包括连续性变量、犯罪事实内的行为因素和量刑情节因素、犯罪事实外的主体性因素和程序性因素三个方面。

连续性变量包括抢劫数额、抢劫次数、抢劫人数和伤害后果。抢劫数额为 0 的情况下，犯罪基本上处于犯罪预备状态，其量刑均值是 13 个月；

抢劫数额不足 10000 元的量刑均值是 54 个月，多数样本处于有期徒刑三年至七年之间；抢劫数额在 10000 元以上的量刑均值是 129 个月，多位于有期徒刑十年至十三年之间。抢劫 1 次的量刑均值是 42 个月，多数样本位于有期徒刑三年以下；抢劫 2 次的量刑均值是 64 个月，获得减轻处罚的比例较低；抢劫 3 次至 10 次的法定刑虽在有期徒刑十年以上，但实际量刑均值都在有期徒刑十年以下，其平均量刑均值是 102 个月；而抢劫 11 次以上的量刑均值是 135 个月，减轻处罚的比例为 30.2%。在抢劫人数为 0 的情况下，量刑均值是 9 个月，绝大多数的样本是犯罪预备，且犯罪预备的量刑大多是 8 个月，所占比例达到 44.0%；抢劫 1 人至 3 人的量刑均值是 57 个月，基本上呈现出每增加一人平均刑期增加一年的趋势；抢劫 4 人以上的量刑均值是 98 个月，其与抢劫 3 次以上的样本在量刑上具有大致相似的特点。无伤害后果的量刑均值是 47 个月，轻微伤的量刑均值是 59 个月，轻伤大多量刑均值是 78 个月，重伤与死亡的量刑均值是 128 个月。四个连续型变量与主刑时长的相关性大小次序依次是抢劫人数、抢劫次数、抢劫数额和伤害后果，即抢劫人数对量刑的影响力最大，其次是抢劫次数，然后是抢劫数额，最后是伤害后果。

犯罪事实内的行为因素和量刑情节是体现社会危害性和人身危险性大小的重要因素。行为因素中的转化犯和罪数是影响量刑的重要因素，即在转化犯的情况下量刑偏轻，体现出该行为较轻的罪行程度，而在数罪的情况下量刑偏重，表现出其与抢劫次数同样的量刑影响力。虽然共同犯罪、作案时间和抢劫对象也体现出一定程度的危害性大小差异，但在实际量刑中，上述因素对有期徒刑量刑不具有显著影响力。作为加重处罚情形的入户抢劫、在公共交通工具上抢劫、冒充军警人员抢劫和持枪抢劫也是影响有期徒刑量刑的重要因素。但是在有期徒刑十年以上幅度内，入户抢劫、在公共交通工具上抢劫、冒充军警人员抢劫对实际量刑不再具有显著影响力，而持枪抢劫仍然在这一幅度内导致量刑偏重。就量刑情节而言，前科劣迹、累犯、自首、立功、从犯、犯罪预备、犯罪中止、犯罪未遂、认罪、坦白、赔偿、退赃、挽回损失和被害人谅解等均对量刑具有显著影响。具体来说，一般劣迹、一般前科和累犯体现出犯罪人人身危险性的逐渐加大，在量刑上也呈现出逐渐加重的趋势，即一般劣迹的影响力较小，其次是一般前科，累犯的影响力最大；自首与立功是体现从宽处罚的量刑情节，两者均对量刑产生显著影响，但立功情节一般出现于较重罪行的抢劫罪样本中，其仅在较重抢劫罪范围内对量刑产生正向的显著影响力，而在北京市基层法院样本中则表现出负向影响结果，即在总体上表现出立功样本的量刑重于非立功样本的量刑，这实际上也说明立功对量刑的影响程度较小，从而在整体上没有表现出明显的影响效果；从犯是相对于主犯而言的从宽处罚情节，样本分析同样表明，从犯因素也大多出现于较重的抢劫罪样本中，但其在整体上表现出对量刑的显著影响力，这说明从犯在实际量刑中的从宽处罚幅度较大，从而形成了对整体样本的量刑影响力；故意犯罪中的犯罪预备、犯罪中止、犯罪未遂和犯罪既遂四种不同的犯罪停止形态，在实际量刑中的量刑均值分别是 10 个月、21 个月、39 个月和 66 个月，形成了显著性的量刑差异；认罪与坦白也是体现从轻处罚的重要量刑情节，两种量刑情节都与量刑具有显著相关性，但坦白情节与立功、从犯情节一样，一般出现在较重犯罪的抢劫样本中，其对量刑结果的影响是负向的，仅在较重犯罪范围内表现出对量刑的正向影响力，这也同样说明其实际量刑的从宽幅度较小；退赃与赔偿是表明犯罪分子悔罪态度和社会关系修复程度的重要因素，两者都导致量刑变轻，但两相比较，赔偿的影响力略大于退赃，同时，既退赃又赔偿的影响力更大，在实践中的量刑更轻；挽回财产损失和被害人谅解是体现社会危害性降低的重要因素，两者在实际量刑中均具有影响量刑的显著影响力，但在显著性程度上，被害人谅解不及挽回财产损失。

犯罪事实外的主体性因素和程序性因素也具有对有期徒刑量刑的实际

影响力，符合量刑理论且能够作为量刑经验的结论。

主体性因素中未成年和限制行为能力是刑法规定的从宽处罚因素。经统计，未成年犯罪人的量刑均值是 26 个月，主要集中在有期徒刑三年以下的区间内，其中尤以有期徒刑一年以下最多；限制行为能力样本的量刑均值是 38 个月，量刑主要集中在有期徒刑二年至三年期间，约有半数的样本在这一区间内量刑；犯罪人性别虽然不是法定和酌定的量刑情节，但受特殊生理心理条件的影响，女性在抢劫犯罪中的行为方式和所处地位明显弱于男性，且其在社会中的弱者形象更容易受到法官的从宽处罚，因而实证统计结果中女性犯罪人的量刑轻于男性犯罪人的结论具有一定的量刑合理性，可以将其作为影响量刑的因素予以对待；不同的职业往往向社会传递出不同的个体形象，学生多为青少年，具有较强的可塑性和较轻的人身危险性，对其处以较轻处罚具有理论上和认识上的合理性，其他职业群体和农民具有正当的谋生方式，相对于无所事事的无业人员来说，其实施犯罪的危险性程度相对较小，而无业人员则可能为了生计而重复犯罪，因而在量刑上的差异同样具有量刑上的合理性，实证研究得出符合上述特点的量刑差异，即学生的量刑最轻，其次是其他职业人群，然后是农民，而无业人员的量刑罪重，量刑均值分别是 29 个月、45 个月、49 个月和 61 个月。

就程序性因素而言，实证研究显示，在相同罪行范围内，简易程序的量刑结果最轻，其次是“简便审”程序，最重的是普通程序，其量刑均值分别是 9 个月、58 个月和 64 个月。由于普通程序、“简便审”程序、简易程序的效率依次升高，因而量刑中较高效率的审判程序体现出的较轻量刑结果的情况有助于鼓励更多的犯罪人主动接受高效率的审判程序，进而提高审判的效率；律师参与诉讼的目的是帮助犯罪人行使辩护权，因而律师参与样本的量刑偏轻应当是符合诉讼规律的量刑结论。实证统计表明，律师参与下的量刑均值是 40 个月，而无律师参与下的量刑均值是 57 个月，因而是否有律师参与形成量刑上的显著性差异。除此之外，犯罪人的羁押状态是与有期徒刑量刑没有合理关联性的因素，实证统计结果也表明，犯罪人羁押与否对实际量刑不具有显著影响力。

（二）有期徒刑缓刑的量刑经验

有期徒刑缓刑的量刑主要包括决定是否适用缓刑和确定缓刑时长两个方面的内容。

在决定是否适用有期徒刑缓刑方面，在有期徒刑三年以下的样本中，体现罪行程度的连续性变量和可能影响危害性大小的行为因素均对缓刑适用不具有显著影响力。特别值得说明的是，体现较低危害结果的犯罪未完成形态的缓刑适用率反而不高，表现不出对缓刑适用的显著影响力。实证研究表明，主体性因素中可以总结为量刑经验的影响因素主要有未成年、性别、职业等主体性因素。具体来说，未成年人缓刑适用率是38.0%，成年人缓刑适用率是4.4%；男性犯罪人的缓刑适用率是17.8%，女性犯罪人的缓刑适用率是45.7%；无业人员、农民、学生和其他职业人员的缓刑适用率分别是16.0%、2.4%、69.3%和6.8%，即学生的缓刑适用率最高，其次是无业人员，然后是其他职业人员，农民的缓刑适用率最低。且在排除了其他可能的影响因素后，上述不同年龄、性别和职业之间的缓刑适用率仍然存在显著性差异，说明因素本身具有影响缓刑适用的作用力。就量刑情节而言，具有自首、立功、坦白、退赃、赔偿等因素和无前科劣迹样本的缓刑适用率明显高于无自首、立功、坦白、退赃、赔偿等因素和有前科劣迹样本的缓刑适用率，具有从犯、损失挽回和被害人谅解因素样本的缓刑适用率高于非从犯、挽回财产损失和被害人谅解因素样本的缓刑适用率，说明自首、立功、坦白、退赃、赔偿、前科劣迹在判断犯罪人人身危险性大小方面和从犯、挽回财产损失、被害人谅解在判断犯罪情节轻重方面均具有重要参考意义，从而在很大程度上影响缓刑适用与否。在确定缓刑时长方面，从缓刑时长的统计情况来看，缓刑时长的均值是23个月，在实践中基本上是以一年、二年、三年、四年和五年的整数形式出现的，而且其最高频率期限是一年，其次是二年和三年。统计相关性检验结果表明，主刑时长对缓刑时长的影响力达到80%，这一比例已经达到了相当高的程度，可以说缓刑时长基本上是受主刑时长影响而作出的。具体到量刑实践中，主刑时长与缓刑时长的关系是，缓刑时长一般在主刑时长本数以上、一倍以下范围内确定，如有期徒刑一年的缓刑时长在一年至二年之间确定。除了主刑时长的影响因素以外，其他对缓刑时长具有影响力的因素主要有未成年、职业、自首、坦白、前科劣迹、审理程序、羁押状态和律师参与等。但这些因素对缓刑时长的影响力不均衡，一般仅体现在个别缓刑时长段的样本内。

（三）无期徒刑的量刑经验

无期徒刑的量刑经验主要体现在影响无期徒刑量刑的因素范围和影响无期徒刑量刑的方式两个方面。

1.就影响因素的范围来看，法定情形是影响无期徒刑的最主要因素。

在北京中级法院审理的样本范围内且多种情形并存的情况下，多次抢劫、持枪抢劫、抢劫数额巨大和抢劫致人重伤对无期徒刑量刑具有显著性影响。其次作为危害性程度标志的抢劫数额、伤害后果、抢劫次数和抢劫人数等连续性变量也是影响无期徒刑量刑的重要因素，但抢劫数额仅在抢劫数额巨大这一法定情形下影响无期徒刑量刑，判处无期徒刑样本的数额均值是53万元，最小值为5万元，最大值为142万元；伤害后果仅在抢劫致人重伤、死亡的法定情形下影响无期徒刑量刑；抢劫人数仅限于在入户抢劫和抢劫数额巨大两种法定情形下对无期徒刑适用具有显著性影响。

在客观性因素方面，行为因素中的转化犯和共同犯罪因素对是否判处无期徒刑存在显著性影响，转化犯不被判处无期徒刑的可能性更低，共同犯罪被判处无期徒刑的可能性更大。而数罪、作案时间、被害人性别等因素则对无期徒刑量刑没有显著性影响。在量刑情节中，除了认罪、主从犯和未完成形态三个因素之外，其余因素均对无期徒刑量刑不产生显著性影响，但只有认罪因素对无期徒刑量刑产生实质性影响。这说明，客观性因素中只有在共同犯罪和认罪的情形下更有可能判处无期徒刑。

在主体性因素方面，除了年龄因素和限制行为能力因素能够影响无期徒刑量刑以外，其他主体性因素均不影响无期徒刑量刑。犯罪人年龄越小或者在限制行为能力情况下，越有可能被判处无期徒刑。另外，所有程序性因素均不影响无期徒刑量刑。

2. 在无期徒刑量刑的影响方式上，各因素分别通过反映罪行程度、从严事由和从宽事由三个方式来影响无期徒刑量刑。

在反映罪行程度方面，经分析发现，入户抢劫、在公共交通工具上抢劫、抢劫致人重伤、冒充军警人员抢劫、持枪抢劫和抢劫银行或者其他金融机构的罪行程度达不到无期徒刑的刑罚量要求；而抢劫致人死亡的罪行程度则高于无期徒刑的刑罚量要求。抢劫数额巨大和多次抢劫作为类别变量时，其罪行程度也达不到无期徒刑的刑罚量要求，但是作为连续性变量时，当抢劫数额和抢劫次数达到一定范围后的罪行程度则与无期徒刑的刑罚量相当。

在从严事由方面，当法定情形的罪行程度达不到无期徒刑刑罚量要求时，影响入户抢劫情形下无期徒刑量刑的从严事由包括多次抢劫、抢劫数额巨大、抢劫致人重伤等其他法定情形和抢劫次数、抢劫人数较多以及数罪、共同犯罪、故意杀人等因素；影响多次抢劫情形下无期徒刑量刑的从严事由有抢劫数额巨大和共同犯罪、故意杀人、主犯、无律师参与等因素；影响抢劫数额巨大情形下无期徒刑量刑的从严事由有多次抢劫、抢劫数额巨大、抢劫致人重伤等其他法定情形和抢劫次数、抢劫人数较多，以及共同犯罪、主犯、财产未挽回、无律师参与等因素；影响抢劫致人重伤情形下无期徒刑量刑的从严事由是抢劫数额巨大。

在反映从宽事由方面，当法定情形的罪行程度超过无期徒刑刑罚量要求时，在抢劫致人死亡的情形下，影响无期徒刑量刑的从宽事由有自首、立功、从犯、未成年人和限制行为能力等因素。

由此来看，无论是体现罪行程度还是从严事由的因素，主要是反映社会危害性大小的因素；而作为从宽事由的因素，主要是反映主观恶性大小的因素。

（四）死刑的量刑经验

死刑的量刑经验包括影响整体的死刑刑种的量刑因素和死刑缓期执行的影响因素两个方面。

1. 在影响死刑量刑的因素中，与无期徒刑的量刑一样，其影响因素也主要是法定情形。在北京中级法院审理的样本范围内，仅有抢劫致人死亡对死刑量刑具有显著性影响，其他情形不具有显著影响。但是入户抢劫对抢劫致人重伤、死亡情形下的死刑适用具有显著影响；在公共交通工具上抢劫对抢劫致人重伤、抢劫数额巨大和多次抢劫情形下的死刑适用具有显著影响；多次抢劫对在公共交通工具上抢劫、冒充军警人员抢劫和持枪抢劫情形下的死刑适用具有显著影响；抢劫数额巨大对在公共交通工具上抢劫、抢劫致人死亡情形下的死刑适用具有显著影响；抢劫致人重伤对在公共交通工具上抢劫、冒充军警人员抢劫情形下的死刑适用具有显著影响；抢劫致人死亡对入户抢劫、冒充军警人员抢劫、持枪抢劫、抢劫数额巨大和多次抢劫情形下的死刑适用具有显著影响；冒充军警人员抢劫对抢劫致人重伤情形下的死刑适用具有显著影响；持枪抢劫对多次抢劫情形下的死刑适用具有显著影响。

在连续性变量方面，抢劫数额、伤害后果、抢劫次数都在北京市中级法院审理的样本范围内影响死刑量刑。抢劫人数仅分别在入户抢劫、在公共交通工具上抢劫、冒充军警人员抢劫、持枪抢劫、抢劫数额巨大、多次抢劫、抢劫致人重伤、抢劫致人死亡等法定情形下对死刑量刑具有显著性影响。

在客观性因素方面，行为因素中的转化犯、非共同犯罪（单独犯罪）、白天抢劫、抢劫女被害人被判处死刑的可能性更大。量刑情节中的前科劣迹、自首、立功、从犯、未完成形态、退赃属于影响死刑量刑的因素。具体来说，前科越是严重，判处死刑的可能性越大；在自首、立功和退赃的情况下，判处死刑的可能性下降；从犯和未完成形态不存在判处死刑的可能性。在主体性因素方面，年龄、限制行为能力、性别、职业类型等都对死刑判决具有显著性影响。在程序性因素方面，审理时间是影响死刑量刑的重要因素，即随着年度的变化呈现出死刑适用率下降的趋势。

2. 在影响死刑缓期执行量刑的因素中，抢劫致人死亡影响死刑缓期执行的适用率下降，即伤害后果越轻越有可能适用死刑缓期执行。行为因素中只有共同犯罪和被害人性别是影响死刑缓期执行量刑的因素，即死刑量刑中在共同犯罪或者被害人是男性的情况下更有可能被判处死刑缓期执行；与之相反，死刑量刑中在单独犯罪或者被害人为女性的情况下更有可能被判处死刑立即执行。量刑情节中的自首、立功、认罪、坦白、退赃、赔偿和被害人谅解对死刑缓期执行量刑具有显著性影响，赔偿、立功、被害人谅解、自首、退赃、认罪和坦白的影响程度形成逐渐递减的趋势，即赔偿对死刑缓期执行的影响程度最高，坦白的影响程度最低。在主体性因素中，只有犯罪人职业对死刑缓期执行量刑具有显著性差异，即职业类型中的学生更有可能被判处死刑缓期执行，其次是无业人员和农民，其他职业人员的比例最低。在程序性因素中，只有审理时间对死刑缓期执行量刑具有显著相关性，表现为随着年度的变化死刑缓期执行的比例也相应升高。

由此来看，死刑主要适用于侵犯他人生命权的抢劫犯罪中，但如果存在自首、立功、认罪、坦白、退赃、赔偿和被害人谅解等从宽事由的，死刑缓期执行的适用率便会升高。

（五）附加刑的量刑经验

1.抢劫罪的附加刑包含了罚金、没收财产、剥夺政治权利和驱逐出境。剥夺政治权利适用于被判处有期徒刑七年以上的犯罪分子，且在基层法院适用中所判期限较短，逾80%的剥夺政治权利期限为一年或二年。在北京中级法院的样本中，剥夺政治权利终身被全部适用于无期徒刑和死刑的罪犯，对有期徒刑附加剥夺政治权利也表现出期限短的特点，只出现剥夺政治权利一年、二年和三年的情况。没收财产刑在北京基层法院样本中没有出现。而在中级法院样本中，没收财产刑均表现为“没收全部财产”一种形式，且只出现在无期徒刑和死刑的主刑量刑结果中，在有期徒刑以下的主刑中没有出现附加没收财产刑的情况。驱逐出境只适用于犯罪的外国人，而对于判处无期徒刑以上主刑和有期徒刑缓刑的外国人则全部没有附加驱逐出境。但由于涉及外国人犯罪的数量较少，驱逐出境的分析结果缺乏统计学意义。

2.剥夺政治权利、没收财产和驱逐出境的适用则较少，实践中，罚金刑的适用率最高。罚金刑的量刑经验主要体现在主刑情况、犯罪情节、缴纳能力和程序性因素等对罚金数额量刑的影响上。

主刑情况和犯罪情节属于犯罪事实内因素。就主刑情况而言，主刑量刑中的主刑时长和缓刑适用均实际影响罚金数额量刑。主刑时长越长罚金数额越高，罚金数额与主刑时长存在同步增长趋势；在缓刑适用的情况下罚金数额偏低，形成了较低罚金数额与较轻犯罪情节相一致的情形。违法所得数额与损失大小是衡量犯罪情节轻重的重要因素。统计结果表明，罚金数额随着抢劫数额的增加而相应提高，两者存在同步性。损失大小主要体现为犯罪停止形态和损失挽回两个方面的因素，但犯罪停止形态与损失挽回是通过主刑时长影响罚金数额的方式来间接影响罚金刑量刑。

缴纳能力主要体现在主体性因素中，其与程序性因素都属于犯罪事实外因素。在主体性因素中，犯罪人年龄和户籍是影响罚金数额的重要因素，未成年犯罪人的罚金数额明显低于成年犯罪人，本地户籍犯罪人的罚金数额明显低于外地户籍的犯罪人。程序性因素中的审理时间、审理法院、审理程序和律师参与均对罚金数额存在显著性影响。研究发现，不同审理年度的罚金数额存在显著性差异，这与经济发展状况和样本数量存在密切关系，即经济状况越好罚金数额越高，样本数量越多则罚金数额越低；中心区法院的罚金数额明显高于远郊区法院的罚金数额；在相同样本条件下，越是简易程序判处的罚金数额越高，而越是复杂程序判处的罚金数额越低；律师参与下的罚金数额明显高于无律师参与下的罚金数额量刑。

（六）抢劫罪量刑的地区经验

抢劫罪量刑在地区比较中存在以下经验：

1. 在有期徒刑量刑方面。在有期徒刑的刑期分布上，虽然地区不同，但没有形成显著的地区差异。在有期徒刑量刑影响因素中：（1）作为犯罪危害性重要体现的连续性变量得到了重视，如在东部地区连续性变量的影响力次序是抢劫次数、抢劫人数、抢劫数额和伤害后果。（2）在量刑情节方面，影响东部地区量刑的量刑情节数量最多，兼顾了客观危害和主观危险两个方面。（3）在主体性因素方面，中西部地区的量刑受到主体性因素的影响较小，仅有年龄因素、限制行为能力因素具有显著性影响，其他因素的影响并不显著，表明量刑活动受到案外因素影响较少。（4）在程序因素方面，东部地区在适用简易程序和律师参与情形下的量刑趋轻，符合量刑活动实际状况。

2. 在无期徒刑量刑方面。（1）在法定情形方面，影响无期徒刑量刑的法定情形主要是抢劫致人重伤、抢劫数额巨大和抢劫致人死亡。（2）在客观性因素方面，各地区影响无期徒刑量刑的因素虽有差别，但数量都相对较少，没有形成较大区别。（3）在主体性因素和程序性因素方面，各地区受到主体性因素和程序性因素的影响较少，没有表现出显著的地区差异。

3. 在死刑量刑方面。（1）在法定情形方面，抢劫致人死亡是东部地区、中部地区和西部地区中死刑立即执行的主要影响因素，均体现出对死刑适用的谨慎态度。（2）在客观性因素方面，伤害后果是影响东部地区和中部地区死刑立即执行和死刑缓期二年执行的连续性变量；有关体现人身危险性的因素成为各地区死刑缓期执行的影响因素。（3）在主体性因素和程序性因素方面，主体性因素在不同地区均不是影响死刑立即执行和死刑缓期二年执行量刑的影响因素；死刑立即执行量刑在适用率上不存在显著的地区性差异。

4. 在附加刑量刑方面。（1）罚金刑方面，抢劫数额是各地区影响罚金数额的共有因素。（2）没收财产方面，不同地区均以没收全部财产为主，并均以无期徒刑、死刑作为附加主刑。没收部分财产的适用率都相对较低，并且以附加于无期徒刑为主，仅有东部地区的个别案件附加于有期徒刑。（3）剥夺政治权利方面，均受到主刑时长的显著性影响，且没有表现出显著的地区差异。

二、必须改变的现状

通过对量刑影响因素的考察，除了可以总结为量刑经验的结论之外，还存在着既不合理但却客观存在的几种情形，成为必须改变的现实问题。

（一）量刑标准的地区差异

在抢劫罪量刑的地区比较中发现，尽管各地的有期徒刑量刑分布较为一致，但是就影响各地有期徒刑量刑的因素来看，却表现出了显著的地区差异。如连续性变量在各地区的影响力次序不同，东部地区是抢劫次数、抢劫人数、抢劫数额和伤害后果，中部地区是抢劫次数、抢劫数额和抢劫人数，西部地区是抢劫次数、抢劫人数和抢劫数额，伤害后果在中部地区和西部地区的量刑影响不显著。在量刑情节方面，影响东部地区量刑的量刑情节数量最多，兼顾了客观危害和主观危险两个方面；而西部地区的影响因素数量最少，且多为反映客观危害方面的情节。在主体性因素方面，东部地区的量刑受到主体性因素的影响较大，中西部地区的量刑受到主体性因素的影响较小。在程序因素方面，东部地区在适用简易程序和律师参与情形下量刑趋轻，西部地区则不受影响。另外就无期徒刑的量刑影响因素而言，东部地区和中部地区的法定情形均是抢劫致人重伤，而西部地区则是抢劫数额巨大和抢劫致人死亡。在死刑量刑的影响因素上，除了抢劫致人死亡是各地区死刑立即执行的主要影响因素以外，入户抢劫同时还是西部地区死刑立即执行的影响因素。在罚金刑量刑方面，东部地区的主要影响因素是抢劫数额、挽回损失和审理程序，而中部地区仅有抢劫数额，西部地区则包括主刑时长、抢劫数额、审理程序和律师参与等因素。

上述量刑现状表明，不同地区对于作为同一犯罪的抢劫罪在量刑影响因素上形成了不同的考量标准，如有的地区同时注重客观危害性和人身危险性两个方面的因素，而有的地区则只偏重某一方面的因素。“又如一般预防之因素，有的法官看得重，有的法官看得轻，还有的法官根本就不予考虑”。[①] 这实际上体现了不同地区对于刑罚目的的不同认识，即量刑标准是以报应为目的还是以预防为目的。同时，在各地量刑实践中，影响量刑的因素数量也存在较大差异，甚至很多影响因素超出了合理量刑的范围，成为量刑合理性的干扰因素。抢劫犯罪是一个常见多发罪名，在各地区表现出大致相同的特点，犯罪本身的地区差异相对较小。在这种情况下如采取不同的量刑标准，必然会造成量刑偏差，破坏司法的统一。

① 韩光军:《量刑基准研究》，法律出版社 2010 年版，第 26 页。

与此同时，上述研究样本均来自2016年各地法院的刑事判决书，而最高人民法院实际早在2010年10月1日即已开展量刑规范化工作，在这五年后仍然存在如此显著的地区量刑差异，也进一步说明了统一量刑标准的难度之大，不是单靠发布一个量刑指导意见就能实现的，需要结合量刑现状深入分析量刑偏差的原因，并通过与之对应的治理对策予以纠正。

（二）对户籍身份的偏见

就有期徒刑量刑方面看，通过样本统计，本地人量刑均值虽然明显高于外地人的量刑均值，但从本地人与外地人量刑分布趋势情况来看，在有期徒刑一年以下区间内，外地人所占比例较大，而本地人所占比例较少，从有期徒刑二年以上的区间开始，本地人所占比例开始高于外地人的比例，且这种状况一直持续到有期徒刑十年以上的区间，说明外地人实施的较轻犯罪的数量占有相当比重。通过对相同条件范围样本的比较发现，本地人量刑总体上轻于外地人。就有期徒刑缓刑方面来看，本地人缓刑适用率是48.8%，外地人缓刑适用率是3.4%，本地人的缓刑适用率远远高于外地人。总之，不管是在有期徒刑的刑期量刑还是在缓刑适用方面，量刑实践中户籍因素的影响的确存在，外地人明显处于非常不利的地位，这无疑是对刑法平等适用原则的违反和量刑不公的重要体现。

造成量刑中对外地户籍偏见的原因是多方面的，既有观念上的也有制度上的。就观念而言，这首先与法官对某一社会群体的形象认识有关。一段时间以来，“农民工”犯罪曾屡屡发生并见诸报端。“尽管我承认舆论界的重要性，但我们必须认识到以报界、新闻界为代表的舆论界也并不总是公正无私的，总体说来，它们并不比司法界更崇高、更大公无私。”[①] 报道

① 苏力:《法治及其本土资源》，中国政法大学出版社1996年版，第152页。

中的不当表述抑或是读者的误读误解，使一些人对“农民工”群体产生偏差认识，进而形成整体形象的较低评价。而“农民工”群体主要表现为外地户籍的农民，在这种情况下，如果法官也对其形成同样认识，便难以避免地使他们在判决中处于不利地位。其次，这种现象也与每个人可能具有的“排外”心理有关。“排外”是群体内聚力的外在体现，是群体维系的力量，它如同人体的排异现象一样，是本能的和原始的。每个群体都有自我保护的本能，这种本能会不自觉地映射到临近事物上。在刑事审判中，法官对于外地人实施的侵害本地利益行为，原始的自我保护本能便会自然而然地体现出来，由此出现的不同户籍量刑差异也就在所难免了。最后，这还与不同身份地位对他人的影响有关。“在两个犯同样罪行的人中，那个社会、经济地位较低的罪犯比起那个经济上比较优越的同案犯，更有可能被捕、被判刑和被收监。警察可能不大怀疑后者‘受尊敬’的公民，起诉人不大容易指控他，而如果他的案子进了法院，法官们也不大会对他抱严厉的态度。”[①] 我们不得不承认，对身份显赫地位较高的人的尊重，不管是基于世俗或者是世故，它都是客观地存在着的。在这种情形下，法官作为世俗社会中的一员，自然也不能例外。经统计发现，外地户籍人员大多为经济贫困的农民（见表 10-1），尽管本地户籍人员中的无业者占有相当比例，但即便是当地的无业者，其经济条件也大多好于外来务工的农民，因而他们总体而言在经济地位上高于外地务工农民，表现在量刑中，不同经济地位的差异就会自然而然地反映在判决的差异结果中。就制度而言，因缓刑适用需要考察犯罪人的人格情况，甚至还需要住所地的矫正接收证明，受到跨地取证的不便影响，相当大部分的法官不愿意对外地户籍犯罪人适用缓刑，这无疑对外地户籍犯罪人来说是极其不利的。

---

① [美] 汉斯·托奇主编:《司法和犯罪心理学》，周嘉桂译，群众出版社 1986 年版，第 148 页。

表 10–1　北京市基层法院被告职业与户籍因素一览①

变量类别			户籍因素		合计
			本地	外地	
被告职业	无业	频数	949	1393	2342
		被告职业中的百分比	40.5%	59.5%	100.0%
	农民	频数	517	4183	4700
		被告职业中的百分比	11.0%	89.0%	100.0%
	学生	频数	948	95	1043
		被告职业中的百分比	90.9%	9.1%	100.0%
	其他	频数	123	440	563
		被告职业中的百分比	21.8%	78.2%	100.0%
合计		频数	2537	6111	8648
		被告职业中的百分比	29.3%	70.7%	100.0%

但无论出于何种原因，对不同户籍的犯罪人实行差别的对待是非常不合理的，必须通过规范量刑予以改变。

（三）羁押状态的不当影响

从前文的研究来看，北京市抢劫罪的缓刑适用率并不高，处于较低的适用水平上。这固然与该罪的暴力性色彩有关，但也不否认受到许多不合理因素的影响，如羁押状态的现实作用。犯罪人的羁押状态与否，即被起诉到法院接受审判的被告人是否被逮捕，本来是一个与最终量刑结果没有关联的问题，但在实际量刑中，羁押状态却成为影响缓刑适用的举足轻重的重要因素。实证研究表明，在有期徒刑三年以下的样本范围内，非羁押犯罪人的缓刑适用率达到了 95.3%，而羁押犯罪人的缓刑

① 卡方检验结果表明（χ^2=2825.252，df=3，$p<0.001$），说明不同职业人员量刑结果在户籍方面具有显著差异。

适用率仅为5.1%，其差别是相当大的，比例甚至超过了户籍因素和未成年因素（本地户籍的缓刑适用率是48.8%，外地户籍的缓刑适用率是3.4%；未成年人的缓刑适用率是38.0%，成年人的缓刑适用率是4.4%）。正如前文的分析，究其原因，受到内部审批流程和收押、释放工作量的影响，由于收押、释放的审批流程烦琐，法官往往不愿意改变羁押状态而增大工作量，因而便尽量对羁押的判处实刑、对非羁押的适用缓刑。

羁押状态影响量刑的不良后果是多方面的。首先，可能违法量刑。对于何种情形可以适用缓刑，刑法规定了严格的条件，不按照法定条件适用缓刑的就是违法量刑。而在司法实践中，不符合缓刑适用条件而被采取取保候审等非羁押措施的犯罪人是相当普遍的，如果出于简便易行的目的对不适于判处缓刑而实际上非羁押的犯罪人适用缓刑，显然是违背法律规定而导致违法量刑。据笔者了解，司法实践中公然违背法定条件而适用缓刑的现象并不少见，法官通常对非羁押犯罪人的案件“创造”条件而适用缓刑，如强行说服其认罪、强行调解等，这种方式同样不利于案件公正处理，与立法精神相悖。其次，导致量刑不公。实践中并非仅仅非羁押的犯罪人符合缓刑适用条件，实际上大量处于羁押状态的犯罪人同样符合缓刑适用条件，然而仅仅由于他们处于羁押状态，就得不到缓刑适用，这便明显造成量刑不公，导致量刑上的不平等对待。再次，可能产生“公检”干预量刑现象。公安机关、检察机关是刑事诉讼的前期主导机关，如果羁押状况成为影响缓刑适用的常态因素，公安机关或者检察机关就可以根据自己的目的通过是否羁押犯罪人来干预实际量刑，即如果希望对犯罪人适用缓刑的就对其不予羁押，如果希望对犯罪人判处实刑的就对其羁押，使得司法审判丧失了独立性，成为任由其他机关左右的工具。最后，容易滋生腐败。既然羁押状态事关最后量刑结果，犯罪人为了获得缓刑适用机会便会想方设法在诉讼前期取得保释机会，这就有可能发生犯罪人贿买官员或官员权力“寻租”现象，司法腐败便不可避免。

目前，全国已经对缓刑犯开始实施社区矫正工作，北京市是较早试点并全面落实社区矫正制度的地区之一，具有较为成熟的配套管理举措，能够有效地对缓刑犯进行管理、教育和矫正。因此，尽管抢劫罪属于较严重犯罪，但也并非不可以适用缓刑，对于情节较轻、人身危险性较小的犯罪人可以通过适用缓刑的方式令其接受社区矫正。为此，应当消除羁押状态对缓刑适用的不当影响，依法进行合理量刑。

（四）因人而异的量刑结果

受性别因素的影响，不同性别的法官可能对犯罪事实形成不同的评价，进而影响实际的量刑结果。经统计发现，男法官的量刑均值是 59 个月，而女法官的量刑均值是 42 个月，在有期徒刑一年以下的区间内，女性法官量刑的比例远远高于男性法官的量刑比例，而在有期徒刑三年以上十年以下和有期徒刑十年以上的幅度内，男性法官量刑的比例则高于女性法官的量刑比例。与此同时，统计表明，男法官审理的抢劫案件在罪行程度上明显重于女法官审理的案件。但即便如此，在相同设定条件的范围内，即审理相同罪行程度的案件，男法官在量刑上也重于女法官，形成了法官性别在量刑上的“重男轻女”现象。另外，在缓刑适用方面，男性法官的缓刑适用率是 22.8%，高于女性法官的缓刑适用率 15.7%，即男性法官更倾向于适用缓刑，而女性法官则更加谨小慎微不敢轻易适用缓刑。

之所以出现法官性别上的量刑差异，这与个体性别上的心理差异不无关系。“审判既系任由人为之，则人之心理对其所为之审判，不无影响，况自由心证向被采为诉讼法上之原则，则法官之认事用法，几凭其主观，故谓审判纯属于法官心理之问题殆非过言。”①一般来说，“在思维方面，男性偏向于逻辑思维，女性偏向于形象思维”。②因而男性法官在定罪量刑时显得更为果敢、冷静与现实，而女性法官则对案件的细枝末节更为关注，以便为被告人从轻量刑找到情理上与法理上的根据。在情感方面，“男性情绪一般比较稳定，通常不会为一点小事而耿耿于怀……男性对情绪的控制力比女性强。女性的行为常受她们情绪的影响，对情绪的控制力也较差”。③这种差异反映到量刑上，男性法官的量刑较为稳定，而女性法官则可能出现较大反复和明显波动，甚至经常出现犹豫不决。在行为心理方面，“女性往往同时用大脑的左右半脑同时处理问题，这就使她们在某些方面比男子更有观察力”。④正是女性的这一特点，加之她们细腻的情感、强烈的同情心和怜悯心，使她们更能注意到案件中的细微之处，发现男性法官所没有注意到的问题，从而更适于案件的纠错、复查等工作。总而言之，性别差异反映到量刑上并没有优劣之分，只是认识角度的不同而已。

但无论如何，法官性别导致量刑上的差异是客观存在的。正如日本学者曾根威彦教授所言：“量刑结果最好能够为当事人所预测。”⑤而法官性别造成的量刑差异必将引起量刑结果的不确定性，即案件落在男法官手里可能受到重判，而落在女法官手里则可能得到较轻判决，在缓刑适用方面，落在男法官手里就会获得更高的缓刑机会，而落在女法官手里则会得到更少的缓刑机会。这显然是平等量刑规定所不允许的。

---

① 蔡墩铭：《审判心理学》，水牛出版社 1991 年版，序言。

② 贾进强：《性别差异心理探秘》，中央民族大学出版社 1997 年版，第 5 页。

③ 同上书，第 114 页。

④ 同上书，第 185 页。

⑤ [日] 西原春夫主编：《日本刑事法的形成与特色》，李海东等译，法律出版社、日本成文堂联合出版 1997 年版，第 14 页。

三、应当正视的几个问题

实证研究在提示量刑必须注意改变某些现状的同时，还对量刑实践中应当正确对待的几个典型问题向我们发出了警示，如如何看待律师作用、量刑政策影响和犯罪人性别上的量刑差异等。

（一）必须重视辩护人作用

在刑事诉讼中，应当如何看待辩护人尤其是律师的作用，一直以来是一个饱受争议的问题，即辩护人能否真正发挥影响量刑结果的作用。因为与英美法系国家的当事人主义诉讼模式不同，我国的刑事诉讼制度具有浓厚的职权主义色彩，更加强调司法机关在刑事诉讼中的主导作用，而对辩护人的地位和功能重视不足，从而在很大程度上抑制了辩护人作用的发挥。与此同时，司法实践中对辩护人地位的认识并不一致，如在律师制度建立初期，曾发生过法官将律师赶出法庭的“闹剧”，还有些法官认为辩护人为罪犯辩护，是包庇罪犯的表现，在逆反心理的影响下，个别法官会竭力寻找律师在案件中所表现出来的细节漏洞，视律师出庭只是一种装饰审判或法律门面的形式而已，对其辩护意见充耳不闻。[①] 对此情况，陈永生教授在《我国刑事误判问题透视——以20起震惊全国的刑事冤案为样本的分析》一文中得到了印证，即其所收集的20起冤案中，有17起案件（85%）的律师都尽到了应尽的职责，做了无罪辩护并指出了侦查、检察机关的指控以及法院裁判中存在的问题，可由于侦查、起诉、审判机关习惯性地忽视律师意见，辩护意见并未被采纳。[②] 而就法官来说，他们大多相

---

① 参见安永强：《量刑偏差的心理分析——量刑规范化的心理基础》，人民法院出版社2010年版，第114页。

② 参见郝川：《中国量刑指导制度研究——以量刑指导意见为切入点》，人民出版社2013年版，第181页。

信自己有足够的能力了解全部案情，从而无须在辩护人帮助下作出公正无私的判决结果。这一点，笔者作为一个从事多年刑事审判的法官也深有感触，认为有些辩护人的辩护意见较为肤浅，并不能有效影响法官的定罪量刑，而更愿意自行了解案情作出判决。然而实际统计结果表明，律师参与下的量刑均值是 40 个月，而无律师参与下的量刑均值是 57 个月，是否有律师参与形成量刑上的显著性差异。同时在缓刑适用上，有律师参与的缓刑适用率是 29.8%，无律师参与的缓刑适用率是 5.7%，说明律师参与确实起到了维护犯罪人权益并进而影响缓刑适用的作用。这一统计结果雄辩地表明，律师参与在刑事诉讼中的作用是客观存在的，必须引起足够重视。

辩护制度的不断完善是一个法治国家的重要标志，越来越受到文明社会的重视。因为辩护人作为控辩审三角诉讼构造中的一方，具有举足轻重的地位和作用，辩护作用的发挥既是诉讼功能不可或缺的内容，也是法官查明案件真相从而准确量刑的保障。俗话说，“百密也有一疏”。无论法官的思考多么缜密，也难免会发生疏漏，辩护人的作用就是要帮助法官弥补疏漏避免定罪量刑失当。所以，作为熟悉法律、具有丰富实践经验的法官总是能从律师的陈词与论辩中看到实质性的问题及问题的实质，从而使刑事审判实现“兼听则明”。近年来，随着辩护人素质的不断提高，专业化、职业化程度的加快，辩护人对法官量刑的影响越来越重要，已经成为提高案件审判质量的重要因素。重视辩护人的作用，法官首先要在心理上对律师有认同感，这样才会耐心地倾听律师的意见，从每一个“音符”中寻找合理合法的根据。其次，对于没有律师参与的案件，法官应该通过法律援助或者指定辩护的方式为被告人获得辩护人帮助创造条件，使被告人得到比较公正的量刑结果，重视无辩护人案件的证据审查和事实认定，避免遗漏对被告人有利情节和证据的发现，从而维护被告人的合法权益。因此，无论是法治的要求还是事实的证明，辩护人的作用是显而易见的，司法实践中尤其是法官，必须对辩护人引起足够重视，发自内心地接纳、重视律师的意见，并尽可能地帮助被告人获得律师辩护机会。

（二）必须正确看待刑事政策

在本研究样本的时间跨度内，先后实施了“严打”和宽严相济两个刑事政策。2001 年实施的是我国第三次“严打”活动，2005 年开始提出宽严相济的刑事政策，但直到 2010 年最高人民法院才制定出台详细的贯彻意见。因宽严相济的刑事政策是一项长期坚持的政策，在量刑实践中体现得并不明显，而“严打”政策则不同，由于其“运动式”的实施方式，其对量刑的影响立马显现出来。具体表现为：一是量刑均值猛然升高。根据统计情况，北京市基层法院样本中判处有期徒刑实刑的平均量刑均值是 51 个月，而 2001 年“严打”活动中的量刑均值为 58 个月，超出平均量刑 7 个月，从重处罚的效果体现得十分明显。二是缓刑适用处于较低比例。与“严打”开展之前的 2000 年和开展之后的 2002 年相比，“严打”活动中的缓刑适用比例明显下降，如在有期徒刑三年以下样本范围内，2000 年的缓刑适用率为 23.9%，2002 年的缓刑适用率为 24.5%，而 2001 年的缓刑适用率为 21.2%，分别减少了 2.7 个和 3.3 个百分点，降低的趋势亦十分明显。“严打”政策的基本方针是“从重从快”，从重就是要加大对严重犯罪的惩罚，从而更好地实现特殊预防和一般预防；从快则强调惩罚的及时性，从而体现公正和效率的价值。因而，“严打”政策的实施对社会治安状况的好转在短时间内马上得以显现。与此同时，“严打”政策对于量刑实践中的“案件越多量刑越轻”现象起到一定调整作用。根据前文的统计分析结果，实际量刑与案件数量存在显著相关性，案件数量越多则量刑偏轻。这种状况实际上是与犯罪控制政策不相符的，因为在一般情况下，如果某类犯罪的发案率持续上升，便表明产生此类犯罪的原因比较突出，潜在犯罪人中的相当一部分人也可能实施此类犯罪。[1] 这就需要及时采取严厉措施抑制此类犯罪的增长，即与我国传统文化中的“治乱世用重典”相一致。

然而，“严打”政策的正面效应并不长久，每次“严打”之后的“反弹”现象就是很好的证明。在2001年实施的第三次“严打”也同样存在这种情况，如从本研究收集的样本情况来看，“严打”之后第二年、第三年样本数量持续下降，但从第四年开始出现迅速增长，其犯罪数量很快达到“严打”时的水平。而且，“从重从快”的“严打”要求反映到量刑上不可避免地出现打击泛化的现象，即不管是罪行轻重都有可能受到较重的刑罚惩罚（见图10-1）。

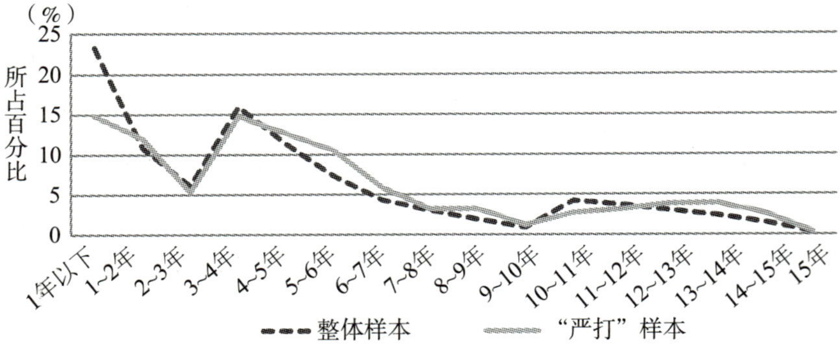

图10-1 北京市基层法院严打期间量刑与整体样本量刑对比

根据图10-1的对比情况，在有期徒刑一年以下较轻刑罚区间内，“严打”期间的样本比例比平时减少了10个百分点，而在有期徒刑四年以上的较重刑罚幅度内，除个别刑期区间外，“严打”期间的样本比例均高于平时的样本比例。这说明“严打”期间的量刑整体升高，即便较轻的罪行也可能被处以较重的刑罚，这明显违背了罪刑相适应的基本

① 参见陈兴良：《刑法适用总论》（下卷），法律出版社1999年版，第332页。

量刑原则。造成这一现象的原因，并不一定是“严打”政策本身对量刑提出的要求，而是“严打”政策所产生的“从重从快”执法氛围对法官量刑形成的巨大心理压力。在这种特有的执法氛围下，法官原有的量刑心理定式被打破，所作判决不再是法官自身对案件的思考和判断，而是完全反映着社会形势环境对法官感染刺激的心理状况。为了验证这一结论，研究中对 2001 年“严打”期间不同性别法官的量刑情况进行了统计，结果如表 10-2 所列。

表 10-2　“严打”期间不同性别法官量刑情况

主刑时长（月）

法官性别	均值	频数	标准差	最大值	最小值	全距	峰度	偏度
男	57.51	621	47.090	180	6	174	-.045	0.983
女	58.42	334	45.689	174	6	168	-.087	0.951
总计	57.83	955	46.583	180	6	174	-.064	0.970

根据表 10-2，在“严打”期间男性法官的量刑均值是 57.5 个月，女性法官的量刑均值是 58.4 个月，即均约为 58 个月。单因素方差分析结果表明［F（1，953）=0.083，p>0.1］，不同性别法官之间的量刑不具有显著性差异。而在北京市基层法院样本情况下，不同性别法官的量刑是存在显著差异的，但仅在“严打”期间，这种差异性便不复存在，这足以说明“严打”政策对法官独立量刑的干扰多么强大。而且，法官在“严打”期间被这种从严处罚形势所感染与同化，很有可能出现超越法律规定之上或之外的量刑。即“从重从快”打击犯罪难以避免地出现冤假错案，近

年来媒体报端一度热议的内蒙古“呼格吉勒图案”[①]就是1996年“严打”中的牺牲品。

由此来看，“运动式”的“严打”只能产生短暂的治安效应，而不能永久持续。且“严打”对象的泛化是“严打”政策在现实中失败的重要原因。[②]对严重犯罪的严惩应当是日常性的、持续性的，应当成为一种“常态”。正是在对“严打”政策反思的基础上，我国提出了宽严相济的刑事政策，即对严重犯罪从严处罚，对较轻犯罪给以区别对待，当宽则宽，当严则严，宽严相济。且政策的实施不再是“运动式”的，而是成为指导刑事司法活动的长期方针，这应该说是符合量刑规律的合理举措。

（三）必须慎重对待性别差异

法律面前人人平等，犯罪人的性别差异本不应该影响量刑。但实际情况并非完全如此：一是法律本身就体现了某种不平等或者说特殊的保护，如法律出于人道主义的考虑，对于怀孕的犯罪妇女在量刑时就作了特别规定。二是在某种程度上基于传统文化的深层次影响，法官对性别的传统定位与看法，以及法官基于个人生活准则或者经历产生的对性别的不同认知。不管是前者或后者，都能准确无误地反映在其判决中。从目前的司法实践看，较为普遍的是法官量刑时的“重男轻女”现象。同样的罪行，甚至女方更为严重一点的罪行，量刑结果却是女犯一般较男犯轻。本

① 1996年4月9日，内蒙古自治区呼和浩特市毛纺厂年仅18周岁的职工呼格吉勒图被认定为一起奸杀案凶手。案发仅61天后，法官判决呼格吉勒图死刑，并立即执行。2005年被媒体称为“杀人恶魔”的内蒙古系列强奸杀人案凶手赵志红落网。其交代的第一起杀人案就是“4·09”毛纺厂女厕女尸案，从而引发媒体和社会对呼格吉勒图案的广泛关注。2014年11月20日，内蒙古自治区高级法院召开新闻发布会宣布呼格吉勒图案进入再审程序，2014年12月15日，内蒙古自治区高级法院改判呼格吉勒图无罪。详见《内蒙“呼格吉勒图案”再审宣判：被枪决18年后，呼格吉勒图被宣布无罪》，载《法制晚报》2014年12月15日。

② 参见侯宏林：《刑事政策的价值分析》，中国政法大学出版社2005年版，第327页。

书的研究结论也证实了这一点，即通过样本统计，虽然在总体上女性犯罪人的量刑高于男性犯罪人的量刑，但在罪行程度大致相等甚至在女性的罪行略严重于男性的情况下，女性的量刑明显低于男性的量刑，且相差达6个月。而且在缓刑适用方面，女性犯罪人同样受到法官量刑的“偏爱”，根据统计情况，男性犯罪人的缓刑适用率是17.8%，女性犯罪人的缓刑适用率是45.7%，且在排除了未成年人因素影响的情况下，女性犯罪人的缓刑适用率仍然高于男性犯罪人。

这种现象的产生，究其心理根源，有人认为是封建社会遗留的重男轻女思想在法官量刑时的表现；有人认为是法官积淀的传统文化深层的对弱者的怜悯之心的表露；有人认为是由于社会上犯罪人大多为男性，从法律上体现对男犯的从严打击。[①]不管认识如何，有一点是肯定的，即性别在量刑时有差别，而这种差别大多为社会公众所认可和接受。就抢劫罪量刑统计情况看，不同性别犯罪人的量刑差异还与各自的人身危险性程度和在犯罪中的地位密切相关。因为犯罪学研究表明，女性犯罪在行为方式上具有非体力性特点，即囿于自身体力条件的限制，她们在犯罪中较少实施攻击性行为，而大多依附于男性实施“配角”的角色。如本研究统计中，女性单独实施抢劫罪的比例仅为10.2%，低于男性20.8%的比例，且女性在犯罪中被认定从犯的比例为21.9%，远远高于男性4.5%的比例。同时，女性在犯罪起因上多表现出被动性的特点，从而具有较低的人身危险性。对此，可通过是否实施数罪和前科劣迹情况得到印证，如女性实施数罪的比例是7.1%，低于男性11.4%的比例，女性的前科劣迹率是11.2%，低于男性15.3%的比例。可见，女性的人身危险性程度小于男性。由此可见，对女性犯罪人处予轻于男性的刑罚也是合乎量刑要求的。

---

① 参见安永强:《量刑偏差的心理分析——量刑规范化的心理基础》，人民法院出版社2010年版，第106页。

但法律并没有就性别在量刑时“可以”或“应当”有差异作出规定，即单纯的性别因素影响量刑并没有法律依据。为此，应当在实际量刑中慎重对待性别因素对量刑的影响，除非有合理的从宽处罚理由，如从犯地位、较小的人身危险性等，尽量避免单纯因性别差异而作出较大差别的量刑结果。

第二节 量刑研究结论的启示

量刑实证研究结论除了具有总结量刑经验的功能外，还是量刑实践的真实写照，反映出量刑实践中需要解决的问题和检验立法在实践中的适用状况，并为量刑规范和立法调整提供方向指引。

一、对量刑规范的启示

通过全样本的量刑考察，司法实践中对抢劫罪的量刑并非尽善尽美，在一定程度上存在量刑偏差的现象，从而有必要针对量刑偏差产生的原因进行必要的量刑规范。

（一）分析量刑偏差原因的启示

从实证量刑统计情况来看，实践中存在着较多影响量刑均衡的因素，这些因素实际上就成为查找量刑偏差的原因。主要体现在以下方面：

1. 事实认定错误导致量刑偏差。抢劫犯罪事实是量刑的基础，只有对相同事实作出相同的认定和评价才能保证量刑的公正和均衡。然而样本统计发现，量刑实践中存在着错误认定事实的现象，主要包括入户情形、抢劫行为的既未遂、抢劫次数等的认定问题。

关于入户抢劫的认定。抢劫罪立法将入户作为法定刑升级的情形之一，即凡是入户抢劫的属于加重抢劫罪。而在样本统计中发现，多个样本中存在入户情形却没有认定加重并在有期徒刑十年以下量刑。如一起刑事判决书认定了以下事实：2003 年 2 月 19 日 16 时许，被告人谷某、王某酒后伙同他人来到曾某的暂住处，用拳脚及菜刀背对正在家中的曾某进行殴打，后被告人谷某将曾某的一部摩托罗拉 L2000 型手机拿走，该手机价值人民币 300 元，并强迫曾某将院内的一辆自行车车锁撬开推到谷某的家中，该自行车价值人民币 108 元；被告人王某当场向曾某索要人民币 10 元。该院经审理认为，被告人谷某、王某目无国法，以非法占有为目的，使用暴力手段强行劫取他人财物，其行为已构成抢劫罪，被告人谷某系累犯，应依法从重处罚，故判决被告人谷某犯抢劫罪，判处有期徒刑六年，并处罚金 4000 元；被告人王某犯抢劫罪，判处有期徒刑五年，并处罚金 3000 元。该案中谷某、王某闯入被害人暂住地实施抢劫行为，显然属于入户抢劫，而判决书却未予认定，且在其中一名行为人系累犯的情况下仅对其判处有期徒刑六年，明显导致量刑失当。

关于抢劫既未遂的认定。由于抢劫罪侵犯的是复杂客体，既侵犯财产权利又侵犯人身权利，为了统一抢劫罪的既未遂认定标准，最高人民法院于 2005 年发布了《关于审理抢劫、抢夺刑事案件适用法律若干问题的意见》(法发〔2005〕8 号)，规定具备劫取财物或者造成他人轻伤以上后果两者之一的，均属抢劫既遂；既未劫取财物，又未造成他人人身伤害后果的，属抢劫未遂。然而，在上述司法解释发布以前，司法实践中在既未遂认定上出现了一定程度的混乱，有一定数量的判决将是否造成轻微伤作为认定既遂的标准，还有少量的判决以是否实施暴力行为作为认定依据。这种降低标准的既遂认定无疑会对犯罪人的量刑产生不利影响，从而事实上造成了处罚上的不均衡。

关于抢劫次数的认定。抢劫罪立法将抢劫 3 次以上作为法定刑升级条件之一，因而是否抢劫 3 次以上成为影响量刑的重要因素。同时，法发

〔2005〕8号司法解释对抢劫次数的认定提出了明确的标准，然而司法实践中仍然存在着明显系多次抢劫的情形而未予认定的问题。如某刑事判决书查明的事实是:（1）2006年11月15日18时许，被告人吴某伙同张某、段某（均另案处理）在一夹道胡同内，以暴力相威胁，抢劫被害人安某山水牌MP4播放器一部（经鉴定价值人民币323元，已收缴并发还）、新大地牌自行车一辆（经鉴定价值人民币199元，未收缴）、人民币现金20元，后将所抢自行车销赃获利。（2）2006年11月20日18时许，被告人吴某伙同张某（另案处理）在一夹道胡同内，以暴力相威胁，抢劫被害人金某美利达牌自行车一辆（经鉴定价值人民币1198元，已收缴并发还），抢劫被害人高某永久牌自行车一辆（经鉴定价值人民币368元，已收缴并发还），后将所抢自行车销赃获利。（3）2006年11月23日18时许，被告人吴某伙同张某、段某（均另案处理）在一夹道胡同内，以暴力相威胁，抢劫被害人李某爱国者牌MP3播放器一部（经鉴定价值人民币109元，已收缴并发还），富士达牌自行车一辆（经鉴定价值人民币585元，已收缴并发还），后将所抢自行车销赃获利。该判决以被告人吴某认罪态度较好为由对其从轻处罚，判决被告人吴某犯抢劫罪，判处有期徒刑五年，罚金人民币2000元。

2. 法律适用错误导致量刑偏差。在事实认定无误的情况下如果错误适用法律，也同样形成量刑不当的结果，从而产生量刑偏差。样本统计中发现的法律适用错误情形主要是：无减轻处罚情节在法定刑以下量刑、对未成年人附加剥夺政治权利、应当附加财产刑没有判处、免除处罚附加财产刑、判处罚金数额不合法等。

关于无减轻处罚情节在法定刑以下量刑。经统计，在法定刑十年以上有期徒刑减轻处罚的738个量刑结果中，有731个样本存在法定减轻处罚情节，另外7个没有任何可以减轻处罚的情节，且从判决书表述情况看，也不属于酌定减轻处罚。

关于对未成年人附加剥夺政治权利。根据《最高人民法院关于审理未成年人刑事案件具体应用法律若干问题的解释》（法释〔2006〕1号）第14条的规定，“除刑法规定‘应当’附加剥夺政治权利外，对未成年罪犯一般不判处附加剥夺政治权利”。抢劫罪不是“应当”附加剥夺政治权利的罪名，因而对未成年罪犯一般不应当附加剥夺。统计发现，仍有5名未成年人被判决附加了剥夺政治权利。

关于应当附加财产刑没有判处。抢劫罪立法对附加财产刑作出了明确规定，即要么判处罚金，要么判处没收财产。但实际统计发现，除了适用1979年《刑法》没有附加财产刑的样本以外，仍有6个样本应当附加财产刑而没有判处。

关于免除处罚附加财产刑。免除处罚即免除刑罚处罚，这里的“刑罚”应当既包括主刑也包括附加刑，免除处罚的不只是要免除主刑，也不能再判处附加刑。然而，在统计中仍然发现有一个判决对两个属于从犯的犯罪人在免除处罚的同时，均被附加罚金刑2000元。

关于判处罚金数额不合法。对于罚金数额，《最高人民法院关于适用财产刑若干问题的规定》（法释〔2000〕45号）明确了罚金最低数额不能低于1000元、对未成年犯罪人不能低于500元的标准，然而实践中却存在着对成年犯罪人也判处500元罚金数额的现象，这显然是不合法的罚金量刑。

3. 同罪异罚导致量刑偏差。同等罪行处以同等刑罚是量刑均衡的当然要求，而量刑实践中却没有达到这一要求，同罪异罚的现象明显存在。虽然不同案件具有不同的情节，正如世界上没有完全相同的两片树叶一样，现实中也没有完全相同的两个案件。然而，尽管刑事案件之间千差万别，仍然存在大致相同的犯罪情形，这些大致相同的犯罪情形在量刑时理应给予大致相同的处罚结果，以体现同罪同罚和量刑平等的基本处罚原则。如以抢劫罪犯罪预备为例，犯罪人为了实施抢劫行为而在准备工具、制造条件时被查获，其既没有抢到任何财物，也没有对被害人实施伤害行为，他们对社会的危害程度基本相差不大，在量刑时应给予基本一致的处罚，然而实际情况并非如此。具体来说，北京市基层法院样本中属于抢劫罪犯罪预备的有 1856 个，量刑均值是 10 个月，中值和众数刑期是 8 个月，最小值是 0，最大值是 114 个月，峰度是 48.417，偏度是 6.461。其中，被免除处罚的有 27 个，占 1.5%；判处 4 个月的有 4 个，占 0.2%；判处 5 个月的有 3 个，占 0.2%；判处 6 个月的有 266 个，占 14.4%；判处 7 个月的有 343 个，占 18.5%；判处 8 个月的有 773 个，占 41.7%；判处 9 个月的有 32个，占 1.7%；判处 10个月的有 104个，占 5.6%；判处 11个月的有 6个，占 0.3%；判处 12 个月的有 164 个，占 8.9%；判处 13 个月的有 3 个，占 0.2%；判处 14 个月的有 5 个，占 0.3%；判处 15 个月、16 个月的各有 1 个，占 0.1%；判处 18 个月的有 46 个，占 2.5%；判处 24 个月的有 21 个，占 1.1%；判处 30 个月的有 11 个，占 0.6%；判处 36 个月的有 18 个，占 1.0%；判处 48 个月的有 2 个，占 0.1%；判处 60 个月的有 4 个，占 0.2%；判处 66个月的有 1个，占 0.1%；判处 72个月的有 7个，占 0.4%；判处 84个月、96个月的各有 6个，占 0.3%；判处 108个月、114个月的各有 1个，占 0.1%。这种情况表明，抢劫罪的犯罪预备虽然存在明显的集中化趋势，即大部分样本的量刑处于有期徒刑一年以下的区间内，但仍有一定比例的样本分散在有期徒刑十年以下的各个区间，这说明实践中的量刑并不一致，有的被免除处罚，有的却被判处有期徒刑三年以上的刑罚，即仍有少量样本的量刑出现偏轻或偏重的现象。

4. 非合理因素影响量刑导致量刑偏差。通过对量刑影响因素的考察，实践中存在许多不合理的影响量刑因素，这些因素既不体现罪行的严重程度，也与犯罪人的人身危险性大小无关，但却现实地发挥着影响量刑的作用，由此形成的量刑差异也自然不具有合理性，并最终导致量刑偏差。如前文研究中的法官性别、审理法院、羁押状况、户籍身份等因素，它们本来不应当影响最终的量刑结果，但却由于各种人为的案外因素导致了不同的量刑结果，造成了客观上的量刑不均衡。

鉴于上述量刑失衡原因的存在，规范量刑便成为必然的选择。为此，最高人民法院出台了《人民法院量刑指导意见（试行）》和《人民法院量刑程序指导意见（试行）》，并于 2008 年 8 月下发了《最高人民法院关于开展量刑规范化试点工作的通知》，确定在江苏省泰州市等 4 个中级人民法院和北京市海淀区等 8 个基层人民法院对两个文件进行试点，后于 2010 年 10 月 1 日在全国法院试行。量刑规范化实施以来的效果如何，研究过程中进行了实证检验。

首先，鉴于 2010 年 10 月 1 日开始全国试行量刑规范化意见，研究时对 2011 年样本的量刑情况与 2011 年之前样本的量刑进行了比较，分析容易导致量刑偏差的法官性别、犯罪人户籍因素对量刑的影响变化。结果如表 10–3 所列。

表 10–3 量刑指导意见试行前后北京市基层法院量刑对比①

影响因素		试行前			试行后		
		均值	频数	标准差	均值	频数	标准差
法官性别	男	59.00	3776	46.644	65.84	118	45.358
	女	42.15	3747	41.827	50.26	107	44.678
	总计	50.61	7523	45.101	58.43	225	45.607
	方差分析	$F(1, 7521)=271.899$，$p<0.001$			$F(1, 223)=6.713$，$p<0.05$		
户籍因素	本地人	56.09	1506	42.277	36.39	33	26.770
	外地人	70.71	3562	45.576	75.81	137	48.100
	总计	66.37	5068	45.114	68.16	170	47.350
	方差分析	$F(1, 5066)=113.595$，$p<0.001$			$F(1, 168)=20.562$，$p<0.001$		

① 考察户籍因素对量刑的影响系在犯罪既遂样本范围内进行的。

根据以上比较结果，量刑指导意见试行前后不同法官性别、不同户籍之间在量刑上都具有显著性差异，量刑指导意见对消除量刑偏差方面成效不明显。

其次，考虑到作为城乡接合部的北京市海淀区人民法院自2008年即开始量刑指导意见的试点工作，再次对该院2008年以前样本的量刑与2008年以后样本的量刑进行了比较，容易导致量刑偏差的法官性别、犯罪人户籍因素对量刑的影响变化如表10-4所列。

表10-4 量刑指导意见试行前后海淀法院量刑对比①

影响因素		试行前			试行后		
		均值	频数	标准差	均值	频数	标准差
法官性别	男	56.61	1980	48.899	58.98	337	49.567
	女	32.26	2159	37.497	40.12	283	40.062
	总计	43.91	4139	44.997	50.37	620	46.403
	方差分析	F（1，4137）=326.064，p<0.001			F（1，618）=26.452，p<0.001		
户籍因素	本地	52.33	399	44.029	65.29	41	50.003
	外地	70.50	1918	45.951	74.05	321	47.386
	总计	67.37	2317	46.130	73.06	362	47.699
	方差分析	F（1，2315）=52.406，p<0.001			F（1，360）=1.226，p>0.1		

根据以上比较结果，量刑指导意见试行前后不同法官性别之间的量刑差异性均为显著，而不同犯罪人户籍之间的量刑差异则发生了变化，即试行前存在显著性量刑差异，而在试行后则不存在显著性差异。这说明量刑指导意见试行后对海淀法院针对不同户籍犯罪人的量刑起到了一定程度的规范效果，但仍然没有达到量刑均衡的程度。

总而言之，最高人民法院为规范量刑而实施的量刑指导意见并未在量

① 考察户籍因素对量刑的影响系在犯罪既遂样本范围内进行的。

刑实践中切实达到量刑均衡的目标，仍然需要采取更加有效的措施进行规范量刑。

（二）探索量刑规范路径的启示

在探索量刑规范的路径前，有必要弄清楚规范量刑的目标，只有这样才能为路径探索指明方向。量刑规范的目标体现为两个方面：一是罪刑均衡，即“刑罚的轻重须与行为人的罪质罪量相适应，这是立法与司法的基础选择”。[①]对于抢劫罪量刑来说，就是要求刑罚的轻重必须与罪行的危害程度和行为人的危险性程度相适应，以体现刑罚的报应和预防功能。二是同案同罚，即法官“只有在一个判决与另一个判决之间维持某种程度的平衡，他才能在一个犯罪者和另一个犯罪者之间做到公正，而且罪刑均衡不是为了获得判决的统一性，而是试图获得某种方法上的统一性”。[②]这意味着法官必须执行统一的裁判尺度，不能因案而异、因法官而异、因犯罪人而异。因此，结合样本统计中存在的影响量刑偏差的原因，可从以下方面进行量刑规范：

1. 加强量刑建议与量刑监督。一直以来，我国司法实务部门具有“重定罪、轻量刑”的“定罪中心主义”传统，公诉机关往往以法院认定有罪作为考核指控质量的标准，而对量刑轻重则较少关注，使法院独自一家掌控着量刑决定权。由于较少听到不同的量刑声音，法官在缺少参考意见的情况下只能单凭自我感觉作出裁判，量刑的随意性也就在所难免。如量刑实践中存在的事实认定错误和法律适用错误，由于不影响有罪认定，公诉机关一般较少通过法律监督途径进行监督纠正，而任由量刑偏差一直存在。实际上，量刑活动与定罪活动一样，法官同样需要在控辩双方的对抗

① 王利荣：《论量刑合理性》，西南政法大学 2007 年博士学位论文，第 34 页。

② [英] 史密斯、霍根：《英国刑法》，李贵芳等译，法律出版社 2000 年版，第 9 页。

中“兼听则明”，在了解不同量刑意见的基础上作出准确的刑罚判断，从而实现量刑的公正与均衡。而且，公诉机关作为法律监督机关的权威，其提出的量刑意见对法官量刑无疑产生较强的约束力，除非在量刑意见不合理或者存在其他正当理由的情况下，法官必须先听取公诉机关提出的量刑建议，这便对法官的非理性量刑和无依据量刑产生极大约束，使量刑结果回归本位。

近年来，各地检察机关纷纷开展了量刑建议活动，并将量刑建议情况纳入考核内容，这无疑对防止量刑擅断起到了重要作用。但从近年来的量刑建议实践情况来看，仍然存在以下需要改进的问题：一是量刑建议准确率需要提高。虽然目前公诉机关提出的量刑建议表现为一定量刑幅度，但对事实认识的偏差导致量刑建议偏轻或者偏重，导致无法被法官采纳。量刑建议毕竟是作为司法机关之一的公诉机关提出来的，如果建议没有被采纳，无疑会引发被告人或被害人的不满，即如果量刑建议偏重而没有被采纳的，被害人则会怀疑法官偏袒被告人而引发信访问题，如果量刑偏轻没有被采纳的，则被告人会认为法官又量刑过重，必然不服提出上诉。二是量刑建议说理性需要加强。目前公诉机关提出的量刑建议一般仅仅罗列相关量刑情节，并给出一定量刑幅度，对为何提出该量刑建议则没有任何理由。这不利于说服法官认可量刑建议的合理性，也不便于消除当事人对量刑建议和法官判决孰轻孰重的疑虑。三是量刑建议需要摆脱考核因素影响。由于检察机关存在逮捕必要性等有关指标的考核，如果逮捕的犯罪人被法院适用缓刑的，则会影响内部考核成绩，因而公诉机关在量刑建议时往往以考核质量为重，如对于适宜适用缓刑而被逮捕的犯罪人，也不建议适用缓刑，这便在很大程度上影响了量刑公正。四是量刑建议应涵盖主刑和附加刑。无论是主刑还是附加刑都是量刑活动的重要内容，都事关量刑结果的公正性和合理性。而在实践中，公诉机关的量刑建议大多偏重于主刑，而对附加刑的适用种类和轻重较少提出具体建议，这有待继续改进。

2. 细化量刑规范尺度。从最高人民法院实行的量刑指导意见来看，其对量刑规范的尺度明显过于宽松，不利于对法官的自由裁量权形成有效约束。在规范方式上，量刑指导意见规定的量刑步骤是：先根据基本犯罪构成事实确定量刑起点，再根据罪行程度确定基准刑，最后通过量刑情节调节基准刑并最终确定宣告刑。然而，其对法定刑及情节适用比例的规定幅度仍然过于宽泛。如在量刑起点方面，2010 年《人民法院量刑指导意见（试行）》对普通抢劫罪量刑起点的规定是有期徒刑三年至五年，对加重抢劫罪的规定是有期徒刑十年至十二年，而 2014 年《人民法院量刑指导意见》的规定则更宽，对普通抢劫罪的量刑起点规定为有期徒刑三年至六年，对加重抢劫罪量刑起点规定为有期徒刑十年至十三年。在基准刑确定方面，前后两个量刑指导意见均没有明确幅度范围；在量刑情节方面，所给出的浮动比例较大，如："对于从犯，应当综合考虑其在共同犯罪中的地位、作用，以及是否实施犯罪实行行为等情况，予以从宽处罚，可以减少基准刑的 20% ～ 50%；犯罪较轻的，可以减少基准刑的 50% 以上或者依法免除处罚。"而且，量刑指导意见规定的情节较少，并不能涵盖所有可能遇到的量刑情节。这种过于宽泛和粗糙的规定虽然便于法官根据案件不同情况作出罪刑相适应的判决结果，但也为法官基于不合理的理由任意裁判大开方便之门，因而成为试行后规范效果甚微的重要原因。

既然规范量刑的方式都是在约束法官的自由裁量权，那么进一步细化量刑规则便成为有效的制约方法。所以，与我国宽泛的量刑规则不同，美国《量刑指南》的规定要细密得多。根据《量刑改革法》的要求，委员会制定的量刑指南必须"通过使犯罪行为种类与罪犯特征种类相对应来为每一类已定罪的人确定适当刑罚。如果指南要求判处监禁，则适用的幅度必须狭窄：该幅度最大值不能超过最小值的25%或6个月”。[①] 因而其量刑指南将某一罪名的法定刑根据不同的犯罪性质和犯罪人特征细化为若干个刑罚幅度，法官在量刑时对号入座找到具体犯罪对应的刑罚幅度，从而达到压缩法官量刑裁量空间的目的。[②] 为此，我国在规范量刑方面应该进一步探索量刑指导的具体方式，在规范时不只是要体现在统一的量刑方法上，还要对具体裁量幅度作出进一步细化，使法官能够根据不同案件情况“对号入座”，减少不同的理解而导致的偏轻偏重。

3. 建立科学、统一的审判管理制度。根据量刑实证研究结论，不同的审判管理制度也是导致量刑偏差的重要原因。如在缓刑适用方面，不同法院之间的缓刑适用率存在显著差异，中心区、接合部和远郊区的缓刑适用率分别是42.8%、6.2%和22.4%。这其中固然有不同区域存在案件特点的差异，但不能不考虑不同法院之间的内部审判管理制度因素。据对不同法院法官的访谈调查，凡是对缓刑适用审批机制严格的法院，其缓刑适用率就低，否则其缓刑适用率就高。这样一来，缓刑适用本来是一个纯粹的量刑问题就演变成了一个烦琐的行政性事务，从而变相形成了对法官量刑的人为干预。而且，由于不同法院为加强审判管理制定了宽严不同的管理制度，管理制度的不同反映到实际量刑上就产生不同的量刑结果，从而成为影响量刑不统一的重要原因。另外，不同的繁简程序应该对应相应难易程度的案件类型，适用缓刑的案件相对罪行较轻且审理简单，理应在简易程序内审理，而实际统计表明，简易程序、“简便审”程序和普通程序的缓刑适用率分别是8.4%、13.2%和29.9%，即审理罪行较轻案件的简易程序反而适用缓刑率低，而审理相对复杂案件的普通程序反而缓刑适用率高。这种状况无不与烦琐的缓刑适用流程存在

① [美]美国量刑委员会编：《美国量刑指南——美国法官的刑事审判手册》，逄锦温等译，法律出版社2006年版，第1页。

② 参见皮勇、王刚、刘胜超：《量刑原论》，武汉大学出版社2014年版，第183页。

很大关系，简易程序的较短期限难以完成上述工作。因此，对于缓刑适用的审判管理制度必须进行改善。

所以，法院为加强审判管理制定相应管理制度本来无可厚非，但制度的制定应当科学、统一，而不能违背审判规律和各自为政。一方面，审判管理制度应当力求科学。具体来说，量刑管理制度应当保证法官独立自主行使审判权，消除不合理因素对法官审判的干扰。如为了防止缓刑滥用，可以通过细化缓刑适用条件、严格考核标准等方面加强管理，而不可人为设置汇报、审批流程，甚至召开审委会来对缓刑适用进行“把关”；再如，为了消除量刑过程中对羁押犯罪人适用缓刑后的“放人”和对非在押犯罪人判处实刑后的“收监”带来的不便，可以探索建立审判和“放人”“收监”分离的审判管理制度，避免烦琐事务对量刑的消极影响。另一方面，审判管理制度应当确保统一。统一的管理制度是实现量刑结果统一的保证。为此，不同法院在制定内部审判管理制度时应当报经上级法院批准，上级法院对于可行性的审判管理制度应当在辖区内推广施行，以此来保证不同法院也能做到量刑统一。

4. 合理配置审判资源。量刑是法官主导下的认识判断活动，因而法官是量刑活动中最重要的审判资源。然而，由于不同个体的法官在生活阅历、知识结构、价值观念等方面均存在较大的差异，反映到量刑中也会形成不同的评价标准和轻重看法。如根据上述实证研究的结论，仅仅由于法官性别的不同，即在量刑中形成差别较大的量刑结果，从而成为影响量刑均衡的重要因素。那么在这种情况下，能否通过教育、培训的方式统一不同法官的认知和评判标准呢？应当说，这种想法在一定程度范围内是可行的，通过培训使法官掌握相对一致的量刑方法和大致相同的评价标准是完全可以实现的。然而，量刑是一个复杂的过程，单凭量刑方法的统一和评价标准的一致并不能解决量刑过程中的所有问题，仍然避免不了法官的独立思考和分析。个体的独立性和差异性是客观存在的，而且是不能通过单纯的教育培训就能消除的。

但是，即便法官个体差异不能消除并不意味着法官个体对量刑差异的影响就不能消除。由于审判量刑是在一定诉讼程序中进行的活动，因而可以通过合理配置法官参与量刑的方式来消除法官个体差异对量刑的影响。以法官性别差别为例，为了实现量刑的均衡和统一，可以采用以下三种方式配置不同性别的法官：一是以案件性质配置法官。既然不同性别的法官存在类型化思维方式的特点，为了保证同类案件得到相同的刑罚处罚，可以将同类案件分配给相同性别的法官审理。由相同性别的法官审理同一类型的案件，[①] 甚至在可能的情况下由同一性别的法官组成合议庭，该类案件的量刑结果自然就不存在法官性别差异的影响了。二是以罪行程度配置法官。量刑实证研究结果表明，总体上男性法官量刑偏重，女性法官量刑偏轻，而根据“重罪重判、轻罪轻判”的宽严相济刑事政策要求，可以将罪行较重的案件分配给男性法官审理，而将罪行较轻的案件分配给女性法官审理，从而可以利用法官性别在量刑上的差异性特点较好地实现量刑结果的“宽严有别”。三是混合配置法官。为了平衡男性法官在量刑中的“果断”和女性法官在量刑中的“保守”特点，可将需要冷静判断和谨慎把握的案件交由男性法官和女性法官组成的合议庭进行审判，这样可以充分发挥不同性别法官的心理优势作出更为客观的量刑结果。当然，上述法官配置方式的有效实施是以法官资源充足为前提的，在当前法院处于“案多人少”的局面下，要想游刃有余地进行合理配置无疑是一件艰难的事情。

5. 设立跨区审判机构和开展人员定期交流机制。实证研究表明，不同

① 在法官独任审判的情况下，直接根据法官性别分配案件即可；而在合议庭审判的情况下，基层法院的合议庭一般是由承办法官与人民陪审员组成合议庭，承办法官实际上对定罪量刑起主导作用，即使在个别承办法官与其他法官组成合议庭的场合下，大多数情况下的量刑决定权仍由承办法官主导，因此可以根据承办法官性别分配案件。

地域法院的量刑存在显著性差异，如本研究发现，远郊区县的量刑均值最高，其次是中心城区，最轻的是城乡接合部地区。对此，既有法院外部因素的影响，也有内部原因的存在。就外部因素说，其与量刑样本的特点存在紧密关系。犯罪具有鲜明的地域性特征，这已为实证研究所证实。根据对不同地域犯罪停止形态样本的统计，不同地域的犯罪预备样本存在重大差别（见表10-5）。

表10-5　北京市基层法院样本中审理法院与犯罪停止形态情况①

变量类别			犯罪停止形态				合计
			预备	中止	未遂	既遂	
法院	中心区	频数	128	2	230	2502	2862
		占比	4.5%	0.1%	8.0%	87.4%	100.0%
	接合部	频数	1721	3	426	2827	4977
		占比	34.6%	0.1%	8.6%	56.8%	100.0%
	远郊区	频数	7	5	117	792	921
		占比	0.8%	0.5%	12.7%	86.0%	100.0%
合　计		频数	1856	10	773	6121	8760
		占比	21.2%	0.1%	8.8%	69.9%	100.0%

根据表10-5统计，远郊区的犯罪预备样本数量最少，仅有7个，所占比例最低，仅为0.8%；而接合部的犯罪预备样本数量最多，达1721个，所占比例最高，达到34.6%。鉴于不同地域犯罪特征的差异，所在地域的法院就对该特点的案件形成独特的裁判原则，进而导致不同地域量刑上的差异性。如远郊区法院对抢劫罪犯罪预备样本的量刑均值为17个月，而

① 卡方检验结果表明（χ^2=1296.862，*df*=6，*p*<0.001），不同审理法院样本的犯罪停止形态存在显著性差异。

接合部法院的量刑均值仅为10个月，相差接近一倍，而实际上不同犯罪预备案件的危害性程度远没有如此大的差别。另外，受到审判外部环境的影响，案发地对所在地法院审判的干扰也是无法回避的问题。就内部原因来说，法院群体的司法意识是造成量刑差异的重要因素。法院群体司法意识，是指一个法院系统所形成的自己特有的认识法律、适用法律、认识案件及处理案件、执法态度等一系列思想意识的总和。[①]它实实在在地影响着每一个法官判案量刑。霍姆斯大法官曾认为："法官们及其同事所共有的偏见所起的作用，甚至要比确定人受控制的法则中的演绎推理（三段论法）所起的作用要大得多。"[②]不同区域、不同级别的法院都有不同的司法群体意识，对于量刑而言，体现在两个方面，即"宽"与"严"，包括从审查案件证据、认定案件事实到定性量刑的一系列环节。

针对影响不同地域法院量刑差异的因素，解决的途径就是设立跨区审判机构和开展人员定期交流机制。设立跨区审判机构，不同地域特点的犯罪案件汇集在一起，其原有的地域特色就被冲淡，进而便于统一量刑尺度实现"同案同罚"，而且也会大量减少地方干扰因素对量刑的外加压力。开展人员定期交流，则是打破法院群体司法意识的有效途径。通过人员定期交流，不同群体的法官在相互影响中就会破除原有的司法意识，不断获取新的量刑理念和方法，并在新旧意识的碰撞中不断实现更大法官群体司法意识的统一，从而有利于整体量刑结果的均衡。当前，司法改革正在稳步推进中，北京市、上海市作为试点已经率先设立了跨区法院，且随着即将统一管理的法官人事制度的实施，相信跨区审判机构的纷纷设立和定期人员交流的开展必将为量刑规范化的推进注入新鲜活力。

6. 重视对非常见罪名的量刑指导。当前，最高人民法院实施的《人民

① 参见安永强:《量刑偏差的心理分析——量刑规范化的心理基础》，人民法院出版社2010年版，第158页。

②［美］汉斯·托奇主编:《司法和犯罪心理学》，周嘉桂译，群众出版社1986年版，第157页。

法院量刑指导意见》并没有涉及全部罪名，而仅就15个常见罪名的量刑进行了规范。这对于解决司法实践中存在的突出问题、确保更多案件的量刑均衡是值得称道的。然而，量刑不均衡问题并不仅仅存在于常见罪名的案件中，实证研究的结果发现，非常见罪名的量刑更有可能存在量刑失衡的现象。一般来说，罪名的“常见”与“非常见”是以案件数量的多少为标准确定的，案发数量多的罪名即为“常见”罪名，案发数量少的罪名即为“非常见”罪名。但是根据实证统计结果显示，刑事案件的量刑与案件数量的多少存在显著相关性，即随着案件数量的增多，整体量刑结果相应偏轻，如果案件数量越少，则量刑相对较重。如在本研究统计中，除了在2001年“严打”期间案件数量增多的情况下量刑亦相对较重以外，其他年度内案件数量越多则量刑越轻；而且，不同地域法院的量刑情况也反映了这一特点，如接合部地区的案件数量最多，但量刑相对最轻，而远郊区的案件数量最少，其量刑却最重。之所以出现这种情况，分析认为这与法官对案件类型的感知程度有关，在案件数量多的情况下，不同案件罪行的轻重差别完全呈现出来，法官能够判断出所审理的案件在整个罪刑结构中处于何种位置，因而能够准确地量刑；而在案件数量少的情况下，案件罪行的轻重差别无法展现，法官对于所审理案件的罪行程度亦难以准确判断，因而往往判断失误处予较重的量刑结果。对于此种情况，还可以用站队的例子进行说明。即在按照身高站队时，如果某人到达现场时总人数较少，他对于自己的身高应该处于何种位置区间是不清楚的，于是随便选择一个站位，结果往往因为判断不准而站错位置；如果该人到达现场时总人数较多，那么他就可以通过与他人身高的比较来找到自己准确的位置。

由此来看，法官量刑在很多情况下是根据自己对案件情况的感知程度来进行的。当他审理的案件数量众多时，对不同类型案件的轻重差别感知的程度就高，作出的量刑结果就更为准确，这也就回答了为什么老法官的量刑准确率高。因此，案件数量多的情况下，量刑的准确度相应较高，量刑偏差的问题相应减少；而在案件数量少的情况下，量刑的准确度相应降低，量刑偏差问题亦会更加严重。所以，当前最高人民法院开展的量刑指导工作不应仅仅停留在常见罪名上，对于非常见罪名的量刑指导显得更加必要，而且刻不容缓。

二、对立法调整的启示

量刑是依法开展的诉讼活动，因而量刑结果是法律规定的具体实现。同时，量刑结果又是反映立法现状的一面镜子，法律规定的合理与否能够通过量刑结果体现出来，因而量刑结果反过来又能成为立法调整的参照。

（一）对抢劫罪主刑调整的启示

抢劫罪是使用暴力方法在侵犯他人财产权利的同时还侵犯他人的人身权乃至生命权，因而抢劫罪的立法规定的法定刑幅度是有期徒刑三年以上直至死刑。抢劫罪是侵犯财产罪中唯一的暴力犯罪，其严重性在此类犯罪中居于首位，因此，对其规定了与之相对应的最严厉的法定刑死刑也是理所当然。对抢劫罪主刑状况的立法检验包括主刑幅度和主刑种类两个方面。

1. 主刑幅度的立法检验。对于主刑幅度的立法检验，主要是考察有期徒刑不同法定刑幅度内的量刑情况，即从实证角度考察不同区间的样本分布情况是否合理，是否形成一定的规律性，同时没有出现明显的“扎堆”区间和空白地带。如果“扎堆”现象异常明显，则说明该区间的立法规定过重，大量样本因无法在区间以下或者区间以上量刑而不得不聚集在该区间内；如果存在空白地带，则说明立法对于该区间的规定与实际量刑不符，处于闲置状态而需要给予立法调整。根据对北京市基层法院样本的统计情况，就主刑适用来看，样本在有期徒刑一年以下、有期徒刑一年以上二年以下、有期徒刑二年以上三年以下，直到有期徒刑十四年以上有期徒刑十五年、有期徒刑十五年的比例分别为：23.9%、13.8%、7.3%、16.2%、

10.0%、6.4%、3.8%、2.6%、1.7%、0.8%、3.7%、3.2%、2.7%、2.2%、1.3%、0.4%。具体分布情况如图 10-2 所示。

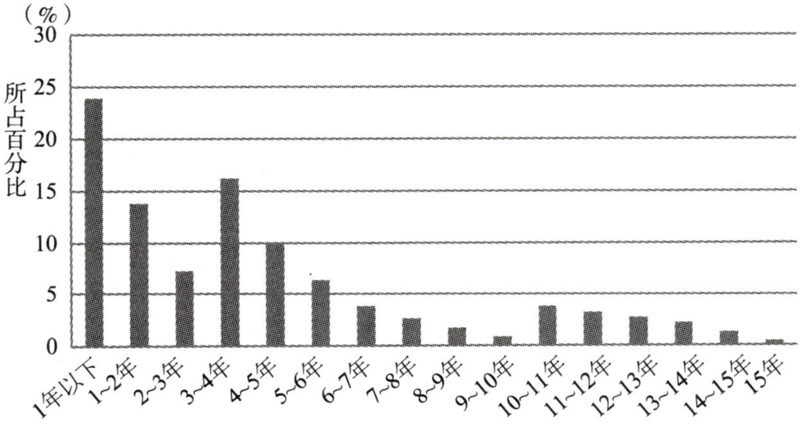

图 10-2　北京市基层法院样本量刑分布

从以上统计情况来看，主刑时长共分布在三个幅度内，即有期徒刑三年以下、有期徒刑三年以上十年以下和有期徒刑十年以上。三个幅度内的样本比例分别是 45.0%、41.4%、13.6%，基本形成了由高到低的阶梯状分布。而在每个具体幅度内，样本也大致形成了由高到低的阶梯状分布，且没有出现空白地带。虽然在每一幅度的最低区间内聚集的样本比例明显高于该幅度内其他区间的样本比例，但因其与其他区间的样本比例产生由高到低的分布状态，形成了一定的规律趋势，因而不属于明显的“扎堆”问题。所以，立法关于主刑幅度的规定总体较为较为合理。与此同时，抢劫罪的最低法定刑是有期徒刑三年，即立法目的体现的是对该罪从严惩处的态度，因而对于情节较轻的抢劫行为，即便适用减轻处罚而在有期徒刑三年以下量刑，其数量也不宜过多，否则就会本末倒置。不容忽视的问题是，实践中在有期徒刑三年以下量刑的比例却达到了相当高的程度，即接近半数的抢劫罪被判处了有期徒刑三年以下的刑罚。这说明，法官在量刑中为了实现罪刑均衡，对大量的抢劫罪认为没有必要判处有期徒刑三年以上，因而一旦出现减轻处罚情节便尽量减轻处罚，从而对过重的立法规定形成了变相调整。因此，尽管抢劫罪属于严重的暴力犯罪，但由于实践中的抢劫行为千差万别，仍然存在大量情节较轻的抢劫犯罪行为，没有必要在立法规定中一律要求从严惩处。为了改变这一立法缺陷，建议在该罪法定刑中增加一项规定，“情节较轻的，处三年以下有期徒刑，并处罚金”。这样一来，抢劫罪法定刑幅度既适应了司法现实，也与侵犯财产罪其他有关罪名的法定刑幅度相协调。

2. 主刑种类的立法检验。对于主刑种类的立法检验，从实证角度主要考察实践中判处主刑类型的样本情况。我国刑法总则规定了死刑、无期徒刑、有期徒刑、拘役和管制共五个主刑刑种，抢劫罪立法已经规定了死刑、无期徒刑和有期徒刑，这里需要考察死刑、无期徒刑和有期徒刑的规定是否合理，以及有无必要规定拘役和管制刑种。北京市中级法院主刑种类的统计结果显示，判处无期徒刑和死刑的比例占到 52.9%，其余 47.1% 是有期徒刑。即在中级法院审理的抢劫罪案件中，有超过半数的犯罪人被判处了无期徒刑或者死刑。而根据北京市基层法院样本主刑种类的统计，判处有期徒刑的样本数量是 8648 个，所占百分比为 98.7%，判处拘役的样本数量是 20 个，所占百分比为 0.2%，免除处罚的样本数量是 91 个，所占百分比为 1.0%，判决无罪的样本数量仅 1 个。

根据以上统计，实践中判处的主刑主要是立法规定的死刑、无期徒刑和有期徒刑。这说明立法规定的主刑种类在量刑实践中都得到了有效利用，与司法实践的需求基本一致，因而总体上是合理的。但是有观点认为，在抢劫过程中直接以暴力致人死、伤的行为应单以故意杀人罪或者故意重伤定罪，与抢劫罪数罪并罚，因此，在抢劫罪中不应包括故意致人死亡、重伤的因素。相应地，对抢劫罪不应以死刑为最高法定刑幅度，否则，便有悖死刑分配的等价性。以死刑作为抢劫罪的法定刑幅度上限，既违背侵犯财产类罪不应分配死刑的规定，又使该罪的法定刑幅度超出此罪的严重性上限而不符合配刑等级的相应规定，因而不具有合理性。[①]

结合抢劫罪量刑实践和刑事立法现状，该观点是具有一定可取性的。首先，抢劫罪属于侵犯财产类犯罪，财产权是该罪的主要保护法益，即反映财产数额的变量应当成为该罪量刑中的主要影响因素。然而经在北京市基层法院样本范围内统计发现，量刑中有关财产权和人身权因素对主刑时长的影响力在不同样本范围内具有不同表现。在全部样本范围内，抢劫数额与伤害后果对主刑时长都具有显著相关性，但抢劫数额的相关性系数明显大于伤害后果，体现了财产权因素对量刑的影响高于人身权因素；在轻微伤以上样本范围内，抢劫数额的相关性系数与伤害后果完全一致，说明财产权因素和人身权因素在量刑影响中没有差别；在轻伤以上的样本范围内，抢劫数额的相关性系数出现了小于伤害后果的现象，即财产权因素不及人身权因素对量刑的影响；而在重伤以上样本范围内，抢劫数额的相关性系数仍然小于伤害后果，且对量刑的相关性变得不再显著，表明这一范围内的量刑影响因素偏重人身权因素（有关分析数据详见表 10-6）。另外的统计还发现，适用无期徒刑、死刑样本中的主要影响因素是致人重伤、死亡的情形，因抢劫数额巨大被判无期徒刑以上的比例较少。这都说明，重伤以上样本的量刑背离了抢劫罪作为侵犯财产罪的典型特征。

表 10-6 相关影响因素在不同样本范围内的影响程度 *

样本范围	抢劫数额		伤害后果	
	相关性系数（r）	显著性系数（p）	相关性系数（r）	显著性系数（p）
全部样本	0.326	0.000	0.231	0.000
轻微伤以上样本	0.325	0.000	0.325	0.000
轻伤以上样本	0.384	0.000	0.386	0.000
重伤以上样本	0.234	0.050	0.237	0.046

* 表中的显著性水平为 0.05。

① 参见邱兴隆:《刑罚理性评论》，中国政法大学出版社 1999 年版，第 293 页。

其次，在实践中，有的犯罪人为了抢劫而故意杀死被害人，有的则在劫取财产后又杀人灭口，立法规定对前者只定抢劫罪一罪，而对后者则定抢劫罪和故意杀人罪两罪。实际上，该两种情形在犯罪的客观表现和社会危害上完全一致，立法却要求采取完全不同的定罪量刑方法，笔者认为有悖于罪刑相适应原则。

最后，我国立法中同样存在侵犯复合法益而分别定罪量刑的先例，如聚众斗殴罪同时侵犯社会管理秩序和他人的人身权。但该罪同时规定，聚众斗殴致人重伤、死亡的，依照故意伤害罪、故意杀人罪定罪处罚。这样一来，就较好地保留了聚众斗殴罪主要保护社会管理秩序的罪名特征，避免因影响因素偏离而出现混乱。所以，有必要借鉴相关犯罪的立法做法，对于抢劫致人重伤、死亡的情形，可以认定为故意伤害罪、故意杀人罪，或者将抢劫罪与故意伤害罪、故意杀人罪数罪并罚，同时取消抢劫罪最高法定刑死刑的规定。这样一来，既有利于解决罪刑均衡问题，又能与相关犯罪立法相一致，而且还能减少我国刑法中的死刑罪名，更有利于减少和限制死刑适用。

另外，在北京市基层法院样本中仅有 0.2% 的样本被判处了拘役刑。这里需要考察的是，既然立法对抢劫罪没有规定拘役，为何实践中仍有拘役实际样本出现呢?

实践中对于拘役的适用，是在量刑时通过适用减轻处罚的方式实现的。因抢劫罪规定的最低法定刑是三年以上有期徒刑，所以在减轻处罚时减至三年以下有期徒刑在理论上和实践中都是没有争议的，但是如果减至拘役，即减轻处罚时能否判处该罪条文没有规定的刑种，目前无论在理论上还是实践中均存在不同的看法。一种观点认为，不能超越刑法分则规定的刑种减轻处罚。法定最低刑为三年有期徒刑时，如果减轻处罚，只可以在有期徒刑范围内减轻处罚，即最多可以减轻到六个月有期徒刑，而不能减轻到拘役或者管制。[①]第二种观点认为，减轻处罚在法定刑以下判处刑罚，包括判处刑法分则条文没有规定的不同刑种的刑罚。1994年2月5日最高人民法院研究室就此问题所作答复即持此立场。[②]对于这一问题的争论，虽然1994年2月5日《最高人民法院研究室关于适用刑法第59条第2款减轻处罚能否判处刑法分则条文没有规定的刑罚问题的答复》已经作了规定，即“可以在法定刑以下判处刑罚，包括判处刑法分则条文没有规定的不同刑种的刑罚。如法定最低刑为三年有期徒刑的，可以判处不满三年有期徒刑、拘役或者管制”。但由于该答复并非司法解释，且已经废止，因而争论至今没有得到平息。

目前在理论上和实践中已经达成共识的是，减轻处罚可以在刑法分则规定的范围内改变刑种，如故意重伤且具有减轻处罚情节的，可以在有期徒刑三年以下量刑，也可以判处拘役或者管制，因为拘役、管制都是故意伤害罪规定的刑种。但如果允许减轻处罚在法定刑以下判处刑法分则条文没有规定的刑种，实践中仍然普遍面临“无刑可减”的问题，如危险驾驶罪仅规定了拘役一个主刑。但这种情况在具有多刑种罪名中也同样存在，如致人轻伤的故意伤害案中，即使存在减轻处罚情节的也同样无刑可减。所以，允许判处刑法条文没有规定的刑种并不能解决“无刑可减”的问题。而且在实践中，绝大多数法官认为减轻处罚不能判处刑法分则没有规定的刑种，如关于危险驾驶罪的量刑，在统计了北京市2012年、2013年审理的全部危险驾驶案件2236件后，发现除1件被免予刑事处罚以外，其余2235件全部被判处拘役，没有一例判处管制。应当说，这2236件危险驾驶罪案件中具有减轻处罚情节的也不在少数，但没有一起案件通过减轻处罚的方式被判处拘役以外的其他刑种，说明了法官在司法实践中的趋

① 参见张军主编：《〈刑法修正案（八）〉条文及配套司法解释理解与适用》，人民法院出版社2011年版，第62页。

② 参见王胜俊主编：《最高人民法院司法解释全编》（刑事卷），人民法院出版社2009年版，第406页。

同性认识。

看来，无论是哪种观点都具有一定的合理性，在没有明确的规定出台以前，这种分歧很难统一起来。由于抢劫罪的法定最低刑是三年有期徒刑，减轻处罚后能否判处比有期徒刑更低的刑种，如拘役、管制，现在还很难给出确定的结论。但对于此种情况，有一种强有力的声音认为，如果法定最低刑是拘役，或者虽是有期徒刑但有期徒刑的起点为最低刑期时，可以减轻至其他刑种，但是如果法定最低刑是三年有期徒刑时，一般在有期徒刑内减轻处罚。[①] 这种观点是较为合理的。因为既然立法对抢劫罪规定的最低法定刑是三年有期徒刑而不是有期徒刑的最低刑期，就体现了立法对该种行为从严惩罚的态度，而且三年以下有期徒刑仍然具有可以减轻处罚的空间，完全没有必要再行选择更轻的刑种，否则就将这种从严惩处的犯罪行为等同于一般危害性质的行为了。所以，司法实践中存在的少量拘役量刑结果是值得商榷的。

要想改变这种现状，应当通过立法规定或者司法解释的形式予以明确。就立法规定而言，可以效仿《刑法修正案（八）》关于减轻处罚幅度的规定，再一次通过刑法修正案规定减轻处罚后能否适用分则条文没有规定的刑种；就司法解释而言，最高司法机关可以出台有关减轻处罚的适用规则，以期统一司法实践中的不同量刑结果。

（二）对抢劫罪附加刑调整的启示

没收财产是将犯罪人所有财产的一部分或全部强制无偿地收归国有的刑罚处罚方法。在抢劫罪中，其适用对象是判处十年以上有期徒刑、无期徒刑或者死刑的犯罪分子。根据规定，处十年以上有期徒刑、无期徒刑或者死刑的犯罪分子，并处罚金或没收财产，其在适用时应注意两

---

① 参见张明楷：《刑法学》（第 4 版），法律出版社 2011 年版，第 496 页。

点：第一，是“应当并处”而不是“可以并处”，也就是要在判处主刑的同时，必须依法判决罚金或没收财产；第二，是选择适用罚金或者没收财产，即要么并处罚金刑，要么并处没收财产，必须选择其一，不能同时适用。

经统计，在收集的北京市基层法院样本中，被判处十年以上有期徒刑的犯罪分子共有1179人，但除了14人没有被并处任何财产刑以外，其余人员均被并处了罚金刑。这说明，没收财产这一附加刑在对十年以上有期徒刑犯罪分子的量刑实践中没有得到适用，其立法规定处于虚置状态。经分析，导致这一现状的原因大致包括以下几个方面：

1. 法官不了解犯罪分子的财产状况。没收财产只能是没收犯罪人已经具有的、现实存在的财产，而不可能没收犯罪人将来可能拥有的财产。①这就要求法官在判处没收财产以前了解犯罪人的财产状况，如果对其拥有何种财产、多少财产一无所知，则根本无法进行没收。然而，在当前的刑事审判实践中，公诉机关基本没有提供被告人有关财产状况的证据，法官作为中立方也不便亲自查证被告人的财产状况后又对其进行没收，这就导致了没收财产刑在司法实践中无法适用的困境。

2. 财产刑执行不力的现状制约着没收财产的适用。罚金与没收财产作为财产刑均由人民法院负责执行，然而当前财产刑的执行非常困难，除了少部分被告人自愿缴纳罚金以外，绝大部分的财产刑处于空判的状态。同时，与责令被告人缴纳罚金的执行方式不同，判处的没收财产无法判令被告人缴纳，只能由人民法院主动没收。这种情况下，法官为了减少法院主动执行没收财产过程中一系列实际困难，更愿意采用判决罚金的方式责令被告人进行缴纳。

3. 抢劫罪犯罪分子大多无财产可没收。实践中，绝大部分的犯罪分

① 参见张明楷:《刑法学》(第4版)，法律出版社2011年版，第488页。

子选择通过抢劫的方式获取财产，就是因为自身经济困难而采取的极端行为。如果他们拥有相当数量的财产，则根本不需要抢劫来冒险。因此，对他们判处没收财产刑罚时基本上没有什么可以没收的财产，即使有的被告人有少量的财产，但根据《刑法》第59条规定，“没收全部财产的，应当对犯罪分子个人及其扶养的家属保留必需的生活费用”，这样也就没有多少能够没收的财产了。

4. 因没有先例而缺乏可供借鉴的样本。由于量刑是对犯罪人权益的剥夺，所以法官在量刑活动中较为慎重，据笔者的观察了解，他们一般不愿意做第一个“吃螃蟹”的人，而更喜欢在借鉴他人成熟做法的基础上进行量刑。而没收财产的适用率极低，可供参考的样本较少，绝大多数法官甚至从来没有适用过这一刑种，因而他们往往担心适用错误而不敢尝试。而罚金刑的情况则完全不同，其由于适用率高而使法官们感到在适用时“驾轻就熟”，但凡可以在罚金与没收财产之间进行选择适用时，罚金便成为顺理成章的不二选择。

目前没收财产这一刑种在抢劫罪适用司法实践中处于虚置的状态，不免再一次引起笔者对这一刑种存在合理性的质疑。没收财产这种刑种发端于奴隶社会，兴盛于封建社会，资产阶级革命胜利后开始衰落，至今已在大多数国家被废除。由于其没收的是犯罪人所有的合法财产，这便必然产生株连无辜的问题。因为即便保留犯罪分子扶养家属的必需生活费用，但它造成无辜者财产继承权受损的结果则是实际存在的。难怪贝卡里亚一针见血地指出：“没收财产是在软弱者头上定价，它使无辜者也忍受着罪犯的刑罚，并使他们沦于必然也去犯罪的绝境。”① 而且，它与罚金的最大区别在于，罚金只是判令犯罪人今后在一定期限内通过上缴一定金钱的方式承担自己的罪责，而没收财产是当场将犯罪人的全部或部分现有实物财产

① [意] 贝卡里亚：《论犯罪与刑罚》，黄风译，中国大百科全书出版社1993年版，第53页。

没收充公，前者不会伤及人的自然感情，而后者则不但容易伤及无辜，而且往往将逼迫犯罪人沦落到一无所有的悲惨境地。[①] 如果说被判处无期徒刑、死刑的犯罪分子因“不再需要”个人财产为由判处没收财产还具有一定合理性，但对于被判处有期徒刑而终将回归社会的犯罪人进行财产剥夺，则显然是对他们重新回归社会的现实阻碍。正是由于没收财产刑的非正义性，引起了学术界对这一法定刑种的抨击，认为中国刑事司法应当限制没收财产刑的适用，最终在立法上取消，并认为没收财产刑保留的理由是“虚假的、不能成立的命题”。[②] 还有学者详细讨论了没收财产刑的利弊，并与罚金刑的利弊做了详细的比较，认定没收财产刑应予废除。[③]

所以，鉴于没收财产刑的自身缺陷及广受诟病的现实，并结合其在实践中处于虚置的适用现状，笔者认为，可以考虑废除抢劫罪的没收财产刑设置，至少废除其在有期徒刑中的适用则是完全可行且不会产生不利影响的。

第三节　小　　结

本章是对整个研究结论的梳理，并根据研究结论形成对量刑规范和立法调整的启示。在结论梳理中，首先总结了抢劫罪量刑实践中存在的量刑经验，主要包括抢劫罪有期徒刑、无期徒刑、死刑、罚金刑的量刑经验和抢劫罪量刑的地区经验。其中，有期徒刑的量刑经验主要体现在样本分布规律、刑期确定形式、减轻处罚特点和影响因素情况等；有期徒刑缓刑适用的量刑经验主要体现在影响缓刑适用的因素情况和决定缓刑时长的影响因素；无

① 参见万志鹏:《没收财产刑废止论——从历史考察到现实分析》，载《安徽大学学报》(哲学社会科学版) 2008 年第 5 期。

② 参见曲新久:《刑法的精神与范畴》，中国政法大学出版社 2000 年版，第 345~346 页。

③ 参见李洁:《论一般没收财产刑应予废止》，载《法制与社会发展》2002 年第 3 期。

期徒刑的量刑经验主要体现在无期徒刑量刑的影响因素和影响方式两个方面；死刑的量刑经验则包括影响死刑和死刑缓期执行的因素；罚金刑的量刑经验体现在主刑情况、犯罪情节、缴纳能力和程序性因素与罚金数额的关系上；抢劫罪量刑的地区经验包含了各地区较为成熟、合理的量刑影响因素考量方式。然后针对实证研究发现的问题，提出了在量刑中必须改变的几个现状：一是应尽力改变量刑标准的地区差异；二是必须改变对外地人的偏见；三是应当努力消除羁押状态对量刑的影响；四是要必须改变因人而异的量刑结果，即避免因法官性别不同对量刑结果的影响。最后，对量刑中应当正视的几个问题进行了分析，主要是必须重视辩护人的作用，还要正确看待刑事政策的影响力，还应当慎重对待犯罪人性别对量刑的影响。

在研究结论的启示中，分别分析了研究结论对量刑规范的启示和对立法调整的启示。在规范量刑方面，实证研究表明，量刑实践中存在事实认定和法律适用的错误、同罪异罚、非合理因素影响量刑等方面原因引起的量刑偏差，而且经对最高人民法院量刑指导意见试行前后量刑情况的统计分析，发现量刑指导意见对规范量刑收效甚微，具有进一步进行量刑规范的必要。为此，针对量刑失衡的诱因提出了加强量刑建议与量刑监督、细化量刑规范尺度、建立科学统一的审判管理制度、合理配置审判资源、设立跨区审判机构和开展人员定期交流机制、重视对非常见罪名的量刑指导等六个方面的规范建议。在立法调整方面，量刑实践反映了抢劫罪立法规定总体上较为合理，但针对实践中过高减轻处罚比例的现状，建议立法增加对于情节较轻行为可以处以三年以下有期徒刑的规定；针对实践中较高法定刑主要针对侵犯人身权行为的现状，建议立法将致人重伤、死亡情形单独定罪并取消法定最高刑死刑；针对实践中存在的减轻处罚后判处分则条文没有规定的拘役刑问题，建议立法对减轻处罚后的刑种选择作出明确规定；针对附加刑没收财产立法虚置的现状，建议立法废除抢劫罪的没收财产刑设置，至少废除其在有期徒刑中的存在。

余　　论

以上量刑实证研究表明，广大法官在量刑实践中达成了许多共识，形成了许多共性的做法，从而可以根据不同的案件情况判断出其大致的量刑结果，因而法官开展量刑活动是有规律可循的。既然如此，考虑到法官在量刑中容易受到非合理因素的影响而导致量刑偏差，是否意味着可以根据已有量刑规律生成的量刑计算公式对未决案件进行量刑，而不再需要法官人为量刑了呢？这种观点应当说具有相当的代表性，而且一些学者和审判机关还付诸行动，研究人工智能软件开展电脑量刑。实际上，实践中的量刑活动固然有规律可循，但这种规律仅仅反映了一般的量刑趋势，用其来分析一般案件的量刑状况和指导具体量刑实践是有意义的，但如果用其代替法官开展具体案件的量刑则并不妥当，实际量刑活动仍应当由法官亲自进行。具体来说，可以从量刑的能力要求和境界层级两方面进行说明。

一、量刑的能力要求

量刑是一项非常复杂的认识和判断活动。本研究已经证明，准确的事实认定是公正量刑的前提，错误的事实认定是导致量刑偏差的重要原因。现实生活中，案件事实的复杂多样性决定了并不是所有案件均能直接从法律和已有量刑规律中找到现成的答案，还需要法官利用自身技能来发现客观事实并准确量刑。

（一）精准的事实认定

案件事实是裁判活动指向的对象，量刑就是根据查明的事实来适用法律，并进而得出判决结果的过程。然而，由于法律文本的抽象性和具体事实的多样性，案件事实和法律文本之间并不存在一一对应的关系，需要法官对事实的性质属性进行分析辨别，以便使之与法律条文形成对应和关联。如对于以假充真的“调包”[①]案件，如不事先明确该行为的性质到底是盗窃还是诈骗，就无法对其准确适用法律，甚至出现罪名认定上的混乱。因而辨别事实是适用法律的前提，这自然也就成为量刑的基本技能。

事实辨别首先是一项适用证据规则认定事实成立与否的判断活动，其次是对成立的事实进行归类判断，使之与相关法律条文产生裁判联系的过程。前者是证明活动，后者是思维判断活动，思维判断更具有专业属性，也更能体现司法智慧。在法律学习与研究中，事实辨别很少进入他们的视野。而对于裁判活动而言，事实辨别却是法官量刑的重要内容，他们的大多数工作都是围绕事实的认定与辨别活动而展开的；相反，对法律的研究则占据较少的分量。因而对事实的正确分析和判断是审判权有效运行的重要保障。法官只有时刻保持敏锐的洞察力才能透过纷乱的表象而参透事情的本质，进而对其适用相应的法律作出判决。

（二）丰富的判断经验

“司法活动说到底主要不是一个理论论证的过程，而是一种职业判断。”[②]这种判断除了要遵守一定的操作规程以外，经验成为不可或缺的重

① 如行为人假装购买名烟，在看货时偷偷把真烟藏起来，用假烟代替真烟还给售烟人。

② 苏力《法治及其本土资源》，中国政法大学出版社 1996 年版，第 289 页。

要因素。经验判断除了在事实辨别和认定中发挥重要作用以外，它对于案件的定量分析也同样具有重要价值。因为案件事实不只具有性质上的差别，其还存在定量上的差异，法官需要根据事实的量化情况在法律规定的幅度内确定最终的判决结果。如根据刑法规定，故意伤害致人重伤的，处三年以上十年以下有期徒刑，即对于致人重伤的故意伤害行为，法官应当通过定量分析，权衡该行为的危害程度后选择相应的处罚结果。由于立法没有规定具体量定的方法，实践中一般也是通过经验判断的方式进行的。如果缺乏定量分析中的经验判断，很可能会造成不当的审判结论。对此，许霆案就是一个很好的实例。2006 年 4 月 21 日，许霆利用自动取款机出现故障，恶意提取了 17.1 万元。广州市中院一审以盗窃罪判处许霆无期徒刑，后该案被发回重审，许霆最终以盗窃罪被判处有期徒刑五年。对于该案，陈兴良教授认为许霆的行为构成盗窃罪，[①] 张明楷教授认为许霆的行为属于盗窃金融机构。[②] 应该说，该案在定性上是没有问题的，许霆的行为属于盗窃金融机构，按照当时的立法规定，其盗窃 17 万余元已经达到数额特别巨大的程度，应当判处无期徒刑或者死刑。但为何一审判决作出后却遭到舆论的普遍指责呢？原因就是法官没有根据生活经验对许霆的盗窃行为进行定量分析，而机械地按照定性判断得出的结论作出了判决。事实上，如果从社会常识和生活经验判断，在行为的概率性、伦理上的谴责性和主观上的预谋性等方面，无疑许霆并没有达到应当判处无期徒刑的危害程度，应当考虑本案的特殊性，通过特别减轻程序进行减轻处罚。

经验判断在审判中具有举足轻重的地位，法官只有把案件融入生动的社会现实中进行思考和判断，才能真正把握案情、掌握尺度和准确判定。这同时也要求法官不能脱离社会生活实际，应当通过社会磨砺、生活感悟

---

① 参见陈兴良：《许霆案的法理分析》，载《人民法院报》2008 年 4 月 1 日，第 4 版。

② 参见张明楷：《许霆案的定罪与量刑》，载《人民法院报》2008 年 4 月 1 日，第 4 版。

和阅历累积等方式丰富生活经验和提高社会认知，从而增强审判中的判断和把握能力。

（三）灵活的政策运用

现代审判不再像古代《汉谟拉比法典》规定的那样直接根据事实推导出判决结果，如“任何一个偷走另一人的儿子，他将被处以死刑”；[1]“如果他打碎另一个人的骨头，将打碎他的骨头”，[2]而是赋予法官一定限度的自由裁量权，允许法官根据具体案情和形势需要进行裁判。这里的“形势需要”就是政策的体现。如在刑事审判中，根据刑法规定，对于符合条件的犯罪分子“可以”宣告缓刑，而不是“应当”宣告缓刑，这就意味着法官在决定是否宣告缓刑判决时，还应当考虑事实和法律以外的因素，这些因素往往属于政策的范畴抑或受到政策理解的影响。例如，根据形势需要，为了对当前危害食品安全犯罪、醉酒驾驶行为保持高压态势，即使犯罪分子符合缓刑适用条件也严格掌握缓刑适用。而且从法理上看，法律是社会关系的调节器，一定的社会关系需要相应的法律来调整。然而，“人类立法者根本不可能有关于未来可能产生的各种情况的所有结合方式的知识”。[3]当社会关系发生变化后，由于法律本身的稳定性导致其在新问题面前表现出滞后性，从而产生审判依据不足的难题。在这种情况下，法官除了根据一般的价值观念对案件事实进行分析以外，往往需要借助政策的引导进行考察。因为政策是国家为解决一定社会问题而提出的方法和策略，能够帮助法官更加客观、全面地把握事实，并明确案件解决的思路和方向。然后法官根据分析结论，通过适用一定规则或法律解释的方法作出判决。诚如博登海默所言，“有些理念、原则和标准同正式的法律渊源相比，

①《汉谟拉比法典》第 14 条。

②《汉谟拉比法典》第 197 条。

③［英］哈特：《法律的概念》，张文显等译，中国大百科全书出版社 1996 年版，第 128 页。

可能更加不明确，但是它们不管怎样还是给法院裁决提供了某种程度的规范性指导，而只有诉诸这些理念、原则和标准才能克服实在法制度所存在的那些缺点”。[①] 再者，从审判与政治的关系来看，审判不可能脱离政治而存在。对此，美国著名政治学家里普森认为：“不是法治或宪政创造了政治上的自由的社会，而是政治自由孕育了宪政和法治。”[②] 即审判无不是为一定的政治服务的，在某种意义上，政治的需要决定了审判的方式、范围和方向。这就意味着，审判不能不关注政策，如果审判偏离了政策，它也就丧失了灵魂和目标。

所以说，量刑不是单纯的法律适用活动，它需要政策的引导和辅助才能得以顺利运行。因而法官的眼光不能仅仅停留在法律上，还需要时时关注政策和形势变化，通过及时、准确的政策领悟为量刑公正提供保障。

二、量刑的境界分层

古罗马法学家塞尔萨斯说：“法律乃是善与衡平的艺术。”[③] 所谓艺术，就必然包含人的创造性活动，而不是简单的套用公式的机械劳动。量刑事关人的生命、自由与尊严，具有伦理性的特点，体现了对人的需要的满足，表达着社会公众的伦理评价。因而不同的量刑结果反映出高低不同的境界层级，形成对法官情操的高度要求。具体来说，可以将量刑境界由低到高分为以下三个层级：

---

① [美] E. 博登海默：《法理学：法律哲学与法律方法》，邓正来译，中国政法大学出版社 1999 年版，第 445 页。

② [美] 罗纳德·德沃金：《认真看待权利》，信春鹰、吴玉章译，中国大百科全书出版社 1998 年版，中文版序言第 22 页。

③ [美] E. 博登海默：《法理学、法律哲学与法律方法》，邓正来译，中国政法大学出版社 1999 年版，第 375 页。

（一）最低层级：合乎法律

量刑是法律规定的具体适用，因而法律就是基本的依据和标准。一般来说，境界是指人在情操方面所达到的程度。而量刑是由作为法官的人来完成的，法官的情操就会在量刑结果中得到不自觉的体现。因而量刑的境界，其实就是量刑活动中表现出来的法官的情操境界。正所谓“法律是最低限度的道德”，因而量刑境界的起码要求必须合法，合法是对量刑境界的最低程度要求。首先，合法的量刑必须做到以事实为根据、以法律为准绳，即裁判案件必须建立在事实清楚的基础之上，所作出的裁判结果不能超出法律的规定范围。因而，这里的“合法”，不只是要符合实体法，还必须遵守程序法，使实体与程序均能做到于法有据。其次，合法的量刑还必须符合法律的价值判断方法。审判不同于其他手段的裁判方式，它有自己独特的价值导向，因而量刑的正确与否必须符合法律的价值判断方式。一般说来，法律以“公正”“正义”为基本价值追求，这就要求量刑不能仅仅满足形式上的“合法”，还必须符合法的基本价值和理念，让人真正感受到法的实际存在。正如前文提到的许霆案的判决，虽然原审做出无期徒刑的判决结果，其在形式上并没有违反刑法规定，然而该结果却让人感到不公正，违背了法律的基本价值追求，因而实质上是不合法的。

作为第一层次的量刑境界，合乎法律所追求的是法律效果的实现，它对法官的要求相对较低，仅表现在法律专业技术层面上，较少涉及其他领域。为了达到合乎法律的要求，法官在量刑过程中只要努力实现事实与法律两者之间的平衡，而无需考虑其他方面的因素。然而，量刑的结果是由人来承担的，合乎法律的审判固然重要，但是这种单纯以“合法”作为终极追求的量刑又是冰冷而缺乏人性温暖的，对于具有自然属性和社会属性的人来说，量刑同时需要人性的关爱和更高层次的伦理体现。

（二）中间层级：权益兼顾

法律是刚性的，它不允许任何行为逾越界线。然而，法律并不是冰冷的教条。“法律的制定是为人们享受和平的、有德行的生活所必需的。”[①]因而法律是符合人性的，作为适用法律的量刑活动也不能外乎人情，需要在裁判活动中尊重各方主体的利益和诉求，充分体现出量刑的柔性。在具体量刑过程中，法律的刚性是通过同案同判和司法平等来实现的，而量刑的柔性是通过区别对待和利益兼顾的方式来达到的，这也正是量刑作为一种平衡艺术的重要体现。为了实现对具体案件具体处理和分别兼顾各方主体的利益诉求，就需要在法律的限度内重视各方主体的具体情形和利益期待，通过价值平衡来实现权益兼顾的目标。这种情形在量刑中体现得更为明显：一个刑事案件的发生已经导致了一个或几个家庭的不幸，而一项缺乏人性关怀的刑事判决可能又会增加，甚至加剧更多家庭的灾难。例如，在被害人因遭受严重身体伤害而无钱医治的情况下，他们虽然痛恨犯罪人，但更希望犯罪人积极赔偿对挽回自身生命健康的现实意义，因而往往较多地希望司法审判能够为他们挽回经济损失。对于这种案件的量刑就不能单纯地根据犯罪人的犯罪行为一判了之，而应当全面地衡量刑事惩罚和挽救被害人期待利益的价值关系，努力促使犯罪人履行赔偿义务来实现对被害人权利的维护，进而也能为犯罪人获取从轻处罚提供机会，实现对诉讼各方利益兼顾的司法职能。

法治不仅仅是一种刚性的管理方法，在法律范围内和根本利益不受损害的基础上，还应该有适当的技术、技巧，在运用方法的基础上削减法律的刚性，在法律应用的姿态上保持克制、宽容与妥协。[②]因而，在法律限

---

① [意] 托马斯・阿奎那：《阿奎那政治著作选》，马清槐译，商务印书馆 1963 年版，第 116 页。

② 参见陈金钊主编：《司法方法与和谐社会的建构》，北京大学出版社 2009 年版，第 16 页。

度内实现权益兼顾的量刑，是一种在合乎法律基础上的更高层次的境界，体现的是法律效果与社会效果的有机统一。它对法官的要求不仅仅是法律专业技术的掌握，还需要法官对社情民意具有充分的了解和尊重。

（三）最高层级：社会引领

法律是基本的社会规范，它通过审判来实现对社会关系的调整，而“全部法律都以人们的公共福利为目的，并且仅仅由于这个缘故，它才获得法律的权力和效力”。[①] 因而，量刑也必须以追求公共幸福作为终极目标，将实现最大多数人的利益作为自身的最重要使命。由于量刑是解决具体个案的活动，为了实现公共福利的目标，量刑是通过向社会传递法律提倡什么、反对什么等基本信号，来影响社会成员的价值判断和行为选择，从而引领社会向能够实现最大多数人利益的方向发展。所以，具有更高境界体现的是向社会传递正能量的审判，不能因传递消极信息而误导社会，进而损害人们的公共福利。

为了阐释司法所具有的社会引领作用，下面通过两个例子来对比说明。一个是社会所熟知的南京彭宇案：一位老人在街上摔倒并受伤后，彭宇冲上前去将她送到医院，并给予200元作为帮助。但老人最后在法庭上状告彭宇将其撞倒。法庭最终判决老人应得4万元补偿费用。法官认为，彭宇给老人的钱就是其将人撞倒的证据。第二个是20世纪80年代在比利时的布鲁塞尔出现的一个案件：一名女子在半夜不慎掉下露台受了重伤，一名男子路过发现了伤者，这名男子洗劫了毫无反抗能力的受伤女子，然后又不忍女子伤重而亡，于是报警后离开。但事件的经过被附近的监控摄像头拍摄下来，警察成功地抓获了这名男子，并予以起诉。最后在经过长达四周的激烈辩论和商讨后，法庭作出该男子无罪释放的判决。法官的

① ［意］托马斯·阿奎那：《阿奎那政治著作选》，马清槐译，商务印书馆1963年版，第123页。

判决宣言是：每个人的内心深处都有脆弱和阴暗的一面，对于拯救生命而言，抢劫财物不值一提。我宁愿看到下一个抢劫犯拯救了一个生命，也不愿看见奉公守法的无罪者对于他人所受的苦难视而不见！彭宇案一出，一时舆论哗然，甚至社会上还出现了要不要搀扶摔倒老人的讨论，这是对传统社会道德观念的极大破坏。南京彭宇案也许从法律适用上看是没有问题的，但是它没有顾及判决对人性和社会良知的漠视，最终背离了审判的真正目标。而布鲁塞尔法院的这份判决，从表面上看，它不仅仅是单纯地赦免了一个抢劫犯，更深远的是对救死扶伤的鼓励，是对整个社会保持良好风气的促进传承。

由此可见，不同境界的审判对社会发展所起作用千差万别，高境界的审判不以个案的处理为全部目的，它以法律的终极精神为追求目标，同时关注审判对社会大众的深远影响，进而通过实现公共福利的方式来引领社会发展方向。所以，在我国当前出现道德滑坡、价值多元的社会背景下，重视发挥量刑所具有的社会引领作用显得尤为重要。为了实现这种终极境界，量刑对法官的素质也提出了更高的要求，即法官必须具有强烈的社会责任感和深切的社会洞察力，真正担当起社会发展舵手的神圣使命。

当然，以上不同层级的量刑境界并非针对每一个具体案件而言的，实践中的大多数案件所涉及法律关系较少或者社会影响面较小，单纯地进行合乎法律的量刑即可，只有那些法律关系复杂，甚至存在法律与情理错综交织的案件，在量刑时就不能单纯地合乎法律，而应当同时考虑其他可能存在的因素，以真正实现法律、情理与社会发展的价值统一。

附录 1：统计术语解释

1. 描述统计。将数据是什么呈现出来，用来描述样本的总体特征。集中趋势量数、变异性量数都是描述统计所运用的方法。

2. 集中趋势量数与变异性量数。集中趋势量数主要包括中位数、众数、均值、峰度、偏度等描述方式。变异性量数主要包括极差、标准差、方差等描述方式。

3. 中位数与众数。中位数是指将数据按照一定顺序排列后，处于最中间位置的数值。众数是指数据统计中出现频率最高的数字。

4. 均值。指算术平均数，即所有观测值总和与观测值个数的比值。

5. 峰度。描述某变量所有取值分布形态陡缓程度的统计量，当峰度为 0 时，与正态分布的陡缓程度相同，当峰度大于 0 时，比正态分布的高峰更加陡峭，当峰度小于 0 时，比正态分布的高峰平缓。

6. 偏度。描述某变量取值分布对称性的统计量，当偏度等于 0 时，分布形态与正态分布偏度相同，当偏度大于 0 时，正偏差数值较大，为正偏或右偏，长尾巴拖在右边，当偏度小于 0 时，负偏差数值较大，为负偏或左偏，长尾巴拖在左边。

7. 相关分析。相关分析是通过定量的指标来描述不同变量之间的强弱联系。最常见的是连续性变量的相关指标，一般使用积差相关系数，即 Pearson 相关系数来表示相关性的大小，通常用“r（R）”来表示，其数值

介于 -1 ～ 1 之间，当两个变量间的相关性达到最大，散点呈一条直线时取值为 -1 或者 1，正负号表明了相关性的方向；如果两变量完全无关，则取值为 0。

8. 卡方检验。卡方检验是以 χ^2 分布为基础的一种常用假设检验方法，它的无效假设 H0 是：观察频数与期望频数没有差别。该检验的基本思想是：首先假设 H0 成立，基于此前提计算出 χ^2 值，它表示观察值与理论值之间的偏离程度。根据 χ^2 分布及自由度可以确定在 H0 假设成立的情况下获得当前统计量及更极端情况的概率 p。如果 p 值很小，说明观察值与理论值偏离程度太大，应当拒绝无效假设，表示比较资料之间有显著差异；否则就不能拒绝无效假设，尚不能认为所代表的实际情况和理论假设有差别。

9. 方差分析。方差分析是基于变异分解的思想进行的，在单因素方差分析中，整个样本的变异可以看成由如下两个部分构成：总变异 = 随机变异 + 处理因素导致的变异。其中，随机变异是永远存在的，确定处理因素导致的变异是否存在就是所要达到的研究目标，即只要能证明它不等于 0，就等同于证明了处理因素的确存在影响。在方差分析中，代表变异大小，并用来进行变异分解的指标就是离均差平方和，代表总的变异程度。可以发现在实际样本数据中，该总变异可以被分解为两项，第 1 项是各组内部的变异（组内变异），该变异只反映随机变异的大小，其大小可以用各组的离均差平方和之和，或称为组内平方和来表示；第 2 项为各组均数的差异（组间变异），它反映了随机变异的影响与可能存在的处理因素的影响之和，其大小可以用组间平方和来表示，即总变异 = 组内变异 + 组间变异。这样，可采用一定的方法来比较组内变异和组间变异的大小，如果后者远远大于前者，则说明处理因素的影响的确存在，如果两者相差无几，则说明该影响不存在。

10. 偏相关分析。在相关性分析中常存在两个变量之间的相关性同时受到其他变量影响的情况，为了控制其他变量的影响力就需要进行偏相关分析，其目的就是为了消除其他变量关联性的传递效应。

11. 回归分析。确定两种或两种以上变量间相互依赖的定量关系的一种统计分析方法。按照自变量的多少，可分为一元回归分析和多元回归分析；按照自变量和因变量之间的关系类型，可分为线性回归分析和非线性回归分析。

12.p 值。一般具有显著性意义的 p 值有三类表述：$p<0.001$，$p<0.01$ 以及 $p<0.05$，分别指的是在 99.9% 以上，99% 以上以及 95% 以上的概率中存在差异性或相关性。在社会学中，有时会在 90% 的置信区间内检验相关性或差异性，那此时就会出现 $p<0.1$ 的情况。

附录 2：变量因素表

变量 1：北京地区　1= 中心区　2= 接合部　3= 远郊区

全国地区　1= 东部地区　2= 中部地区　3= 西部地区

变量 2：法院级别　1= 基层法院　2= 中级法院

变量 3：年份（直接录入年份）

变量 3：审理程序　1= 简易程序　2= 简便审程序　3= 普通程序

变量 4：辩护人　1= 有辩护人　0= 无辩护人

辩护人类别　1= 自请律师　2= 指定律师　3= 监护人

变量 5：羁押状态　1= 羁押　0= 非羁押

变量 6：法官性别　1= 男性法官　2= 女性法官

变量 7：法定刑幅度　1= 有期徒刑三年以上十年以下　2= 有期徒刑十年以上

变量 8：刑罚裁量类型　1= 免除处罚　2= 减轻处罚　3= 从轻或从重处罚

变量 9：主刑种类　1= 拘役　2= 有期徒刑　3= 无期徒刑　4= 死刑

变量 10：主刑时长（直接录入月数）

变量 11：拘役缓刑　1= 是　0= 否

变量 12：有期徒刑缓刑　1= 是　0= 否

变量 13：死刑缓期执行　1= 是　0= 否

变量 14：缓刑时长（直接录入月数）

变量 15：罚金刑（直接录入数字）

变量 16：没收财产 1= 部分没收 2= 全部没收

变量 17：剥夺政治权利（一年至五年的直接录入相应月数，100= 剥夺政治权利终身）

变量 18：驱逐出境 1= 是 0= 否

变量 19：犯罪人性别 1= 男性 2= 女性

变量 20：犯罪人户籍 1= 本地人 2= 外地人

变量 21：犯罪人职业 1= 无业 2= 农民 3= 学生 4= 其他职业

变量 22：犯罪人年龄 1= 未成年人 2= 成年人

变量 23：是否限制行为能力 1= 是 0= 否

变量 24：前科情况 1= 有前科劣迹 0= 无前科劣迹

前科劣迹类型 1= 一般劣迹 2= 一般前科 3= 累犯

变量 25：自首 1= 是 0= 否

变量 26：立功 1= 是 0= 否

变量 27：坦白 1= 是 0= 否

变量 28：认罪 1= 是 0= 否

变量 29：赔偿 1= 是 0= 否

变量 30：退赃 1= 是 0= 否

变量 31：被害人性别 1= 男性 2= 女性 3= 男女均有 4= 不明

变量 32：抢劫人数（直接录入数字）

是否数额巨大 1= 是 0= 否

变量 33：抢劫数额档

1=0 元

2=1~99 元

3=100~499 元

4=500~999 元

5=1000~1999 元

6=2000~3999 元

7=4000~9999 元

8=10000~29999 元

9=30000~99999 元

10=100000 元以上

变量 34：抢劫银行或其他金融机构　1= 是　0= 否

变量 35：抢劫军用物资或者抢险、救灾、救济物资　1= 是　0= 否

变量 36：作案时间　1= 白天　2= 夜晚　3= 均有

变量 37：入户　1= 是　0= 否

变量 38：在公共交通工具上抢劫　1= 是　0= 否

变量 39：冒充军警人员抢劫　1= 是　0= 否

变量 40：持枪抢劫　1= 是　0= 否

变量 41：共同犯罪　1= 是　0= 否

共同犯罪类别　1= 主犯　2= 从犯

变量 42：多次抢劫　1= 是　0= 否

抢劫次数（直接录入数字）

变量 43：数罪　1= 是　0= 否

变量 44：转化犯　1= 是　0= 否

转化犯类型　1= 盗窃转化　2= 诈骗转化　3= 抢夺转化

4= 携带凶器抢夺

变量 45：犯罪停止形态　1= 犯罪预备　2= 犯罪中止　3= 犯罪未遂 4= 犯罪既遂

变量 46：伤害后果　0= 无后果　1= 轻微伤　2= 轻伤　3= 重伤　4= 死亡

变量 47：挽回财产损失　1= 是　0= 否

变量 48：被害人谅解　1= 是　0= 否

参考文献

1.［英］哈特:《法律的概念》，张文显等译，中国大百科全书出版社1996年版。

2.［美］E. 博登海默:《法理学：法律哲学与法律方法》，邓正来译，中国政法大学出版社1999年版。

3.［美］罗纳德·德沃金:《认真看待权利》，信春鹰、吴玉章译，中国大百科全书出版社1998年版。

4.［英］戴维·沃克:《牛津法律大辞典》，光明出版社1988年版。

5.［美］杜威:《经验与自然》，傅统先译，江苏教育出版社2005年版。

6.［德］胡塞尔:《纯粹现象学通论：纯粹现象学与现象学哲学的观念》（第一卷），李幼蒸译，商务印书馆1992年版。

7.［美］波斯纳:《法理学问题》，苏力译，中国政法大学出版社1994年版。

8.［美］汉斯. 托奇主编:《司法和犯罪心理学》，周嘉桂译，群众出版社1986年版。

9.［日］西原春夫主编:《日本刑事法的形成与特色》，李海东等译，法律出版社、日本成文堂联合出版1997年版。

10.［美］美国量刑委员会编:《美国量刑指南——美国法官的刑事审判手册》，逄锦温等译，法律出版社2006年版。

11. [意] 贝卡里亚:《论犯罪与刑罚》，黄风译，中国大百科全书出版社 1993 年版。

12. [英] 史密斯、霍根:《英国刑法》，李贵芳等译，法律出版社 2000 年版。

13. 高铭暄、马克昌主编:《刑法学》，北京大学出版社 2011 年版。

14. 赵秉志主编:《当代刑法学》，中国政法大学出版社 2009 年版。

15. 赵秉志、彭新林:《量刑情节与量刑方法专题整理》，中国人民公安大学出版社 2009 年版。

16. 赵秉志主编:《中韩刑事制裁的新动向》，中国人民公安大学出版社 2005 年版。

17. 中国人民大学法学院刑法专业编:《刑事法专论》(下卷)，中国方正出版社 1998 年版。

18. 张明楷:《刑法学》(第 4 版)，法律出版社 2011 年版。

19. 白建军:《刑法规律与量刑实践——刑法现象的大样本考察》，北京大学出版社 2011 年版。

20. 白建军:《罪刑均衡实证研究》，法律出版社 2004 年版。

21. 陈兴良:《刑法适用总论》(下卷)，法律出版社 1999 年版。

22. 陈兴良:《刑事司法研究——情节、判例、解释、裁量》，中国方正出版社 1996 年版。

23. 张军主编:《〈刑法修正案 (八)〉条文及配套司法解释理解与适用》，人民法院出版社 2011 年版。

24. 王胜俊主编:《最高人民法院司法解释全编》(刑事卷)，人民法院出版社 2009 年版。

25. 熊选国主编:《〈人民法院量刑指导意见〉与“两高三部”〈关于规范量刑程序若干问题的意见〉理解与适用》，法律出版社 2010 年版。

26. 苏惠渔、张国全、史建三:《量刑与电脑：量刑公正合理应用论》，百家出版社 1989 年版。

27. 杨春洗、杨敦先主编:《中国刑法论》，北京大学出版社 1994 年版。

28. 刘守芬等:《罪刑均衡论》，北京大学出版社 2004 年版。

29. 魏平雄、赵宝成、王顺安主编:《犯罪学教科书》(第 2 版)，中国政法大学出版社 2008 年版。

30. 曲新久:《刑法的精神与范畴》，中国政法大学出版社 2000 年版。

31. 阮齐林:《中国刑法上的量刑制度与实务》，法律出版社 2003 版。

32. 蔡墩铭:《审判心理学》，水牛出版社 1991 年版。

33. 苏力:《法治及其本土资源》，中国政法大学出版社 1996 年版。

34. 张远煌:《现代犯罪学的基本问题》，中国检察出版社 1998 年版。

35. 周光权:《法定刑研究——罪刑均衡的建构与实现》，中国方正出版社 2000 年版。

36. 喻伟:《量刑通论》，武汉大学出版社 1993 年版。

37. 赖修桂、赵学军:《女性犯罪研究》，法律出版社 2013 年版。

38. 杨志斌:《中英量刑问题比较研究》，知识产权出版社 2009 年版。

39. 吴新耀:《当代西方法学思潮评析》，辽宁大学出版社 1991 年版。

40. 贾进强:《性别差异心理探秘》，中央民族大学出版社 1997 年版。

41. 安永强:《量刑偏差的心理分析——量刑规范化的心理基础》，人民法院出版社 2010 年版。

42. 郝川:《中国量刑指导制度研究——以量刑指导意见为切入点》，人民出版社 2013 年版。

43. 陈金钊主编:《司法方法与和谐社会的建构》，北京大学出版社 2009 年版。

44. [意] 托马斯·阿奎那:《阿奎那政治著作选》，马清槐译，商务印书馆 1963 年版。

45. 邱兴隆、许章润:《刑罚学》，群众出版社 1988 年版。

46. 邱兴隆:《刑罚理性评论》，中国政法大学出版社 1999 年版。

47. 陈瑞华:《问题与主义之间——刑事诉讼基本问题研究》，中国人民大学出版社 2008 年版。

48. 金泽刚、张正新:《抢劫罪详论》，知识产权出版社 2013 年版。

49. 侯宏林:《刑事政策的价值分析》，中国政法大学出版社 2005 年版。

50. 皮勇、王刚、刘胜超:《量刑原论》，武汉大学出版社 2014 年版。

51. 胡学相:《量刑的基本理论研究》，武汉大学出版社 1999 年版。

52. 孙春雨:《中美定罪量刑机制比较研究》，中国人民公安大学出版社 2007 年版。

53. 臧冬斌:《量刑和合理性与量刑方法的科学性》，中国人民公安大学出版社 2008 年版。

54. 张天虹:《量刑公正论》，法律出版社 2012 年版。

55. 黎其武:《量刑公正论》，法律出版社 2011 年版。

56. 李艳玲:《量刑方法论研究》，中国人民公安大学出版社 2007 年版。

57. 周金刚:《量刑情节研究》，法律出版社 2012 年版。

58. 陈庆:《量刑理论若干问题探究》，知识产权出版社 2011 年版。

59. 宋英辉、王五良:《法律实证研究方法》，北京大学出版社 2009 年版。

60. 吴喜之:《复杂数据统计方法——基于 R 的应用》，中国人民大学出版社 2012 年版。

61. 韩光军:《量刑基准研究》，法律出版社 2010 年版。

62. 傅权、胡蓓华编:《基本统计方法教程》，华东师范大学出版社 1989 年版。

63. 张文彤、邝春伟:《SPSS 统计分析基础教程》(第 2 版)，高等教育出版社 2004 年版。

64. 冯军:《刑法问题的规范理解》，北京大学出版社 2009 年版。

65.O.W.Holmes, Jr., The Common Law, ed. M. Howe, Boston: Little Brown,[1881]1936.

66.J.V.Roberts, The Virtual Prison:Community Custody and the Evolution of Imprisonment, Cambridge University Press,2004.

后　　记

《抢劫罪量刑经验研究》一书是在我博士论文的基础上修改、补充而成的，其研究内容关涉量刑的理论与实践问题，以此作专题研究，对我来说很具有挑战性，写作过程中一直有如履薄冰之感。而且实证研究对我来说是一个全新的研究领域，从如何选取样本、制作问卷调查表，到建立数据库、学会使用SPSS统计软件进行分析，我经历了一个由“门外汉”到初步具备实证研究能力的艰难过程。然而，这一过程对我来说又是非常兴奋的，那就是掌握了一门新的研究方法，学会了从另一个角度看问题。所以，我特别感激恩师刘志伟教授，在我攻读博士学位期间，他以敏锐的学术眼光为我选定研究题目，不但圆了我多年的博士梦，还激发了我对实证研究的强烈兴趣。只可惜我愚钝不才，未能全面、准确贯彻恩师的指导意见，致使文中仍存在一些不足之处，实在有负恩师的殷切期望。

该研究成果从始至终都凝结着恩师刘志伟教授的心血和汗水。从论文的选题开始，恩师就指导我阅读相关资料，将收集到的实证研究论文发送给我学习；在论文开题时，恩师帮我反复推敲论文结构，在写作过程中，又多次教导我要实事求是地进行数据统计和分析，在任何情况下都不能出现假数据；在初稿完成后，恩师熬夜为我修改论文，小到标点符号、大到论文观点，都逐段逐页地提出了修改建议，使我对实证研究日渐形成清晰的认识。回想我博士入学之初，恩师就根据我的学习和工作情况建议我以量刑实证研究作为研究方向，当初我对这一选题备感新奇，打算努力尝试一下。然而真正研究起来，过程的艰辛大大出乎我的预料，不只是样本收集和数据统计需要付出大量的时间和精力，更让我感到头疼的是需要另辟蹊径而改变原有的思辨研究方法，在我国目前实证研究尚处起步阶段的情况下，这无疑是相当困难的。但每每此时，想到恩师对我的谆谆教诲，我就不敢有丝毫懈怠，生怕辜负了恩师的期望，就全身心地投入到论文的思考和写作中。最终，该项研究顺利通过了博士学位论文答辩，还被评为北京师范大学优秀博士学位论文，如今又即将付梓出版，所有这一切，无不是恩师悉心指导和付出心血的结果！师恩如海，永生难忘！恩师的关怀和教导我谨记在心，不能一一言表，只能以今后的工作成绩来表达对老师的敬意和感谢。

此外，本书的完成还与赵书鸿、赵军两位老师的悉心指导分不开。赵军老师多次就样本取样方法给予我指导，赵书鸿老师不但教会我如何制作问卷调查表，还在繁忙的研究工作之余帮我进行数据分析，而且两位老师对论文修改提出了许多中肯的建议。我还要衷心感谢我国刑法学泰斗高铭暄教授、卢建平教授、张远煌教授、黄风教授、吴宗宪教授、王秀梅教授、韩铁教授、莫开勤教授、刘科副教授等老师在论文开题或答辩中所提出的精当指导意见，有了你们的指导，我的论文才在原来不尽如人意的基础上得以修正和完善。同时，在三年的博士学习期间，赵秉志教授、储槐植教授、李希慧教授、宋英辉教授、刘广三教授、阴建峰教授、王志祥教授、左坚卫教授等众多学术大师的授课使我开阔了眼界、增长了知识，也是本书得以顺利完成不可或缺的知识积淀。

我攻读博士学位期间，北京市门头沟区人民法院领导对我的学习给予了莫大支持，刑庭的同事们还为我分担了许多审判任务，这都让我一直心怀感激。博士毕业后，我来到了汕头大学法学院任教，受到了院系领导及同事们的关心、帮助。同时，本书的顺利出版与中国法学会后期资助项目的大力支持是分不开的，法律出版社责任编辑黄倩倩为本书出版付出了大量心血，在此我一并表示诚挚的谢意！

需要感谢的人还有很多很多，正是他们的支持与帮助给了我温暖和力量，我将铭记于心，诚挚地感谢他们！

赵学军

2018 年 7 月 6 日于北京

图书在版编目(CIP)数据

抢劫罪量刑经验研究 / 赵学军著. -- 北京 : 法律出版社, 2019
(中国法学会后期资助项目文丛)
ISBN 978-7-5197-3084-0

Ⅰ. ①抢… Ⅱ. ①赵… Ⅲ. ①抢劫罪-量刑-研究-中国 Ⅳ. ①D924.354

中国版本图书馆 CIP 数据核字(2019)第 021200 号

抢劫罪量刑经验研究
QIANGJIEZUI LIANGXING JINGYAN YANJIU

赵学军 著

责任编辑 黄倩倩
装帧设计 李 瞻

出版 法律出版社
总发行 中国法律图书有限公司
经销 新华书店
印刷 三河市龙大印装有限公司
责任校对 晁明慧
责任印制 陶 松

编辑统筹 学术·对外出版分社
开本 710 毫米×1000 毫米 1/16
印张 31.75
字数 411 千
版本 2019 年 5 月第 1 版
印次 2019 年 5 月第 1 次印刷

法律出版社/北京市丰台区莲花池西里 7 号(100073)
网址/www.lawpress.com.cn
投稿邮箱/info@lawpress.com.cn
举报维权邮箱/jbwq@lawpress.com.cn
销售热线/010-83938336
咨询电话/010-63939796

中国法律图书有限公司/北京市丰台区莲花池西里 7 号(100073)
全国各地中法图分、子公司销售电话:
统一销售客服/400-660-6393
第一法律书店/010-83938334/8335　西安分公司/029-85330678　重庆分公司/023-67453036
上海分公司/021-62071639/1636　深圳分公司/0755-83072995

书号:ISBN 978-7-5197-3084-0　**定价**:126.00 元
(如有缺页或倒装,中国法律图书有限公司负责退换)

中国法学会后期资助项目文丛

BOOK SERIES FUNDED BY CHINA LAW SOCIETY

1. 《行政程序法典化研究》姜明安 等著
2. 《解读青年马克思的黑格尔法哲学批判》姚远 著
3. 《清代“杀一家三人”律、例辨析》吴杰 著
4. 《中央地方关系中的民主集中制研究》苗泳 著
5. 《证券内幕交易构成要件比较研究》曹理 著
6. 《欧洲婚姻财产法的未来》樊丽君 译
7. 《德国刑法教义学上的客观处罚条件》王钰 著
8. 《结果加重犯的基本原理与认定规则研究》邓毅丞 著
9. 《刑事诉讼中法院职权调查问题研究》林铁军 著
10. 《人民陪审员角色研究》刘方勇 著
11. 《非典型劳动者权益保护研究》班小辉 著
12. 《创新与反垄断——互联网企业滥用行为之法律规制研究》仲春 著
13. 《不得援引国家豁免的商业交易诉讼研究》纪林繁 著
14. 《国家侵权的国际私法问题研究》李华成 著

15.《法律的空间意象性》朱垭梁 著

16.《罗马体育法要论》赵毅 著

17.《〈大清律例〉律目研究》张田田 著

18.《陕派律学家事迹纪年考证》闫晓君 著

19.《论行政法上的意思表示——兼论行政行为构成中的意识要件》田勇军 著

20.《新农村建设中保障农民政治参与权利的制度创新研究》蔡振亚 王为东 著

21.《国家赔偿法研究述评》上官丕亮 主编

22.《个人信息与权利配置——个人信息自决权的反思和出路》刘金瑞 著

23.《从“大陆”走向“混合”的路易斯安那民法典》李宁 著

24.《防控网络恐怖活动立法研究》皮勇 著

25.《背信犯罪：当代社会的白领犯罪》刘荣 译

26.《刑事诉讼中的鉴定意见质证制度研究》王跃 著

27.《互联网规制的国际贸易法律问题研究》孙南翔 著

28.《相关市场界定研究——以技术许可协议为视角》周围 著

29.《外资并购国家安全审查制度的平衡机制研究》杨静 著

30.《司法改革背景下裁判文书说理繁简分流研究》罗灿 著

31.《当代中国法制的政治逻辑》瞿郑龙 著

32.《美国行政法规的司法审查研究》杨蕾 著

33.《非上市公司股份交易法律问题研究》黄爱学 著

34.《中国商事立法研究》张保红 著

35.《日本民事再审事由研究——以判例分析为中心》翟志文 著

36.《论民法教义体系与家庭法的对立与融合：现代家庭法的谱系生成》刘征峰 著

37.《香港与内地刑事法制冲突问题研究》马正楠 著

38.《刑事程序性法律后果研究》马永平 著

39.《抢劫罪量刑经验研究》赵学军 著

40.《生态安全义务履行与人的致灾性法律控制》王建平 著

41.《税法的分配功能研究》侯卓 著